LE POUVOIR D'ICHIMOKU

Les secrets d'une méthode unique pour réussir en Bourse

Édition : JDH Éditions
77600 Bussy-Saint-Georges. France
Imprimé par BoD – Books on Demand, Norderstedt, Allemagne

Conception et réalisation couverture : Cynthia Skorupa

ISBN : 978-2-38127-336-5
Dépôt légal : juillet 2023

Daniel Cohen de Lara

LE POUVOIR D'ICHIMOKU

Les secrets d'une méthode unique
pour réussir en Bourse

JDH Éditions
Les Pros de l'Éco

PRÉFACES

Daniel Cohen de Lara, le nom de l'auteur de ce livre est à jamais connecté à la transmission de sa passion qui est l'analyse technique selon la méthode Ichimoku du journaliste financier japonais, monsieur Goishi Hosoda. J'ai eu la chance de rencontrer Daniel grâce à l'ancien président de l'AFATE Laurent Albie, qui anime depuis plus de 5 ans les émissions journalières *100% Marches* sur la chaîne YouTube de BNP Paribas Produits de Bourse. Daniel ou, comme certains l'appellent, Dr Ichimoku a déjà offert aux fans d'Ichimoku 9 vidéos de 60-90 minutes de formation d'Ichimoku sur cette même chaîne YouTube de BNP Paribas Produits de Bourse. Ses vidéos de formation « Comprendre Ichimoku » ont eu et ont toujours un succès fulgurant avec plus de 125 000 vues et sont la référence numéro 1 en termes de vidéo formation d'Ichimoku sur YouTube en langue française. Si vous – comme moi – avez eu la chance d'avoir rencontré ce passionné d'Ichimoku et ancien gérant d'entreprises, vous allez vite être aussi fan d'Ichimoku grâce à ses explications très claires et détaillées. Daniel Cohen de Lara, un pédagogue rigoureux et organisé, patient avec ses élèves, va aussi faire de vous un passionné et, si vous êtes de bonne volonté, un expert d'Ichimoku.

Falko Wesemann

Responsable Ventes et Marketing Produits de Bourse France – BNP PARIBAS

Bienvenue dans le monde fascinant d'Ichimoku, une méthode d'analyse et de trading d'une grande finesse dont la popularité croissante et ininterrompue captive de plus en plus de traders et d'investisseurs aux quatre coins du monde. Parti initialement du Japon, Ichimoku s'est imposé au fil des décennies comme l'un des outils les plus précieux pour analyser les marchés financiers et prendre des décisions éclairées.
Ce livre, intitulé *Le pouvoir d'Ichimoku : les secrets d'une méthode unique pour réussir en Bourse*, est une invitation par Daniel Cohen de Lara, l'un des plus grands experts français actuels de cette approche unique et actuel président de l'Association Française des Analystes Techniques, à plonger au cœur d'Ichimoku pour en découvrir les nombreux aspects qui en font une ressource désormais inestimable pour les professionnels comme pour les novices. Je côtoie Daniel depuis de très nombreuses années. Sa connaissance profonde des principes de l'analyse technique moderne et son intérêt de longue date pour cette méthode venue du Japon font aujourd'hui de lui un auteur incontournable pour découvrir comment enrichir les concepts de base de l'analyse technique avec les nombreuses subtilités d'Ichimoku. En suivant le parcours captivant que vous propose cet ouvrage, vous aurez l'opportunité d'explorer les fondements d'Ichimoku ainsi que les stratégies avancées qui en découlent.

Ichimoku, développé à l'origine par Goishi Hosoda dans les années 1930, se distingue par sa complexité et sa richesse conceptuelle. Son nom, qui signifie littéralement « un coup d'œil à l'équilibre des prix », reflète la vision holistique qu'il apporte à l'analyse technique des marchés financiers. Contrairement à de nombreux autres indicateurs techniques, Ichimoku prend en compte plusieurs éléments clés, tels que les tendances, les niveaux de support et de résistance, les zones d'équilibre du marché, la volatilité et le momentum. Cette approche globale permet de capturer une image complète et instantanée de la dynamique des prix et d'anticiper les mouvements futurs avec une précision remarquable.

Dans les premiers chapitres de ce livre, vous serez initié aux bases d'Ichimoku. Vous découvrirez les composants clés de cet indicateur, tels que la Kijun, la Tenkan, les bornes SSA et SSB du nuage et la Lagging Span. À travers les explications détaillées et de multiples exemples concrets fournis par l'auteur, vous apprendrez à interpréter correctement ces éléments et à les combiner pour obtenir des signaux valides et fiables. Que vous soyez un trader débutant ou expérimenté, ces connaissances fondamentales vous fourniront une base solide pour réussir votre parcours initiatique dans Ichimoku.

L'auteur est un théoricien mais également un praticien reconnu d'Ichimoku. Ses analyses et ses prises de position sur les marchés sont suivies et appréciées actuellement par des milliers de personnes quotidiennement. Avec cet ouvrage entre les mains, soyez convaincu que vous avez en votre possession la « substantifique moelle » de plus de dix ans d'expérience du guide le plus compétent que vous puissiez trouver pour vous aider à naviguer sur les marchés avec sérénité. Au fur et à mesure que vous avancerez dans votre lecture, vous découvrirez les multiples façons dont Ichimoku peut être utilisé pour générer des stratégies de trading efficaces. Que ce soit pour identifier les tendances dominantes, définir les niveaux de support et de résistance clés, ou encore confirmer les signaux d'achat et de vente, Ichimoku offre une panoplie d'outils puissants pour vous aider à améliorer votre prise de décision. Vous explorerez également des techniques

avancées et exclusives propres à Daniel qui vous permettront de saisir des opportunités de trading souvent ignorées par d'autres méthodes.
Enfin, ce livre ne se contente pas de présenter Ichimoku sous son aspect purement technique. Il vous guidera également dans l'adoption d'une approche opérationnelle méthodique et réfléchie du trading. Vous apprendrez à gérer les risques, à définir des objectifs réalistes et à développer une discipline mentale pour rester concentré et réactif face aux fluctuations du marché. Les conseils pratiques et les enseignements tirés de la longue expérience de Daniel vous aideront à éviter les pièges courants et à maximiser votre potentiel de réussite.

Que vous soyez un investisseur à long terme cherchant à améliorer votre allocation d'actifs, un swing ou un day trader souhaitant affiner vos compétences techniques, *Le pouvoir d'Ichimoku : les secrets d'une méthode unique pour réussir en Bourse* vous accompagnera tout au long de votre voyage. Que vous soyez novice ou expert, vous trouverez dans ces pages une somme d'informations précieuses pour améliorer vos stratégies d'investissement. Alors, plongez dans ce livre sans plus tarder et préparez-vous à découvrir les secrets d'une méthode d'analyse et de trading qui a le potentiel de transformer votre approche des marchés financiers et à éclairer votre chemin vers le succès !

Laurent Albie

Gérant de la Société NEXT MOMENTUM
Ancien Président de l'AFATE (Association Française des Analystes Techniques)

REMERCIEMENTS

On ne fait rien, seul.

On n'est rien, seul.

Un grand merci à Falko et Laurent.

Falko Wesemann m'a offert une tribune à travers les émissions sur la chaîne YouTube de BNP Paribas Produits de Bourse, qui m'a permis de diffuser et vulgariser le message Ichimoku. Falko a cru dès le début en l'intérêt de la méthode jusqu'à en devenir un enthousiaste partisan.

Laurent, associé et complice, a beaucoup contribué à ma connaissance de l'Analyse Technique, discipline dans laquelle il excelle, ainsi qu'aux méthodes de trading, depuis près d'une dizaine d'années.

Je pense aussi à mes (très) proches sans qui il est impossible de créer un équilibre de vie :

Michèle,

Mon père et le souvenir de ma mère,

Laurent, Stephen, Fréderic,

Helena, Tatiana, Deborah, Florence, Zoubir, Nina, Valentin, Lina et Paul,

Ma famille.

AVANT-PROPOS

Mon premier contact avec Ichimoku date du début 2011, il y a plus de douze ans, à l'occasion d'une conférence donnée par Karen Peloille dans le cadre de l'AFATE (Association Française des Analystes Techniques).

Mon résultat d'investissement sur les marchés financiers était plutôt médiocre jusque-là, après une période très faste mais due uniquement au retournement des marchés après l'affaire Lehmann Brothers.

La découverte d'Ichimoku a modifié totalement mon approche du problème et m'a permis, après une période d'apprentissage bien naturelle de la méthode, de devenir rentable année après année. Heureusement, car j'envisageais d'arrêter l'investissement boursier.

J'ai suivi l'approche de Karen Peloille durant quelques années. Nos voies ont divergé par la suite, notre approche de la méthode n'étant pas la même. Karen était plus dans une vision orthodoxe de la méthode et elle a parfaitement réussi dans cette voie. La richesse d'Ichimoku permet de développer des voies différentes, en fonction des outils complémentaires que l'on peut lui adjoindre et la manière de résoudre les situations pour lesquelles Ichimoku n'a pas de réponse. On verra des cas dans le corps de l'ouvrage.

Je tiens néanmoins à rendre hommage au professionnalisme de Karen qui a promu la méthode en France à la fin des années 2000.

Mon approche s'est ébauchée très tôt vers 2012/2013. Elle utilise l'originalité et l'extraordinaire efficacité de la méthode mais inclut tout l'apport de l'Analyse Technique classique, notamment depuis un siècle.

On montrera les différences entre les deux approches mais aussi et surtout leur complémentarité. Cela aboutira à ce que j'ai appelé la « méthode des convergences » qui représente ma façon de travailler depuis plus de 10 ans. Elle est également le fruit de l'observation de certainement des dizaines de milliers de graphiques.

Mon objectif avec la rédaction de ce livre est de réunir et d'organiser l'ensemble des contenus des webinaires, analyses, formations que j'ai pu animer, conférences que j'ai pu donner. Cela représente plusieurs milliers d'expressions.

Le livre sera divisé en deux parties : **le savoir** et **le savoir-faire**. Cette distinction est importante.

Le savoir réunit tout ce que j'ai appris et découvert durant ces années sur le dispositif Ichimoku. C'est une approche personnelle de la méthode. Ce n'est pas la seule. J'ai voulu, en particulier à travers de nombreux graphiques, expliquer plutôt que de décrire le phénomène Ichimoku. On trouvera de nombreuses références à la lecture et l'interprétation des bougies qui résument la confrontation permanente entre les camps acheteur et vendeur.

Le besoin de **savoir-faire** commence lorsque le lecteur, après avoir maîtrisé les éléments de la méthode, se met sur sa plateforme boursière et veut commencer à investir. Il se rend vite compte qu'il lui manque un pan entier de méthodes et d'outils qui lui permettront de déterminer les configurations techniques éventuellement favorables à son investissement, ainsi que ceux qui régiront la position : niveau d'entrée, stop de protection et objectif. Je proposerai au lecteur de nombreuses situations d'investissement. Je détaillerai pour certaines toutes les étapes de la pensée de l'investisseur avant l'investissement, durant son déroulement et lors de la clôture de la position.

Ma découverte d'Ichimoku date de plus de douze ans, comme je l'ai indiqué. Les premiers contacts avec les graphiques Ichimoku m'ont laissé dubitatif. Au fil du temps, les réflexes... intellectuels et oculaires ont permis de valider le vrai nom de la méthode : « Ichimoku Kinko Hyo ».

Je suis convaincu que c'est à la portée de l'ensemble des lecteurs qui devront montrer un peu de persévérance. Comme tout, Ichimoku, ça se gagne et il faut accepter quelques efforts accessibles pour maîtriser la technique.

Ces pages ont pour but d'aider le lecteur. J'y ai mis et je livre tout ce que j'ai expérimenté, essentiellement par le travail, le temps et l'expérience.

PREMIÈRE PARTIE

LE SAVOIR

Maîtriser Ichimoku

CHAPITRE 1

HISTORIQUE ET CARACTÉRISTIQUES DE LA MÉTHODE

Ichimoku : l'œuvre d'une vie pour M. Goishi Hosoda.

La méthode a été imaginée et développée par un journaliste financier japonais : M. Goishi Hosoda (1898-1982). Il publia l'ensemble de ses travaux à partir de 1969. Au-delà de l'aspect strictement boursier, ses recherches l'ont conduit à développer des aspects plus philosophiques, concernant par exemple la théorie des nombres. La notion du temps a tenu également une grande place dans la démarche de M. Hosoda.

Quand il démarra ses recherches au début des années 1930, son objectif était de fournir une méthode d'analyse et de prévisions des cours de Bourse.

Il a voulu fournir aux investisseurs l'ensemble des éléments permettant d'entrer en position, de suivre cette dernière et de la clôturer, à savoir :

- La caractérisation de la tendance et de sa force
- Les niveaux de supports et de résistances
- Les points d'entrée et de sortie ainsi que les obstacles sur la route de l'investissement

Il publia au milieu des années 1930 des premières approches dans lesquelles ne figurait qu'une des lignes du système final.

Il a œuvré ainsi pendant une trentaine d'années, se faisant assister par des étudiants en finance à partir de la fin des années 1940. La méthode s'est construite par étapes et ce n'est qu'à la fin de ce parcours de recherche que les 5 lignes caractéristiques de la méthode ont été complètement exploitées, leur utilisation optimisée.

L'assistance des étudiants était indispensable car à cette époque, les cours quotidiens et les autres éléments d'exploitation étaient tracés à la main. Tout cela requérait beaucoup de temps.

Son œuvre fut publiée sous sept volumes et sous le nom *Ichimoku Kinko Hyo* :

Ichimoku : d'un coup d'œil

Kinko : équilibre

Hyo : représentation graphique

La méthode ne connut pas immédiatement le succès espéré par son auteur car à l'époque de la publication de ses travaux, la capacité de calcul des ordinateurs était insuffisante pour exploiter la masse considérable de données nécessaire à sa mise en œuvre. M. Hosoda décéda en 1982 sans avoir profité de l'impact qu'allait avoir sa méthode des années après. Elle s'est imposée petit à petit dans les salles de marché japonaises.

Il a fallu attendre la fin du siècle dernier pour que M. Hidenobu Sasaki diffuse la méthode, d'abord au Japon puis en Occident à travers un ouvrage traduit en anglais. Les ordinateurs disposaient à ce moment de la capacité mémoire et de calcul pour exploiter la méthode.

Cela a permis son développement dans les salles de marché japonaises, puis elle a essaimé, notamment aux États-Unis.

Elle a commencé à se développer en France à la fin des années 2000 grâce à Karen Peloille qui a publié le premier ouvrage en français en 2013 et a collaboré avec un broker présent à Paris. Cela a permis une diffusion significative de la méthode grâce aux webinaires réguliers qu'elle a organisés. La méthode connaît depuis un essor incontestable, grâce à l'animation créée par les publications (écrits, vidéos, formations…) de plusieurs professionnels. On peut citer les travaux en langue française de Patrick Riguet et Khalid El Bouzidi qui ont contribué à la diffusion de la méthode à destination des francophones.

L'AFATE (Association Française des Analystes Techniques) dont les professionnels cidessus sont membres, et l'auteur, président au moment de l'écriture du présent ouvrage, a également contribué à la vulgarisation de la méthode. A été créé un groupe Facebook et de nombreuses publications des professionnels ont été relayées par le canal de l'Association.

Les valeurs de base et l'originalité de la méthode tiennent en six points :

1. **Universalité** : elle est applicable à tous les actifs et dans toutes les unités de temps. Il s'agit d'un mode original de traitement mathématique et de filtrage du signal.
2. **Équilibre** : on verra par la suite les approches comparatives de l'Analyse Technique classique et Ichimoku. Cette dernière s'appuie sur l'équilibre des cours sur des temporalités qui seront largement analysées et développées. On verra que l'Analyse Technique classique utilise majoritairement des extrêmes de marché (supports, résistances, canaux, triangles, biseaux…) quand Ichimoku s'appuie sur un consensus moyen du marché dans le temps sur la valeur d'un actif. Dans les périodes d'incertitude, de consolidation, etc., les cours viennent fréquemment (et très « proprement ») tester ces niveaux d'équilibre. On montrera ainsi qu'Ichimoku est une excellente méthode pour traduire l'évolution du fondamental des actifs.
3. **Volatilité** : cette notion est indispensable pour les investisseurs. On ne peut espérer développer une éventuelle position s'il n'y a pas de volatilité. Il est également nécessaire de pouvoir la mesurer, ne serait-ce que pour déterminer un stop de protection. À travers la notion de « nuage », M. Hosoda a mis en valeur un élément graphique de mesure de la volatilité actuelle et future.
4. **Cycles des marchés** : son observation a permis à M. Hosoda de définir un cycle boursier de deux mois. Les réglages classiques (9, 26, 52) correspondent à une semaine de Bourse de six jours (ce qui était le cas du temps de son auteur au Japon), un mois de vingt-six séances et un cycle de deux mois de cinquante-deux séances. L'extraordinaire est qu'aujourd'hui, la semaine boursière est de cinq jours, le mois moyen de vingt-et-une séances et le cycle de deux mois de quarante-deux séances et que personne n'a trouvé de meilleurs réglages que ceux énoncés par M. Hosoda !

5. **La tendance** : il s'agit d'une donnée fondamentale du suivi de l'évolution des cours. Sa connaissance et maîtrise de son développement doivent guider et sécuriser l'investisseur : « The trend is your friend » (la tendance est votre amie). Les éléments constitutifs de la tendance sont exactement mis en lumière par la représentation graphique de la méthode. On s'attardera longuement au cours de l'ouvrage sur cette notion.
6. **La psychologie des acteurs du marché** : la notion de cycle de marchés est une traduction de la psychologie des investisseurs et de leur comportement. Quand ils se conduisent d'une manière donnée à un moment et dans une situation donnée, si cette situation se représente, leur comportement sera similaire. Cela nous permettra de définir un certain nombre de graphiques caractéristiques de la méthode qui traduisent une très grande majorité de situations de marchés. Il s'agit d'une très grande force de la méthode et en confirme la simplicité d'utilisation à partir du moment où l'on a assimilé les cinq lignes et leur utilisation.
7. **La représentation graphique** : une des originalités fondamentales de la méthode est de représenter sur un seul graphique toutes les informations indispensables à l'analyste et à l'investisseur sur la situation passée de l'actif mais aussi sur la situation actuelle et les niveaux majeurs (ainsi que la mesure de la volatilité) que vont rencontrer les prix dans le futur. On verra dans le développement de l'ouvrage les modes de représentation permettant de faire figurer sur un même graphique les informations pertinentes correspondant à plusieurs unités de temps.

CHAPITRE 2

LES CINQ LIGNES D'ICHIMOKU LEUR IMPORTANCE DANS LE DISPOSITIF LEUR CONSTRUCTION ET LEUR RAISON D'ÊTRE

1 – Les cinq lignes d'Ichimoku

Deux d'entre elles font référence à des niveaux correspondant au marché actuel et à des niveaux d'équilibre de ce dernier au cours de périodes de :

- neuf séances pour la Tenkan. Est couramment utilisé le vocable japonais original « Tenkan Sen », Tenkan signifiant « neuf » et Sen « fleuve ». Les Anglo-Saxons utilisent « Turning Line ». On utilisera ici simplement la dénomination « **Tenkan** ».
- vingt-six séances pour la Kijun. Est aussi couramment utilisé le vocable japonais « Kijun Sen », Kijun correspondant à « vingt-six ». Les Anglo-Saxons utilisent « Standard Line ». On utilisera ici simplement la dénomination « **Kijun** ».

Deux lignes font référence à des éléments actuels ou calculés sur un certain nombre de périodes antérieures mais projetés vingt-six périodes en avant. Elles sont dénommées SSA et SSB ou selon le vocable original « Senkou Span A » et « Senkou Span B ». L'intervalle entre ces deux lignes est le nuage, ou, en japonais, le « Chikou ». Nous conserverons le mot français « **nuage** » et « **SSA** » et « **SSB** » pour les deux lignes le constituant.

La dernière ligne correspond au cours de clôture actuel décalé de vingt-six périodes en arrière. C'est la « **Lagging Span** » ou abrégée en « **LS** » comme on pourra la dénommer dans les pages à venir. La dénomination originale est « Chinkou Span ».

Nous allons définir chacune de ces lignes, puis nous analyserons leur importance, leur utilité et leur raison d'être dans le dispositif complet d'Ichimoku.

2 – La Tenkan

a) Elle correspond au niveau moyen des cours sur neuf périodes, en tenant compte des mèches hautes et basses des bougies.

Tenkan = (cours le plus haut + cours le plus bas) /2

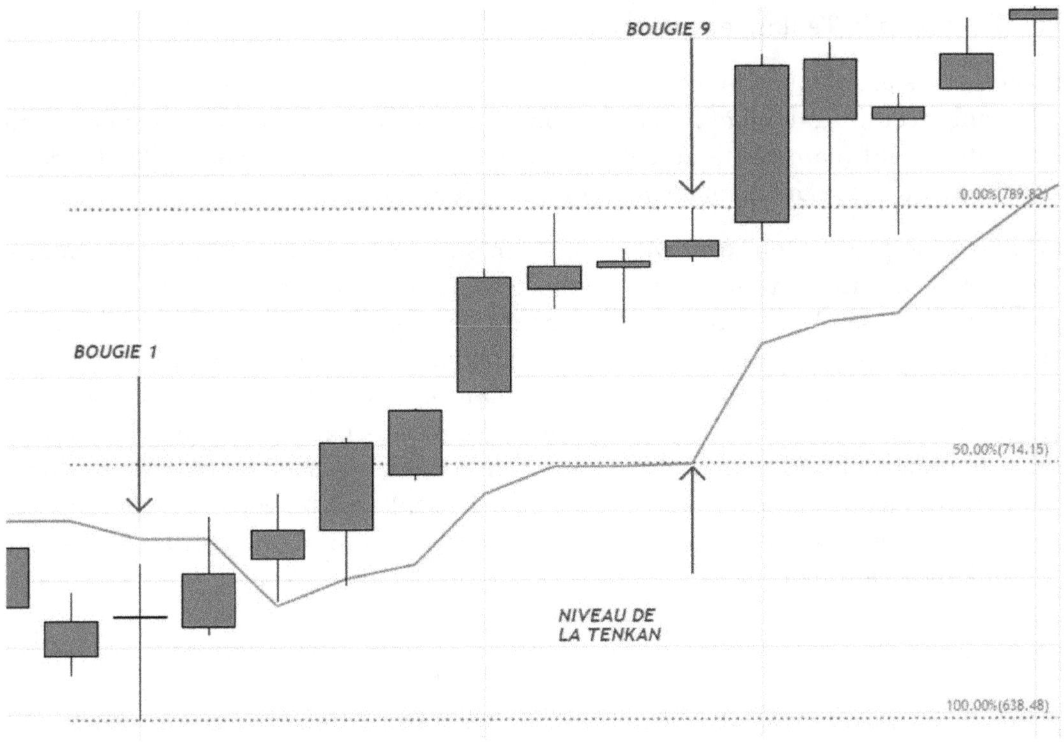

Dans cet exemple de tendance haussière, le plus bas de la période correspond à la bougie 1 et le plus haut à la bougie 9.

Ce n'est, bien sûr, pas le cas général, comme décrit par l'exemple suivant :

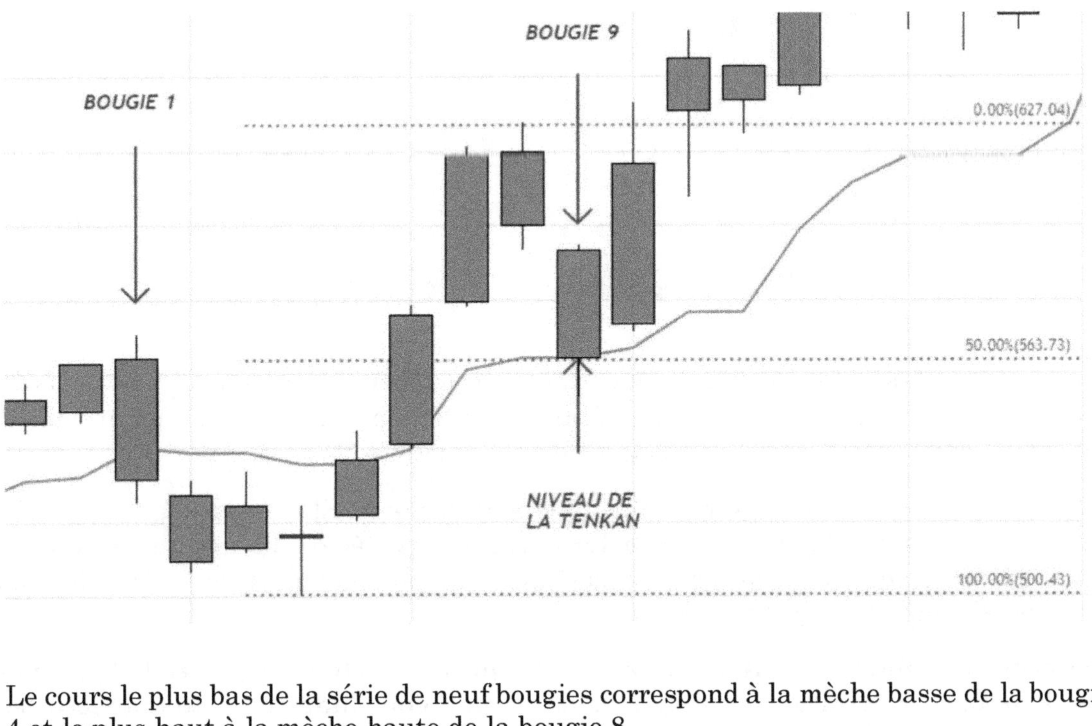

Le cours le plus bas de la série de neuf bougies correspond à la mèche basse de la bougie 4 et le plus haut à la mèche haute de la bougie 8.

b) Pentes de la Tenkan et Tenkan plate :

On voit sur les graphiques précédents que les cours évoluent en tendance haussière et que la Tenkan était également haussière. Dans ces mouvements, l'apparition de bougies importantes, marquant notamment de nouveaux plus hauts dans la tendance, s'accompagnent d'une inflexion de la pente de la Tenkan.

Dans l'exemple suivant, on retrouve un mouvement haussier jusqu'à la bougie rouge du 18 janvier. Une consolidation se met en place et la Tenkan se met à plat. La tendance initiale repart et la Tenkan reprend une pente haussière. Une nouvelle consolidation, horizontale celle-ci, intervient à partir du 26 janvier. Les bougies des jours suivants ne marquent pas de nouveau plus haut et la Tenkan se met à plat à nouveau jusqu'au 31 janvier. Le 1er février, les cours réalisent un nouveau plus haut et la Tenkan reprend sa marche haussière. Le fait marquant suivant intervient le 6 février avec la rupture en cloture de la Tenkan. Les cours vont rester sous la Tenkan à l'exception de la séance du 15 février. La tendance est en train de se retourner – du moins à court terme – et la pente de la Tenkan devient négative.

Dans les périodes de tendance haussière, les cours évoluent généralement au-dessus de la Tenkan. Lors des consolidations, la Tenkan se met à plat et, après le retournement de la tendance, les cours évoluent majoritairement sous la Tenkan.

La Tenkan joue le rôle de guide du mouvement des prix. Elle assure l'harmonie de la tendance. En tendance haussière, lorsque les prix s'écartent trop de la Tenkan vers le haut, on est en situation de surachat et un mouvement de consolidation les ramène au contact de la Tenkan.

De même en tendance baissière, lorsque les prix s'écartent trop vers le bas de la Tenkan, on est en situation de survente et une consolidation a tendance à les ramener vers la Tenkan.

En tendance haussière, la rupture de la Tenkan n'est pas en soi un signal de danger. Si la tendance est bien installée, les cours refranchiront la Tenkan et le mouvement haussier pourra se poursuivre. Le problème commence à se poser lorsque la pente de la Tenkan se retourne.

c) Comparaison Tenkan/moyenne mobile arithmétique neufs périodes (MM9) :

Dans l'exemple suivant (présenté en bougies hebdomadaires), la MM9 est constamment baissière. La Tenkan l'est aussi à l'exception des phases de consolidation durant lesquelles elle se met à plat.

Cela met en lumière un des élements notables de la méthode, à savoir **la détection des phases de consolidation par la mise à plat de la Tenkan** et les conséquences que l'on peut en tirer.

À partir du 24 janvier, le mouvement baissier est interrompu et la Tenkan se met à plat. Dans les jours qui suivent, les cours tentent sans succès de repasser au-dessus de la Tenkan plate et la bougie du 21 février marque l'échec du camp acheteur et la reprise de la tendance baissière. La pente de la Tenkan reprend son évolution négative. Dans le même temps, la MM9 est restée baissière et n'a pas fourni d'information opérationnelle particulière, notamment de consolidation à plat.

La Tenkan a joué le rôle de résistance à court terme. Ce qui nous intéresse avec Ichimoku est surtout de suivre les périodes où la Tenkan est à plat ainsi que l'éloignement des cours avec elle.

Le même raisonnement peut être tenu pour les tendances haussières avec les Tenkan plates comme support court terme au mouvement.

On peut alors illustrer les différents mouvements des prix et les réactions de la Tenkan qui les accompagnent.

Un mouvement baissier démarre le 21 septembre. Après s'être mise à plat quelques jours, la Tenkan devient résolument baissière, accompagnant la baisse des cours. Elle joue parfaitement son rôle de guide du mouvement. Ainsi, le retournement de la Tenkan, qui était haussière avant le 21 septembre, correspond à la confirmation du début d'un retournement baissier. Le 24 octobre, une consolidation du mouvement baissier se met en place. Il s'accompagne d'un aplatissement de la Tenkan et de son franchissement par les prix. Une nouvelle rupture de la Tenkan le 7 novembre relance la baisse et la pente de la Tenkan devient négative.

Cette situation de consolidation de tendance baissière, suivie d'un franchissement de la Tenkan, puis de sa nouvelle rupture, est caractéristique de la relance de la tendance.

On verra dans la deuxième partie de l'ouvrage que cette situation peut être exploitée pour une entrée en position baissière.

Enfin, le 9 janvier, les cours franchissent la Tenkan qui se met à plat, indiquant une interruption de la tendance baissière. La bougie du 17 janvier, accompagnée, de plus, d'un gap haussier, permet à la Tenkan de prendre une pente positive. Les deux gaps ouverts les jours suivants confirment le passage en tendance haussière.

LA TENKAN – LES POINTS ESSENTIELS

- Elle joue le rôle de guide du mouvement des prix et assure l'harmonie et la continuité de la tendance.

- Si les prix s'écartent trop de la Tenkan (sur achat ou sur vente), un mouvement de rappel les ramènera vers elle, restaurant l'harmonie du mouvement.
- En tendance haussière, une rupture de la Tenkan, suivie d'un nouveau franchissement, marque une nouvelle impulsion de la tendance. On verra par la suite que cela peut constituer une opportunité d'achat.
- En tendance baissière, un franchissement de la Tenkan, suivi d'une nouvelle rupture, indique une relance de la baisse et pourra constituer une opportunité de vente.

3 – La Kijun

a) Beaucoup de remarques concernant la Tenkan s'appliqueront à la Kijun, en remplaçant les neuf périodes de calcul de la Tenkan par les vingt-six de la Kijun. L'approche moyen terme de la Kijun remplacera celle court terme de la Tenkan.

La Kijun correspond au point moyen des cours calculés sur vingt-six périodes, mèches comprises.

Kijun = (cours le plus haut + cours le plus bas) /2 sur vingt-six bougies.

Le graphique ci-dessous illustre le mode de calcul de la Kijun pour le 4 janvier. La période de référence pour le calcul débute le 28 novembre. Le point le plus haut correspond à la mèche haute de la quatrième bougie et le point bas, la mèche basse de l'avant-dernière bougie. Le niveau de la Kijun est représenté par le retracement 50% entre ces deux points.

On retrouve une approche semblable à celle de la Tenkan. Étant calculés sur une période plus longue, les plats sont également plus longs, les niveaux de cours extrêmes évoluant moins rapidement sur vingt-six périodes que sur neuf. Les plats de Kijun seront également moins fréquents. Comme pour la Tenkan, le cours le plus haut et le cours le plus bas peuvent se situer n'importe où dans la séquence de vingt-six bougies.

Les franchissements ou cassures de la Kijun sont moins fréquents que ceux de la Tenkan et n'ont pas la même interprétation.

La comparaison entre la Kijun et la moyenne mobile 26 périodes, présentée dans le graphique ci-après, montre des évolutions plus lissées, les plats de Kijun sont moins fréquemment traversés par les prix que les plats de Tenkan et, dans le mouvement baissier établi présenté, ceux-ci jouent un rôle plus affirmé de résistance.

La Kijun joue ainsi un rôle de régulateur du mouvement des prix sur le moyen terme.

b) Le graphique ci-après montre les différents comportements de la Kijun par rapport aux prix.

Le franchissement de la Kijun plate le 23 novembre avec une bougie de taille significative, confirmé le jour suivant par une bougie similaire, marque un changement de tendance du marché. Elle devient haussière. Ce franchissement pourrait tout à fait correspondre à une opportunité d'achat, comme on l'analysera dans l'ouvrage.

La tendance se développe ; la Kijun joue le rôle de support pour les prix et se met à plat à chaque consolidation du mouvement.

Comme souvent, après une longue période haussière, le marché a besoin d'une respiration plus importante, et le 27 septembre, un test est effectué de la Kijun plate. Après quelques périodes de test et d'incertitude, la tendance repart, mais la consolidation suivante à partir du 27 décembre va entraîner une rupture plus franche de la Kijun plate, et jusqu'au 18 avril, cette dernière deviendra résistance au mouvement. Le grand mouvement haussier est terminé et le changement de rôle de la Kijun, qui est passée de support à résistance, confirme ce changement majeur.

Le mouvement baissier se poursuit, et après une période significative, une nouvelle respiration permet le test de la Kijun plate le 15 août. Les vendeurs reprennent le contrôle du marché au contact de la Kijun, ce qui entraîne une nouvelle séquence significative de baisse.

Ce n'est que le 24 octobre que les prix franchissent une Kijun pentue, à contre tendance, afin de dérouler une nouvelle séquence haussière jusqu'à ce que la rupture d'une Kijun pentue le 17 avril laisse envisager un nouveau changement de sens de la tendance.

On voit ainsi que des Kijun plates jouent le rôle de support/résistance alors que les Kijun pentues font le relais entre deux Kijun plates. Celles-ci ne correspondent donc pas à des niveaux d'équilibres comme les Kijun plates et sont simplement des représentations graphiques du passage entre deux niveaux de référence. Elles permettent plus facilement un franchissement ou une rupture.

Pour comprendre ce dernier phénomène, revenons sur le franchissement de la Kijun pentue le 24 octobre. Quelques périodes plus tôt, les cours avaient, dans la baisse, trouvé un support et une figure technique de retournement, ponctuée par deux bougies vertes de taille significative, montrait la reprise du contrôle du marché par le camp acheteur. La Kijun en pente négative indiquait encore une baisse du niveau d'équilibre des prix (sur vingt-six périodes), alors que le marché était devenu haussier, du moins temporairement : la Kijun pentue ne correspond pas à un niveau d'équilibre établi du marché et peut donc être franchie facilement.

On comprend alors l'importance capitale des Kijun plates qui, comme ici dans une tendance baissière bien construite, déterminent les niveaux d'équilibre du marché sur le moyen terme ainsi que les séquences de consolidation.

Cette notion de niveau d'équilibre signifie que ce sont des valeurs de référence de l'actif concerné et leur influence pourra perdurer.

C'est le cas dans l'exemple ci-après :

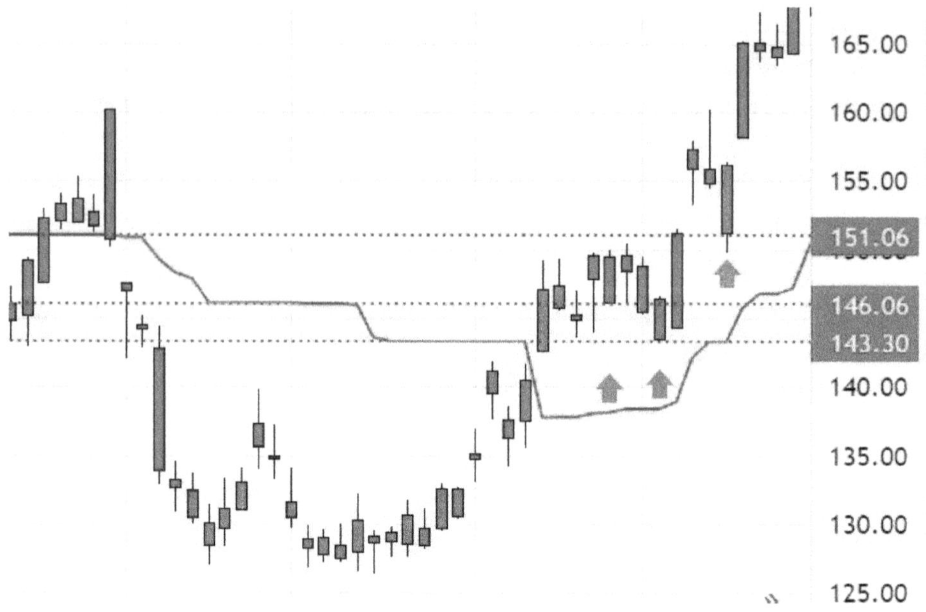

On a tracé trois Kijun plates à 143.30, 146.06 et 151.06. Les deux premières flèches vertes montrent que dans la remontée des cours, les niveaux de Kijun plates précédents (appelés désormais **plats de Kijun**) ont correspondu à des niveaux de support et de résistance pour les cours. Dans le cas de la troisième flèche, les cours ont d'abord franchi le plat de Kijun à 151.06, puis sont revenus le tester avant que le mouvement haussier soit confirmé. Ce retest confirme l'importance des plats de Kijun dont l'influence perdure alors que la Kijun a pu évoluer.

Les Kijun plates peuvent constituer, dans les conditions qui seront développées dans la deuxième partie de l'ouvrage, des niveaux d'achat ou de vente.

Dans l'exemple ci-dessus, les franchissements de la Kijun plate les 1er août, 24 août et 8 septembre correspondent à des impulsions dans le sens de la tendance. De plus, lors des franchissements du 24 août et du 8 septembre, ils avaient été précédés de test/rupture de la Kijun : la reprise en main par les acheteurs dans ces circonstances n'en est que plus convaincante. On notera également que les franchissements des 1er et 24 août se sont accompagnés rapidement de la remontée de la Kijun, confirmant le sens du mouvement.

Dans la séquence baissière qui suit, les ruptures de Kijun plates les 7 octobre, 28 octobre et 17 novembre lancent des impulsions baissières. La dernière se produit après une consolidation qui a vu les cours franchir tout d'abord la Kijun avant la reprise de la tendance initiale.

On notera enfin que la Kijun correspond au retracement de Fibonacci 50% d'un mouvement impulsif.

On retrouvera dans l'exemple ci-dessous une situation classique correspondant, après un mouvement haussier, à la consolidation de ce dernier et au test de la Kijun.

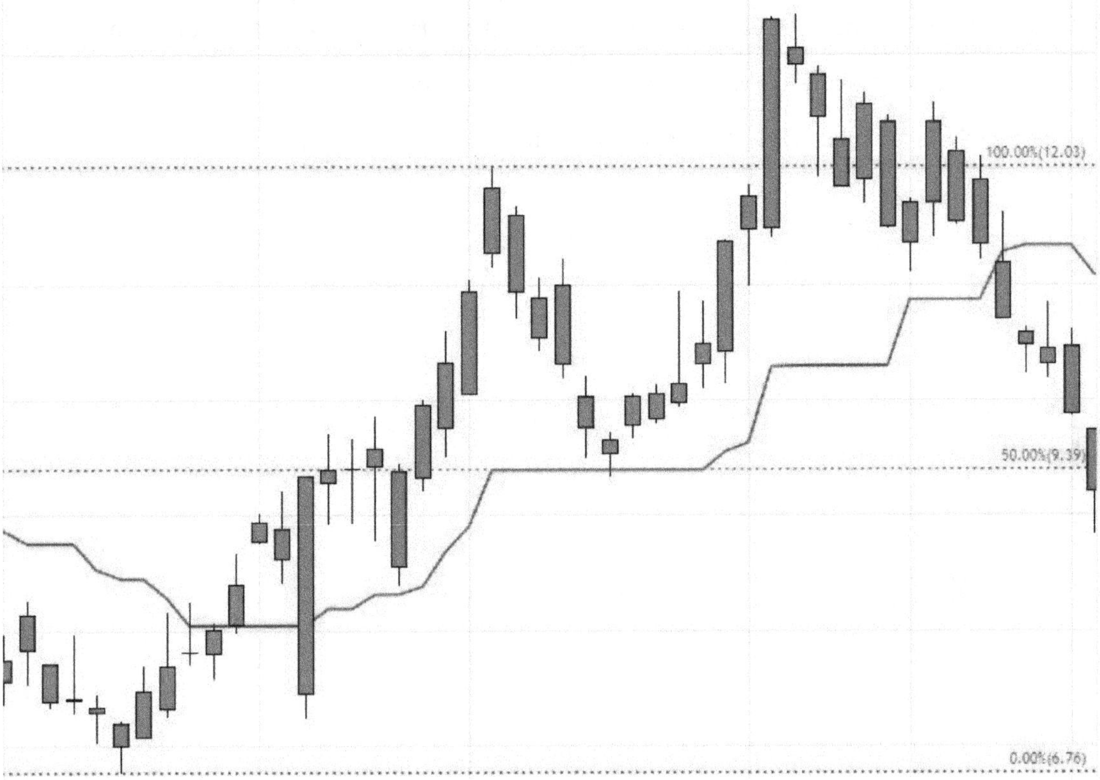

Le rebond des cours sur la Kijun plate montre que les acheteurs reprennent la main et laisse entrevoir la poursuite du mouvement haussier.

LA KIJUN – LES POINTS ESSENTIELS

- Elle est le niveau de référence moyen terme pour les prix : elle joue le rôle de support dans les tendances haussières et de résistance en tendance baissière
- Le franchissement (ou la rupture) d'une Kijun plate est plus difficile que celui d'une Kijun pentue
- Le franchissement d'une Kijun plate entraînant une inflexion positive de sa pente marque le démarrage ou la reprise d'un mouvement haussier
- La rupture d'une Kijun plate entraînant une inflexion négative de sa pente marque le démarrage ou la reprise d'un mouvement baissier

- Le franchissement ou la rupture d'une Kijun plate peuvent correspondre à des niveaux d'achat ou de vente dans les conditions développées dans la deuxième partie de l'ouvrage
- En consolidation elle correspond au retracement 50% de Fibonacci

4 – SSA, SSB et nuage

La SSA et la SSB seront à lire ensemble et l'espace qui les sépare est le nuage. On reviendra largement par la suite sur sa signification et son exploitation.

4 – 1 : La SSA

Elle représente une mesure de l'équilibre des prix entre la Tenkan (base neuf périodes) et la Kijun (base vingt-six périodes), soit entre le court terme et le moyen terme.

Cette mesure sera projetée vingt-six périodes en avant.

SSA = (TENKAN + KIJUN) /2 et projetée vingt-six périodes en avant.

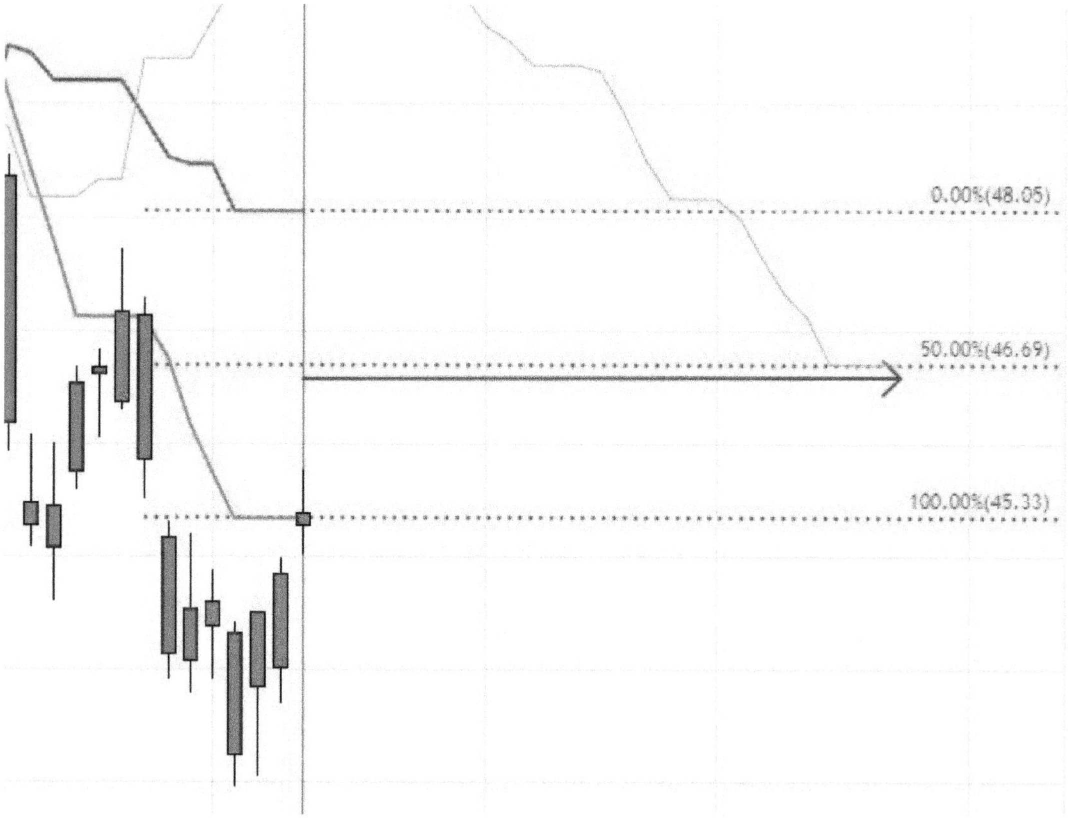

Dans l'exemple ci-dessus, la Kijun en rouge est à 48.05 et la Tenkan en vert à 45.33. Le milieu est à 46.69 et c'est le niveau correspondant de la SSA après projection de vingt-six périodes en avant. Par extension, on peut considérer que c'est le niveau moyen sur (9 + 26) /2, soit dix-sept/dix-huit périodes. Il préfigure un obstacle que les prix pourraient avoir à affronter dans vingt-six périodes. On verra dans la deuxième partie de l'ouvrage le rôle majeur que la SSA aura à jouer en tendance baissière quand les prix arriveront en contact avec elle.

4 – 2 : La SSB

Elle représente le niveau moyen sur cinquante-deux périodes, projeté vingt-six périodes en avant.

Le calcul est réalisé par rapport à la situation au 19 mai avec des bougies quotidiennes.

L'intervalle de cinquante-deux bougies correspond à la période du 8 mars au 19 mai. Le plus haut de la période apparaît le 9 mars à 54.45 et le plus bas le 16 mai à 42.97. Le point moyen est à 48.71 et projeté vingt-six périodes en avant, cela donne le point bleu de la SSB actuelle.

La période de calcul de la SSB étant beaucoup plus longue que celle de la SSA, on retrouve plus de séquences plates pour la SSB et les variations de niveau plus modérées.

C'est une ligne particulièrement importante en tant qu'équilibre des prix sur le long terme.

4 – 3 : Le nuage

Il correspond à l'intervalle entre le SSA et la SSB.

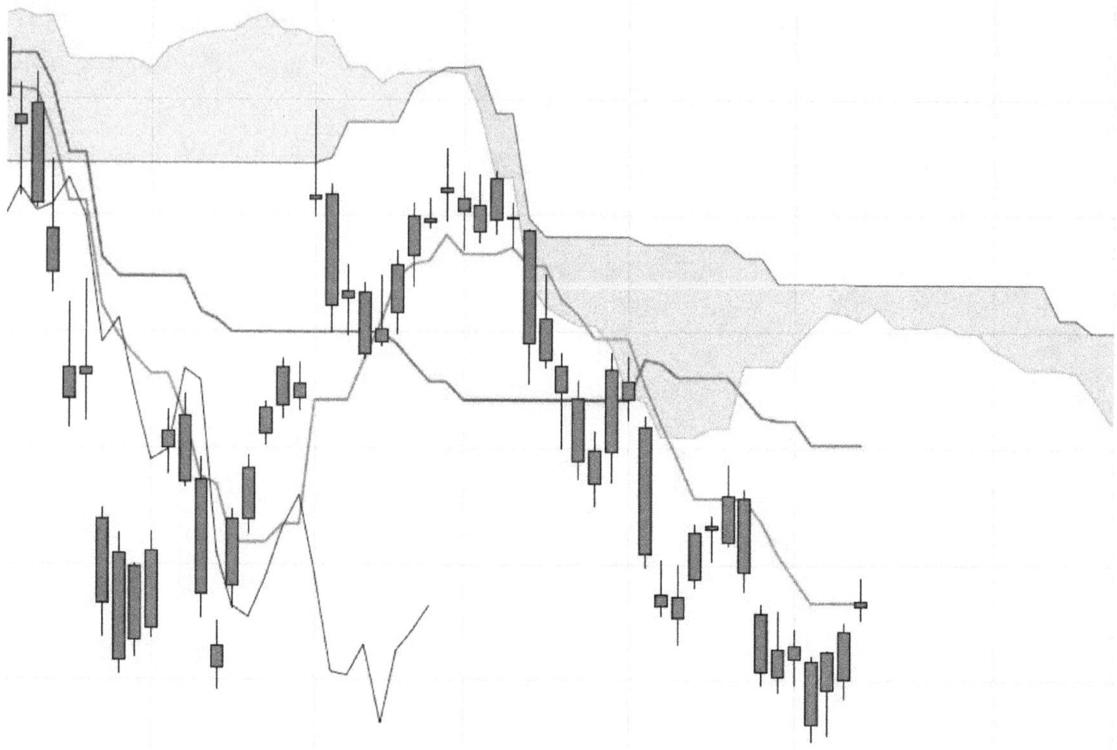

Quand la SSA est au-dessus de la SSB, **le nuage est dit haussier** (couleur bleue). En effet, quand les prix sont plus élevés sur le court terme (c'est-à-dire récemment) que sur le long terme, on évolue dans une phase haussière.

Quand la SSA est en-dessous de la SSB, **le nuage est dit baissier** (couleur rouge). En effet, quand les prix sur le court terme sont plus bas que sur le long terme, cela signifie que l'on est dans un contexte baissier.

Le croisement entre un nuage haussier et un nuage baissier s'appelle un « **twist de nuages** ».

L'épaisseur du nuage correspond à la différence entre un équilibre court terme et un équilibre long terme, projeté vingt-six périodes en avant. Cela a deux conséquences majeures :

- On disposera de la configuration du nuage durant vingt-six périodes au-delà du dernier jour de calcul.
- On évaluera le niveau de la bougie actuelle par rapport à la position du nuage.

Cela constitue un des fondements de la méthode Ichimoku, à savoir disposer d'une approche de la situation future des supports, résistances et de la volatilité attendue.

Sur le graphique ci-dessus, les prix actuels sont en dessous des composantes du nuage. Cela signifie que l'on est en dessous des cours des périodes précédentes qui ont permis le calcul de ce nuage. Cela correspond à une dynamique baissière des cours. Ainsi, **quand les cours sont sous le nuage, la tendance est baissière**.

On retrouve les conditions opposées dans le graphique ci-après :

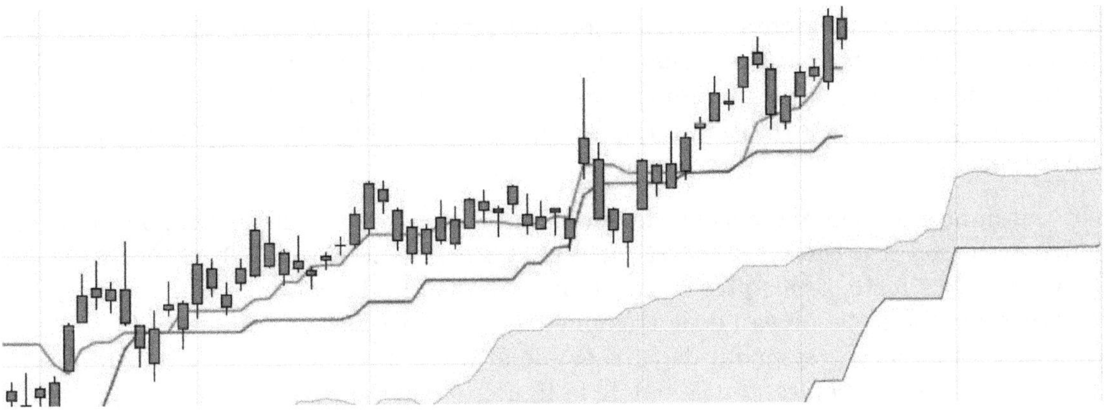

La SSA est au-dessus de la SSB, la moyenne des prix à court terme est supérieure à celle de long terme, **les prix sont au-dessus du nuage (donc au-dessus de leur moyenne court terme) et la tendance est haussière**.

Dans ce dernier exemple, ci-dessous, les prix sont à l'intérieur du nuage et peuvent évoluer entre leurs références court et long terme. Il n'y a pas de tendance déterminée. Le nuage apparaît comme une zone d'incertitude. Il faudra attendre la sortie du nuage pour savoir quelle direction vont prendre les prix. S'ils franchissent le nuage, la tendance deviendra haussière puisque les prix auront progressé. S'ils passent sous le nuage, la tendance sera baissière.

On notera également que la sortie haussière du nuage se produira si les cours franchissent 100.53 et que la sortie baissière correspond à des prix inférieurs à 73.01. Les prix actuels évoluent autour de 90.

On est donc en présence d'un nuage épais et il faudra des éléments micro ou macroéconomiques très forts pour donner une direction aux prix

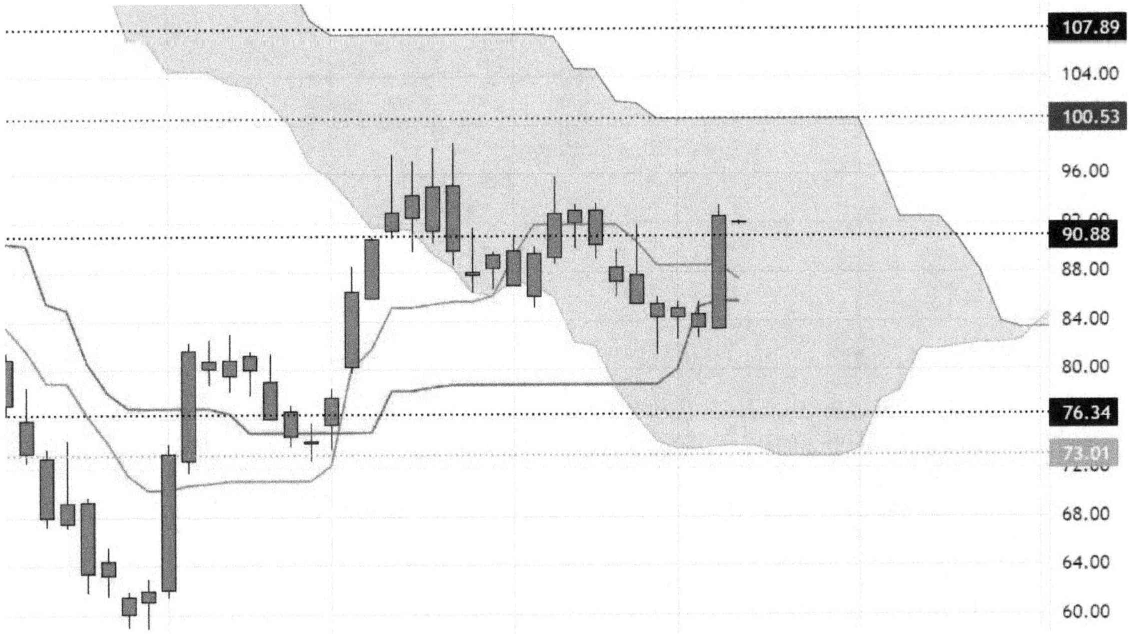

En l'absence de ces éléments, il faudra souvent attendre qu'avec le temps, les prix arrivent à sortir du nuage dans un sens ou l'autre quand l'épaisseur du nuage sera réduite, comme dans notre exemple au moment où on s'approchera du twist à venir des nuages. Cela correspond à une évolution latérale des prix à la recherche d'une réduction de la volatilité.

On voit donc que le nuage permet de déterminer les niveaux que les prix devront connaître dans le futur comme supports et résistances. Le niveau de 100.53 correspond à une résistance forte. Si les prix continuent leur chemin dans le nuage et à l'approche du twist de nuages, le niveau de sortie va évoluer et devenir le segment plat au-dessus du niveau à 90.88. Ce segment de SSB est déjà influent car il correspond à un niveau remarquable du passé, issu du calcul de la ligne.

Il en est de même de chacune des parties plates de la SSB car toutes sont la résultante de niveaux d'équilibre des prix dans le passé.

Quand le nuage est mince comme dans l'exemple ci-après, il suffira d'une variation peu importante des prix pour casser le nuage et confirmer la tendance baissière qui s'amorçait.

Un nuage mince est plus facile à traverser mais cela ne signifie pas que la traversée se fera systématiquement. Cela correspond à la situation où les prix moyens sur le court terme et ceux sur le long terme sont très proches : on est en situation de consensus. Il faudra surveiller au contact du nuage lequel des camps – acheteur ou vendeur – fera valoir sa conviction. Si c'est le premier, les prix rebondiront sur le nuage. Dans le cas de la prééminence des vendeurs, les prix casseront le nuage et la tendance deviendra baissière.

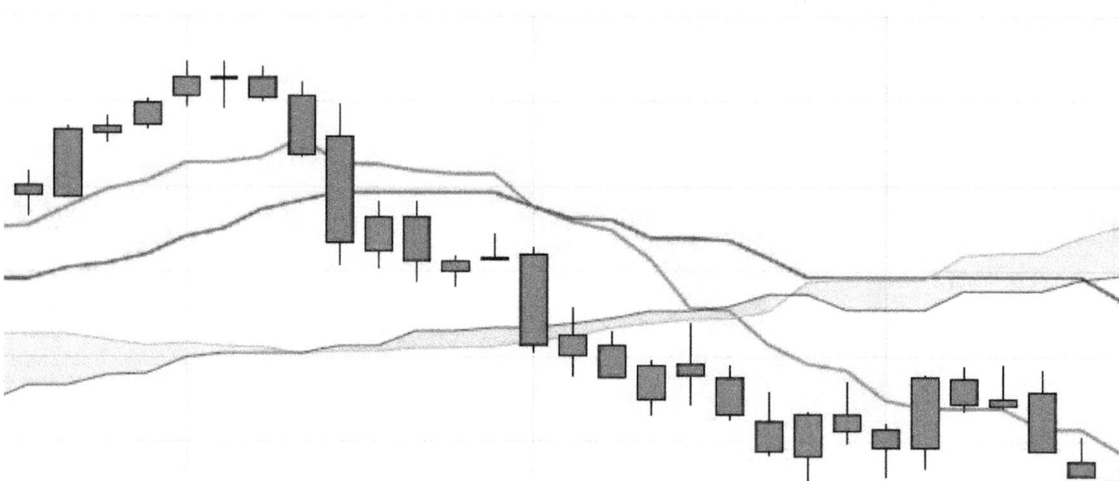

SSA, SSB, NUAGE – LES POINTS ESSENTIELS

- La SSB est une droite représentative de l'équilibre des prix à long terme. Elle est peu réactive et présente de nombreux plats, parfois longs lorsque la volatilité est peu importante
- La SSA est plus volatile car représentative d'équilibre de marché à court/moyen terme
- Le nuage est l'espace compris entre SSA et SSB. Son épaisseur est une mesure de la plage de volatilité et d'incertitude des prix

- Quand les prix sont dans le nuage, il n'y a pas de tendance dans l'unité de temps correspondante
- Quand les prix sont au-dessus du nuage, la tendance est haussière
- Quand les prix sont au-dessous du nuage, la tendance est baissière
- Un twist de nuages correspond au croisement des nuages. Il correspond à un affaiblissement de la tendance en cours ; c'est une zone de changement de tendance possible
- Le nuage fournit les supports/résistances que les prix vont connaître dans le futur

5 – La Lagging Span

Elle correspond au niveau de clôture des prix retardé de 26 périodes.

Cela signifie que l'on ne considère pas les mèches des bougies. Il faudra donc attendre la clôture de la bougie pour déterminer le niveau de la Lagging Span.

Au fil de l'ouvrage, on comprendra qu'une ligne dont la définition est aussi simple est en fait une clé de voûte du système. Aucune analyse ne peut être faite, aucune décision d'investissement ne peut être prise sans que la Lagging Span ait apporté sa confirmation.

5 – 1 : Tracé de la Lagging Span

Elle correspond à la représentation des cours retardée de 26 périodes. Elle permet, par sa simplicité de conception (une simple ligne), de bien suivre le cheminement des cours et – on le verra par la suite – de détecter facilement certaines figures chartistes, comme une épaule – tête – épaule.

5 – 2 : Positionnement relatif de la Lagging Span et de ses prix

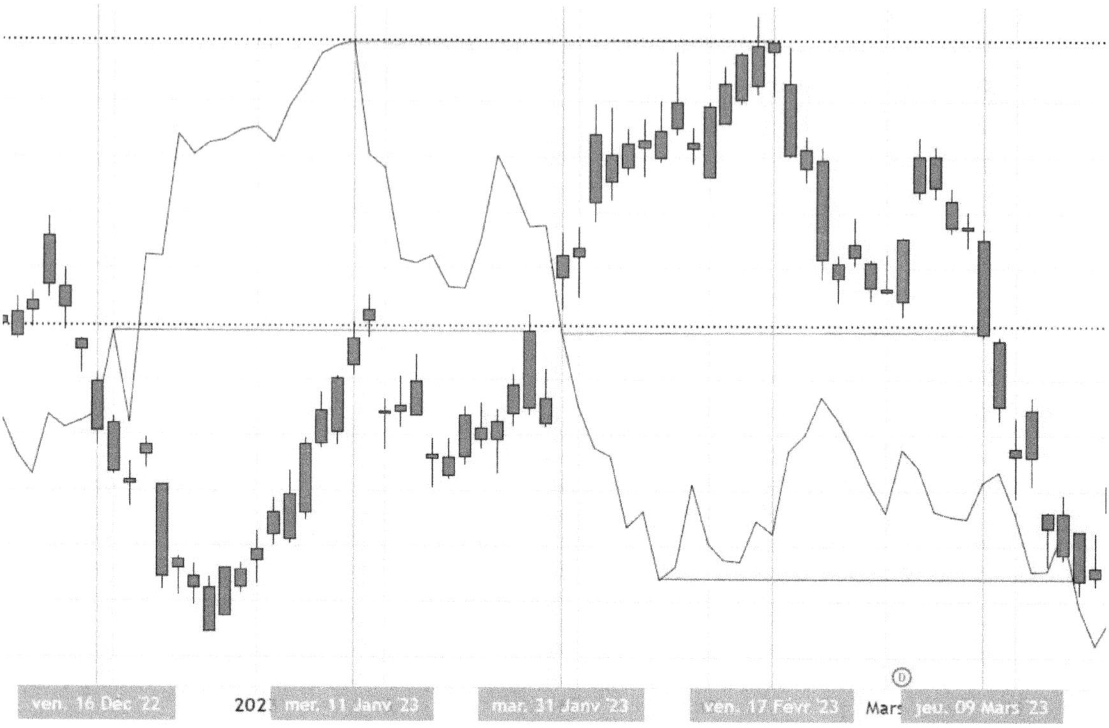

Un des intérêts de la ligne, du fait de sa construction, est de permettre la comparaison des clôtures actuelles avec les prix tels qu'ils étaient 26 périodes auparavant. Dans l'exemple précédent, le 11 janvier, la Lagging Span est à 43.09. C'est le niveau des prix 26 périodes plus tard, le 17 février.

Le 11 janvier, les prix sont, au sommet de la mèche haute de la bougie du jour, à 37.95. La Lagging Span est au-dessus de ses prix. Cela signifie que les prix sont passés de 37.95 le 11 janvier à 43.09 le 26 février. On peut donc en conclure que, quels que soient les mouvements entre ces deux dates, on est en présence d'un mouvement globalement haussier.

On peut alors affirmer que **quand la Lagging Span est au-dessus de ses prix, la tendance est haussière**.

À partir du 11 janvier, la Lagging Span va évoluer à la baisse, et le 31 janvier, elle va passer sous ses prix. Cette date correspond au 9 mars pour les prix et la forte bougie rouge de cette séance de Bourse. Le graphique montre que l'on est rentré dans une séquence baissière.

On peut donc affirmer que **lorsque la Lagging Span est en-dessous de ses prix, la tendance est baissière**.

On traitera par la suite la situation où la Lagging Span est en contact avec ses prix (mèches comprises).

Lorsque la Lagging Span, comme après le 11 janvier, s'éloigne progressivement vers le haut de ses prix, cela dénote une tendance qui semble installée. A contrario, comme sur les dernières bougies du graphique précédent, la Lagging Span hésite et demeure au contact de ses prix. On peut en déduire que la tendance baissière qui était installée est en train de faiblir et qu'il y a une possibilité de retournement.

6 – Le système Ichimoku complet

Nous avons défini les cinq lignes composant le système, vu leur construction, et ébauché leur intérêt et leur utilisation dans le dispositif complet. Nous allons désormais – à quelques rares exceptions près – présenter des graphiques avec le système complet.

Le graphique ci-après présente le dispositif complet Ichimoku avec ses cinq lignes et le nuage. Le code couleur appliqué sera le même tout le long de l'ouvrage :

- Tenkan : vert
- Kijun : rouge
- SSA : orange
- SSB : bleue
- LS : noire
- Nuage haussier : bleu
- Nuage baissier : rose

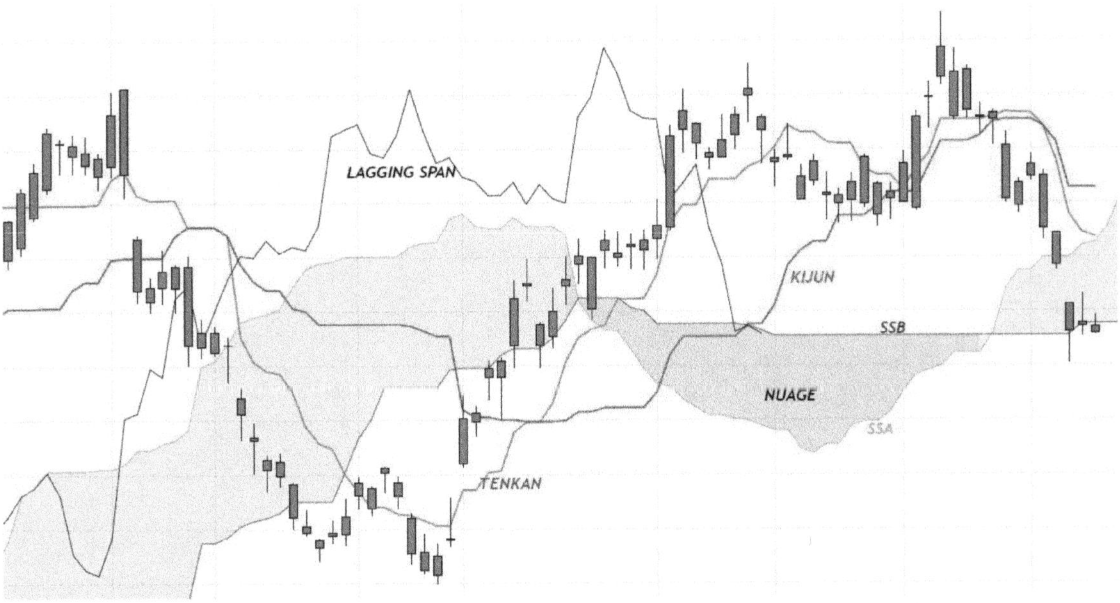

Les premiers contacts avec le dispositif complet sont généralement assez déstabilisants pour qui l'aborde pour la première fois, notamment par la quantité d'informations qu'il propose :

- Sur la situation actuelle, à travers les bougies des prix.
- Sur la situation passée avec la présence de la Lagging Span.
- Sur les obstacles futurs, avec notamment le nuage.
- Les interactions entre les différentes lignes que nous allons étudier dans les prochains chapitres.

- Et il faut en plus regarder et analyser les bougies et les informations qu'elles nous donnent en permanence sur la confrontation acheteurs/vendeurs.

La meilleure méthode pour pallier cette appréhension, est probablement de commencer à passer du temps à regarder des graphiques, à suivre l'évolution des prix et de chacun des éléments constitutifs de la méthode.

Les yeux et le cerveau vont assez rapidement s'habituer à la représentation du dispositif et, avec le temps, les réflexes naîtront permettant d'analyser « d'un coup d'œil » la situation complète en intégrant les informations actuelles, passées et futures et en analysant les positions relatives des éléments du dispositif.

CHAPITRE 3

INTERACTION ENTRE LES DIFFÉRENTES LIGNES

Seront analysées dans ce chapitre les principales interactions entre les différents éléments du dispositif :

- Interaction prix/nuage intégrant les comportements des prix avec SSA et SSB
- Action de la Tenkan
- Action de la Kijun
- Interaction Tenkan/Kijun
- Actions de la Lagging Span et interaction avec les autres lignes
- Les niveaux remarquables.

1 – Interaction prix/nuage

1 – 1 : Nuage support de tendance haussière

Sur le graphique en données hebdomadaires ci-dessous, les cours passent en tendance haussière après avoir franchi un nuage baissier dans une partie plus mince début 2021.

La tendance se développe et – comme très souvent – des consolidations sont nécessaires. C'est le cas en décembre 2021 où les prix viennent une première fois tester le haut du nuage sur lequel ils rebondissent avec une bougie verte dynamique. Une deuxième phase de consolidation se produit entre les 11 juin et 26 septembre 2022.

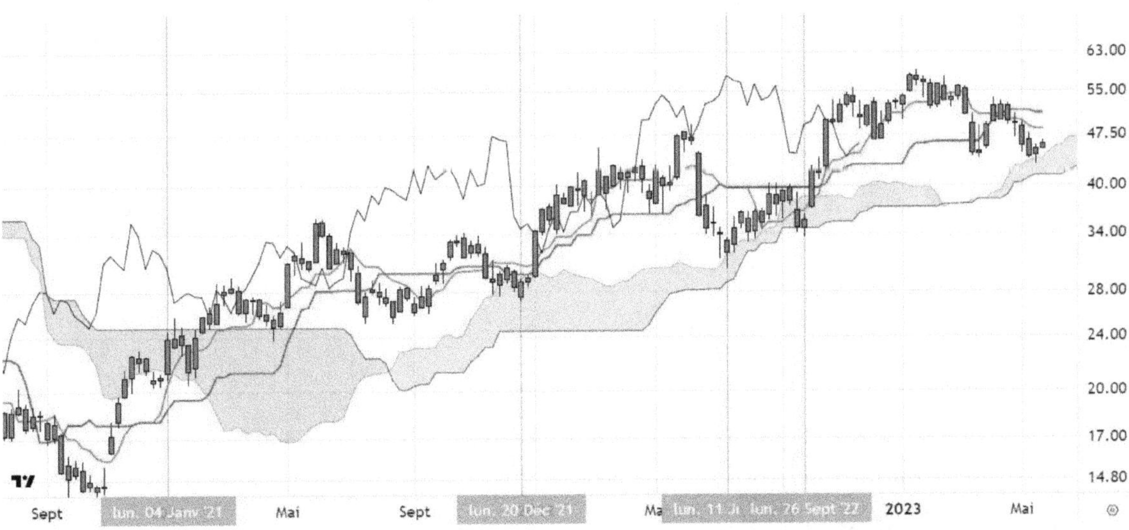

Celle-ci s'effectue au contact d'un nuage très mince. Dans ce cas, le risque de retournement de la tendance est plus important que dans le cas précédent compte tenu de l'épaisseur du nuage. La période de test est plus longue et les prix viennent même tester le 26 septembre la SSB qui est le bas du nuage. Cette dernière est le dernier rempart au retournement de la tendance. La bougie verte suivante confirme la détermination du camp acheteur et la tendance initiale reprend son cours.

On voit ainsi qu'**un nuage épais protègera généralement la tendance alors qu'un nuage mince la mettra en danger.** On note également sur le graphique que les périodes d'amincissement du nuage suivent généralement une dynamisation de la tendance alors qu'un nuage épais suit généralement une consolidation de la tendance (période autour du 20 décembre).

Lors de la première consolidation, le nuage était plus épais car il intégrait dans le calcul de la SSB toute la période de forte progression des prix depuis l'automne 2020 jusqu'à juin 2021. Dans cette configuration, le niveau moyen des prix à court terme progresse plus vite que le niveau moyen à long terme et la SSA s'écarte de manière plus importante de la SSB.

Ce n'était plus le cas lors de la deuxième consolidation. En effet, la croissance des prix étant plus modérée, SSA et SSB étaient plus proches et il était plus aisé de tester un support de long terme comme la SSB. Des lignes SSA et SSB proches signifient qu'il existe une sorte de consensus dans le temps quant à la valeur de l'actif. Il suffira d'un décalage faible des prix pour passer d'un côté ou de l'autre du nuage.

La figure suivante montre qu'une tendance puissante et rapide va entraîner un épaississement du nuage. La situation de surachat provoqué par ce mouvement va amener une consolidation qui va réduire la volatilité et provoquer un amincissement du nuage dans sa partie finale.

1 – 2 : Nuage résistance de tendance baissière

a) Développement de la tendance

Le phénomène est assez différent de la tendance haussière. En effet, la vitesse d'évolution et l'ampleur de la baisse des prix sont plus importantes que dans le cas d'une tendance haussière.

Cela est illustré par une maxime boursière classique : « Les prix montent par l'escalier mais descendent par l'ascenseur. »

Lorsqu'une tendance baissière se met en place, un phénomène d'inquiétude se développe chez les investisseurs, notamment lors de la publication de résultats d'entreprises ou de statistiques défavorables ou encore de phénomènes géopolitiques graves. Ce phénomène s'est largement accentué depuis quelques années, poussé par un « Fly to Quality », les investisseurs se débarrassant des sociétés ne pouvant respecter leurs promesses au profit de celles présentant une croissance plus récurrente et des résultats en hausse.

Dans l'exemple ci-après, les consolidations de la tendance baissière ne parviennent pas à un test du nuage. C'est le cas en février 2022, puis en avril. Seuls sont réalisés des tests de la Kijun qui aboutissent à une nouvelle rupture de cette dernière.

Les cours finissent par trouver une zone de support en mai/juin et une consolidation de la tendance baissière se met en place. Ce n'est que fin juin/début juillet qu'un test du nuage est réalisé. Le nuage continuait à descendre du fait du mouvement baissier alors que les cours consolidaient, la tendance étant arrivée peut-être à son terme ou que la détermination du camp vendeur avait fortement faibli.

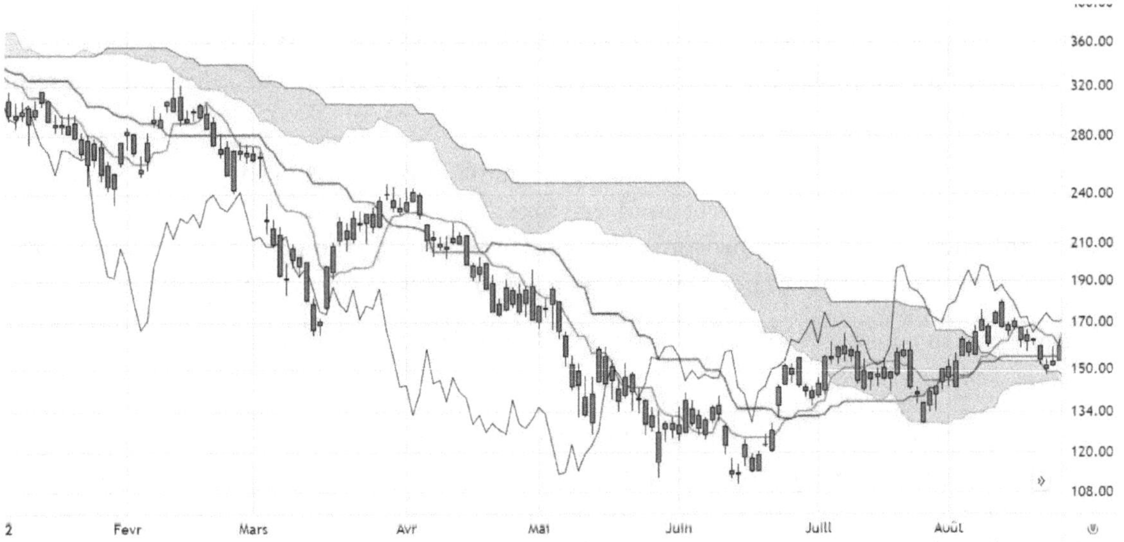

Compte tenu de la vitesse de la baisse, les cours sont confrontés à un nuage baissier épais, donc difficile à franchir. C'est le cas ici et la sortie haussière du nuage ne se fait pas par franchissement de la SSB mais par une latéralisation et l'amincissement du nuage sur les mois de juillet et août. La sortie se produit car les prix ne baissent plus et qu'ils sont désormais dans un mouvement haussier lent, presque à l'intérieur d'un range.

b) SSB et plats de SSB résistances en fin de tendance

Le graphique ci-après montre le comportement des prix après une longue tendance baissière et la confrontation avec le nuage. Ce dernier étant épais, il leur sera difficile de progresser à l'intérieur de celui-ci.

Ils seront aussi confrontés à la SSB qui correspond à une sortie haussière éventuelle du nuage.

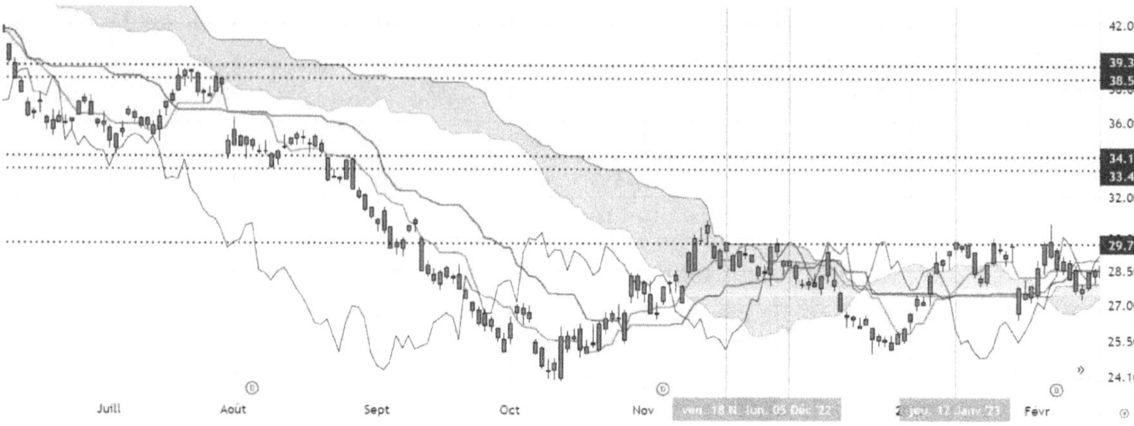

Ce niveau à 29.71 demeurera résistance tout au long du contact entre les prix et le nuage, entre le 18 novembre et le 5 décembre, mais le sera à nouveau plus tard à partir du 12 janvier alors que les prix seront sortis par le haut du nuage ainsi que la Lagging Span.

Cela démontre que les SSB plates et plus tard les plats de SSB demeurent des résistances aux mouvements des prix. Cela sera sensible longtemps car la SSB est la ligne de long terme du dispositif Ichimoku.

Les SSB plates, dans une tendance baissière, marquent les différentes étapes du mouvement de baisse. Elles correspondent aux temps durant lesquels les prix sur cinquante-deux périodes ne présentaient pas de nouveau plus haut ni de nouveau plus bas. Le mouvement baissier consolidait et perdait de sa force avant de repartir.

C'est ce qui se passe ici sur les niveaux 39.33 puis 38.54, 34.12, 33.40 et 29.71 que nous venons d'évoquer.

Nous verrons par la suite que lorsque le niveau de ces SSB plates correspondent à des supports ou des résistances techniques durant la phase baissière, leur importance en est renforcée.

Le niveau de 29.71 évoqué ci-dessus correspond à un niveau de support qui a temporairement arrêté la baisse début septembre.

Si les cours repartaient à la hausse dans le futur, des niveaux de SSB demeureraient des résistances à l'appréciation des cours. Elles ont marqué les étapes de la baisse, les moments où acheteurs et vendeurs ont débattu de la valeur de l'actif et où, après débat, les vendeurs ont fait prévaloir leur appréciation de cette valeur. Il faudra donc, dans un éventuel mouvement de remontée, que ce même débat entre vendeurs et acheteurs se réalise. Dans notre exemple, les acheteurs n'ont pas montré leur conviction dès le premier obstacle à 29.71.

Le graphique ci-dessous montre une situation opposée, à savoir un retournement très dynamique de la tendance baissière et les plats de SSB à 116.20, 117.79 et 124.81 sont franchis dans le mouvement. On notera néanmoins que le marché a hésité plusieurs séances à chaque fois avant de franchir ces obstacles, preuve de leur caractère opérationnel.

Les plats de SSB suivants à 136.91 et 142.68 ont même provoqué des consolidations significatives des prix.

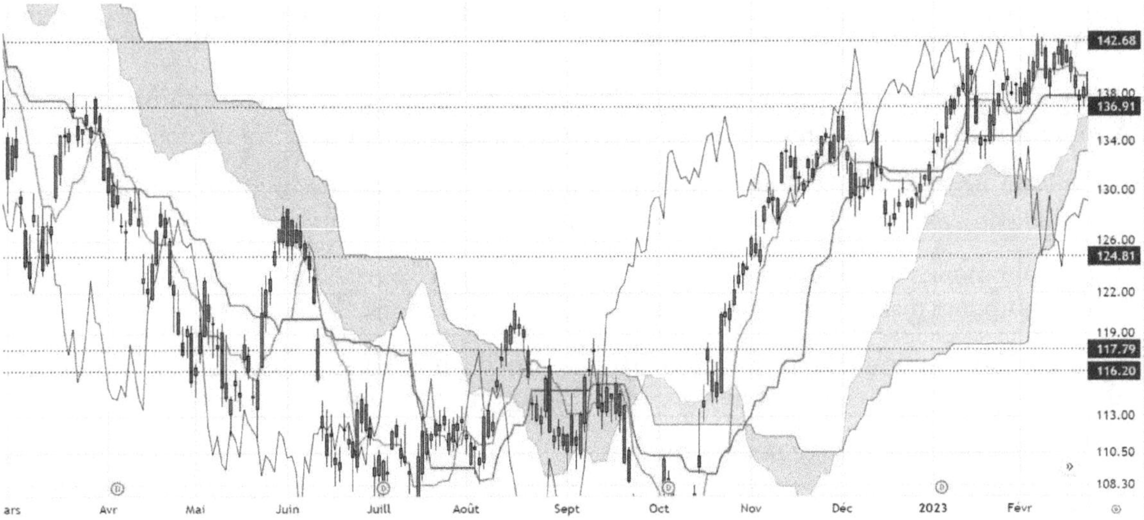

c) SSB et plats de SSB au cours de la tendance baissière

Lorsque la tendance baissière suit une tendance haussière, les plats de SSB qui ont été créés par les consolidations de cette dernière vont remplir le rôle de supports à la tendance baissière.

Dans l'exemple ci-après en données hebdomadaires, les cours ont développé une tendance haussière dynamique puis ils ont cassé le nuage et sont partis en tendance baissière.

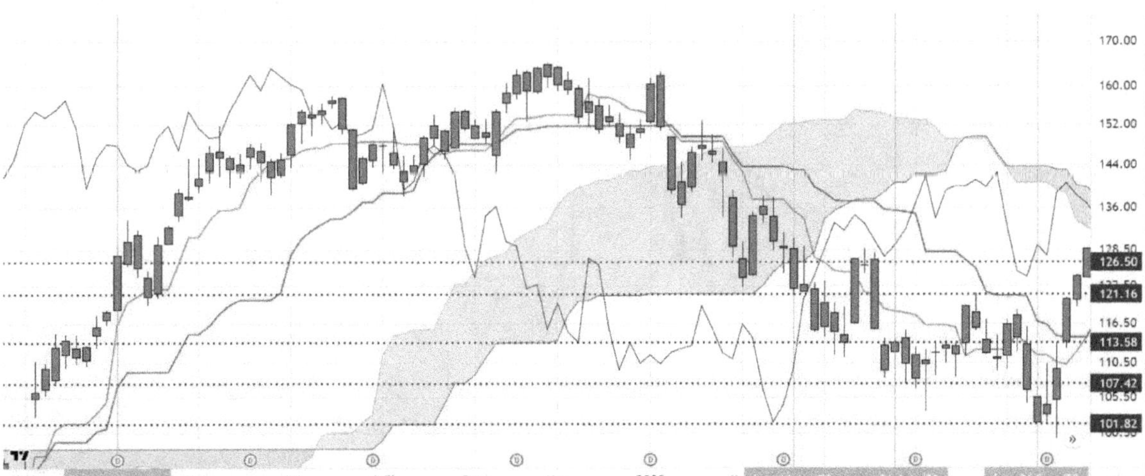

Le 11 avril, ils ont testé le plat de SSB à 121.16. Après un rebond, ils ont cassé ce niveau pour aller tester le plat de SSB suivant à 113.58. Ils ont à nouveau rebondi pour aller tester un petit plat de SSB à 126.50. Une figure technique de retournement classique (« étoile du soir ») a accompagné la reprise de la tendance initiale et les cours sont allés tester le 21 juin le plat de SSB à 107.42. Ils ont rebondi à nouveau sur le niveau précédent à 113.58, puis sur celui à 121.16. Le test de ce niveau a relancé la tendance baissière jusqu'au plat de SSB à 101.82 testé le 26 septembre.

Sur ce dernier niveau, les acheteurs ont repris fortement la main et ont soldé la tendance baissière.

Ainsi, les différents plats de SSB ont joué leur rôle de niveaux d'équilibre du marché de l'actif.

Lors de la tendance haussière développée depuis fin 2020, le niveau de 113.58 a constitué un niveau de résistance et les cours ont mis quatre semaines à le franchir.

Le niveau de SSB à 121.16 a été franchi début 2021, mais trois semaines plus tard, une consolidation a amené les cours à tester ce premier niveau avant de repartir.

Ces phénomènes ont donné à ces niveaux une légitimité particulière qui a renforcé leur rôle de support durant la phase baissière qui a suivi la tendance haussière.

Il s'agit d'un phénomène de polarité : les niveaux d'équilibre qui ont été des résistances durant la hausse deviennent des niveaux d'équilibre qui sont des supports à la baisse.

1 – 3 : Traversée du nuage par les prix

a) Nuage mince

Le graphique ci-après présente un actif pour lequel, après une longue phase haussière, les prix se sont retournés. Ils ont testé le nuage début 2022, l'ont cassé, puis l'ont retesté jusqu'à ce que la bougie rouge dynamique du 7 février confirme la victoire du camp vendeur. La rupture du nuage mince a été rapide.

On verra dans la deuxième partie de l'ouvrage plusieurs situations similaires. En fin de la tendance haussière, les prix ont commencé à casser la Kijun avec une bougie rouge très puissante qui a envoyé un premier signal d'alarme sur la pérennité de la tendance. La dynamique baissière était déjà bien engagée et la deuxième grande bougie rouge, trois séances plus tard, a clairement préparé la rupture du nuage. Il s'agit là d'une situation Ichimoku très classique.

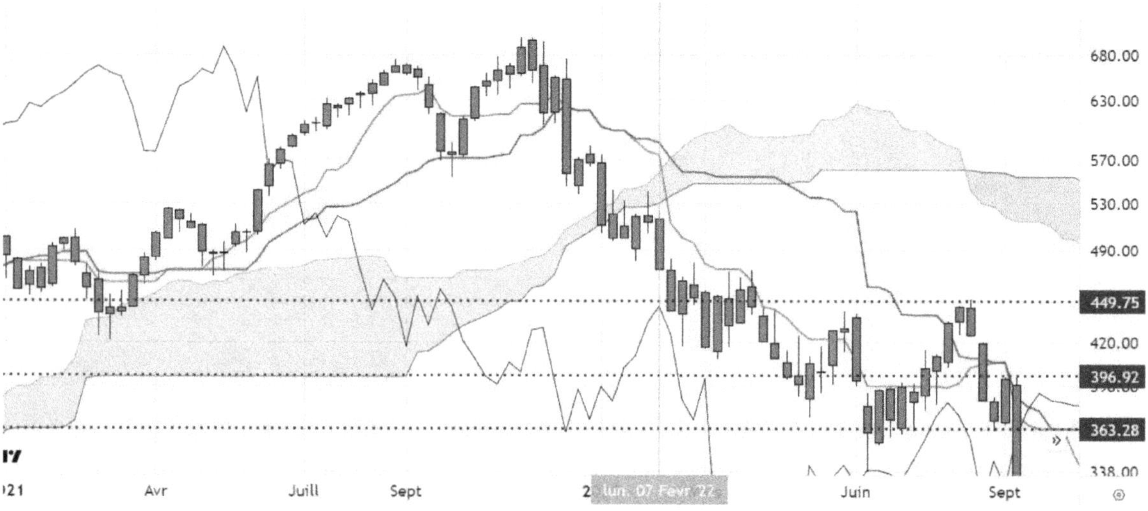

On comprend aisément que la traversée d'un nuage mince soit plus facile. En effet, il a suffit d'un décalage faible des prix pour que ceux-ci se retrouvent de l'autre côté du nuage dans la dynamique du mouvement.

On retrouve aussi, dans cet exemple, la notion de support constitué par les plats de SSB developpée précédemment. Les cours sont venus tester le (petit) plat de SSB à 449.75 peu après le 7 février. Acheteurs et vendeurs ont bataillé plusieurs séances avant que le niveau casse définitivement. Le rebond a été plus rapide sur le plat de SSB suivant à 396.92. Le test du dernier niveau à 363.28 a permis un rebond jusqu'à 449.75 avant qu'il ne cède définitivement.

On notera à cette occasion qu'il n'y a pas de hiérarchie entre les plats de SSB en fonction de leur longueur. L'exemple du plat à 449.75 qui est extrêmement court et qui joue un rôle important dans cet exemple le démontre très clairement.

Après franchissement (évolution haussière) ou rupture (évolution baissière) d'un nuage mince, deux situations peuvent se produire :

- Le camp qui a été à l'origine de la traversée marque sa determination et les cours évoluent rapidement dans le sens du franchissement.
  Dans l'exemple ci-dessous, les prix franchissent le nuage après quelques séances d'indécision. La sortie haussière est dynamique. Seul, le petit plat de SSB à 159.50 va ralentir la dynamique haussière. Il faudra attendre le plat de SSB à 175.97 pour qu'une véritable consolidation prenne forme.

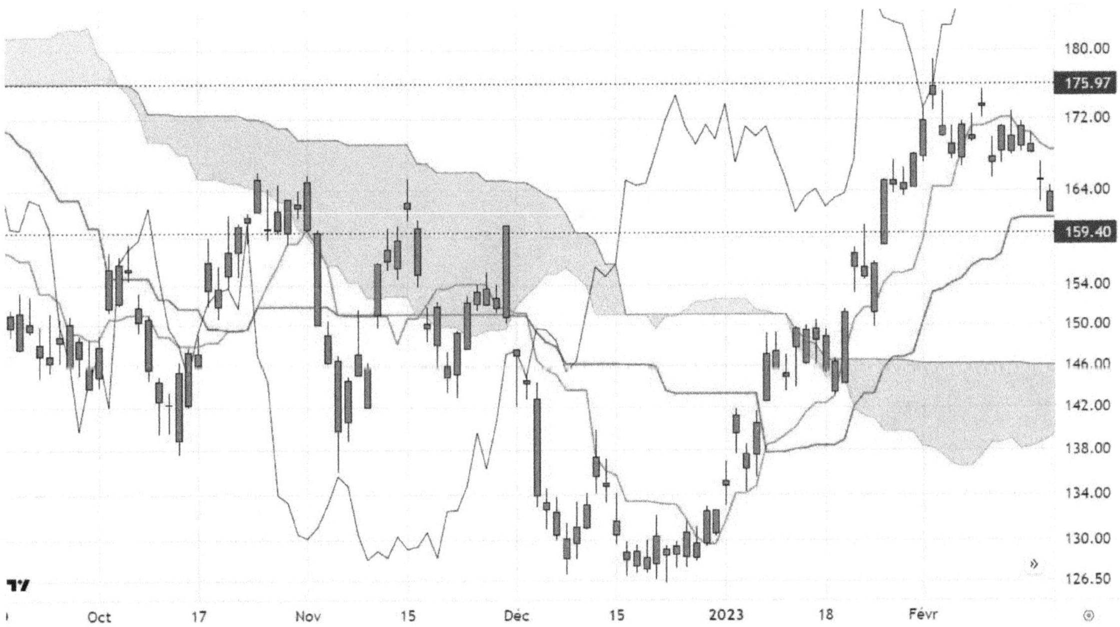

- Le camp à l'origine de la traversée est plus hésitant et on entre en situation d'incertitude, pour ne pas dire de danger, comme dans la configuration suivante. En consolidation de tendance baissière, les prix reviennent tester le nuage dans une partie mince. Les prix hésitent autour du haut d'un nuage baissier. Cette situation est souvent signe de grande faiblesse du camp acheteur. Le petit plat de SSB joue son rôle de résistance et les prix, après quelques séances indécises, refluent dans le sens de l'attraction d'un nuage baissier.

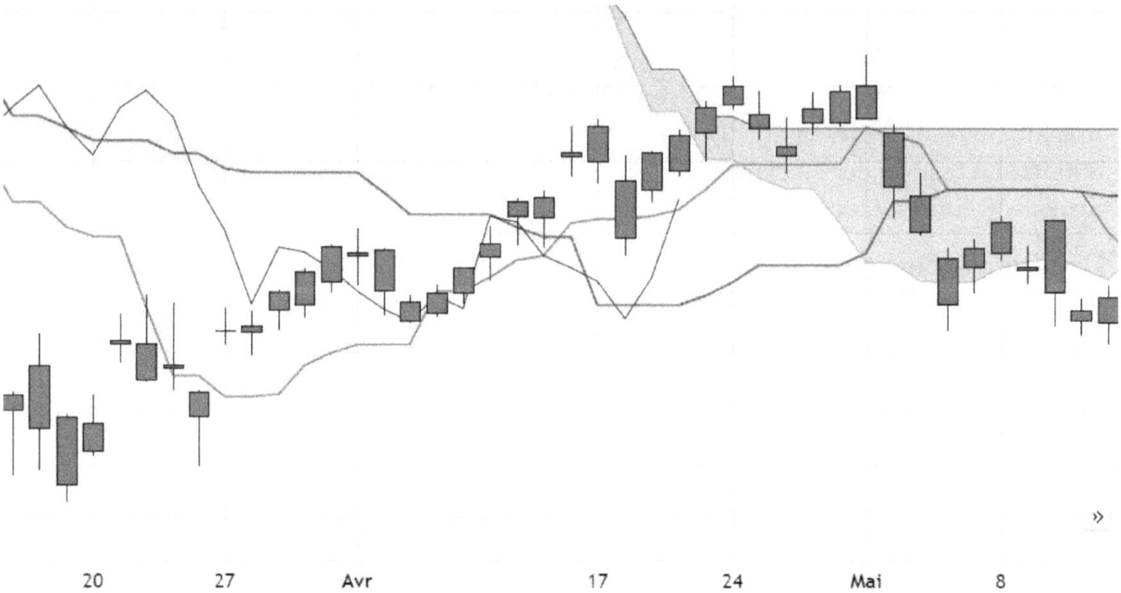

Dans la situation ci-après, le franchissement du nuage le 5 mars est un « bull trap » et les cours refluent. La rupture du nuage se produit – en plus – à l'occasion d'un twist de nuages. La taille de la bougie rouge lors de la rupture est sans ambigüité quant à la détermination des vendeurs.

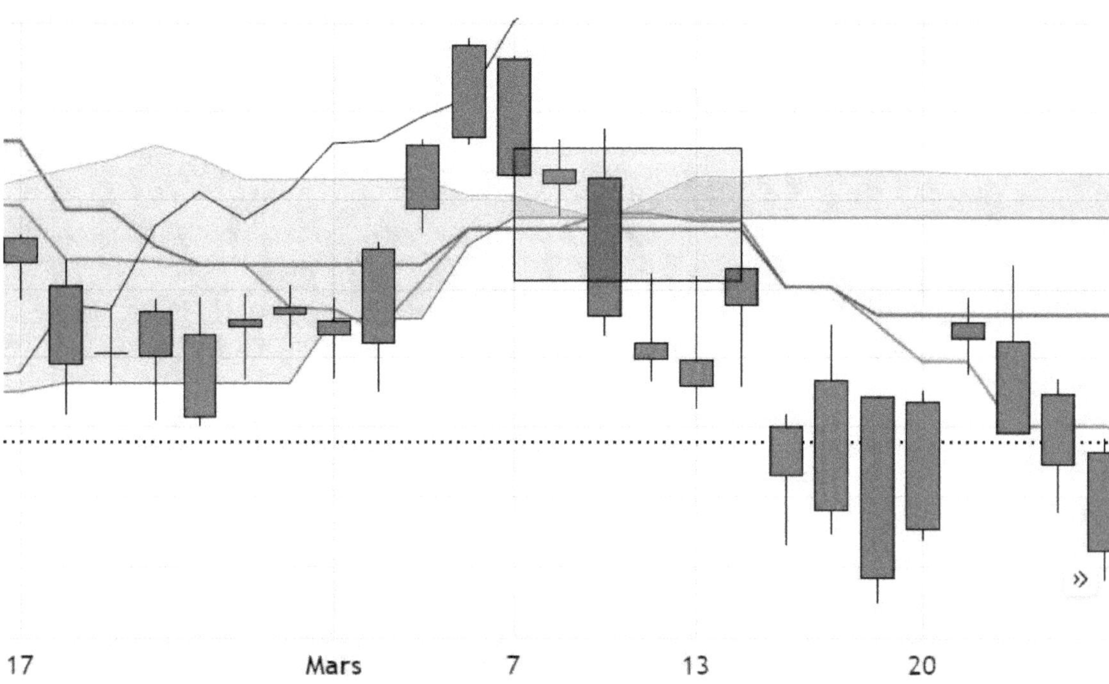

b) Nuage épais

Sur le graphique suivant, après une tendance haussière depuis l'automne 2020, le mouvement est rentré en consolidation à partir du mois de juin 2021 et les cours sont arrivés au contact du haut du nuage en novembre.

Le nuage est clairement considéré comme épais. Le haut est à 66.14 et le bas à 55.63. Les prix devront perdre près de 20% pour casser le nuage. Il faudra une forte chute de l'appréciation de l'actif par le marché pour acter une telle évolution.

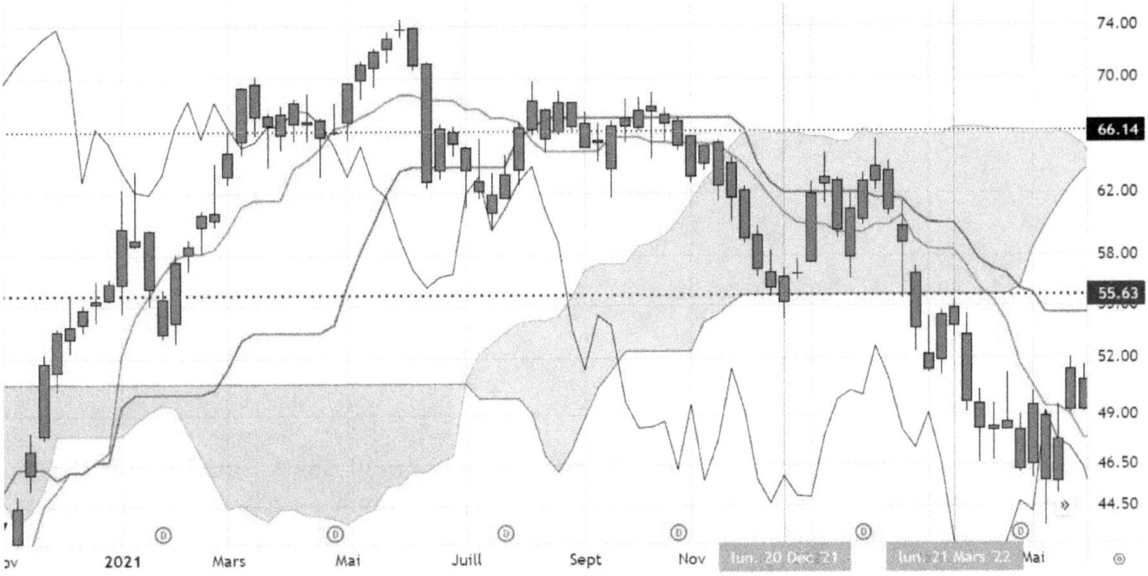

L'entrée dans le nuage se fait à travers une ligne faible qui est la SSA. Les prix viennent tester le 20 décembre le bas du nuage à 55.63 qui est une ligne forte, la SSB. Elle constitue un niveau d'équilibre fort du prix de l'actif, ce qui explique qu'elle ne soit pas cassée immédiatement, la conviction vendeuse n'étant pas assez forte à ce moment, les prix ayant déjà beaucoup baissé.

Il faut un rebond important (presque toute la hauteur du nuage) puis une nouvelle impulsion baissière pour casser le nuage fin février. Les vendeurs ont du mal à imposer leur mouvement et un nouveau test du nuage est réalisé le 21 mars. Ce n'est qu'après ce test que les vendeurs prennent définitivement la main.

Les interactions prix/nuage épais sont toujours des situations complexes et incertaines. C'est aussi le propre du nuage. Tout d'abord, comme on vient de le voir, il faut un décalage significatif des prix pour le franchir (ou le casser). Il faut donc une évolution du fondamental de l'actif significative et du temps pour convaincre l'un ou l'autre camp entre acheteurs et vendeurs.

Dans le cas d'une tendance baissière bien établie comme sur le graphique suivant, lorsque les interactions prix/nuage se produisent dans la partie inférieure de celui-ci, il est exceptionnel d'assister à sa traversée. Il faudra attendre le 6 janvier et un fort amincissement du nuage pour acter le franchissement, puis l'échec sur un plat de SSB.

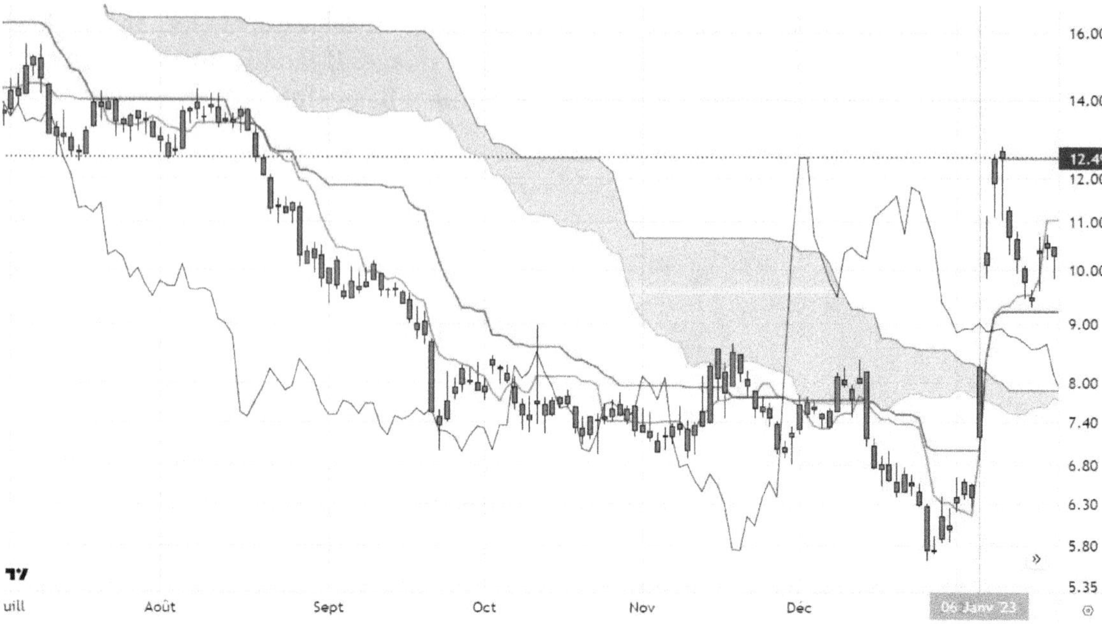

Quand le nuage est trop épais et que les prix ne parviennent pas à franchir la SSB, on assiste régulièrement à une sortie latérale du nuage, même en cas d'amincissement comme dans la configuration suivante. On verra plus loin dans l'ouvrage qu'il faudra que la Lagging Span n'ait plus d'obstacle (SSB, prix…) pour que le franchissement soit confirmé.

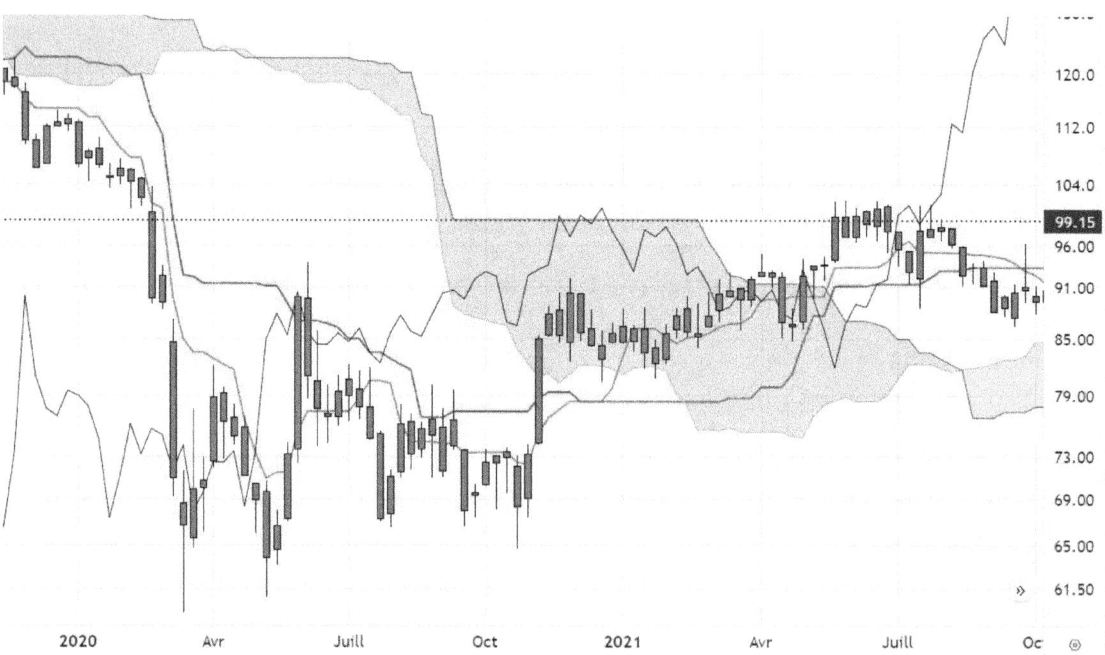

c) Autre situation classique

Dans la configuration suivante, les prix cassent le nuage le 13 juin de manière dynamique en ouvrant un gap baissier. Le prochain support à tester est le plat de SSB à 130.96. Ce support fonctionne malgré deux quasi test de ce niveau. Les prix reviennent vers le nuage et, dès qu'ils arrivent en contact avec la SSB, cette dernière devient guide du mouvement. **Les prix suivent la SSB jusqu'à tester la résistance suivante**, en la circonstance la Kijun plate à 164.46 le 8 août. Les vendeurs reprendront alors la main sur cette résistance et le niveau, devenu majeur, à 130.96 fera à nouveau support en octobre.

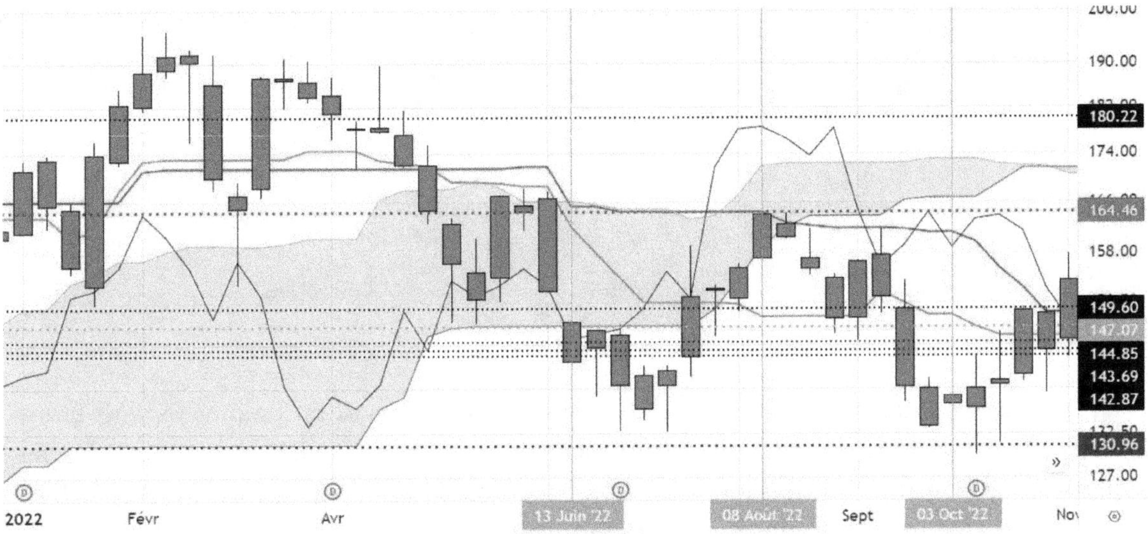

1 – 4 : Interaction prix/twist de nuages

1 – 4 – 1 : Contact avec le twist

Le twist de nuages correspond au croisement entre SSA et SSB. Cela signifie qu'il y a consensus du niveau de l'actif entre une vision long terme représentée par la SSB et une lecture plus court termiste incarnée par la SSA. Cela signifie également que la tendance dans laquelle les prix évoluaient précédemment s'affaiblit totalement. Il s'ouvre une période d'incertitude lorsque les prix s'approchent du twist. Il suffira d'un petit décalage des prix lié à un petit décalage du rapport de force entre acheteurs et vendeurs pour que le mouvement futur parte dans un sens ou dans l'autre. C'est aussi l'occasion de faux signaux, les prix donnant l'impression de partir dans un sens puis se retournent.

Le graphique ci-après montre le démarrage début 2021 d'un mouvement baissier. Précédemment, en mai 2020, les cours ne parviennent pas à casser le nuage. Après consolidation, la 2e tentative de rupture du nuage en juillet se solde par un succès malgré des bougies rouges de taille réduite. Cela aboutit au rebond sur le plat de SSB à 204.64 le 16 août. La nouvelle consolidation amène les prix à tester le twist de nuages le 15 novembre. Les cours sont rejetés par le twist car son niveau était très proche d'une triple résistance constituée par les plats de SSB à 292.28, puis 294.88 et 299.38. Il faut noter que ces plats de SSB étaient déjà connus lors du test du twist car le début des parties plates de SSB était intervenu bien avant, aux dates que montrent les deux flèches vertes dont la pointe indique le moment de l'applatissement des SSB. C'est à partir de ce moment que débute leur influence sur les cours.

Après échec sur le twist de nuages, les cours refluent et demeurent durant 6 périodes au contact du plat de SSB à 240.43 avant que ce niveau cède le 10 janvier.

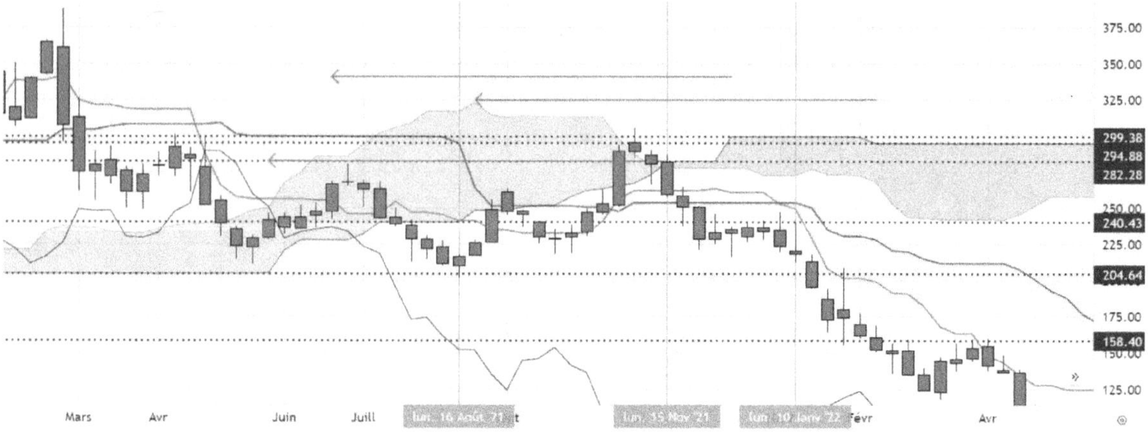

On retrouve la situation inverse dans la configuration suivante. Le mouvement haussier paraît puissant. Il se modère à l'approche du twist et à l'intérieur du nuage. Ici, les plats de SSB futurs sont des supports aux prix dans la zone proche du twist et ils faciliteront sa traversée. Le nuage précédent était haussier et ne présentait pas de plats de SSB qui auraient pu faire résistance aux prix.

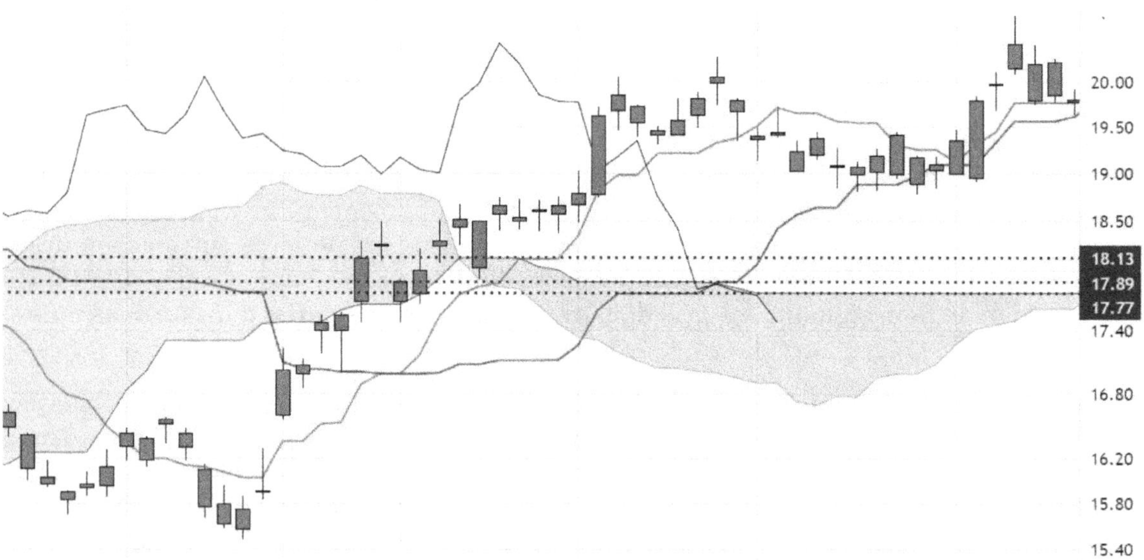

Par contre, la situation se complique lorsqu'on est en présence de SSB au-dessus et au-dessous des cours. L'investisseur devra se montrer encore plus prudent et attendre de connaître le sens de sortie du twist. Dans l'exemple ci-après, la situation est compliquée par le sens du nuage après le twist. Le rebond sur le niveau du twist devra être confirmé – a minima – par la sortie haussière du nuage.

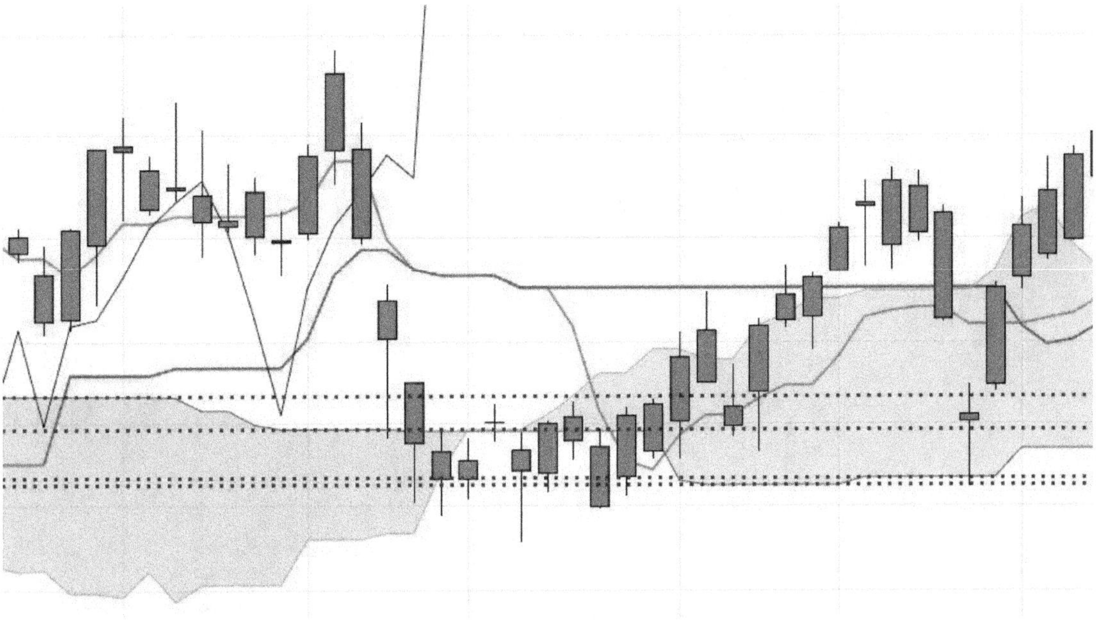

Lorsque le twist de nuage se fait entre un nuage baissier et un nuage haussier, le rebond est l'hypothèse réaliste dans la majorité des situations comme ci-dessus. En effet, l'équilibre des prix futur est croissant. Ainsi, tant que l'on n'a pas la confirmation du contraire, par la rupture de la SSB, l'hypothèse du rebond est la règle.

Lorsque le twist de nuages se fait entre un nuage haussier et un nuage baissier, l'équilibre futur des prix est baissier, et tant que les plats de SSB du nuage futur ne sont pas franchis, le risque de rebond baissier sur le nuage est l'hypothèse la plus plausible.

Dans les deux exemples précédents de passage de nuage haussier à nuage baissier, les plats de SSB du nuage futur ont fait obstacle aux prix dans le premier cas mais ont été franchis dans le second.

La situation suivante illustre un twist entre deux nuages baissiers que les cours ne peuvent franchir. On est conforme à la logique précédente.

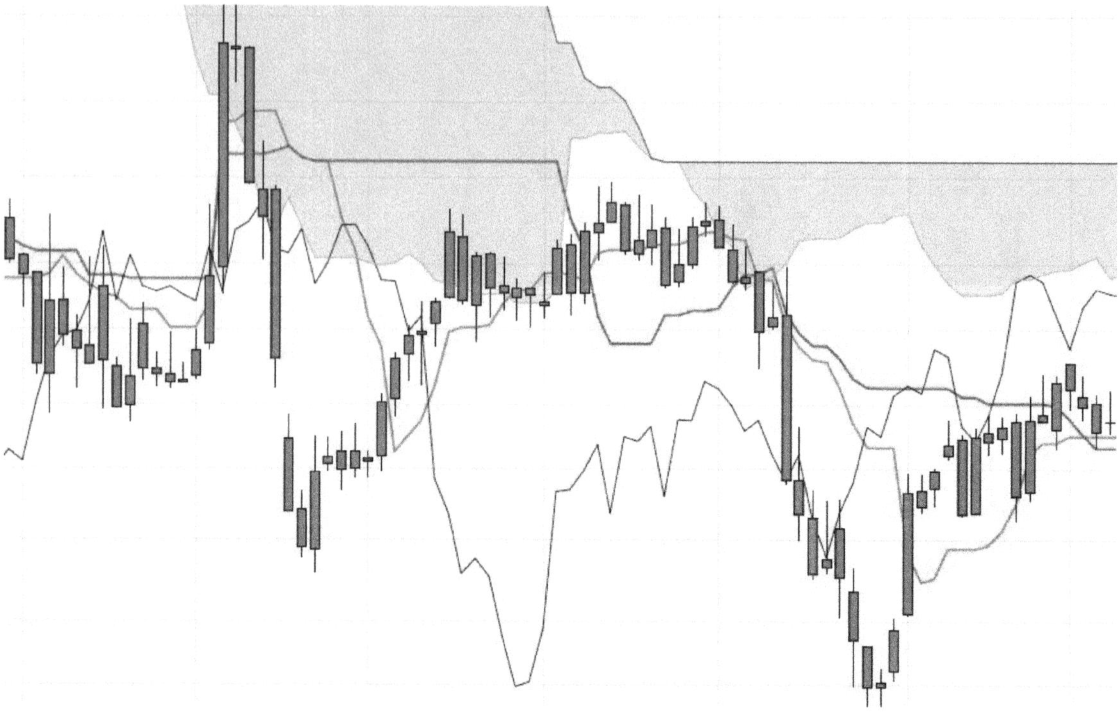

Enfin, le cas plus rare d'un twist entre 2 nuages haussiers milite pour un rebond, du moins dans un premier temps. Lorsque, dans la situation suivante, les prix cassent le nuage bien après le passage du twist, les prix ne sont plus dans sa zone d'influence.

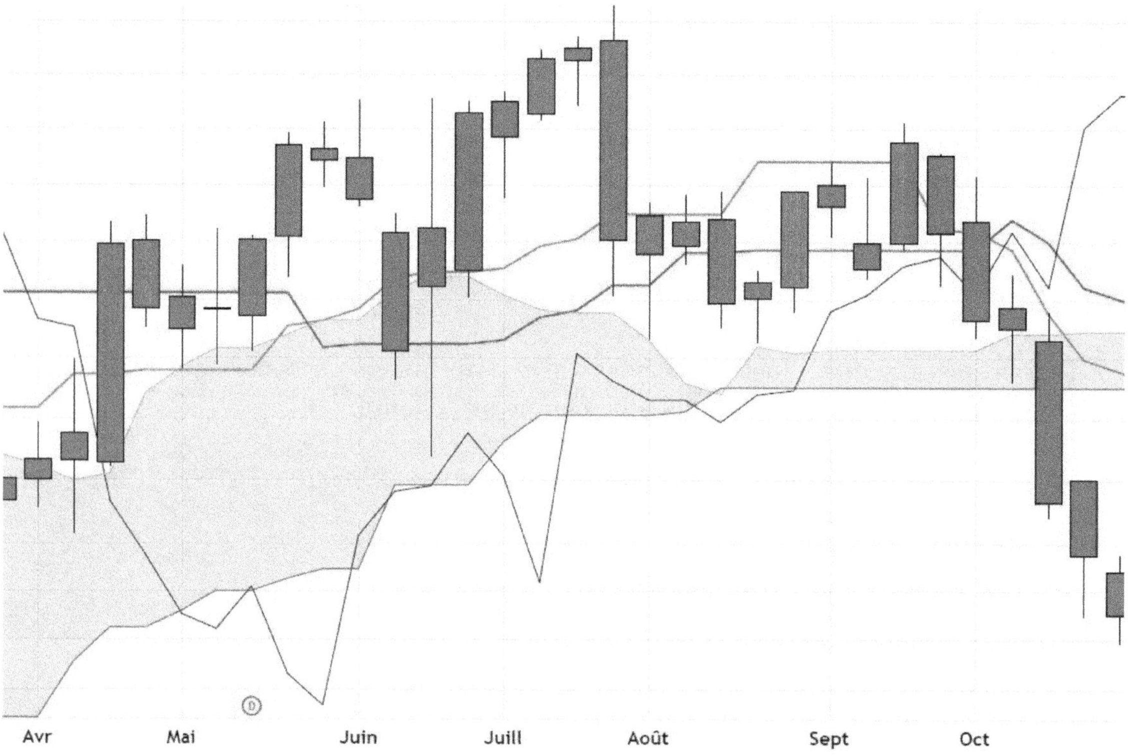

On n'observe même pas d'interaction entre les prix et le twist mais un simple rapprochement, les nuages haussiers faisant support aux prix.

1 – 4 – 2 : Twist futur

On surveillera toujours l'apparition future d'un twist lorsque les prix sont dans le nuage, ce qui correspond à une tendance neutre. La tendance future sera établie par la victoire d'un des camps, vendeur ou acheteur, durant la traversée du nuage ou à la sortie matérialisée par un twist de nuages.

Dans la configuration ci-dessous, les prix sont au contact du nuage depuis le 25 avril. À cette date, on a déjà connaissance du twist à venir le 26 mai car il se produira moins de vingt-six périodes après le contact des prix avec le nuage. En la circonstance, il n'a pas été nécessaire d'attendre la séance de Bourse du twist pour voir les vendeurs prendre le contrôle du marché.

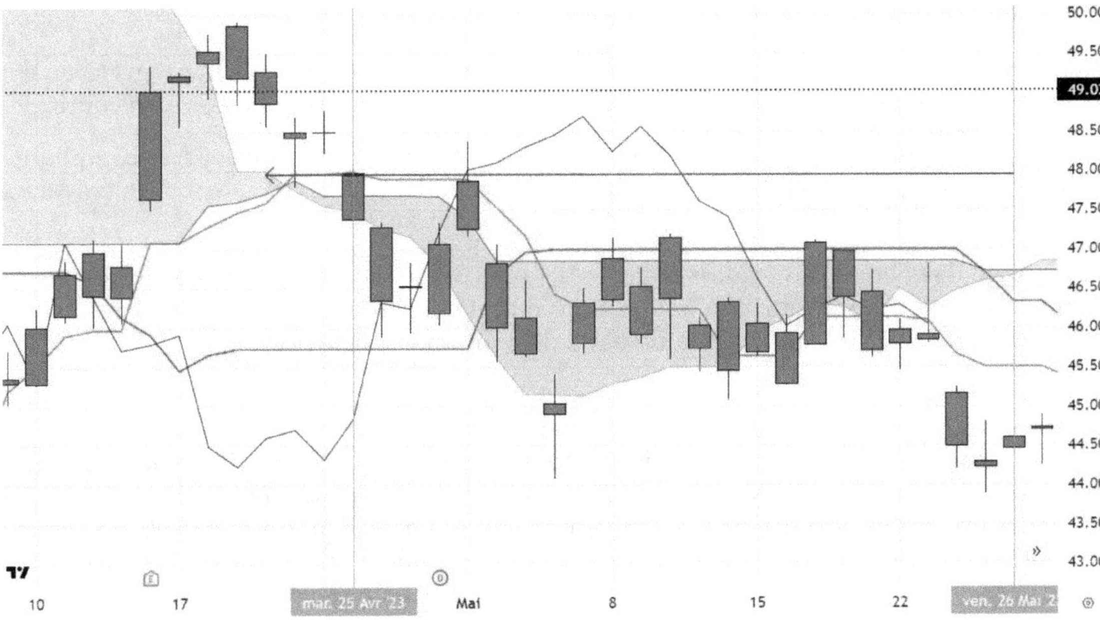

Dans ce deuxième cas, il faut aller au bout du nuage pour que la tendance future se déclare :

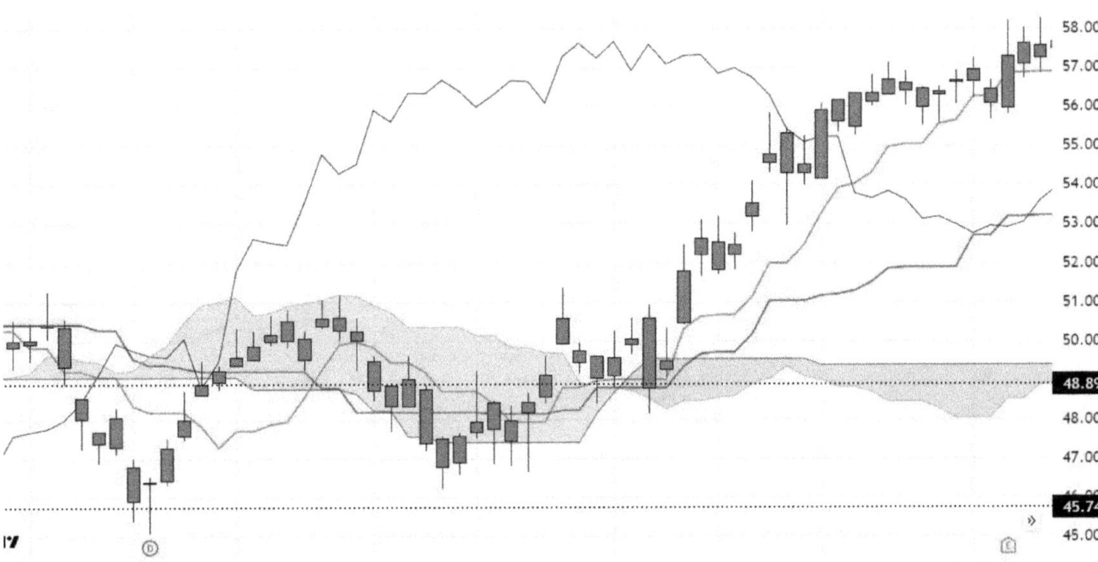

On venait du dessous du nuage, tendance baissière, les prix sont repartis dans le sens opposé. Le sens de sortie n'est pas prévisible, on doit juste s'y préparer pour envisager l'ouverture d'une position.

1 – 5 : Nuage haussier – Nuage baissier

Rappelons qu'un nuage est dit haussier quand la SSA est au-dessus de la SSB. En effet, le mouvement des prix ayant contribué à leur calcul est plutôt haussier, l'équilibre des prix à court terme étant supérieur à celui à long terme. Le code couleur utilisé ici est un remplissage bleu du nuage.

Un nuage est dit baissier quand la SSA est en-dessous de la SSB, l'équilibre des prix à court terme étant inférieur à celui à long terme. Le code couleur utilisé ici correspond à un remplissage rosé du nuage.

On a vu précédemment qu'un long nuage baissier faisait résistance à la progression des prix et qu'un long nuage haussier faisait support à la tendance haussière en cours.

La traversée haussière d'un nuage baissier (mouvement contrarien) est très compliquée si le nuage est épais, possible en cas de nuage mince. Il en est de même pour la traversée baissière d'un nuage haussier.

La lecture des bougies, et notamment leur taille, nous aidera à anticiper le comportement des prix à l'intérieur de chaque type de nuage afin d'estimer les possibilités de traversée. Il en sera de même des niveaux de supports/résistances.

Dans l'exemple ci-après, le nuage haussier a fait support à la tendance haussière dans la dernière phase de cette dernière. La consolidation amorcée en novembre 2022 a entraîné l'entrée dans le nuage haussier le 15 décembre. À partir de ce moment, la taille moyenne des bougies s'est considérablement réduite, montrant que l'avantage du camp vendeur faiblissait. Les cours se sont approchés de la SSB plate à 253.60, niveau de sortie baissière du nuage. Les bougies correspondantes avaient un petit corps et des mèches basses significatives, montrant la capacité des acheteurs à défendre cette sortie du nuage. Ils ont même repris le contrôle de l'actif jusqu'à un niveau proche de la sortie haussière du nuage. Le camp vendeur a alors repris le contrôle, et à partir du 17 janvier, la taille des bougies rouges augmente ainsi que la vitesse de la baisse. La rupture du nuage (plat de SSB) à 253.60 est dynamique, sans retest de celui-ci avec une série de huit bougies rouges.

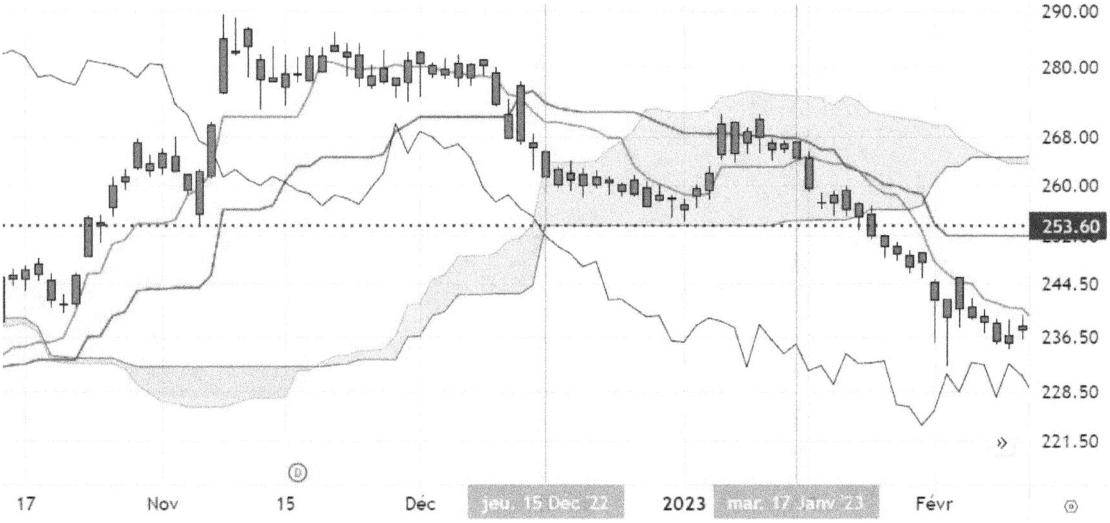

On retrouvera dans l'exemple ci-après la situation opposée, à savoir la tentative de franchissement d'un nuage baissier.

L'actif a développé une tendance baissière. Il trouve mi-juillet un support technique sur 165.40. Dans les jours suivants, une figure de retournement entérine la prise de contrôle par les acheteurs et les cours repartent à la hausse jusqu'au 29 juillet. Ce jour-là, la clôture de la séance s'effectue sur le futur niveau de plat de SSB à 195.07 qui sera la future sortie du nuage. Ce niveau était déjà connu le 26 juillet, comme le confirme la flèche verte correspondant à vingt-six périodes. Il faut noter que malgré la taille importante de la bougie du 29 juillet, le franchissement de 195.07 n'a pas été possible.

Après le repli des cours et le retour dans le nuage baissier, on assiste à une succession de petites bougies et plusieurs tests infructueux de franchissement de la SSB. La taille de ces bougies montre une détermination insuffisante du camp acheteur à franchir cette résistance majeure. Enfin, la bougie du 26 août qui est un « marubozu » (séance qui ouvre au plus haut et qui voit les prix baisser tout au long de la séance pour clôturer au plus bas) confirme la reprise en main des vendeurs qui se traduit par une sortie baissière peu dynamique du nuage. Ce n'est que la deuxième sortie baissière accompagnée le 16 septembre d'un gap baissier qui confirme la reprise du mouvement baissier.

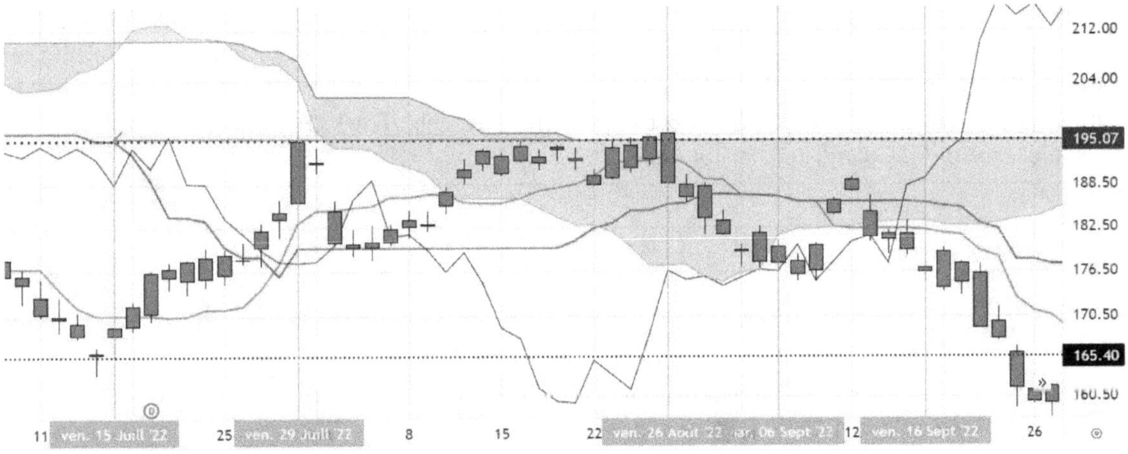

INTERACTION PRIX/NUAGE – LES POINTS ESSENTIELS

- Prix sous le nuage = tendance baissière
- Prix au-dessus du nuage = tendance haussière
- Prix dans le nuage = neutralité et incertitude. On ne pourra pas initier de position acheteuse ou vendeuse en ne considérant que cette unité de temps.
- Les SSB plates sont des supports/résistances fortes. Toutes sont importantes, quelle que soit leur longueur. De plus, elles représentent des niveaux de support/résistance futurs.
- En tendance haussière, une consolidation qui amène à un test du nuage, la tendance initiale se poursuivra après rebond, notamment sur le bas du nuage (SSB) et sortie haussière du nuage. Une rupture du nuage invalide la tendance haussière.

- En tendance baissière, une consolidation qui amène un test du nuage, la tendance initiale se poursuivra après rebond, notamment sur le haut du nuage (SSB) et sortie baissière du nuage. Un franchissement du nuage invalide la tendance baissière.
- Un twist de nuage correspond à l'affaiblissement de la tendance en cours. Un consensus existe entre équilibres des prix à court et long terme. L'orientation des nuages avant et après le twist ainsi que la taille des bougies à l'attaque du twist détermineront les probabilités de franchissement ou de rebond.

2 – Action de la Tenkan

2 – 1 : Franchissement d'obstacle

On a vu que la Tenkan assurait l'harmonie de la tendance à court terme. Cela correspond à une évolution rythmée des prix.

De ce fait, la rupture d'un support ou le franchissement d'une résistance accompagnés par la Tenkan ont de grandes chances de succès.

Le graphique ci-après illustre l'harmonie prix/Tenkan et le franchissement du nuage.

Le mouvement haussier démarre le 21 octobre dans une tendance baissière mais une situation de surachat apparaît le 28 suivant, de plus à proximité d'un nuage (mince) baissier. Elle est corrigée dès le lendemain et l'entrée dans le nuage se fait en totale harmonie entre prix et Tenkan. La sortie haussière du nuage est dynamique, mais très rapidement, les 15 et 17 novembre, l'harmonie prix/Tenkan est rétablie. Le mouvement haussier se poursuit en maintenant cette harmonie, la Tenkan jouant son rôle de soutien à la nouvelle tendance haussière.

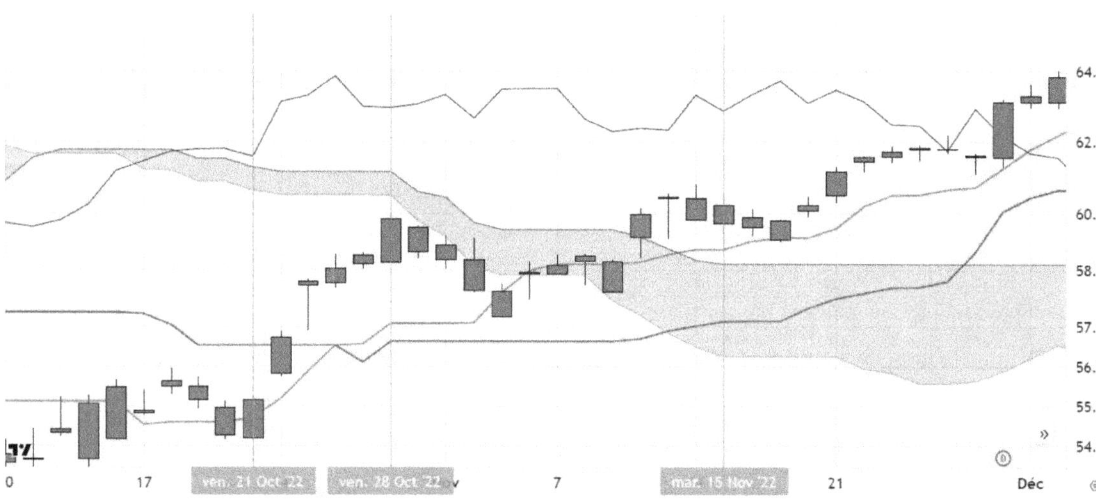

A contrario, une Tenkan éloignée des prix à l'occasion d'une tentative de franchissement de résistance ou de rupture de support empêchera généralement le développement du mouvement.

L'exemple suivant montre la rupture du nuage sans le soutien de la Tenkan : il ne permet pas au mouvement baissier de prospérer. Tout d'abord, le 2 février, un mouvement baissier dynamique se met en place. C'est à ce stade une consolidation de tendance haussière. Les prix s'éloignent de la Tenkan, et le 13 février, ils arrivent au contact de l'entrée du nuage sur la SSA. La Tenkan est encore très au-dessus des prix et il faut attendre le lendemain pour voir la Tenkan se rapprocher des prix. Il a fallu 3 bougies de « surplace » à l'entrée du nuage pour attendre la Tenkan et restaurer l'harmonie. La dynamique de la baisse reprend, et le 22 février, les cours arrivent au contact du bas du nuage sur une SSB plate. La Tenkan est encore très au-dessus des prix : on est en situation de survente. Il faut une consolidation pour que le 1er mars les prix retrouvent le contact avec la Tenkan.

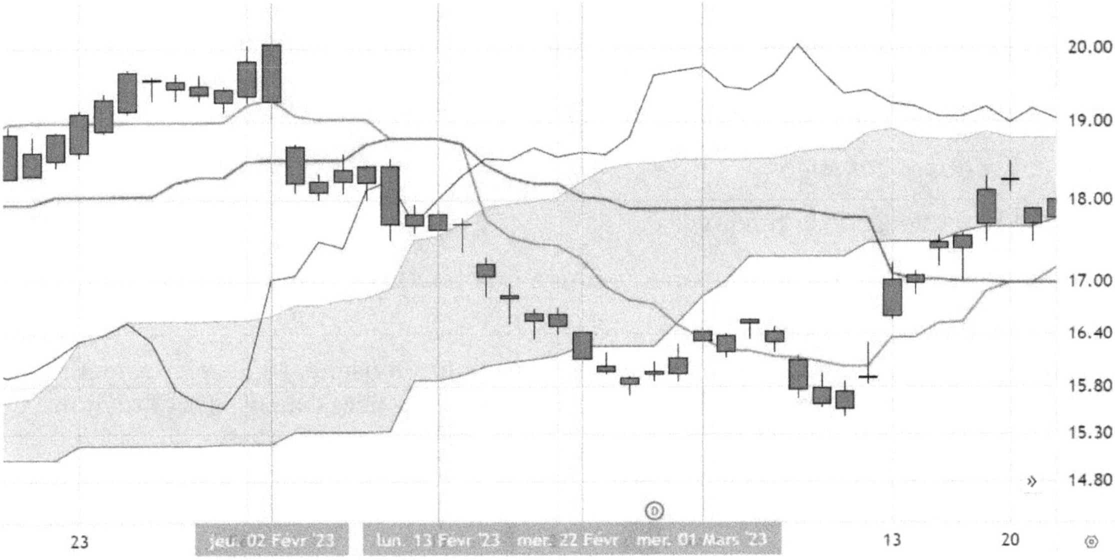

2 – 2 : Angles de la Tenkan

Il arrive, que la Tenkan fasse un angle aigu, accompagnant le (début du) retournement comme dans l'exemple ci-dessous :

Cela montre la force du mouvement de retour, et souvent la confirmation de la fin de la tendance précédente.

3 – Action de la Kijun

On a vu qu'elle assurait l'harmonie moyen terme d'un mouvement tendanciel. Elle joue le rôle de support ou de résistance dans une tendance. Tout contact (franchissement, rupture, rebond) apparaît comme un évènement important de l'évolution du mouvement. Il pourra représenter des opportunités d'entrée ou de sortie de position. **Il pourra aussi constituer des niveaux de stop, mais on verra qu'il faudra se montrer extrêmement prudent avec cette approche.**

Les circonstances, la nature de la tendance, le moment du contact à l'intérieur de la tendance, le fait que la Kijun soit pentue ou plate, constituent autant de cas – que nous allons examiner – qui apporteront des conclusions différentes.

3 – 1 : Tendance haussière

a) Démarrage de la tendance

On ne sait jamais à l'avance quand démarre une tendance haussière et quelle va être son ampleur.

À ce stade, on valide des conditions nécessaires pour envisager le développement d'un mouvement. Dans cet exemple, on validera 3 conditions nécessaires, dont la Kijun.

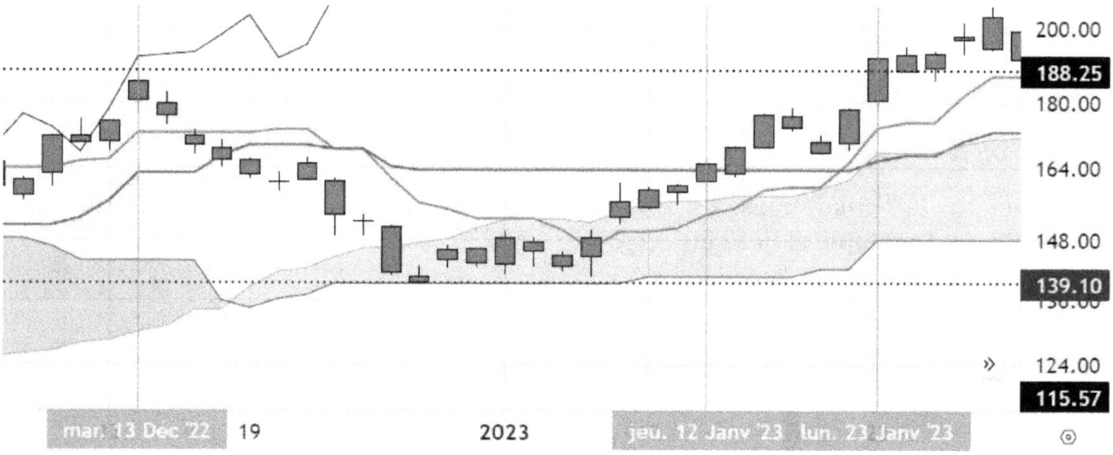

Un mouvement baissier s'amorce le 13 décembre sur le niveau de 188.25 qui devient une résistance. La Kijun (pentue) est cassée dans les jours suivants et les prix trouvent un support sur un niveau majeur à 139.10 qui est la SSB/bas du nuage haussier. La Tenkan est encore loin. Un rebond prend forme, s'accompagnant de la mise à plat de la Kijun qui devient une résistance pour les prix. Elle est franchie dans un premier temps le 12 janvier après sortie haussière du nuage et avec l'accompagnement de la Tenkan. Il est toujours prudent, même quand un signal est donné, d'attendre le début de la bougie suivante pour avoir confirmation de la détermination des acheteurs, ce qui est acquis. Cependant, les cours demeurent sous la résistance à 188.25 et il faudra la franchir pour poursuivre le développement d'un mouvement haussier. Cela est effectif le 23 janvier et – à défaut d'autre résistance immédiatement au-dessus de 188.25 – le mouvement haussier est lancé, d'autant plus que la Lagging Span est parvenue au-dessus de ses prix.

Les conditions favorables au développement de la tendance sont réunies, à savoir :

- Sortie des prix du nuage
- Accompagnement de la Tenkan
- Franchissement de la Kijun. La Kijun peut être encore à l'intérieur du nuage, mais le franchissement d'une Kijun plate au-dessus du nuage est un signal très favorable
- Lagging Span valide par franchissement de son nuage et de ses prix. On gardera toujours à l'esprit que la Lagging Span peut retester ses résistances avant confirmation.

b) Développement de la tendance et rupture de la Kijun en consolidation

Dans cet exemple, un mouvement haussier prend naissance le 4 novembre, déterminé par l'ouverture d'un gap haussier important (« break away gap » ou gap d'impulsion) qui permet le franchissement de la Tenkan, de la Kijun et du nuage. Trois séances après, un nouveau gap assure le développement de la tendance (gap de continuation). Les plats de Kijun successifs assurent des niveaux de support au mouvement. Une consolidation significative débute le 2 décembre, qui va entraîner les ruptures successives de la Tenkan puis de la Kijun.

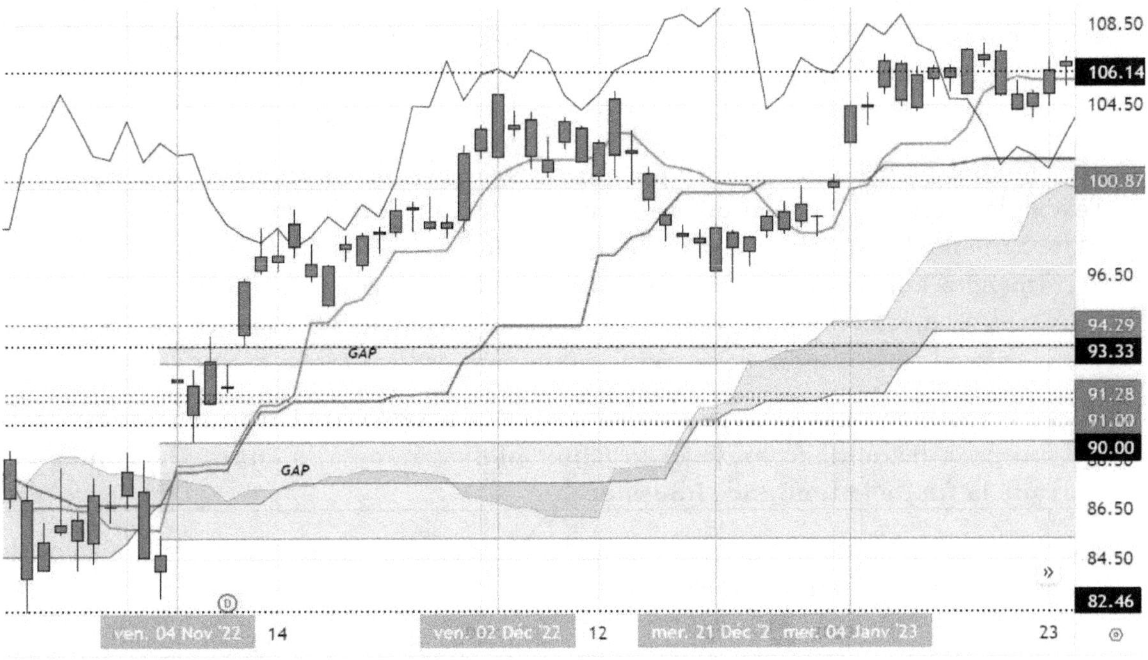

La rupture de la Kijun interrompt le mouvement haussier et entraîne sa mise à plat.

Après rupture, le mouvement conserve trois niveaux de supports importants :

- Le plat de Kijun précédent à 94.29
- Le deuxième gap
- Le nuage

Tant que ces niveaux ne sont pas rompus, la tendance haussière n'est pas invalidée. On verra dans la deuxième partie de l'ouvrage que l'on peut, de manière profitable, compléter l'appréciation de la consolidation avec les niveaux de retracement de Fibonacci et une approche avec la théorie de Dow. La bougie verte importante du 21 décembre montre que les acheteurs croient toujours à la poursuite de la tendance haussière qui repart d'abord lentement sous la Kijun plate qui fait désormais résistance, et on constate le retour à l'harmonie avec la Tenkan. Le gap ouvert le 4 janvier et la bougie verte dynamique qui l'accompagne assurent le franchissement de la Kijun plate à 100.87 qui devient résistance au mouvement haussier qui est reparti.

On notera que les franchissements de la Kijun doivent s'accompagner de bougies importantes marquant une véritable détermination du camp acheteur, que ce soit au démarrage d'un mouvement ou à l'occasion d'un nouveau franchissement de la Kijun après consolidation.

On notera enfin que le franchissement de la Kijun après une consolidation ayant entraîné sa rupture est un signal d'achat.

c) Fin de la tendance et rupture du nuage

Le mouvement développé ci-dessus se poursuit après le franchissement de la Kijun plate le 4 janvier jusqu'au début février, néanmoins sans grand dynamisme. Une nouvelle configuration prend forme. La Tenkan s'aplatit puis la Kijun le 10 février. Cette dernière est rompue le 21 février. À ce moment, les prix sont proches du nuage. Cette situation correspond à une convergence de niveaux d'équilibre court/moyen terme : Tenkan, SSA et haut du nuage, Kijun plate. Le risque de consolidation dans la zone de ces trois lignes est avéré et un test du nuage apparaît comme logique.

Il se produit mais les prix trouvent support sur le plat de Kijun à 100.87 évoqué dans l'exemple précédent, niveau qui se situe maintenant dans le nuage et sous la Kijun plate actuelle. Un nouveau test de la Kijun plate à 105.84 a lieu. Son échec le 7 mars correspond à la prise de contrôle du marché de l'actif par les vendeurs. Deux séances plus tard, la rupture du nuage est actée, le plat de Kijun à 100.87 est cassé. La Tenkan accompagne le mouvement et sa rupture du nuage est confirmée le lendemain.

Ainsi, l'incapacité des prix, après une première rupture de la Kijun plate et le test du nuage, à franchir à nouveau la Kijun plate amène à la rupture du nuage et marque la fin de la tendance haussière.

On verra par la suite que nous venons de décrire un processus de retournement de tendance haussière tout à fait classique.

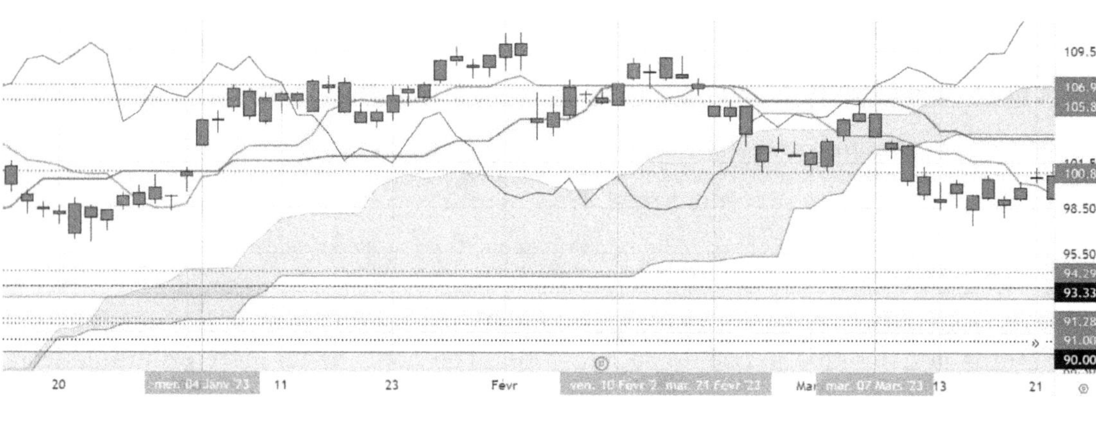

On a fréquemment, au cours des tendances haussières longues, un ou deux tests de la Kijun qui permettent au nuage de « rattraper » le mouvement. Lorsque le test du nuage, qui intervient après le ou les tests de la Kijun, se produit, le risque de rupture est renforcé par une situation forte de surachat qui se traduit par un écartement excessif entre prix et nuage comme sur le graphique ci-dessous.

Remarque : on évoquera dans la deuxième partie de l'ouvrage la complémentarité des éléments du dispositif Ichimoku avec des méthodes issues de l'Analyse Technique classique.

L'exemple ci-dessous montre comment les vagues d'Elliott viennent compléter l'analyse Ichimoku pour anticiper la fin de la tendance. À partir du 15 novembre, la vague terminale 5 marque une vraie faiblesse et après plusieurs bougies rouges et surtout la rupture de la Kijun plate, apporte la confirmation de la fin de la tendance.

d) Kijun plate et plat de Kijun

Le graphique ci-dessous montre que les Kijun plates peuvent continuer à interférer avec les prix après qu'elles ont évolué. La Kijun est plate pendant cinq séances à partir du 4 mai, puis elle suit la tendance baissière. On a vu que ce phénomène traduisait une situation où les prix ne baissaient plus. Mi-juin, ce niveau fait à nouveau résistance durant la consolidation de la tendance baissière. L'influence de la Kijun plate (qui est devenue plat de Kijun) a perduré dans le temps. Il est difficile de mesurer la durée d'influence des Kijun plates. On peut dire – a minima – qu'elle doit être au moins égale à la durée de calcul de cette ligne, soit au moins vingt-six périodes. En pratique, elle dure plus longtemps.

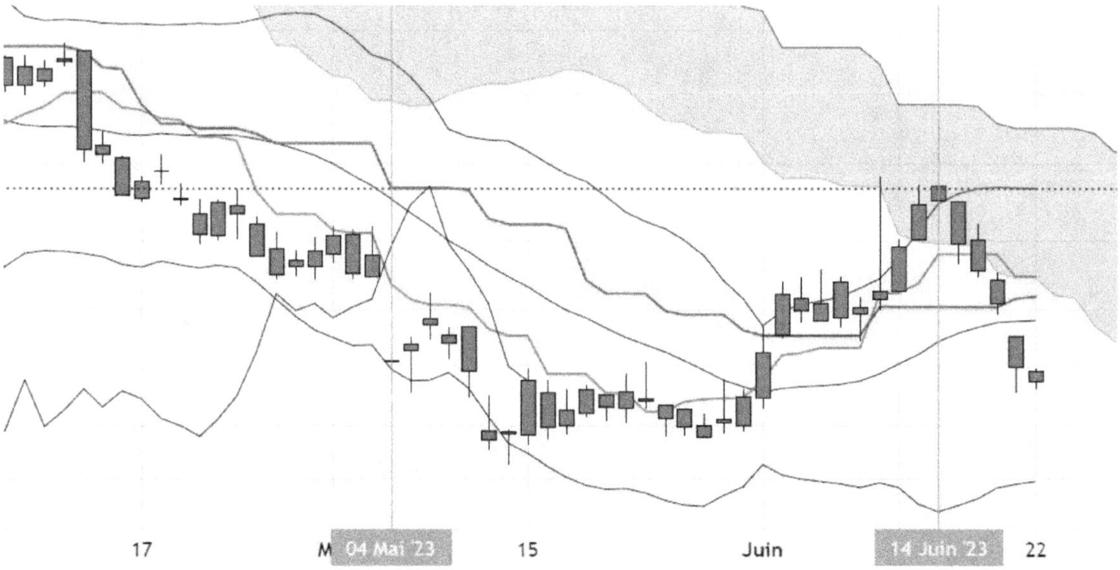

Cette approche est, bien sûr, valable en tendance haussière et en tendance baissière.

3 – 2 : Tendance baissière

Le schéma est semblable à celui de la tendance haussière.

Une tendance baissière se développe généralement plus vite et de manière plus dynamique qu'une tendance haussière, la crainte entraînant plus d'investisseurs à se débarrasser de l'actif. On aura ainsi moins de tests de la Kijun et les tests du nuage baissier seront encore plus rares, excepté parfois au cours du démarrage et en fin de tendance.

a) Action de la Kijun durant la tendance baissière

Dans la configuration suivante, le mouvement haussier est interrompu, et le 16 août débute une consolidation. Les prix sont à ce moment au-dessus de la Tenkan et de la Kijun. Quatre séances plus tard, la Kijun est cassée avec l'ouverture d'un gap baissier. La tendance est en danger mais le dernier rempart constitué par le nuage tient. Le 26 août, un nouveau test de la Kijun se traduit par une bougie rouge très importante suivie par une cassure du nuage au niveau du twist. Une dernière tentative des acheteurs matérialisée par un dernier test de la Kijun plate le 12 septembre qui est désormais résistance, se traduit par une bougie rouge, suivie d'un gap baissier, un test rapide de la SSB et finalement la rupture du nuage.

Cette dernière peut constituer un signal vendeur.

On verra dans les paragraphes à venir que tous les signaux d'achat ou de vente doivent être confirmés par la Lagging Span.

L'échec au franchissement de la Kijun a été une alerte de fin de tendance haussière.

Le mouvement, maintenant baissier, présente deux consolidations les 3 et 13 octobre : on est en situation de survente du fait d'un éloignement excessif de la Tenkan et les prix reviennent à son contact. Les prix évoluent très en dessous de la Kijun qui marque, par ses secteurs plats, les consolidations du mouvement baissier.

On arrive à une situation de survente entre prix et Tenkan, prix et Kijun, Tenkan et Kijun et, après le 13 octobre, on assiste à une consolidation de la tendance baissière afin de ramener dans un premier temps les prix au contact de la Tenkan puis de la Kijun.

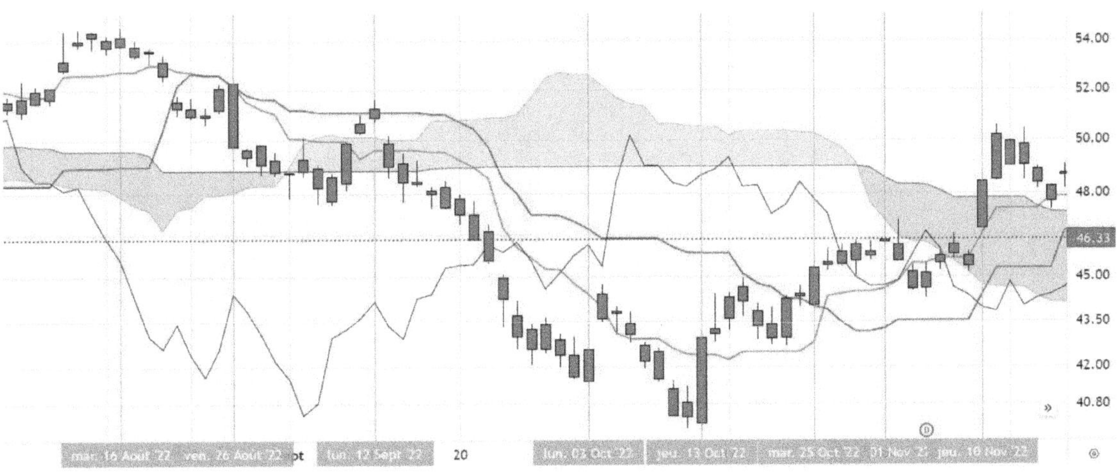

La Kijun est franchie le 25 octobre, dans un secteur en pente, puis le 1er novembre, ils arrivent à proximité d'une SSA pentue et du plat de Kijun à 46.33. Après un échec sur cette résistance, la deuxième tentative est couronnée de succès et le franchissement dynamique le 10 novembre du nuage signe la fin de la tendance baissière, sans tenir compte de la confirmation à attendre de la LS. Depuis son franchissement le 25 octobre, la Kijun sera support aux cours, traduisant le mouvement haussier qui s'était développé en contre-tendance. Il correspondait au début à une consolidation de la baisse. Le franchissement de la Kijun traduisait la mise en danger de la tendance baissière puis sa fin lors du franchissement du nuage.

En tendance baissière, un franchissement de la Kijun (mouvement contrarien) ne peut être considéré comme un signal d'achat, le nuage restant en résistance.

b) Tests de la Kijun en début de tendance baissière

Cette situation se produit généralement quand la tendance naissante rencontre des freins à son développement.

Dans le graphique ci-dessous, l'échec de la sortie haussière du nuage et du franchissement de la SSB à 11.16 se traduit par un premier renoncement des vendeurs et 5 bougies rouges ainsi qu'un gap baissier. Le mouvement se développe de manière trop rapide et trop dynamique. Les prix s'éloignent de manière excessive de la Tenkan et sont sous l'influence du twist de nuage qui interviendra le 30 septembre. Cela provoque une consolidation qui redonne de l'espoir aux acheteurs et les prix reviennent tester le 29 septembre Tenkan et Kijun. Au-delà du twist, le nuage haussier à venir est très mince, montrant une forte baisse de la volatilité et un consensus autour du niveau du twist à 10.14 et de la SSB à 9.75. Au test de la Kijun, les vendeurs se montrent les plus déterminés et le mouvement baissier peut maintenant se développer. Une nouvelle situation de survente à partir du 10 octobre va ramener les prix au contact de la Tenkan.

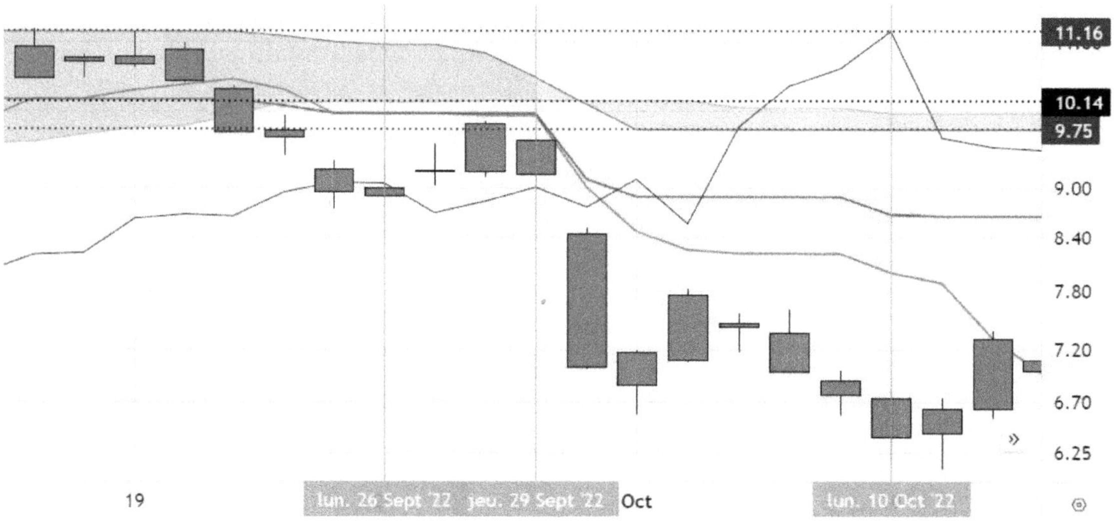

c) Kijun plate comme stop de protection

Elle est souvent considérée comme cela à l'ouverture de la position, puis comme stop suiveur à chaque nouveau plat.

Nous pensons que cela est dangereux, comme en témoigne l'exemple ci-après :

Une entrée en position baissière les 21 ou 22 septembre ne viole aucune règle Ichimoku, mais à partir du 3 octobre, la Kijun se met à plat à 8.87. Positionner un stop suiveur juste au-dessus de ce niveau entraîne une sortie de position à 9.41, niveau supérieur de 6% à la Kijun alors que le mouvement va poursuivre sa baisse. Il sera proposé une autre approche du positionnement du stop dans la deuxième partie de l'ouvrage. Il aurait été possible, si on voulait absolument utiliser la Kijun comme protection, de positionner le stop au-dessus du plat de Kijun supérieur, mais ce niveau est très éloigné.

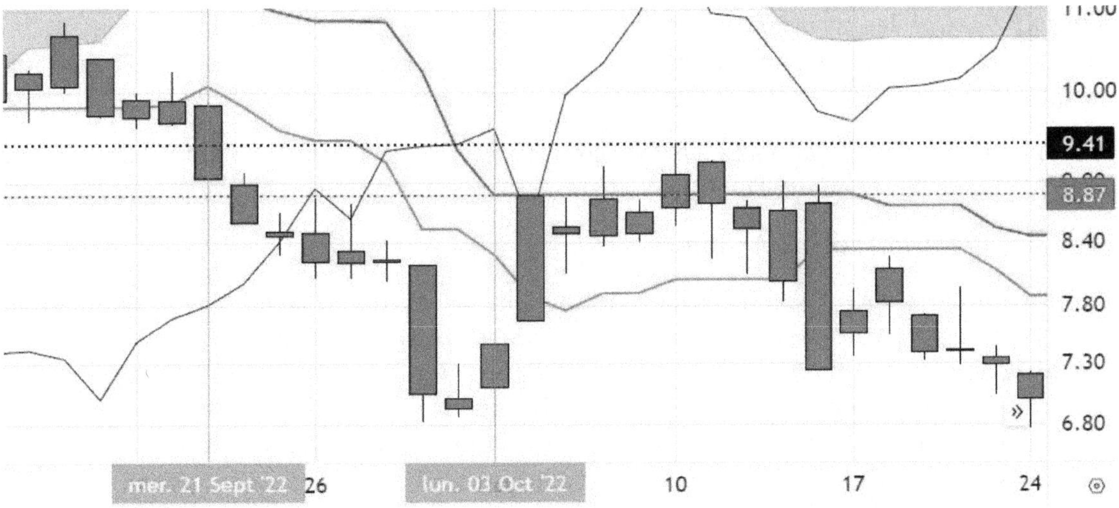

L'exemple ci-dessous est particulièrement édifiant. Un stop à proximité de la Kijun plate (ou même du plat de Kijun supérieur) précédente n'aurait pas évité d'être activé dans les deux circonstances le 8 février et le 29 mars, ce qui est vraiment dommage quand on voit le potentiel de baisse à venir.

Les deux exemples, en tendance baissière (la problématique est la même en tendance haussière), montrent qu'il faut un stop au-dessus de la Kijun. Oui, mais de combien ? Les deux exemples ne laissent entrevoir aucune règle, ce qui montre qu'il faut envisager une autre approche, ce qui sera proposé plus loin dans l'ouvrage.

4 – Interaction Tenkan/Kijun

Les deux lignes guident la tendance et sont des niveaux d'équilibre du marché d'un actif à court et moyen terme. Les deux peuvent – dans des circonstances précises – fournir des signaux d'achat et de vente. Ces derniers doivent, bien sûr, être validés par d'autres paramètres (comme nous le verrons dans la deuxième partie de l'ouvrage) pour permettre des entrées en position.

On va voir que les positions relatives des deux lignes donneront à l'investisseur des informations indispensables pour évaluer la force de la tendance, les risques de retournement.

On balayera enfin une fausse assertion concernant une opportunité d'entrée en position sur la base du croisement Tenkan/Kijun.

4 – 1 : Écartement Tenkan / Kijun

L'exemple ci-dessous présente une tendance baissière qui se développe harmonieusement. Les prix cassent le nuage le 29 avril mais le mouvement manque de dynamisme : les nuages plats avant et après sortie montrent un manque de volatilité et un consensus court/moyen terme autour de 164.86. Il faudra que les vendeurs le brisent pour déclencher la tendance baissière. Après un test du nuage et de la Kijun (bougie verte du 4 mai), les prix cassent la Tenkan et donnent le signal de la baisse. Le mouvement évolue en harmonie avec la Tenkan. Le 25 mai, un écartement important entre Tenkan et Kijun marque une situation de survente : les prix CT sont trop inférieurs à l'équilibre MT. Le mouvement va consolider afin de rapprocher les prix de la Tenkan et la Tenkan de la Kijun dans le but de restaurer l'harmonie globale du mouvement. Les deux lignes sont plates, ce qui marque une interruption du mouvement baissier. Une consolidation se met en place, qui aboutit à un test de la Kijun, puis les vendeurs reprennent la main et la tendance initiale reprend après confirmation par la rupture de la Tenkan le 9 juin.

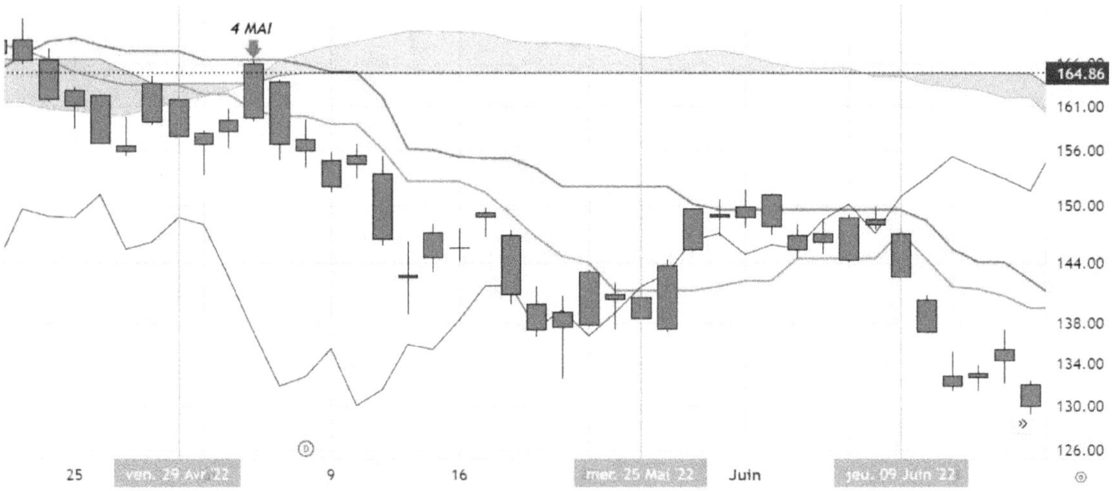

Ce schéma est très fréquent en tendance baissière. Ces dernières évoluent généralement plus vite que les tendances haussières. Après une période de baisse dynamique, la conviction des vendeurs est mise à l'épreuve, notamment quand on s'approche de supports importants. Cette circonstance se détecte par un écartement plus important entre Tenkan et Kijun. Si la tendance dispose encore de potentiel, le mouvement repartira, souvent après test de la Kijun puis après rupture de la Tenkan. Lorsque les prix s'approcheront du nuage, il conviendra de se montrer prudent car une phase d'incertitude est ouverte avec la possibilité de franchir le nuage. Nous reviendrons en détail sur ce type de situation.

L'exemple suivant correspond à un écartement trop important entre la Tenkan et la Kijun en tendance haussière.

La confirmation du franchissement de la Kijun par la bougie verte du 4 janvier, qui correspond également à l'ouverture d'un gap haussier, matérialise le dynamisme du camp acheteur. Le démarrage des tendances haussières est souvent dynamique, les investisseurs voulant participer au mouvement.

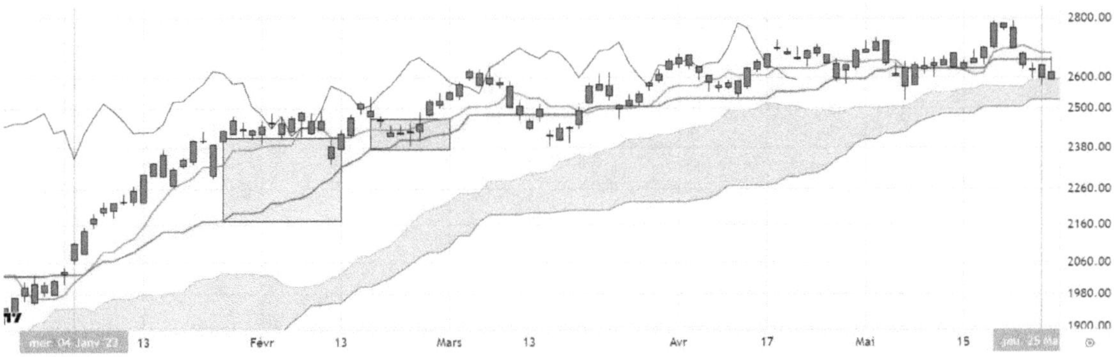

Les cours évoluent d'abord en harmonie avec la Tenkan mais celle-ci s'écarte significativement de la Kijun, créant une situation de surachat (rectangle vert). Une consolidation se met en place qui ramène les prix à proximité de la Kijun. Tenkan et Kijun se rapprochent, recréant l'harmonie générale du mouvement. Ce faible écart (rectangle rouge) caractérise un consensus de la valeur de l'actif entre les approches court et moyen terme.

Par la suite, le rythme de la tendance devient beaucoup plus modéré. L'harmonie prix/Tenkan et Tenkan/Kijun prévaut et les prix ont tendance à se rapprocher du nuage jusqu'au test du 25 mai. Cette évolution parallèle Tenkan/Kijun est un marqueur de la stabilité de la tendance. On reviendra sur la structuration d'une tendance haussière dans la deuxième partie de l'ouvrage.

4 – 2 : La « Katana »

Cette configuration Ichimoku a été mise en lumière et analysée par Khalid El Bouzidi dans son ouvrage *Trader l'Ichimoku*.

Il la définit ainsi : « Signifie Sabre Samurai, elle a lieu lorsque le Tenkan Sen et le Kijun Sen se confondent ou lorsqu'ils sont collés l'un à l'autre, en général juste après cassure brutale et forte de Kijun Sen et elle signifie qu'un mouvement tendanciel puissant vient de s'amorcer. »

La configuration suivante nous propose une situation de Katana.

Le 16 février, une bougie rouge de taille significative vient casser la Kijun suite à une longue période de range qui a vu les prix peu évoluer. Un gap baissier est ouvert le lendemain et les prix s'orientent résolument à la baisse. Du 22 au 28 février, Tenkan et Kijun vont se confondre. Cela signifie que le point moyen des 26 dernières périodes correspond à celui des neufs dernières. Un mouvement de fond baissier est ainsi engagé.

La Katana durera tant que cette situation perdurera. Une consolidation a démarré le 24 février, qui mettra Tenkan et Kijun à plat à 138.34 jusqu'au 28 février. Dans les jours qui suivent, le plus haut qui entrait dans le calcul de la Tenkan correspondait à 147.77, datant du 15 février. Après le 28 février, la bougie du 15 février sort du calcul de la Tenkan mais demeure dans celui de la Kijun. Ceci explique qu'à partir du 1er mars, la baisse de la Kijun est plus lente que celle de la Tenkan, et quand elle se met à plat deux séances plus tard, la Tenkan continue à baisser.

La Katana a révélé un mouvement impulsif sur courte période. Cela signifie aussi que le niveau de Katana plat correspond à une résistance forte.

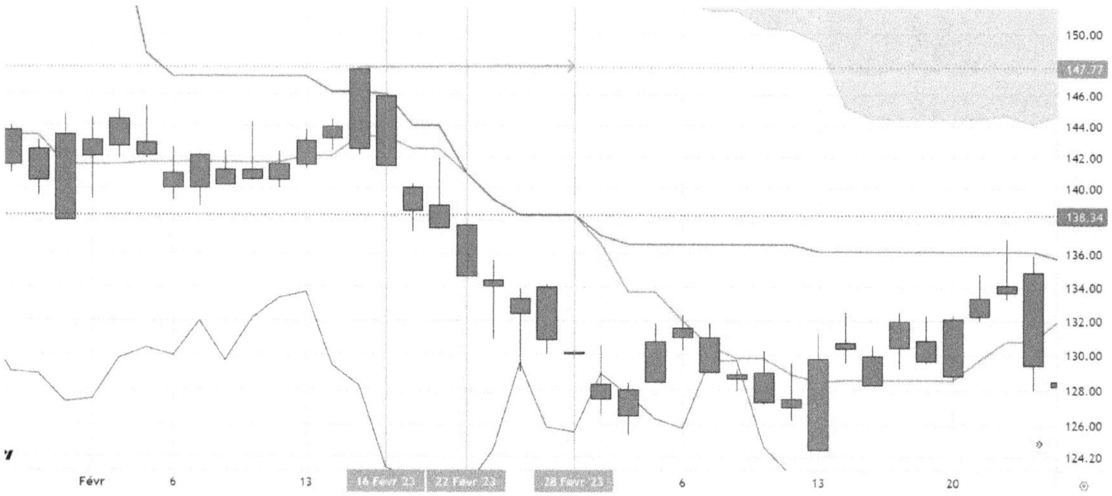

On retrouve cette situation de Katana lorsqu'après une situation de surachat ou survente où Tenkan et Kijun avaient divergé, les deux lignes tendent à converger pour rétablir l'harmonie puis à se confondre temporairement. C'est la Tenkan qui provoque l'écartement des lignes indiquant la fin de la figure et la direction que vont suivre les prix. Elle ne se produira pas quand le marché est en tendance affirmée mais quand il cherche sa direction suite à une situation de déséquilibre.

L'exemple ci-après illustre ce phénomène. Dans la période autour du 10 février, Tenkan et Kijun divergent fortement, créant une situation de surachat. De ce fait, à partir du 21 février elles vont se rapprocher, comme conséquence de la consolidation qui est intervenue quelques séances plus tôt.

La Katana va apparaître à partir du 7 mars, témoignant de l'effondrement de la volatilité : les prix évoluent dans un range étroit. Elle va se poursuivre avec la série de trois grandes bougies rouges séparées par des gaps baissiers, dont la dernière est celle du 13 mars. Pendant plusieurs séances, jusqu'au 21 mars, ce sont elles qui font l'équilibre du marché et quasiment des niveaux haut et bas. La divergence Tenkan/Kijun le lendemain indique le sens du marché grâce à la direction prise par la Tenkan.

4 – 3 Croisement Tenkan/Kijun

C'est un signe d'affaiblissement de la tendance.

On distinguera ici encore la situation en tendance haussière et en tendance baissière.

a) Tendance haussière

Dans l'exemple ci-dessous, un puissant mouvement haussier a entraîné un écartement excessif entre Tenkan et Kijun. La consolidation qui en résulte entraîne même un croisement baissier, la Tenkan passant sous la Kijun à partir du 13 décembre. La bougie rouge du 15 décembre qui ouvre un gap baissier semble indiquer une consolidation plus profonde en direction du nuage. Or, le niveau de 130 correspond à une polarité technique, donc un support fort, et les prix rebondissent sur ce niveau. Ils croisent à la hausse d'abord la Tenkan, puis la Kijun, et enfin la Tenkan croise le Kijun à la hausse, marquant la fin de la consolidation.

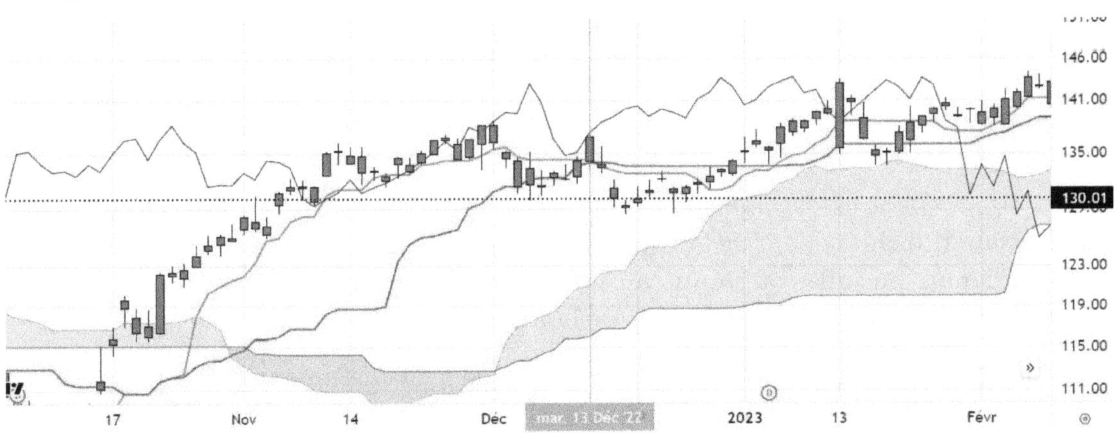

On notera également à cette occasion que le rapprochement des prix du nuage marque un affaiblissement de la vitesse de progression des prix. Dans ces circonstances, on constate que les prix restent à proximité du nuage durant une période significative avant qu'un évènement concernant l'actif permette aux acheteurs ou aux vendeurs de prendre le contrôle des prix. Dans ce dernier cas, cela s'accompagne fréquemment de la rupture du nuage, surtout si celui-ci est mince.

b) Tendance baissière

Le graphique ci-dessous présente une situation très classique de croisements entre Tenkan et Kijun.

Un premier franchissement de la Kijun par la Tenkan se produit le 19 juillet. C'est un cas classique de « bull trap » : les prix franchissent, en consolidation de la tendance, Tenkan et Kijun, mais le nuage et le plat de Kijun à 40.77 assurent des résistances importantes. La taille des bougies ne marque pas non plus un grand enthousiasme de la part des acheteurs.

Le gap baissier du 29 juillet sonne le glas des espoirs acheteurs, les prix recassent Tenkan et Kijun, et la tendance de fond reprend ses droits.

Elle se développe de manière très claire, les prix étant en harmonie avec la Tenkan, et Tenkan et Kijun évoluent parallèlement, confirmant l'harmonie générale du mouvement baissier.

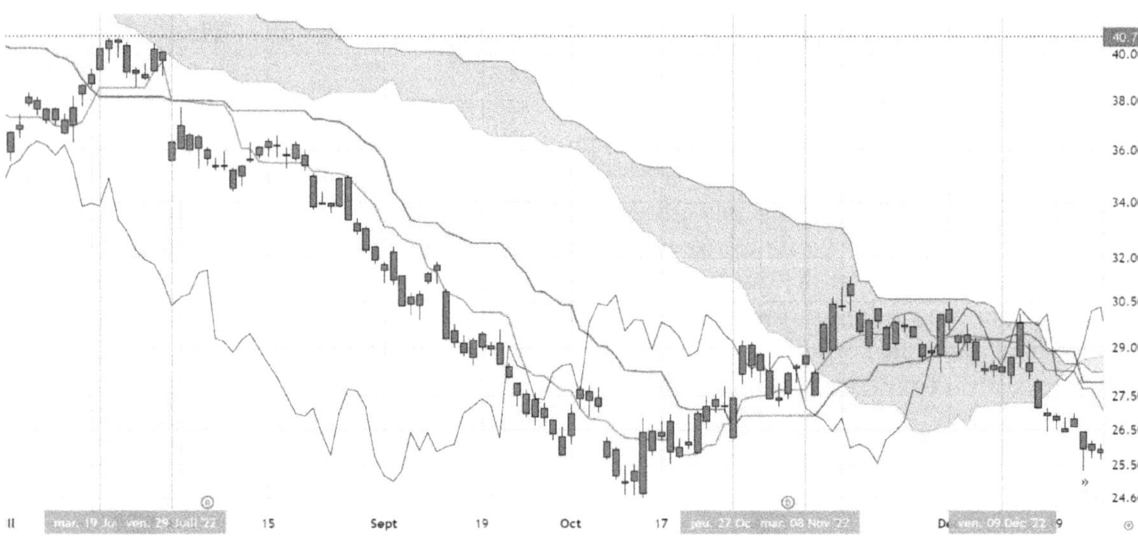

Le nouveau franchissement de la Kijun par la Tenkan se produit le 27 octobre. Le mouvement depuis fin juillet a permis au nuage de baisser parallèlement aux prix et de s'épaissir pour traduire la dynamique de la baisse.

Ainsi, l'objectif de la consolidation qui a entraîné le franchissement qui vient d'être évoqué est le test du nuage qui se produit d'abord le 8 novembre. Ce premier échec est suivi deux séances plus tard par une entrée dynamique ponctuée par une bougie verte de taille significative et un gap haussier. Cela se fait en harmonie avec la Tenkan.

L'épaisseur du nuage ne permet pas aux acheteurs de prendre le contrôle à long terme du marché de l'actif et le nouveau croisement baissier Tenkan/Kijun se termine par la rupture du nuage et la reprise de la tendance baissière.

c) Conclusion

Un croisement Tenkan/Kijun correspond à une consolidation de la tendance en cours mais pas, sauf exception, à la fin de la tendance.

Il ne peut être considéré comme un point d'entrée en position car :

- il intervient tardivement par rapport au début de la consolidation. Cela implique généralement un positionnement de stop très éloigné, donc un accroissement du risque.
- il correspond à une situation contrarienne avec généralement un obstacle proche (souvent le nuage, surtout en tendance baissière).

Ce croisement a quand même une utilité car il confirme le mouvement de consolidation qui restera efficient jusqu'à ce qu'un nouveau croisement en sens inverse change la donne.

5 – Actions de la Lagging Span (LS) et interaction avec les autres lignes

5 – 1 : Entrée de la LS dans son nuage

Que la LS aborde son nuage par une SSA ou une SSB, le nuage est toujours un obstacle, que celui-ci soit épais ou mince comme dans la configuration suivante.

La LS rentre dans son nuage en traversant la SSA le 6 décembre pour les prix (segment rouge 1), soit la date du 28 octobre pour la LS. Déjà, le lendemain, elle revient tester la SSA (segment rouge 2). Elle rebondit pour tenter une sortie haussière du nuage (segment rouge 3) qui est un échec. Après deux nouvelles et timides tentatives de sortie haussière, le mouvement haussier se développe et ce n'est que début 2023 (segment rouge 5) que la sortie haussière est validée.

Si au moment de l'entrée de la LS dans son nuage, ce dernier était mince, on constate, au fur et à mesure des mouvements à l'intérieur de celui-ci, que son épaisseur grandit, rendant plus difficile la sortie quel qu'en soit le sens.

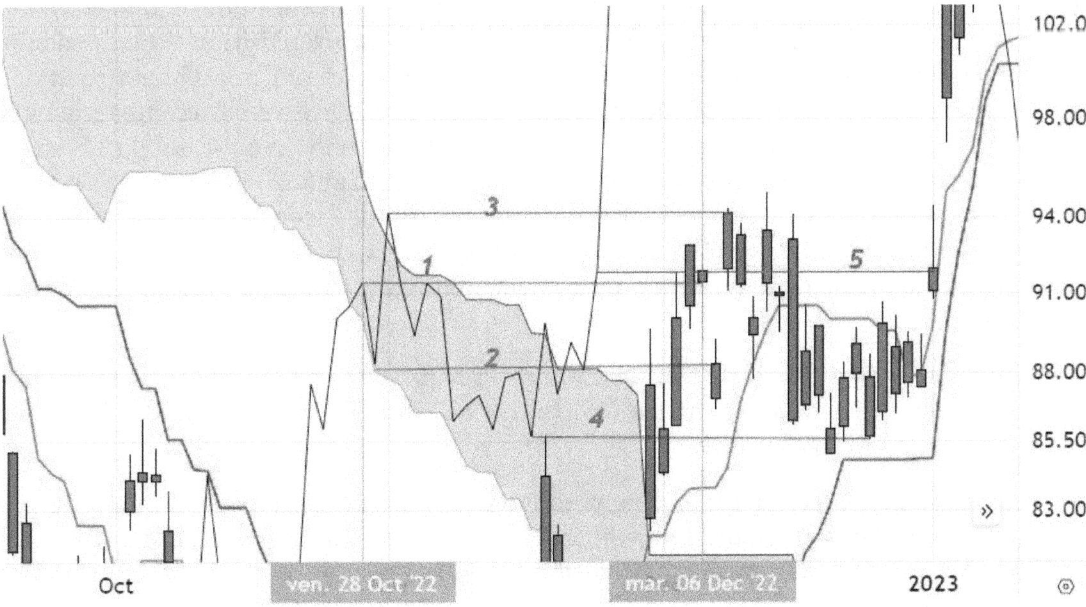

Dans l'exemple ci-après, le mouvement baissier bénéficie d'une réelle dynamique. La LS casse facilement son nuage mince début septembre (date pour la LS), sans retest, puis une consolidation la ramène à un test de son nuage le 12 septembre dans une partie épaisse. Le test de la SSB est un échec et les prix repartent à la baisse.

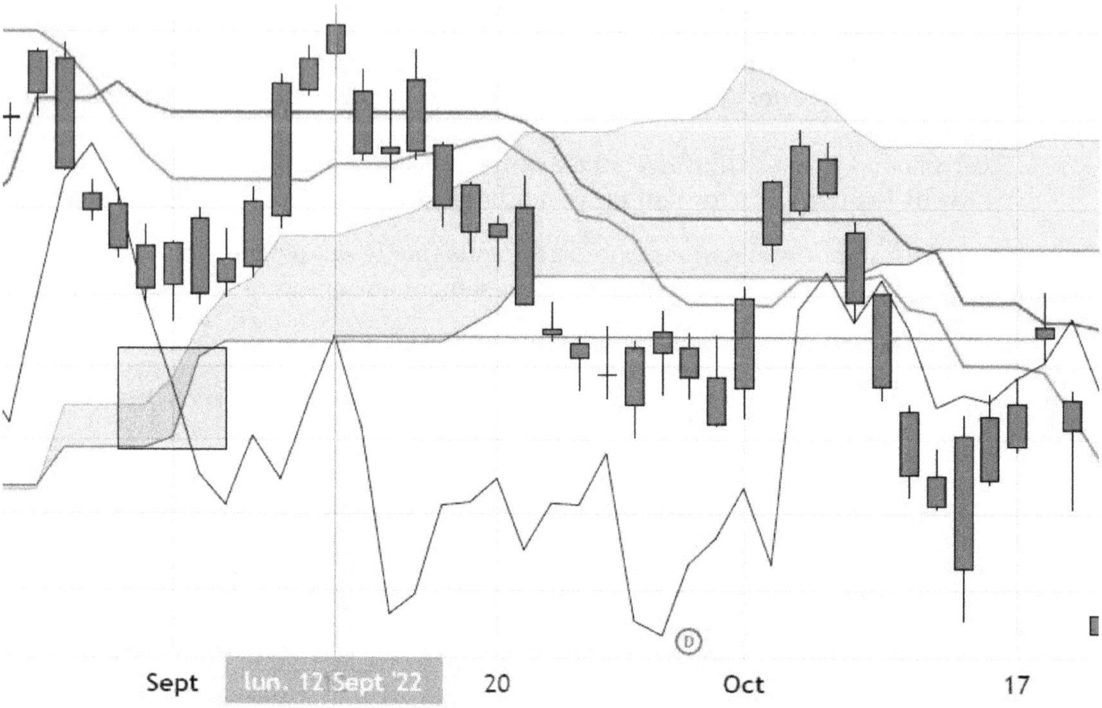

5 – 2 : Sortie de la LS de son nuage

Dans le cas général, la LS sortira de son nuage après que les prix seront sortis du leur. Dans l'exemple ci-après, les prix sortent de leur nuage le 10 mars. La LS est encore loin du sien (position 1). De plus, la Tenkan n'est pas encore rentrée dans le nuage, ce qui provoque une consolidation qui ramène les prix dans le nuage (position 2). L'harmonie du mouvement semble se recréer le lendemain, 22 mars, quand une bougie rouge de grande taille propulse les prix sous le nuage, casse la Kijun plate avec l'accompagnement de la Tenkan. Il faut attendre le grand gap baissier du lendemain pour que la LS casse son nuage (position 3). Malheureusement, l'harmonie prix/Tenkan est rompue par la situation de survente, conséquence d'une forte baisse des cours en deux périodes seulement. Une consolidation vient reconstituer cette harmonie et les prix refranchissent la Tenkan et viennent tester la Kijun. La LS vient retester le nuage et ressort même au-dessus (position 4).

Il faut attendre les échecs du franchissement de la Kijun, puis l'importante bougie rouge du 12 avril pour réduire à néant les efforts des acheteurs et voir la LS confirmer sa rupture du nuage (position 5).

Les traversées de nuage s'accompagnent souvent de ce type de retest qui peut être déstabilisant pour l'investisseur. On voit qu'il est indispensable de disposer de cette confirmation apportée par la LS. Un investisseur qui serait rentré en position vendeuse dès le 10 mars, à la première rupture du nuage, autour de 71, aurait vu les prix revenir jusqu'à 78, soit quasiment 10% au-dessus de son entrée. Il aurait probablement vu sa position stoppée alors même qu'il était dans le bon sens du mouvement mais pas dans le bon timing. Les conditions de ce 10 mars laissaient envisager une telle suite : LS au-dessus de son nuage, Tenkan éloignée.

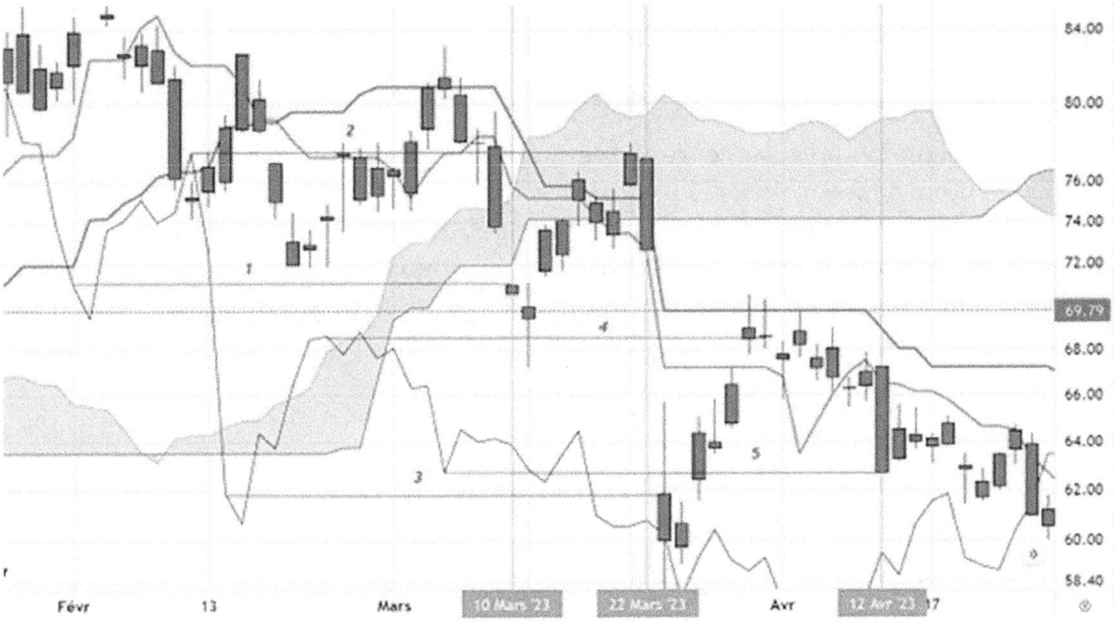

Le risque de la sortie du nuage de la LS sans confirmation est un « bear trap » (piège à vendeur) ou un « bull trap » (piège à acheteur) comme dans la configuration suivante.

Les prix sortent du nuage le 10 novembre avec une bougie verte très dynamique. La LS est encore sous son nuage mince (segment rouge 1). Elle en sort le lendemain. Après avoir réalisé un plus haut dans le mouvement haussier le 15 novembre en clôturant à 11.16, les prix ouvrent le lendemain un gap baissier important qui ramène la LS dans son nuage qu'elle ne franchira plus et un mouvement baissier se met en place.

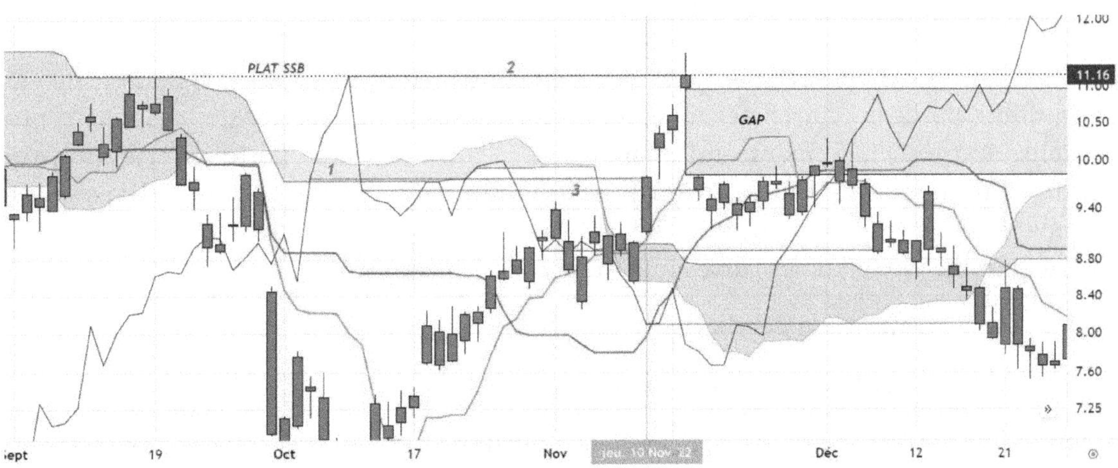

On notera que le niveau de clôture sur lequel les prix ont culminé correspond au plat de SSB datant de septembre 2022.

La présence de cet obstacle et la non-confirmation de la sortie du nuage par la LS représentaient deux dangers prévisibles pour l'investisseur qui aurait souhaité exploiter la sortie du nuage par les prix. On notera également qu'une sortie haussière du nuage, surtout quand celui-ci est baissier, n'est pas un signal d'achat à lui seul.

Il convient également de considérer les deux situations suivantes.

a) Sortie de la LS d'un nuage baissier

Sur le graphique ci-après, les cours sortent (à peine) de leur nuage le 6 janvier alors que la LS est encore dans son nuage. La sortie des prix est confirmée le lendemain par un gap haussier significatif. Il reste à franchir le plat de SSB à 12.49. Cette résistance n'est pas franchie et les prix vont refluer. La LS suivra le mouvement tout en restant au-dessus de son nuage baissier, et ce n'est que beaucoup plus tard, le 24 mars, qu'elle cassera son nuage.

Ce niveau de plat de SSB à 12.49 correspondait à une résistance majeure : niveau d'équilibre passé du marché et niveau de support technique datant de juillet/août précédent. Son franchissement était complexe. De plus, la flèche verte indique jusqu'où était connu le nuage : le 17 février. Il continuait à être baissier, ce qui indique que le mouvement de fond demeurait baissier. Les deux bougies qui suivaient la sortie haussière du nuage le 6 janvier correspondaient à une situation de surachat.

On a ainsi une situation de « bull trap ».

b) Échec de la LS à sortir de son nuage

Dans cette configuration, les prix cassent leur nuage le 10 mars et la LS casse le sien le 20 mars (segment 1). Le 27 mars, la LS revient tester son nuage (segment 2), mais non seulement la confirmation de la rupture du nuage ne vient pas mais la LS ressort par le haut de son nuage (segment 3). C'est une situation de « bear trap ».

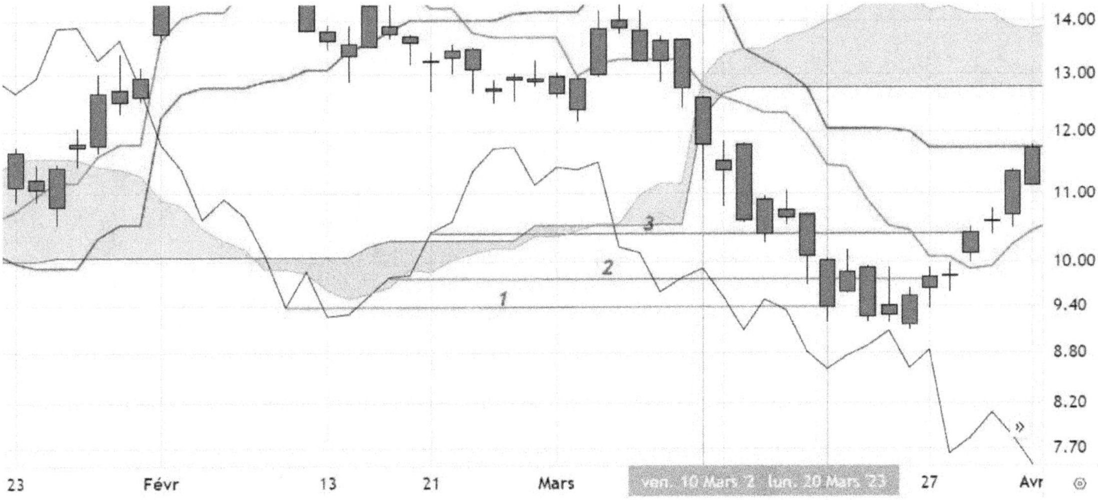

c) « La tête de SSA »

On a vu que la SSA était une ligne plus faible que la SSB et qu'elle concourt à la mesure de la volatilité. Son contact avec les prix en tendance baissière est aussi un moment privilégié quant à la direction future des prix.

Elle a aussi son importance, notamment en tendance haussière, en cas d'échec de la LS à sortir de son nuage.

Dans la configuration ci-dessous, la LS échoue le 13 avril (date de la LS) à sortir de son nuage. Elle échouera également par la suite. Le haut du nuage haussier, donc la SSA, est à 27.65. Comme pour les plats de Kijun et de SSB, ce niveau devient une résistance pour la LS, donc pour les prix.

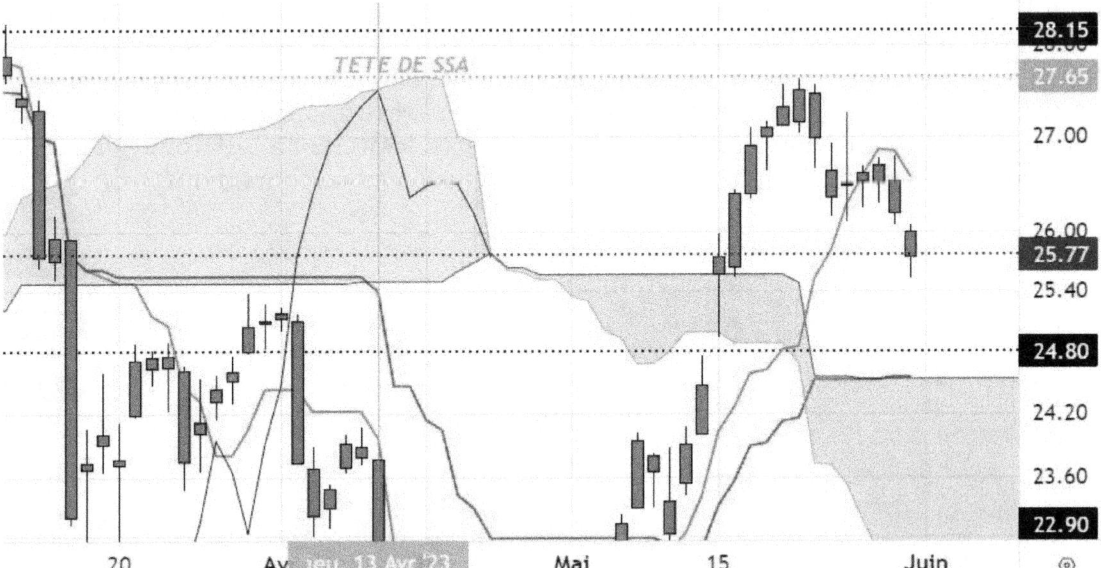

L'exemple suivant montre qu'il n'est pas nécessaire qu'il y ait échec de la LS à sortir de son nuage. L'influence de ce dernier, et par conséquent celui de la tête de SSA, continue à produire ses effets. La LS et les cours ne parviennent pas à franchir – du moins pour le moment – le niveau de la tête de SSA à 681.1 longtemps après sa constitution. Celle-ci constitue bien une résistance.

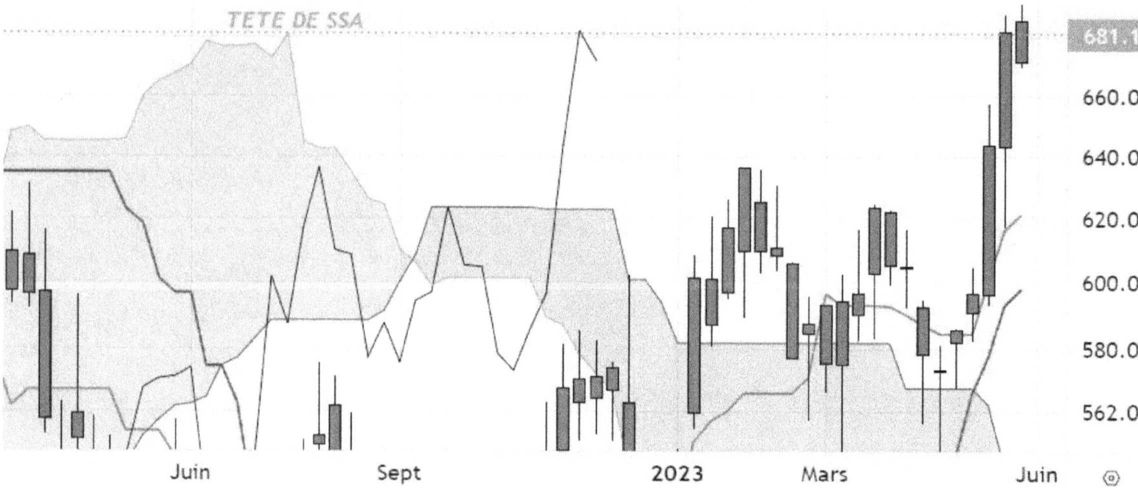

5 – 3 : Difficulté de la LS à sortir d'un nuage épais

On a vu précédemment qu'il était plus difficile pour les prix de sortir d'un nuage épais et qu'ils attendaient généralement un amincissement du nuage pour pouvoir sortir.

La situation est encore plus compliquée pour la LS et nous allons expliquer les raisons de cette situation.

Dans l'exemple ci-après, les cours développent une puissante tendance haussière en contre tendance du mouvement baissier précédent. Les prix passent de 103 début janvier à 214 le 15 février, soit plus du doublement de la valeur de l'actif en moins d'un mois et demi, ce qui est assez exceptionnel. Les prix sortent de leur nuage le 2 février alors que la LS n'est pas encore rentrée dans le sien. Or, à l'entrée de la LS dans son nuage, celui-ci est épais entre 191 et 240. C'est le niveau que les prix devraient dépasser alors qu'ils sont déjà en situation de surachat. La tâche est très compliquée. Les prix rentrent en consolidation horizontale entre 191.7 et 214.56 (range), la LS ne peut plus progresser. Ils finissent par casser le range, confirmant que ce dernier était une structure de distribution au cours de laquelle les gros investisseurs, ayant déjà réalisé une belle plus-value, allègent leurs positions de manière discrète et progressive, les cédant à la dernière vague des acheteurs (les retardataires) qui pensent que le mouvement se poursuivra.

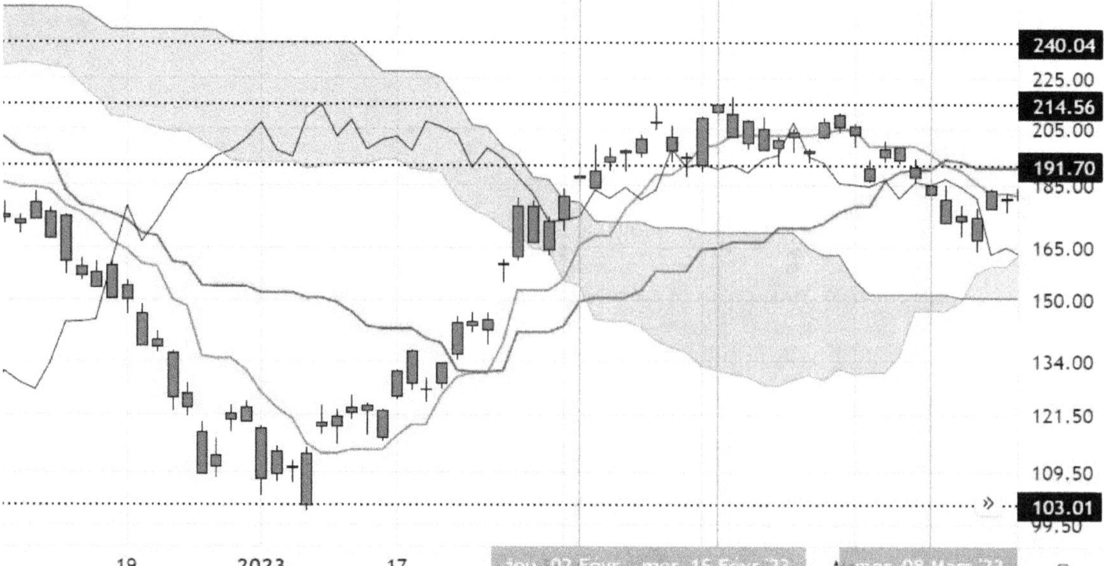

On voit également sur cet exemple que tant que la LS est dans son nuage, les mouvements des prix sont bloqués.

A contrario, la sortie d'un nuage mince, et mieux encore au contact d'un twist de nuage sera facilitée. La raison est la même que pour les prix : il suffit d'un faible décalage des prix pour passer de l'autre côté du nuage. Très souvent, on ne constate même pas de retest du nuage, comme dans le cas ci-après.

Attention : il ne faut pas conclure de cette plus grande facilité que la traversée se produira systématiquement. Il faut être prudent car les cas de rebond existent.

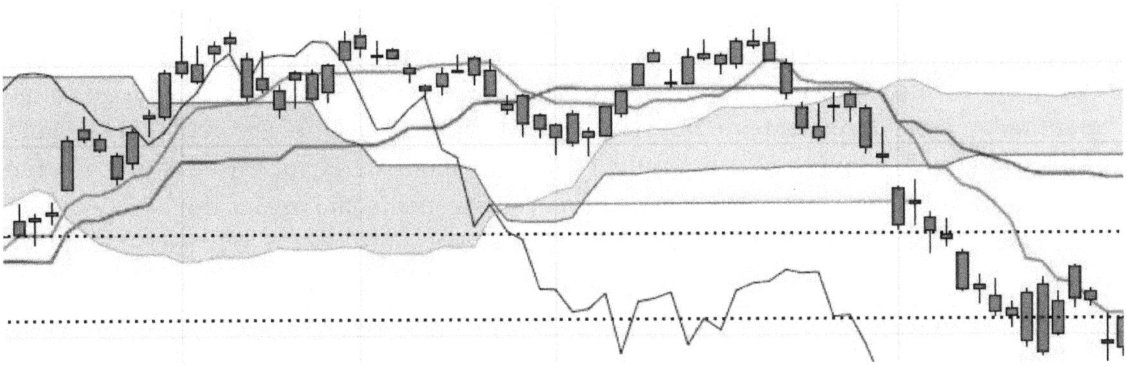

5 – 4 : Sortie latérale du nuage épais

Lorsque la LS ne parvient pas à sortir d'un nuage épais par le haut ou le bas, la sortie pourra être latérale comme dans la configuration ci-après.

Cette situation correspond géneralement à une configuration en range afin que le mouvement puisse redéfinir une évolution.

Dans cet exemple, la LS ne parvient pas à casser la SSB à 62.80 et demeure dans le nuage. Elle ne parvient pas non plus à sortir vers le haut en échouant au franchissement de la SSB à 71.57. Les prix évoluent dans un range puis autour du plat de SSB à 62.80, la LS franchissant ou cassant alternativement ce niveau sans qu'une direction s'impose. Cependant, la bougie rouge accompagnée d'un gap baissier peut indiquer un sens de sortie.

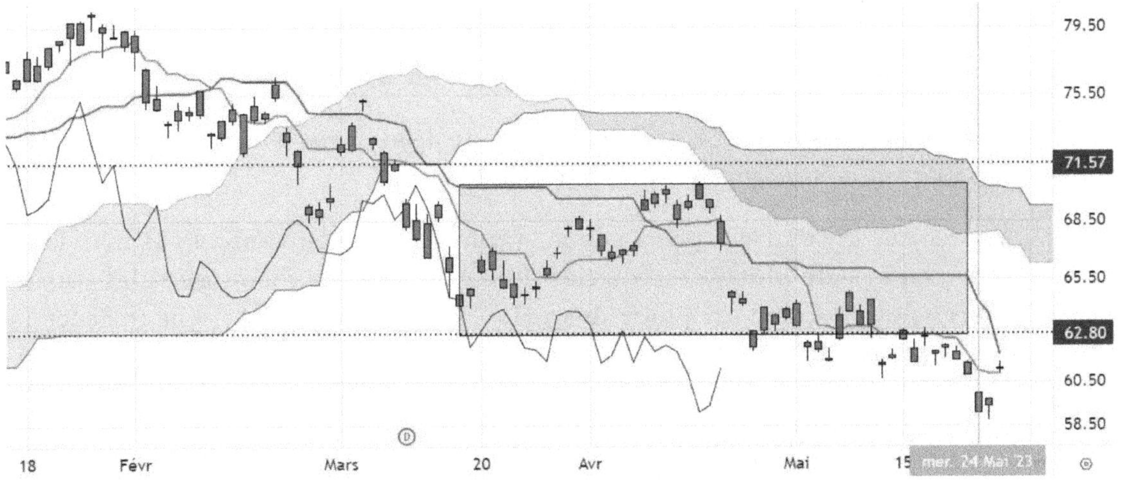

5 – 5 : Interaction de la LS avec ses prix

Il a été indiqué que lorsque la LS était au-dessus de ses prix, la tendance était plutôt haussière, et que si elle était en dessous, on était dans un mouvement baissier. Reste à analyser le contact de la LS avec ses prix.

On va étudier les différentes situations de contact :

a) Rebond sur les prix

Dans les premières périodes d'une tendance haussière, la dynamique est souvent importante et la LS évolue au-dessus de ses prix, dans la période 28 septembre – 4 novembre. Par la suite, la tendance va faiblir et entrer en consolidation horizontale. C'est à ce moment qu'on assiste aux tests de la LS et de ses prix. Si le test est favorable, la tendance est préservée. Par contre, le contact du 11 janvier aboutit à la rupture des prix : la tendance est en danger. Un dernier test des prix est effectué le 25 janvier, qui échoue. La LS casse ensuite sa Kijun puis le nuage : la tendance haussière s'est retournée.

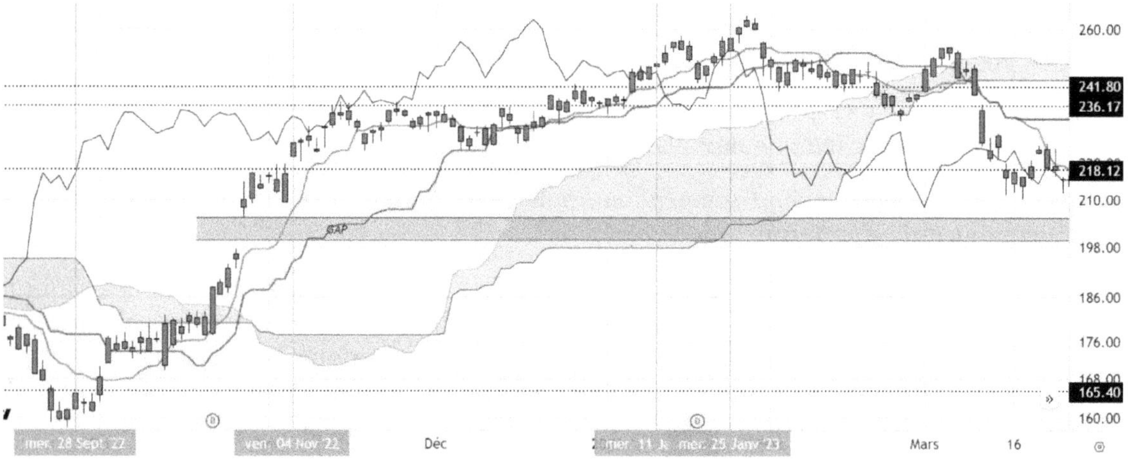

b) Franchissement de la zone des prix : « Le mur des prix »

Un conflit apparaît lorsque la LS arrive à proximité de ses prix. Plusieurs situations se présentent alors et nous allons les détailler :

- Arrivée sur le « mur des prix » : dans la configuration suivante, le 31 mai, la LS arrive en face **de plusieurs bougies dont les corps se recouvrent les uns les autres pour former un « mur des prix »** correspondant à la zone (mèches incluses) entre 74.31 et 79.57 : rectangle vert.

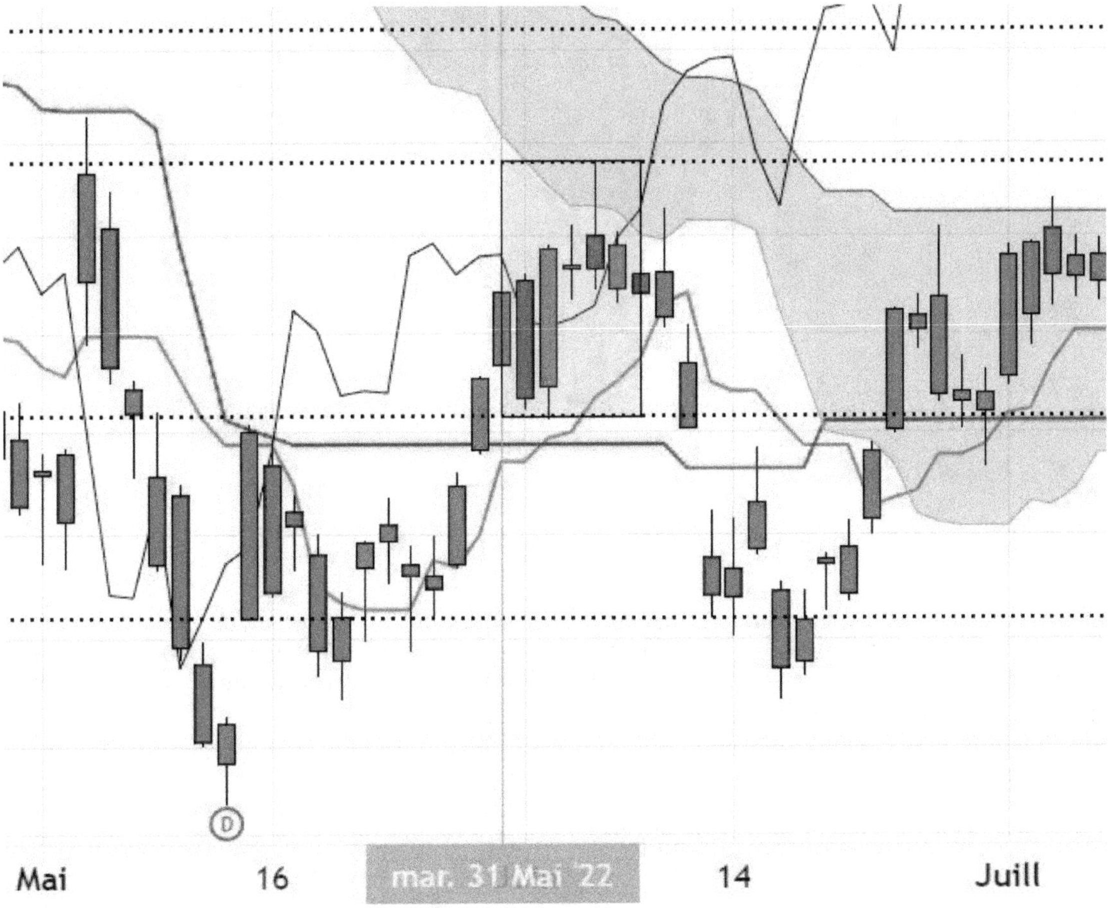

Cette configuration va faire naître une situation d'incertitude, la LS ne prenant pas de direction. En effet, un contact LS/mur des prix signifie que les prix d'aujourd'hui sont au même niveau qu'il y a vingt-six séances.

Plusieurs options s'offrent pour les prix :

- Poursuite de la situation de statuquo : la LS va franchir latéralement son « mur des prix »
- Passage vers une tendance baissière : la LS passera sous son mur des prix
- Passage vers une situation haussière : la LS passera au-dessus de son mur des prix. L'investisseur devra attendre la sortie du mur des prix pour connaître l'évolution future. Il arrive néanmoins fréquemment qu'une direction soit prise par la LS avant le contact avec son mur des prix
- Failles dans le mur des prix : la configuration suivante montre le 8 juin une LS qui approche un mur des prix qui présente une grosse faille sous la forme du gap baissier ouvert le 13 juin. La probabilité que la LS s'engouffre dans cette faille est extrêmement élevée. **En fait, celle-ci apporte une solution à la LS face à l'incertitude relatée au paragraphe précédent.**

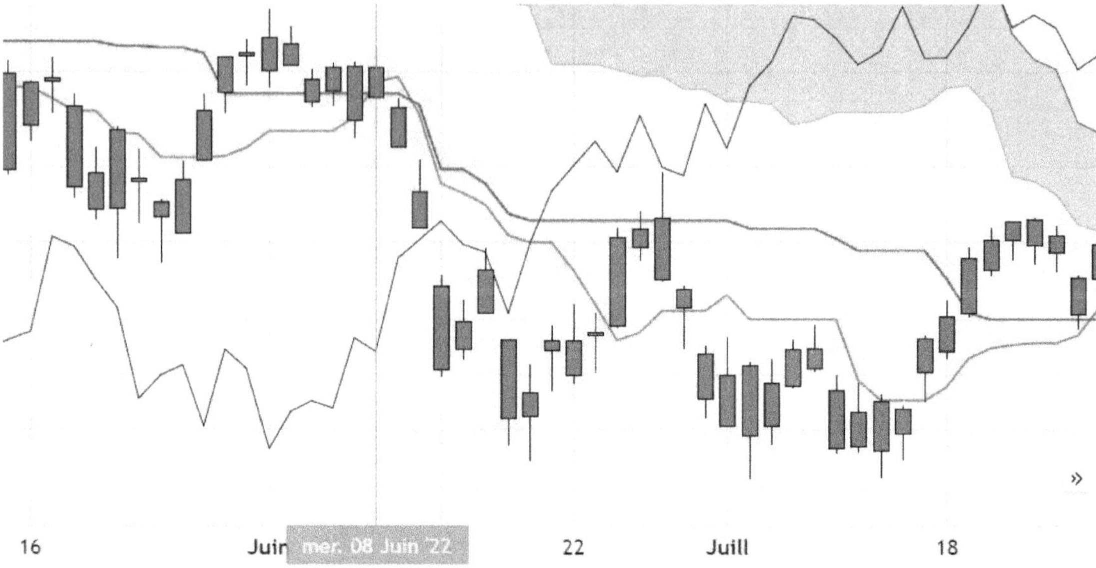

Les failles dans le mur des prix sont constituées soit de gaps, soit d'une absence d'imbrication des corps des bougies quelles que soient les mèches. Elles sont aussi constituées de bougies dont les corps sont de petite taille qui marquent cette situation d'indécision comme dans la configuration suivante.

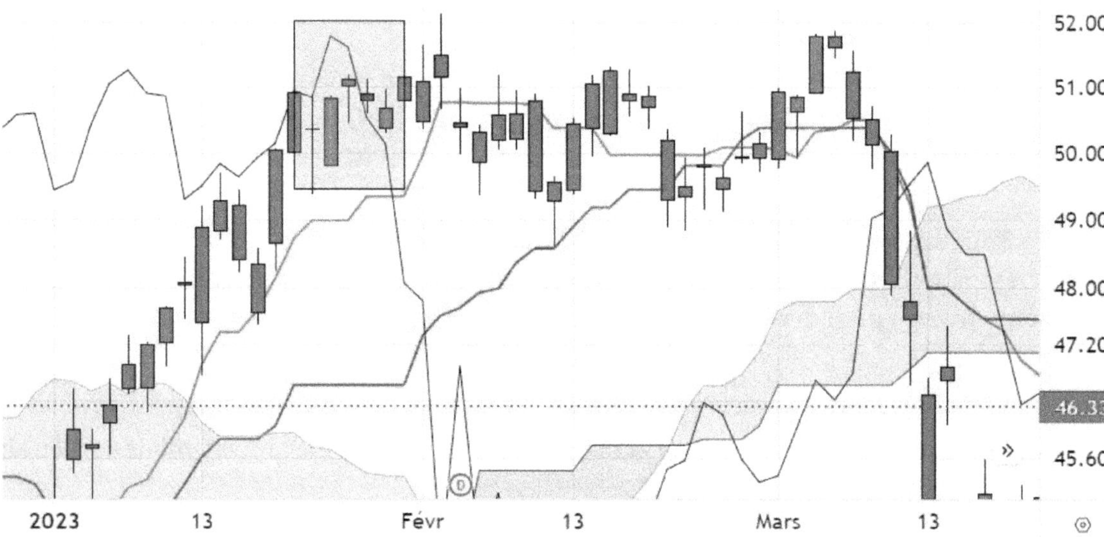

Une rupture du mur des prix en haut de tendance haussière (comme dans l'exemple précédent) ou son franchissement en bas de tendance baissière sont des alertes sérieuses de fin de tendance ou – du moins – d'entrée en phase de latéralisation : accumulation (fréquente en fin de tendance baissière) ou distribution (en fin de tendance haussière). On reviendra sur ces situations dans la deuxième partie de l'ouvrage. Lorsque les bougies auxquelles est confrontée la LS ont des corps trop importants, elle pourra les traverser latéralement et la traversée se réalisera généralement dans une zone de mur moins épais, comme dans la configuration suivante.

Celle-ci présente deux situations de traversée du mur des prix. La première, le 2 novembre, correspond à ce qui a été établi, à savoir une traversée facilitée par un mur des prix faible. Comme souvent, un retest des prix est réalisé par la LS au cours des séances suivantes.

La seconde situation, autour du 3 mai, correspond au contact avec une bougie rouge présentant un grand corps qui illustre la notion de mur. La LS va la traverser avant de se trouver au contact d'une zone de bougies aux corps de plus petite taille et présentant des mèches. On notera que la LS était sous ses prix avant le contact avec la grosse bougie rouge. Sa traversée l'a fait passer au-dessus de ses prix, dans le sens opposé à la dynamique de son mouvement baissier. La première occasion de cassure du mur des prix a été la bonne.

5 – 6 : Interaction LS/autres obstacles

Tout obstacle pour les prix est un obstacle pour la Kijun. On l'a vu pour tous les éléments Ichimoku. Cela est vrai également pour ceux qui proviennent de l'Analyse Technique classique.

On va analyser en particulier :

- Les obliques de tendance et les canaux
- Les moyennes mobiles pertinentes

a) Interaction LS/ obliques de tendance et canaux

Dans l'exemple ci-après, les prix évoluent à l'intérieur d'un canal haussier au sein d'une tendance très régulière. Si des consolidations se produisent et que la Kijun est testée, le bas du canal fait support et les prix ne sont jamais venus tester le nuage. La LS évolue au contact de l'oblique haute du canal : elle assure la stabilité du mouvement.

Des tests de cette oblique ont été réalisés à plusieurs reprises, mais les prix n'ont jamais été cassés.

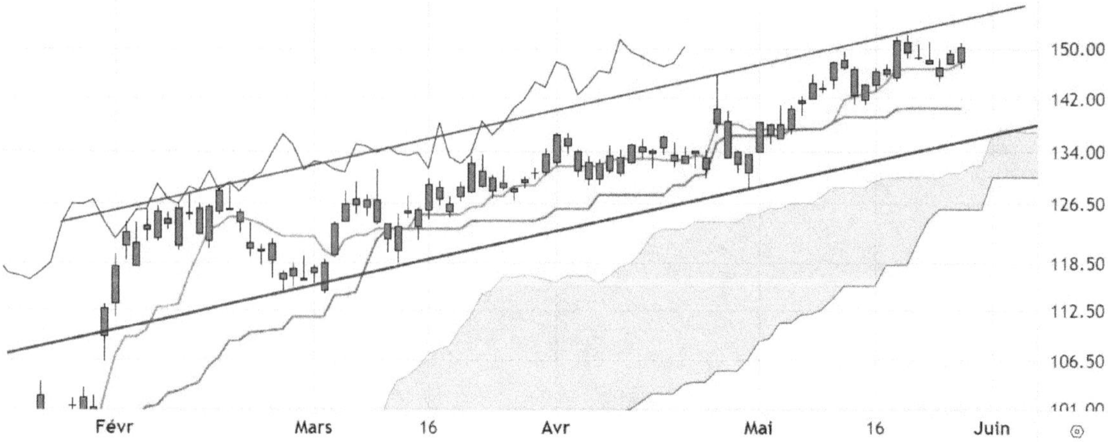

Dans l'exemple ci-dessous, l'actif est dans une tendance baissière également bien construite avec plusieurs tests du nuage. Les prix évoluent également sous une oblique baissière de résistance. Le 23 décembre (date pour la LS) une première tentative de franchissement de l'oblique baissière est réalisée par la LS. Cette situation correspond à la sortie haussière du nuage par les prix, suivie d'un franchissement de l'oblique baissière qui semble dynamique puisqu'un gap haussier est ouvert. Les prix refluent ensuite et l'oblique baissière est testée avant une nouvelle tentative de franchissement. La LS ne franchit pas l'oblique, les vendeurs reprennent la main et les prix refluent sous l'oblique puis sous le nuage.

Une troisième tentative se produit le 10 février (date de la LS). La LS franchit l'oblique puis vient la retester une semaine plus tard avant le franchissement définitif.

b) Interaction avec des moyennes mobiles pertinentes

Une moyenne mobile est **pertinente** lorsqu'elle a joué le rôle de support ou de résistance des prix dans le passé. Cela correspond à une harmonie de mouvement et de rythme des prix avec cette moyenne mobile. **Si la moyenne mobile est pertinente pour les prix, elle le sera pour la LS.**

Dans l'exemple suivant, la moyenne mobile exponentielle 34 périodes (MMe34) a été support pour les prix jusqu'au 13 mars. Elle a alors été cassée et elle devient résistance durant quelques séances. Elle retrouve son rôle de support jusqu'au 23 mai où elle est à nouveau cassée. Dans la période considérée, elle joue le rôle de moyenne mobile pertinente.

On considèrera le rectangle vert qui contient la zone de contact entre la MMe34 et la LS. Cette dernière l'a cassée puis l'a franchie. Il faudra soit une confirmation de la rupture de la MMe34 pour que les prix repartent à la baisse, soit un rebond qui relancerait une dynamique haussière.

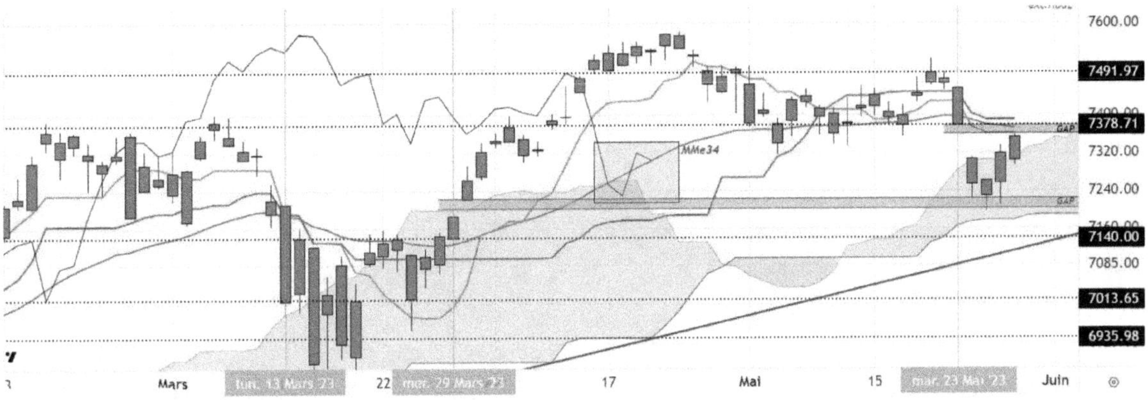

Les moyennes mobiles peuvent aussi se combiner avec d'autres éléments du dispositif Ichimoku. On aura alors une convergences des supports ou résistances.

Dans l'exemple ci-dessous, la période 21 juin – 23 août correspond à une situation d'indécision. La LS évolue au contact du nuage et de la moyenne mobile arithmétique 100 périodes en bleu (MM100). Ce n'est que le 23 août que la LS casse de manière dynamique la MM100 et la Kijun et que le mouvement baissier peut se développer.

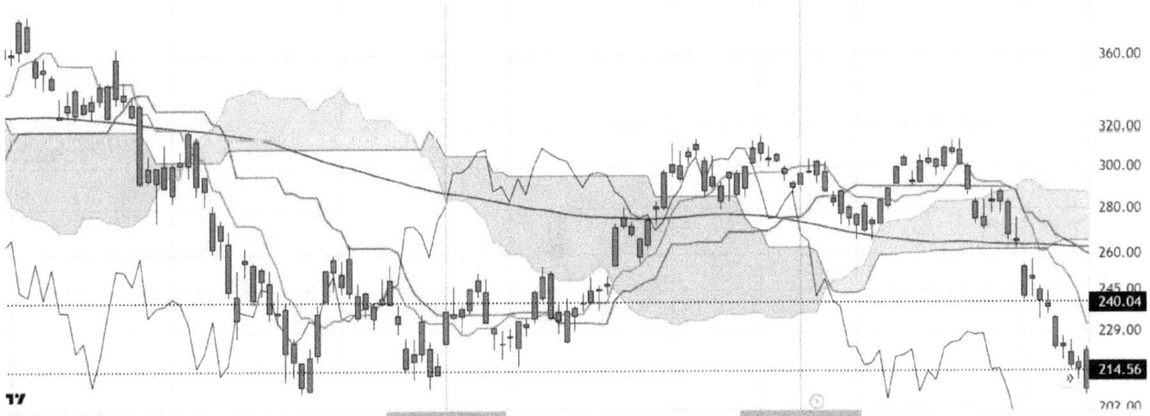

Dans la situation suivante, les prix traversent le nuage par un passage favorable (partie du nuage amincie). La LS aborde son propre nuage le 28 décembre dans une partie épaisse et vient tester la MM100. Plusieurs contacts se produisent suivis d'un échec définitif alors que le nuage s'amincissait.

La convergence de résistances : nuage et MM100 a été fatale à la LS et, par voie de conséquence, aux prix.

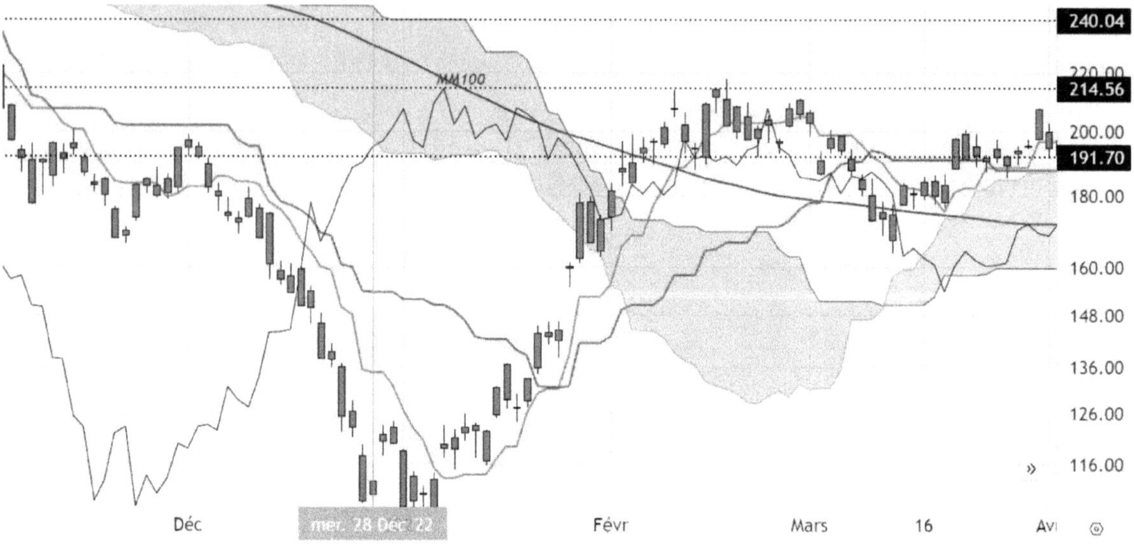

5 – 7 : Situation de surachat/survente

Elle a été mise en lumière par Khalid El Bouzidi dans son ouvrage *Trader l'Ichimoku.*

Lorsque l'écart entre la LS et ses prix atteint un niveau trop élevé, une consolidation doit être attendue. Cela signifie que les prix ont baissé de manière excessive en vingt-six séances boursières. Si la LS est trop en dessous de ses prix, on a une situation de survente, comme dans le cas ci-après :

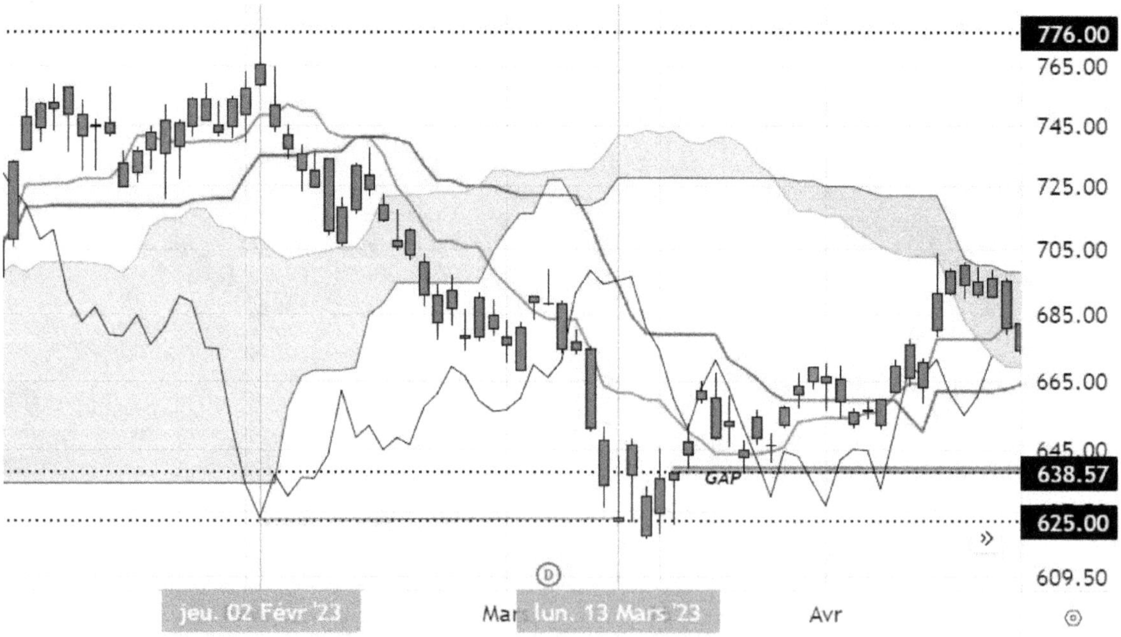

Entre le 2 février et le 13 mars, les prix passent de 776 (en tenant compte de la mèche haute) à 625, soit un recul de près de 20%, ce qui est important. Dans les jours qui suivent, une consolidation se met en place avec, en plus, l'ouverture d'un gap haussier.

Cependant, on ne peut pas savoir à l'avance si cette consolidation interviendra après une baisse de 10, 20 ou 25%. Khalid El Bouzidi détecte le démarrage de la consolidation par l'apparition et la confirmation d'une structure de retournement. C'est le cas ici avec, notamment, l'ouverture de deux gaps haussiers.

L'approche est la même avec les situations de surachat comme ci-dessous. Le 23 mars (date de la LS), on constate une tension entre LS et ses prix. Une consolidation se met en place, confirmée par l'apparition d'une figure de retournement « étoile du soir » : bougie verte suivie d'une autre plus petite avec mèche haute, puis bougie rouge confirmée par une autre la séance suivante (rectangle vert).

La consolidation se poursuit jusqu'à la Kijun plate qui joue son rôle de support, les prix rebondissent pour revenir à une situation similaire le 13 avril (date de la LS). Dans ce cas, on n'est pas en situation de surachat, l'écart entre la LS et ses prix étant classique.

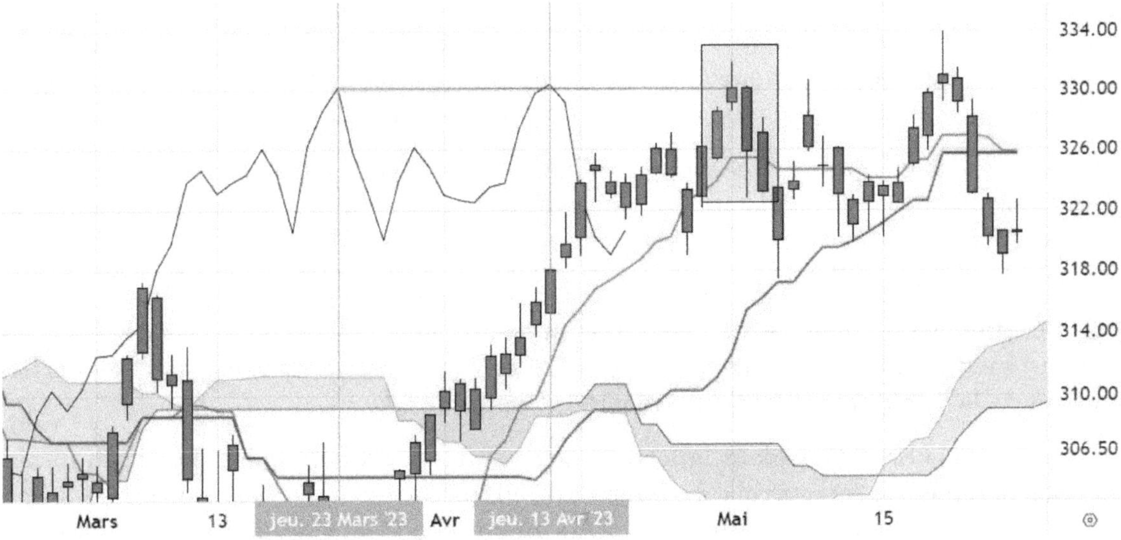

L'observation de Khalid El Bouzidi a pour but de nous alerter sur une situation de surachat ou de survente. Celle-ci peut durer un certain temps avant qu'une figure de retournement se mette en place.

L'important à exploiter est le couple : situation de surachat (ou de survente)/figure de retournement qui, lui, donne un signal de vente (ou d'achat).

CHAPITRE 4

LES NIVEAUX REMARQUABLES

1 – Les niveaux remarquables

On a vu qu'Ichimoku déterminait les niveaux d'équilibre du marché sur différentes temporalités.

Ce sont des niveaux qui peuvent délivrer des signaux de changement de tendance ou d'achat/vente, à condition qu'ils soient validés, points sur lesquels nous reviendrons largement dans la deuxième partie du présent ouvrage.

On peut citer notamment les Kijun et SSB quand elles sont plates. Quand ces lignes sont pentues, cela signifie que le marché est en transition entre deux niveaux d'équilibre. Leur signification et surtout leur exploitation deviennent difficile. On devra donc attendre que le marché revienne à une situation d'équilibre.

On a vu également que les SSA sont plates bien moins souvent et bien moins longtemps que les SSB, car elles correspondent à des niveaux d'équilibre du marché sur le court /moyen terme et qu'elles peuvent rapidement évoluer dans un sens ou un autre.

Il en est de même de la Tenkan, pour des raisons encore plus fortes que pour la SSA. Les parties plates n'imprègnent pas une mémoire ou une trace sur le marché car les changements de situation peuvent être rapides et puissants. L'utilisation des parties plates de la Tenkan est limitée au moment où elles le sont.

La Kijun et la SSB contrôlent la lecture du marché, la première pour le moyen terme, la seconde pour le long terme. Leurs parties plates, surtout si elles sont longues, correspondent à des changements de situation du marché et leur influence est pérenne. Ce sont des niveaux que le marché aura tendance à rechercher au cours de mouvements haussier ou baissier et dans les nombreuses périodes d'incertitude.

Cette pérennité permet à l'analyste et à l'investisseur de poursuivre le tracé de ces lignes plates et nous déterminons des « plats de Kijun » et « des plats de SSB » qui pourront entrer en résonnance avec les prix dans le futur.

2 – Les plats de Kijun

Dans l'exemple suivant, un long plat de Kijun couvre la période 28 février – 6 juin 2022 sur le niveau 194.75. Par la suite (trait pointillé rouge), le marché vient retester ce niveau autour du 15 août. Une figure de retournement baissier, appelée « étoile du soir » en Analyse Technique classique, indique que les vendeurs avaient des ordres en attente sur ce niveau. Étant une zone d'équilibre du marché, il apparaît comme une résistance du mouvement haussier précédent et un niveau sur lequel le marché devra prendre une décision : poursuivre le rally en cas de prééminence du camp acheteur ou conviction majoritairement vendeuse dans le cas contraire.

Bien plus tard, en janvier 2023, les prix reviennent tester ce niveau. Il fait office de résistance durant plusieurs semaines avant d'être finalement franchi.

Il faut noter que ce plat de Kijun se confond avec un plat de SSB en novembre, ce qui confirme le côté majeur de ce niveau.

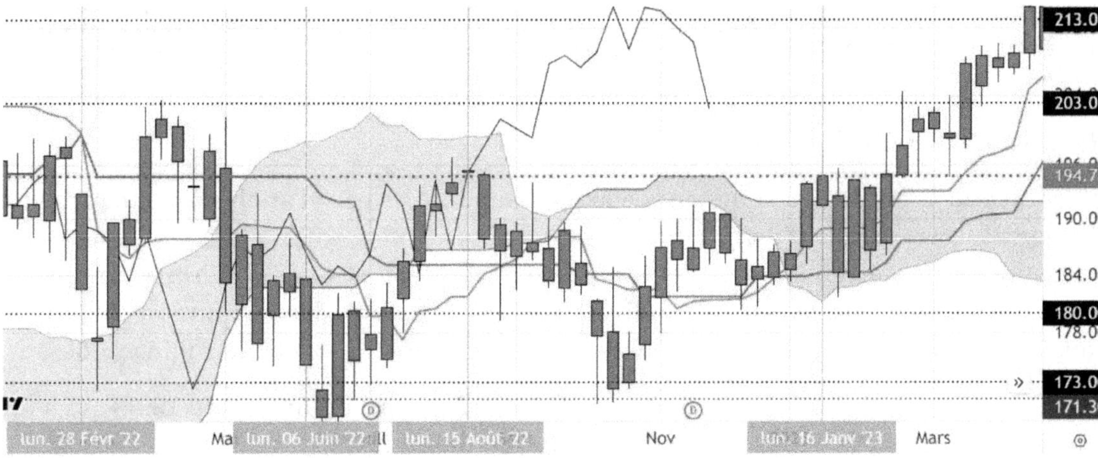

Ce franchissement n'est pas franc puisque la bougie de franchissement présente une mèche haute significative, puis à deux reprises, les vendeurs viennent tester la détermination des acheteurs et des retests de 194.75 sont réalisés fin février et début mars 2023 avant la victoire du camp acheteur.

Tous ces mouvements, effectués dans un temps long, confirment l'importance de ce plat de Kijun à 194.75 et de sa confirmation par le plat de SSB.

3 – Les plats de SSB

Ils jouent le même rôle que les SSB plates comme on peut le voir ci-après.

Un retournement d'une tendance baissière opéré à partir de fin octobre conduit les prix, après un franchissement hésitant de la Kijun plate, au contact du nuage et de la SSB à 142.21 fin janvier. S'ouvre alors une période d'incertitude qui durera jusqu'au 10 avril. Durant cet intervalle, les prix vont affronter une forte résistance sur le plat de SSB à 155.54. Comme on l'a vu précédemment, on vient d'une longue phase baissière qui a entraîné la création d'un nuage baissier dont les SSB plates correspondront dans le futur aux étapes de reprise haussière éventuelle. Ici, les prix ne peuvent, malgré plusieurs tentatives, franchir cette première étape de reprise haussière à 155.54. Le petit plat de SSB juste au-dessus à 162.37 n'a même pas pu être testé en mèche.

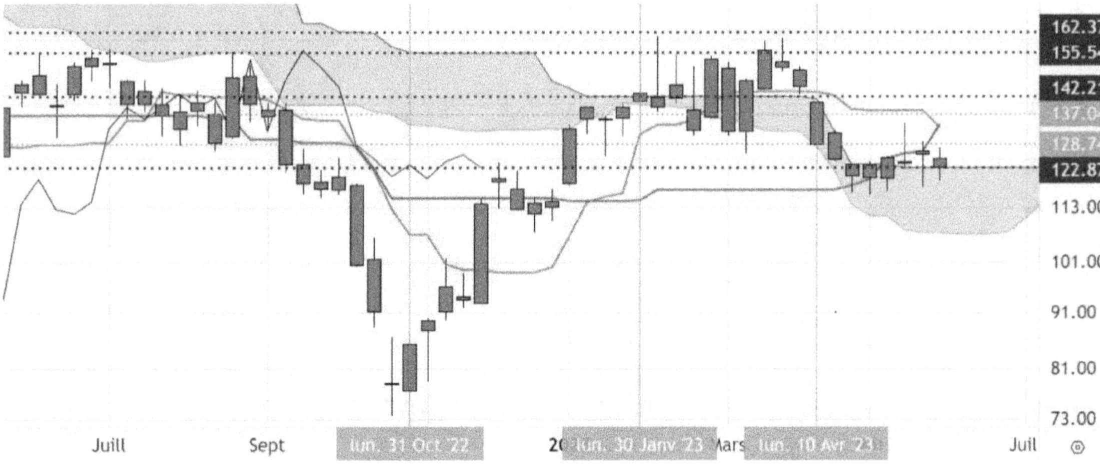

Ces échecs répétés montrent que le marché n'est pas prêt à repartir à la hausse et il advient souvent dans ces cas-là que les acheteurs marquent une forme de renoncement entraînant une baisse des prix jusqu'au niveau d'équilibre long terme matérialisé ici par le nuage et la SSB inférieurs à 122.87.

4 – Les plats de SSB/Kijun

C'est certainement la ligne horizontale la plus importante pour l'analyste comme l'investisseur. Ils correspondent à des situations où le niveau a été Kijun plate à un moment et SSB plate à un autre moment. Cela se passe généralement dans cet ordre : un niveau d'équilibre moyen terme, s'il est confirmé par la SSB plate, devient niveau d'équilibre long terme, comme dans l'exemple décrit au paragraphe « Les plats de Kijun » ci-dessus.

La figure ci-après précise sa construction. On s'intéressera au niveau de 19.63 qui a été une Kijun plate à l'été 2022 et un plat de SSB en début 2023.

La construction de la Kijun plate est représentée par le retracement 50% de Fibonacci de la période de calcul avec un plus haut à 24.80 et un plus bas à 14.30. La Kijun demeurera plate tant que le point haut participera au calcul. Elle commencera à baisser dès que ce point sortira du calcul.

La construction de la SSB plate est également décrite. On retrouve pour la SSB les mêmes plus hauts et plus bas que pour le calcul de la Kijun que l'on vient de décrire.

Cela montre qu'un plat SSB/Kijun correspond à deux niveaux extrêmes qui ont été opérationnels un temps très long. On n'a réalisé entre le 26 juillet de l'année précédente et le 1er août ni plus haut ni plus bas différents des niveaux décrits. Ce niveau de 19.63 correspond donc à un équilibre majeur des prix sur le long terme.

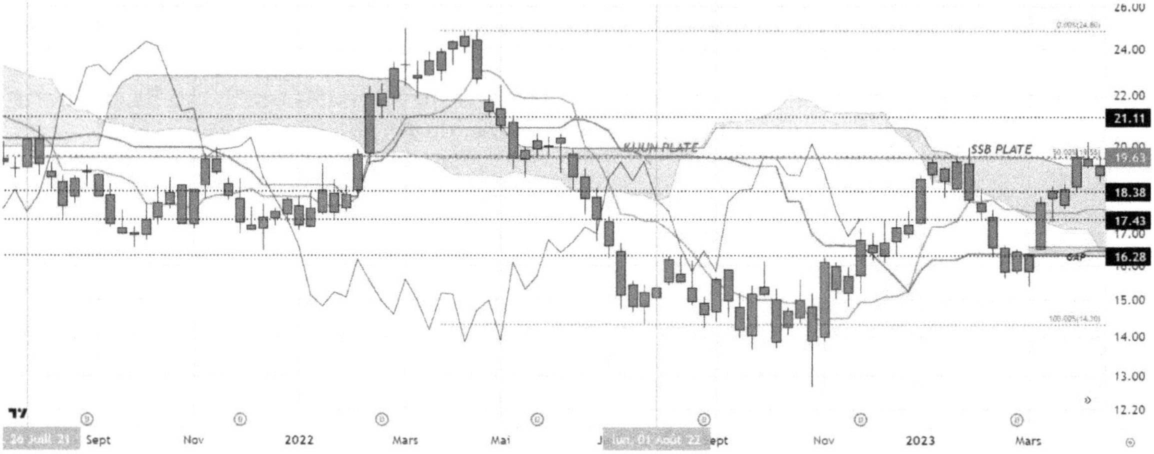

On ne sera pas surpris quand, quelques mois plus tard, en mai, il fera résistance à la traversée du nuage par les prix :

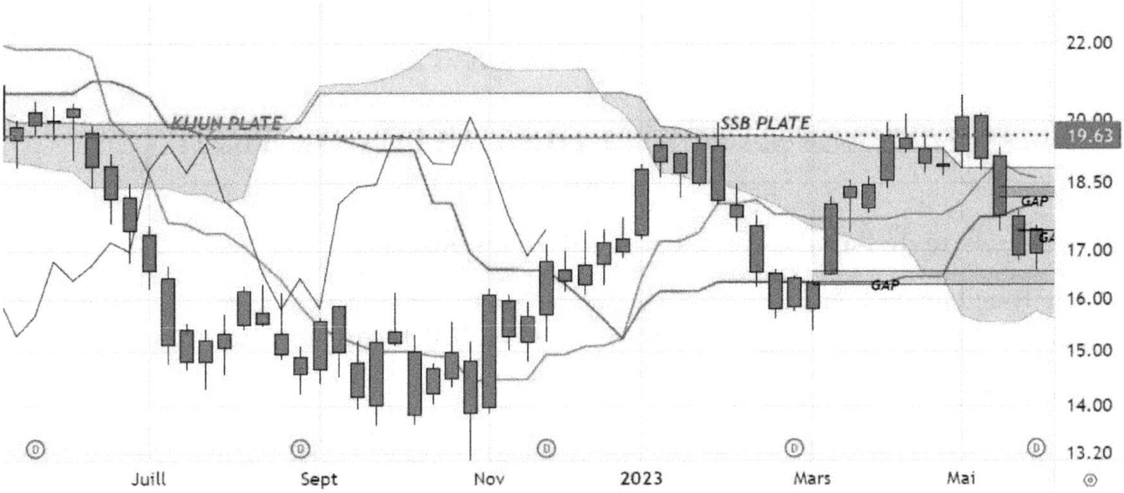

Ce niveau est devenu la résistance majeure. En cas de franchissement, il deviendra un niveau de support majeur.

CHAPITRE 5

L'ANALYSE SUR TROIS UNITÉS DE TEMPS

1 – Nécessité de l'analyse sur trois unités de temps

L'analyse d'un actif sur une unité de temps est insuffisante pour les raisons qui vont apparaître en analysant l'action américaine CATERPILLAR sur trois unités de temps :

a) En données quotidiennes

D'octobre à mars, l'action a été en tendance haussière, puis les cours ont cassé le nuage, la LS a fait de même un peu plus tard. Le franchissement du nuage plutôt épais marque un changement de polarité du titre. La LS est sortie de son nuage mais un test des plats de SSB à 237.47 et 229.09$ ainsi que celui du plat de SSB/Kijun à 231.13$ ne sont pas à exclure, d'autant plus que se profile un twist de nuages le 14 juillet à 218.28$. Il correspond également à un plat de SSB/Kijun.

b) En données hebdomadaires

Jusqu'à fin septembre, l'actif évoluait en tendance baissière. Le franchissement du nuage en octobre a renversé la tendance qui est désormais haussière. Les cours ont profité d'un twist de nuages pour les franchir avec une bougie très dynamique. Après une consolidation qui a amené les cours au contact du gap haussier défendu par les acheteurs, la progression des cours a repris et la Kijun plate à 234.30$ a été franchie et elle sert de support. Les cours arrivent au-dessus d'un nuage haussier qui assure également un niveau sérieux de support.

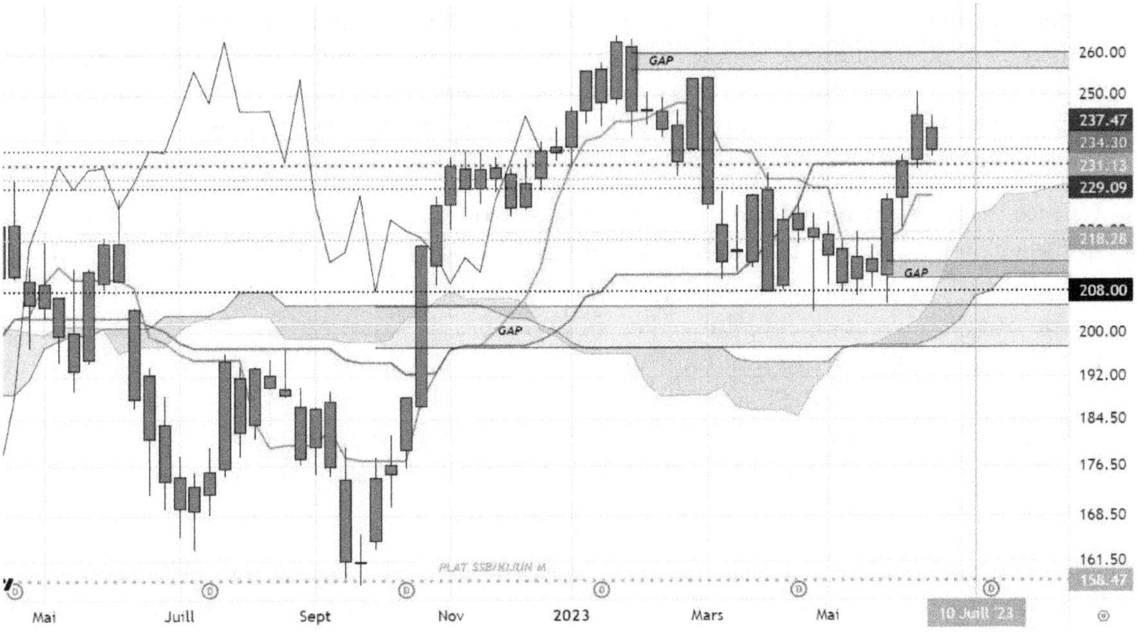

c) En données mensuelles

Dans cette unité de temps, la situation est encore différente. La tendance est haussière depuis le franchissement du nuage fin 2016. Un test du nuage a été effectué en mars 2020 (qui était une période très particulière du fait des confinements dus à la COVID). Les cours évoluent désormais très au-dessus du nuage. Ils ont rebondi sur la Kijun plate à 211.26$ qui assure un niveau de support de long terme.

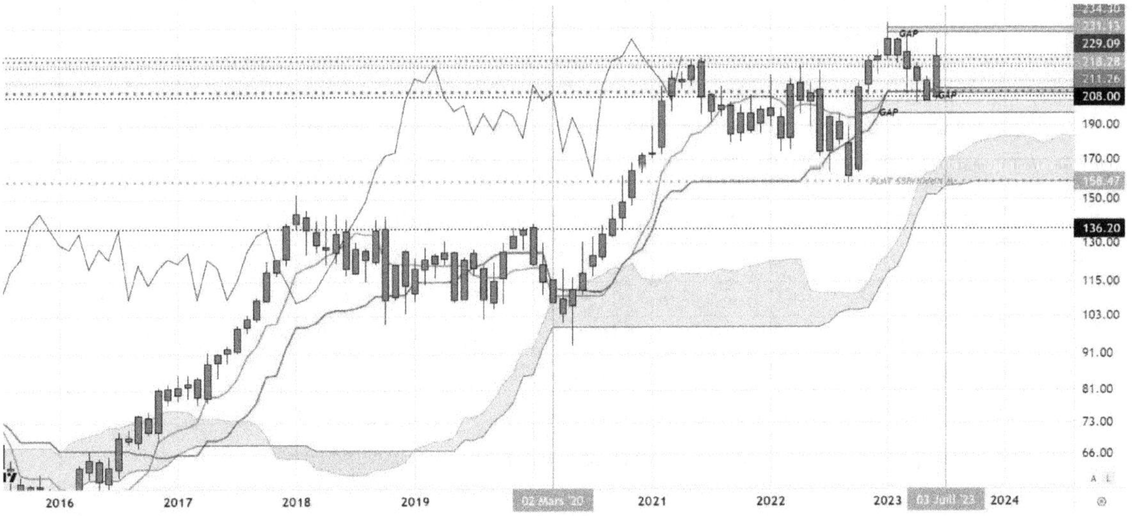

d) Conclusion

L'unité de temps la plus élevée donne le contexte et l'évolution de l'action à long terme. Ici, la tendance est haussière. Une consolidation vient de se produire mais la Kijun plate a rempli son rôle de support et les prix repartent vers le haut. Le niveau de la Kijun plate à 211.26$ doit être considéré pour toutes les unités de temps comme un support majeur. Cela ne signifie pas qu'il ne puisse être temporairement cassé dans les unités de temps inférieures mais indique qu'il faudra un changement majeur au sein de l'entreprise pour que cette valeur soit notablement remise en cause de manière pérenne : mauvais résultats, mauvaises perspectives, problèmes financiers, problèmes de marché et de gouvernance...

L'unité de temps intermédiaire indique où se trouve l'actif par rapport à son contexte haussier de long terme. Elle précise et actualise la situation et les perspectives pour les semaines à venir. Les cours sont protégés du niveau majeur à long terme de 211.26$ par le nuage haussier et la Kijun plate à 234.30$. La LS est en contact avec le haut du mur des prix qui présente une faiblesse la semaine prochaine avec une petite bougie au corps rouge et des mèches significatives haute et basse à 237$. Ce niveau sera à surveiller. La Kijun plate à 234.30$ constitue également un support pour la LS. Cependant, en cas de rupture en clôture hebdomadaire, la voie serait ouverte vers la Kijun plate mensuelle à 211.26$.

En vision quotidienne, la zone des 237$ que l'on vient de mentionner constitue un niveau de support important dans cette unité de temps : c'est un plat de SSB pour la LS qui est peut-être en train, de plus, de dessiner une « épaule – tête – épaule » mal constituée du fait d'une ligne de cou très pentue. La Kijun plate hebdomadaire à 234.30$ constitue également un support. Les niveaux importants inférieurs ont été mentionnés.

On a ainsi une zone de support charnière entre 229 et 237$. En cas de rupture en données quotidiennes, l'objectif serait au niveau du twist futur de nuages à 218$, et en cas de nouvelle rupture, on assisterait au test du gap ouvert le 2 juin, au milieu duquel passe la Kijun plate mensuelle à 211.26$.

En cas de rebond sur cette zone charnière, les cours pourraient progresser avec comme objectif le bas du gap ouvert le 31 janvier à 256$.

Cette analyse sur trois unités de temps nous a permis de cartographier le terrain avec une hiérarchie, en la circonstance de supports, en fonction des unités de temps. **Un support ou une résistance d'une unité supérieure prime sur l'unité analysée.**

Elle nous permet d'élaborer des scénarios d'évolution des cours en les contrôlant grâce aux niveaux intermédiaires de chaque unité de temps. C'est ainsi que l'on a déterminé une zone de support entre 229 et 237$, correspondant à des niveaux importants dans deux unités de temps. Cette convergence de niveaux calculés sur des unités de temps différentes renforce le poids de la zone support.

2 – Analyse sur trois unités de temps : FAURECIA

L'action est en tendance baissière en mensuel, dans le nuage en hebdomadaire et passe haussière en quotidien.

2 – 1 : En mensuel

Les cours sont très en-dessous du nuage. Les premières résistances sont un plat de SSB/Kijun à 22.12€ et un plat de SSB à 22.87€. La zone de support majeure se situe à 10.73€.

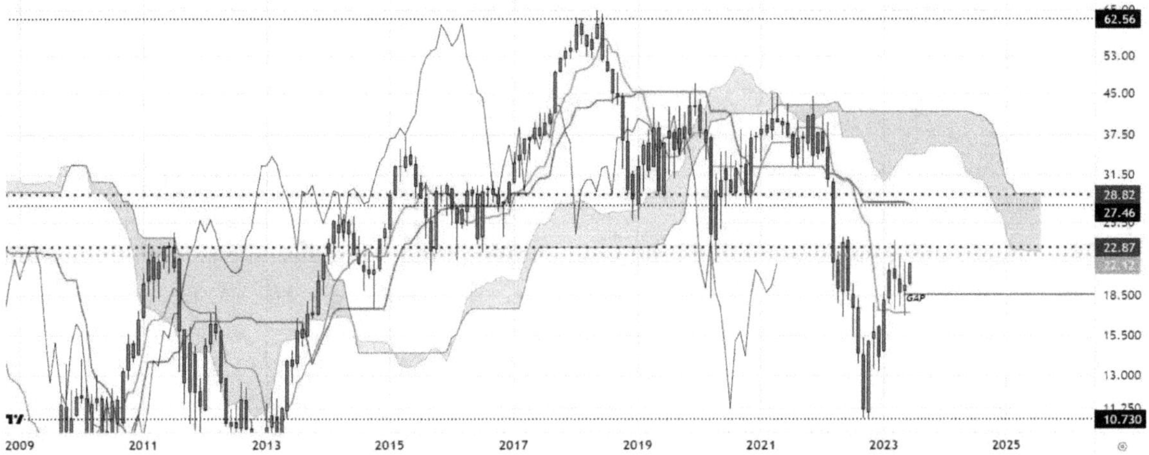

2 – 2 : *En hebdomadaire*

Les cours sont dans un nuage épais depuis plusieurs semaines. Cela correspond à la consolidation démarrée en octobre 2022. On voit sur le mensuel que les prix ne progressent plus depuis quatre mois. Leur présence dans le nuage l'explique. La situation paraît effectivement bloquée : les prix sont dans un range entre un plat de SSB/Kijun à 17.37€ et les plats de SSB/Kijun à 22.12€ et de SSB à 22.87€. La LS arrivera au contact de la SSA au moment où les prix sortiront du nuage, probablement de manière latérale.

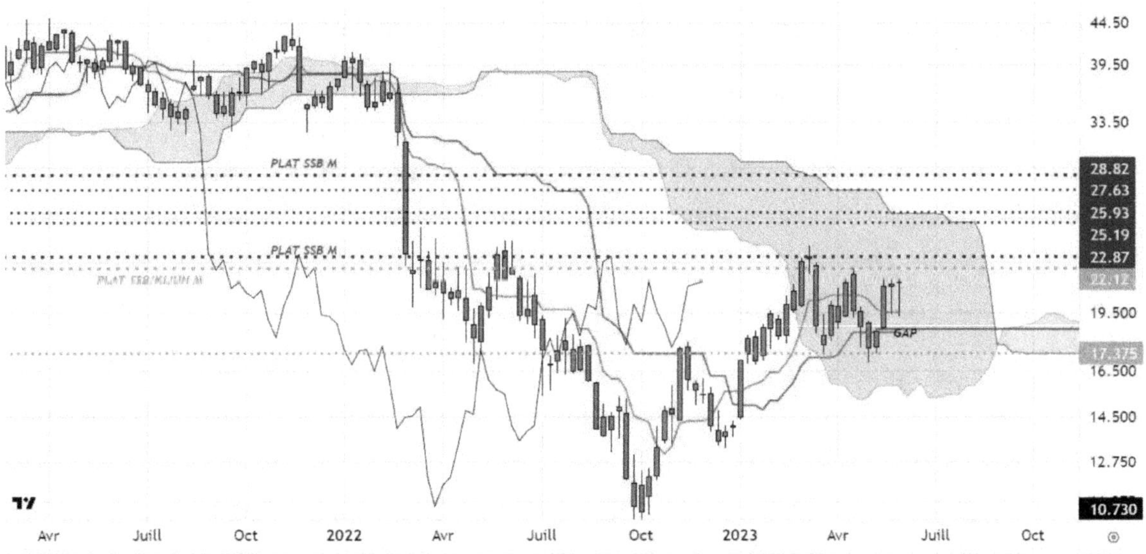

2 – 3 : *En quotidien*

Le graphique détaille l'impulsion démarrée fin 2022 et la situation de range à l'intérieur de la zone décrite en hebdomadaire. Prix et LS viennent de sortir de leur nuage mais s'approchent de la zone de sommet du range : 22.12/22.87€. La probabilité de sortie haussière est faible à cause du poids des niveaux de résistance et du fait de la pression du nuage hebdomadaire. Un éventuel franchissement amènerait les cours directement sur des résistances importantes.

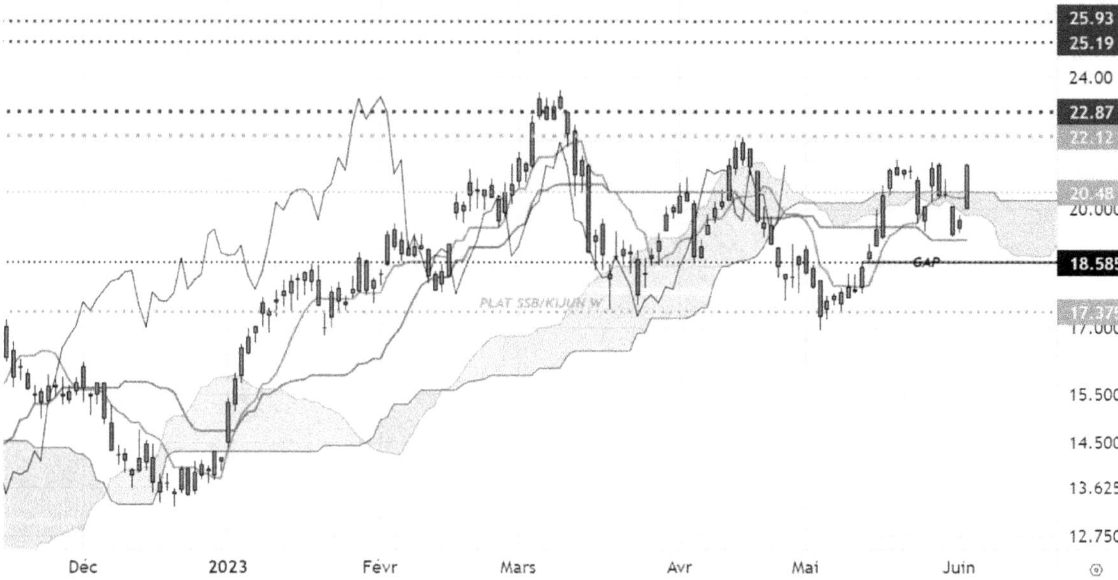

2 – 4 : Conclusion

Les prix sont bloqués en mensuel en tendance baissière et sous des résistances importantes. Ils sont également bloqués en hebdomadaire au milieu d'un nuage baissier épais. En quotidien, la situation est haussière mais dans un range et sous des niveaux de résistance issus des temporalités supérieures, ce qui en accroît l'importance.

La seule possibilité d'initier une position, comme dans tout range, serait de le faire au contact de la borne haute 22.12/22.87€ en devenant vendeur pour viser d'abord le nuage à 20.48€ puis, en cas de rupture d'un nuage mince, le gap à 18.58€ puis le bas du range à 17.37€.

3 – Analyse sur trois unités de temps : USDCHF

Le dernier exemple concernera une paire majeure du Forex : USDCHF. Ce marché se traite dans toutes les unités de temps mais concerne beaucoup les traders de court terme ou « day traders ».

Dans ce cas, les unités de temps sont très différentes d'exemples vus plus haut qui concernaient plutôt des investisseurs actions pour du swing trading ou du moyen/long terme.

Les unités de temps analysées ici seront : 15 minutes, 1 heure, 4 heures.

3 – 1 : En 4 heures

La situation apparaît claire. On est en tendance haussière. Après consolidation sur le plat de SSB à 0.90444 CHF, la tendance a repris et les prix viennent de franchir la Kijun plate à 0.90811 CHF. La voie est ouverte vers la résistance technique à 0.91438 CHF.

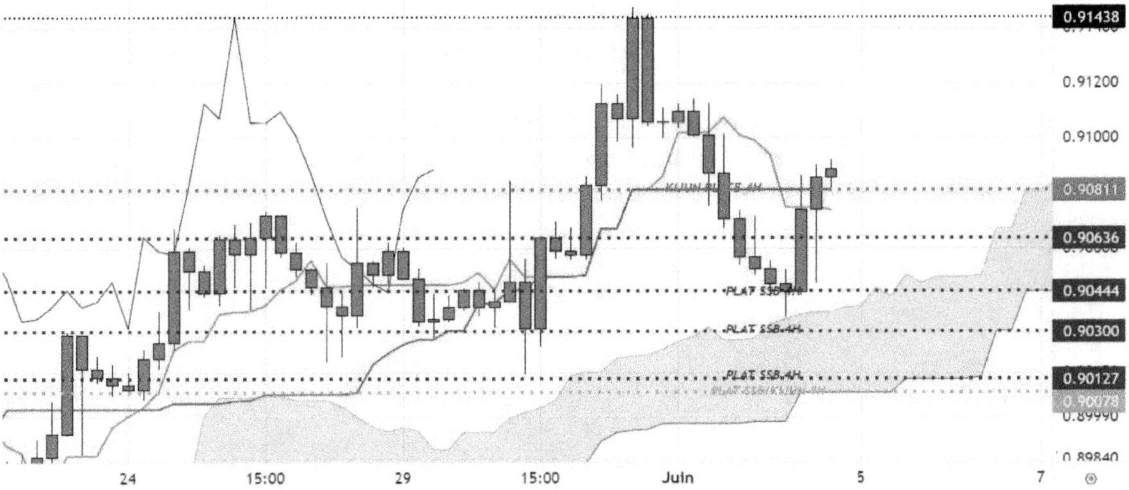

On remarquera que, le 2 juin, les prix ont fait un quasi-test du nuage, mais les acheteurs ont défendu la SSA et le rebond s'est effectué avec une bougie verte suivante très dynamique. Sur le plan de l'analyse technique classique, cette bougie verte a une grande signification. C'est une « englobante » dans le sens où, en fin de tendance, elle englobe les corps de plusieurs bougies rouges précédentes. Il s'agit d'une figure de retournement très classique et très fiable. Sa taille marque également la détermination du camp acheteur. On notera de même que la rupture du nuage, sous 0.90127 CHF, invaliderait ce schéma haussier.

3 – 2 : En 1 heure

On notera la situation intéressante qui a déjà été décrite précédemment dans l'ouvrage et qui sera analysée ci-dessous : arrivée au contact d'un twist de nuages avec nuage baissier à venir. Il sera nécessaire, avant toute éventuelle entrée en position longue, de contrôler le franchissement de la tête de SSA à 0.91127 CHF.

3 – 3 : En 15 minutes

On retrouve le grand nombre de lignes évoqué dans un paragraphe précédent, mais on retrouve aussi que des zones de support/résistance sont bien déterminées. On identifiera en particulier :

- Au-dessus des prix, les zones de résistance 0.90911/0.90945 CHF puis 0.91062/0.91082 et 1.91218/0.91239 CHF. Ce seront, dans une perspective haussière, les zones objectifs.
- Au-dessous des prix, les zones 0.90799/0.90831 CHF puis 0.90607/0.90669 CHF. Ce sont soit des zones de support potentielles dans une perspective haussière, soit des objectifs dans une approche baissière.

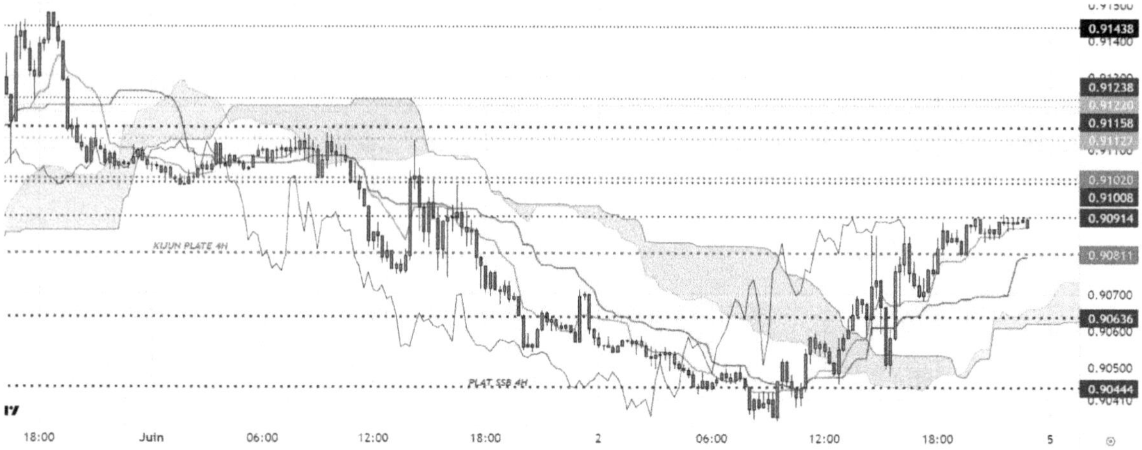

3 – 4 : Analyse sur les trois unités de temps

Le graphique en H4 montre une tendance de fond haussière. Après consolidation, les prix ont repris le chemin de la hausse avec la bougie verte englobante du 2 juin et le franchissement confirmé de la Kijun plate qui joue le rôle de support.

En H1, la situation est plus confuse. En effet, les prix arrivent sur un twist de nuages avec un nuage baissier à venir. La LS est dans son nuage et sous une Kijun pentue, donc peu significative. Le franchissement de la tête de SSA à 0.91127 CHF en clôture horaire confirmerait celui du twist par les prix. Ce niveau correspond également à une résistance technique, ce qui lui donne du poids. A contrario, l'échec sur le twist serait acté par la rupture de la Kijun plate H4 à 0.90811 CHF. On devrait s'attendre alors à un reflux des prix le long de la SSA en direction de la Kijun plate à 0.90636 CHF (qui est aussi une SSB H4 et un support technique).

En 15 minutes, la tendance est haussière mais les prix n'arrivent pas, pour le moment, à franchir la zone 0.90911/0.90945 CHF qui correspond, bien sûr, à la zone de twist de nuages H1. Son franchissement ouvrirait la voie vers la zone de résistance supérieure : 0.91008/0.91020 CHF, puis 0.91127/0.91158 CHF et 0.91220/0.91238 CHF. Le franchissement de cette dernière ouvrirait la voie vers la résistance technique à 0.91438 CHF.

3 – 5 : Conclusion

Cette analyse est destinée à un investisseur de court ou très court terme qui va rechercher un décalage des prix sur quelques minutes à quelques heures correspondant à la zone de prix atteignable, a priori, durant cet intervalle de temps. L'analyse se développe d'abord sur l'unité de temps inférieure afin de connaître le « terrain » pour les périodes à venir et détecter les niveaux sur lesquels il sera possible d'intervenir.

On remonte ensuite les unités de temps afin de connaître les obstacles importants dans ces unités de temps qui influeront forcément la progression des prix.

On retrouve fréquemment, comme dans les exemples décrits ici, des zones de prix en résistance comme en support. Ce sont des zones qui sont rentrées en résonnance avec les prix dans le passé et constituent autant de zones d'équilibre auxquelles le marché s'est référé précédemment. Lorsque ces zones correspondront à des supports ou résistances techniques, leur poids sera renforcé car cela montrera que les prix sont déjà allés les tester.

Dans le cas présent, on a plutôt le sentiment d'une situation bloquée pour le moment. Le « timing » n'est certainement pas le bon. Il reste trop d'interrogations concernant aussi bien la direction à prendre que le nombre de niveaux de support et de résistance.

On verra dans la deuxième partie de l'ouvrage que cette multitude de zones support/résistance ne doit pas effrayer ou dissuader l'investisseur. Elles ont bien été franchies ou cassées dans le passé ; elles ne représentent donc pas des barrières infranchissables. Elles servent surtout à cartographier le « terrain » et permettre à l'investisseur de contrôler sa position au contact de chacune de ces zones.

Comme indiqué précédemment, trouver le bon « timing » est fondamental. Il est indispensable de trouver l'actif qui présentera un bon « alignement des planètes » et une cohérence entre les unités de temps.

Ces présentations montrent que l'approche sur trois unités de temps est indispensable : c'est une des grandes forces de la méthode. Cela permet de déterminer les zones d'équilibre du marché avec lesquelles les prix ont résonné. Elles correspondent aux vrais niveaux de valeur de l'actif à un moment donné, notion que l'analyse technique ne peut embrasser.

Les trois unités de temps se complètent dans l'analyse et la compréhension du comportement d'un actif. Passer d'une unité de temps à l'unité inférieure revient à prendre une loupe pour analyser la situation actuelle et bâtir des scénarios d'évolution des prix.

On a vu qu'il était possible d'être – par exemple – en tendance haussière dans une unité de temps et en tendance neutre ou baissière dans des unités de temps inférieures. Cela signifie que l'on est en consolidation de la tendance majeure et les deux unités de temps inférieures nous indiquent à quel stade de la consolidation on se trouve et quelle est la dynamique pour les périodes à venir. Cela confère un côté dynamique à l'approche, plus intéressante que l'approche statique de l'Analyse Technique classique, même si cette dernière présente un grand intérêt que nous exploiterons très largement dans la deuxième partie de l'ouvrage.

CHAPITRE 6

LES GRANDES CONFIGURATIONS EN ICHIMOKU

Une des grandes forces de la méthode réside dans le fait qu'il existe un nombre réduit de configurations que l'on retrouve très souvent.

Leur maîtrise permettra à l'analyste et à l'investisseur d'acquérir une plus grande expérience dans sa pratique.

On retrouve en cela deux des grandes bases de la méthode telles qu'elles ont été présentées au tout début de l'ouvrage : cyclicité des marchés et psychologie de l'investisseur.

Ainsi, si on se retrouve dans une configuration connue, qui est apparue dans le passé sur de nombreux actifs, cela signifie que ce sont des configurations traditionnelles des marchés et que le comportement régulier des investisseurs dans ces circonstances peut nous indiquer de grandes règles comportementales. Elles donneront plus de poids aux scénarios ébauchés et une approche de développement de la situation actuelle.

On va distinguer dans les pages à venir trois grands types de situations tendancielles et les configurations associées à chaque étape du développement de la tendance.

La règle d'universalité indique que ces configurations sont valables pour tous les actifs et toutes les unités de temps.

Elles correspondent en fait à la description de l'action psychologique qui régit, à tout instant, les rapports entre acheteurs et vendeurs. En cela, Ichimoku est une méthode incomparable pour décrire, qualifier et quantifier ces comportements ainsi que pour les anticiper.

1 – Tendance baissière

Généralement, les tendances baissières se développent plus rapidement que les tendances haussières, mais les fins de tendances baissières durent plus longtemps que les fins de tendances haussières et sont plus incertaines.

1 – 1 : Démarrage de la tendance baissière en Ichimoku

Dans cette première configuration, les plats de SSB rapprochés à 104.30 et 104.91$ ont fait résistance aux cours début août. Cette résistance était d'autant plus efficace qu'elle correspondait au niveau de sortie haussière de son nuage pour la LS. Les prix se sont alors repliés puis ont cassé leur nuage baissier le 2 septembre. La LS était sortie de son nuage dès le mois de juillet mais il lui restait à casser ses prix et sa Kijun plate à 81.68$ pour confirmer une éventuelle tendance baissière. La sortie baissière du 2 septembre avait le défaut de ne pas être accompagnée par la Tenkan. C'est pour cela qu'est apparue au cours des séances suivantes une consolidation qui a abouti à la restauration de l'harmonie prix/Tenkan quatre séances plus tard. Le mouvement baissier s'est immédiatement développé de manière dynamique : ouverture d'un gap baissier suivi d'une bougie rouge significative. La LS est libre : la tendance baissière est confirmée. On notera également l'accélération du mouvement à la rupture du support technique à 71.94$.

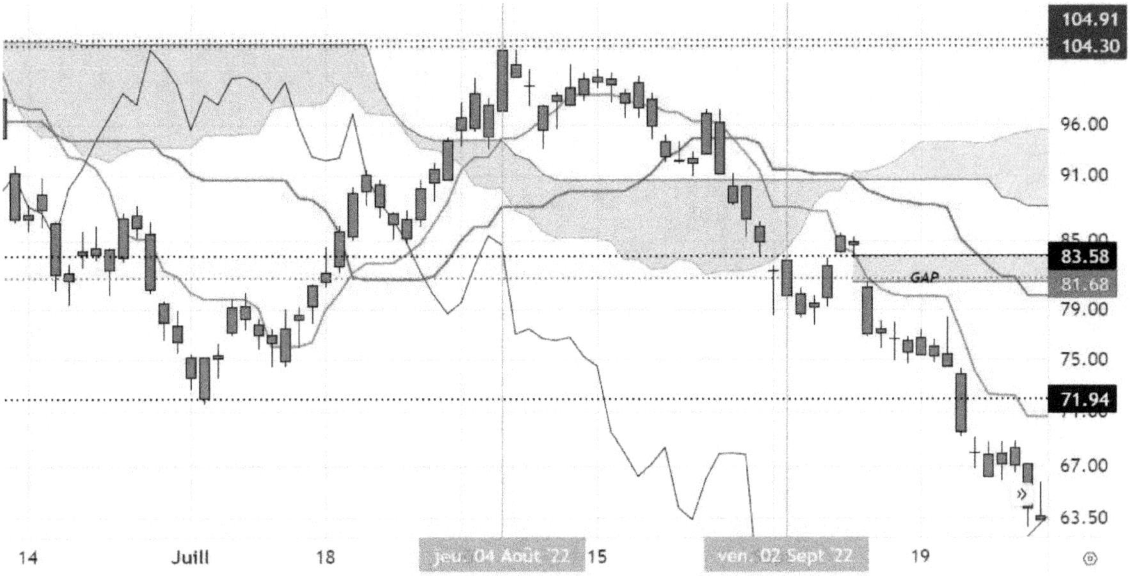

1 – 2 : La configuration suivante montre une situation plus erratique avant la confirmation de la tendance mais Ichimoku permet de suivre et contrôler les mouvements

Début juillet, les cours échouent sur un plat de SSB/Kijun à 124.38$. Un gap baissier marque la prédominance prise par le camp vendeur sur le cours de l'actif. La LS se « faufile » dans un mur des prix présentant des faiblesses (notamment un gap), casse sa Kijun et entre dans son nuage. Elle ne va pas arriver à en sortir par le bas, étant bloquée par une tête de SSA plate à 88.48$.

Les prix sortent de leur nuage le 29 juillet avec un bon accompagnement de la Tenkan mais ils demeurent bloqués dans leur mouvement baissier par le support constitué par la tête de SSA. Une période d'incertitude s'ouvre alors et les prix vont demeurer plusieurs semaines à l'intérieur d'un range, aucun des camps acheteur et vendeur n'étant capable d'imposer ses vues à long terme sur le marché.

Le nuage est testé à deux reprises mais avec des bougies rouges marquant le positionnement des vendeurs. Lors du deuxième test autour du 26 août, la Kijun plate est franchie puis rapidement cassée. La tête de SSA est finalement cassée le 16 septembre, d'abord de manière hésitante, puis trois séances après de manière dynamique avec une bougie rouge en forme de marubozu (ouverture de séance au plus haut du jour et clôture au plus bas de la séance : corps de bougie sans mèches ni haute ni basse). Le signal de confirmation de la tendance baissière est donné.

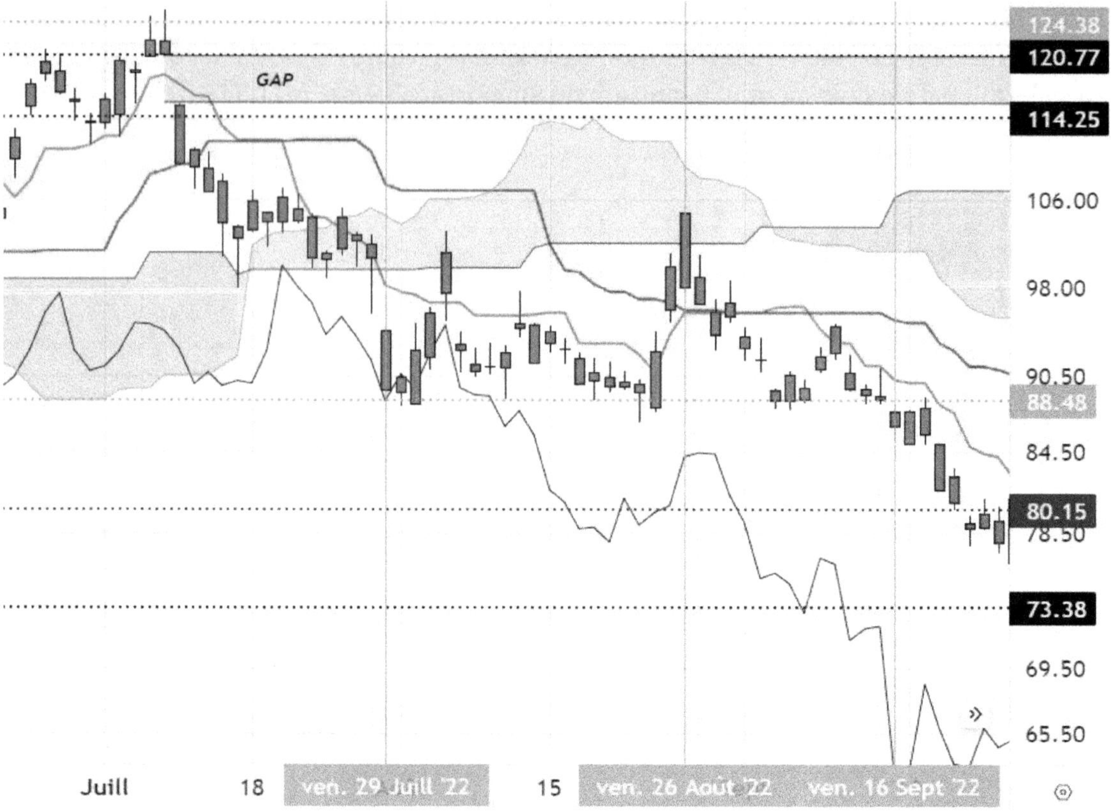

On constate dans ces deux configurations que **c'est finalement la LS qui apporte le signal de confirmation** : elle est complètement dans son rôle.

2 – Suivi de la tendance baissière

L'évolution de la tendance baissière suit souvent le même rythme, et le comportement des prix par rapport aux lignes d'Ichimoku suit également la même dynamique jusqu'à l'approche du nuage.

2 – 1 Reprenons l'exemple de la situation précédente après la confirmation de la pérennité de la tendance baissière jusqu'au contact avec le nuage baissier

Le marubozu du 21 septembre évoqué ci-dessus a validé la tendance baissière.

Celle-ci s'est développée très classiquement en harmonie avec la Tenkan, avec une seule approche sans contact avec la Kijun.

Une dernière situation de survente début novembre a précédé le franchissement de la Kijun le 11 novembre juste avant l'attaque du nuage baissier dans un secteur faible de celui-ci. Le premier impact avec le nuage avec la longue bougie verte du 17 novembre n'a pas été couronnée de succès, la LS ne réussissant pas à franchir sa Kijun plate. Les cours refluent alors le long de la SSA.

Dans cet exemple, la tendance s'est développée de manière régulière. De ce fait, le nuage baissier s'est construit sans épaisseur, sauf peut-être en début de tendance baissière. Cela correspond à un mouvement baissier régulier et sans grand momentum qui procure des SSA et SSB assez proches. Les approches temporelles du nuage se font souvent avec des phases de consolidation qui réduisent la pente du nuage et son épaisseur.

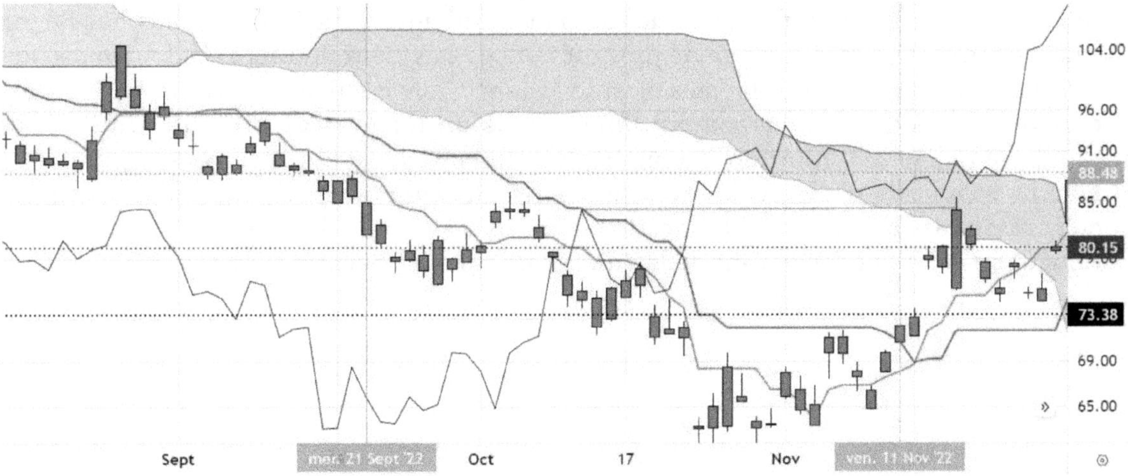

2 – 2 : Dans cette autre configuration classique, les cours évoluent en harmonie avec la Tenkan dans un mouvement baissier très régulier

Le premier contact avec la Kijun se présente comme une consolidation peu avant le contact avec le nuage. La première véritable approche du nuage se réalise le 15 novembre mais son épaisseur fait que les cours refluent jusqu'au test avec la Kijun plate le long de la SSA.

Cette situation est également très classique. À l'approche immédiate du nuage ou au contact avec la SSA dans le cas d'un nuage épais ou d'une attaque du nuage dans sa partie basse, les cours ont tendance à refluer le long de la SSA jusqu'à la Kijun plate.

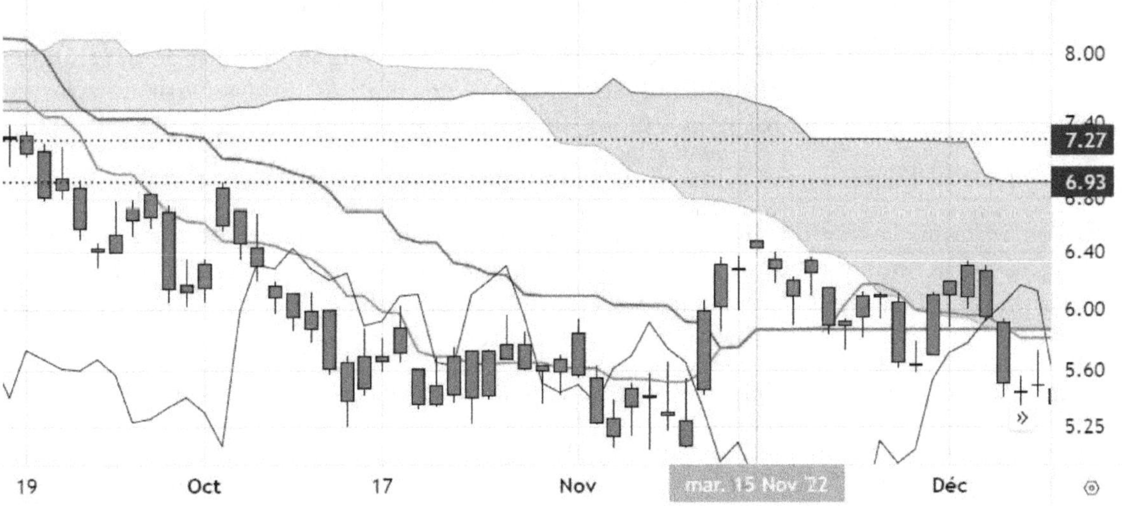

2 – 3 : Cette situation classique suivante se produit après une tendance baissière plutôt courte et une consolidation puissante comme le montre la grande bougie verte du 13 octobre

Elle permet un franchissement de la Kijun bien avant l'approche du nuage avec qui le contact se réalise proche du twist. C'est la situation la plus incertaine quant à son dénouement. Les prix sont revenus vers un niveau majeur d'équilibre du marché au niveau du plat de SSB à 657.69.

Si les prix ont autant baissé entre le sommet de mi-août vers 740 et le plus bas de mi-octobre sous 500, soit une perte de près du tiers de la valeur de l'actif en deux mois, des raisons fondamentales (problèmes de gouvernance, fort recul des résultats ou des perspectives, problèmes commerciaux…) ont amené un tel rejet du marché. Une reprise rapide demande confirmation. La meilleure confirmation est la reprise de confiance du marché et un retour des acheteurs. Le moment de l'approche d'un niveau stratégique de la valeur de l'actif, comme l'est celui de 657.69, est ce test de confiance. Son franchissement ou son rejet décideront de la suite de la carrière boursière du titre.

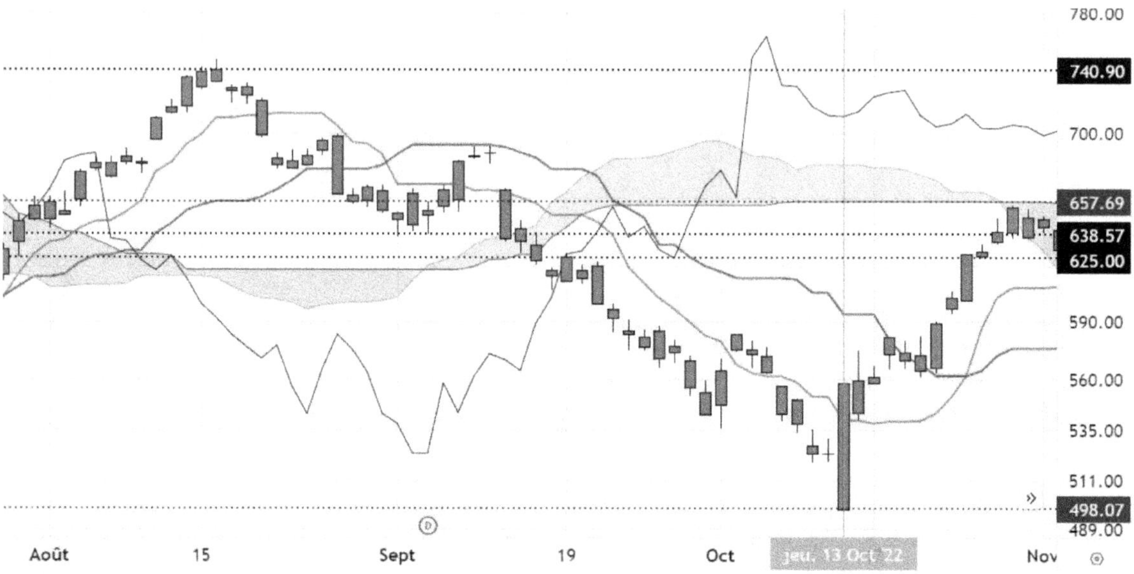

2 – 4 : Après contact avec le nuage : fin ou poursuite de la tendance

Le contact avec le nuage en tendance baissière est un test de la vigueur de la tendance ou annonce sa fin. Nous allons analyser ces deux possibilités en essayant de tirer les enseignements qui pourront nous guider dans les différents cas de figure.

2 – 4 – 1 : Première possibilité : Fin de la tendance baissière

Si l'on reprend l'exemple du 2 – 1, après le premier contact raté entre les prix et le nuage avec la bougie verte puissante du 11 novembre, les prix refluent en direction de la Kijun plate. Quand les prix sont proches du nuage, la Kijun est généralement plate, du fait de la consolidation qui a précédé le contact avec le nuage.

Deux gaps haussiers consécutifs ont propulsé les prix au-dessus du nuage.

Le fait important est que, dans cette configuration, le nuage était mince et que la LS était libre jusqu'au contact avec le nuage. On notera aussi le franchissement tôt de sa Kijun par la LS : il a amélioré la probabilité du contact LS/nuage. Ce dernier a entraîné une consolidation horizontale et la LS a profité d'un nuage mince pour le traverser. Cela a pris du temps, la zone en question étant le siège de plusieurs plats de SSB, soit autant de niveaux à reconquérir après la tendance baissière. Acheteurs et vendeurs ont dû se mettre d'accord sur un prix d'équilibre autour de 88.12 (contre au plus haut à 91.73 quand la LS a tenté sa première sortie haussière du nuage le 8 décembre).

Le franchissement de 88.12 s'est accompagné de deux gaps haussiers, marquant un très grand dynamisme des acheteurs.

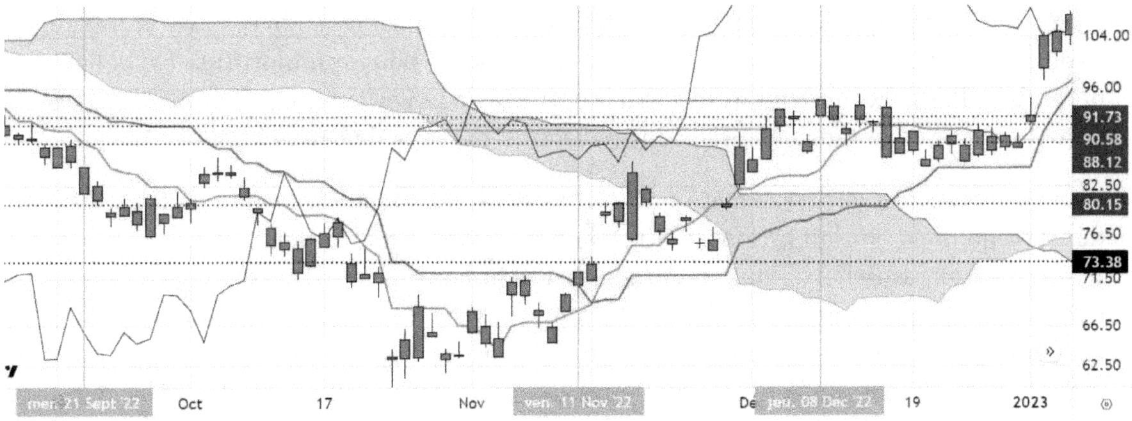

Ainsi, les deux faits marquants qui ont favorisé la sortie haussière du nuage suite à la tendance baissière sont un nuage mince pour les prix et un nuage mince pour la LS.

2 – 4 – 2 : Deuxième possibilité : Poursuite de la tendance baissière

Nous allons analyser les trois situations caractéristiques.

Lorsque les prix confirment leur échec au franchissement du nuage, il a été indiqué qu'ils avaient tendance à « glisser » le long de la SSA en direction de la Kijun dans un premier temps. En cas (fréquent) de rupture de la Kijun, on retrouve généralement deux situations différentes, souvent la conséquence de ce qui s'est passé précédemment.

a) Reprenons le cas du paragraphe 2 – 2 ci-dessus.

Après une première approche du nuage, les prix ont commencé à refluer le long de la SSA jusqu'à la Kijun plate (situation classique). L'harmonie du mouvement baissier a été confirmée par la Tenkan. À proximité du bas du nuage, une bougie rouge dynamique le 6 décembre a montré que les vendeurs conservaient le contrôle du mouvement.

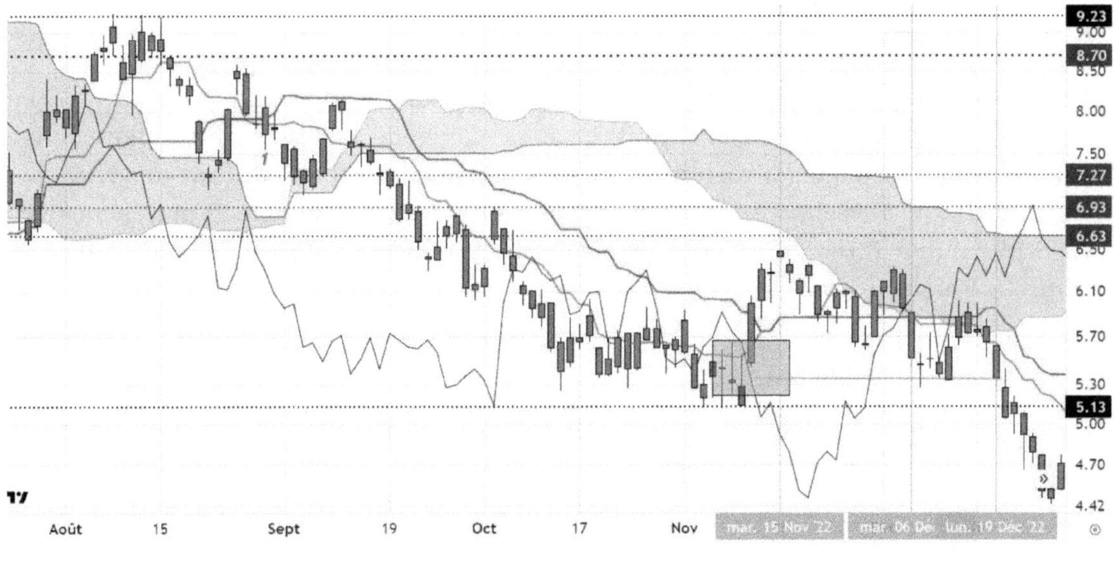

Après une dernière tentative des acheteurs pour maintenir les prix dans le nuage, les vendeurs vont définitivement ruiner leurs espoirs. La bougie importante est celle du 19 décembre. Les prix confirment la sortie du nuage de la veille mais, surtout, la LS profite d'une faille dans le mur des prix pour passer en dessous de ceux-ci.

Dans cet exemple, la baisse a été forte entre le plus haut du graphique à 9.23 jusqu'au démarrage de la consolidation en direction du nuage à 5.13 ; cela sur trois mois seulement. Il était difficile d'imaginer que les fondamentaux de l'actif lui permettent de compenser rapidement une telle sanction du marché. Il n'était pas étonnant (bien que cela eut été un bon test) que les prix n'atteignent pas le premier niveau de plat de SSB à 6.63. Cet échec a conforté les vendeurs. La situation fondamentale de l'actif n'a pas dû s'améliorer dans le temps : le marché l'a traduit dans les cours en prenant soin de tester les niveaux importants comme le bas du nuage.

On notera que le support à 5.13 se situe en dessous du bas du nuage et qu'il a été testé bien avant que les prix arrivent au contact de celui-ci. Cela explique que, après une longue séquence durant laquelle les prix sont restés au contact de la Kijun et du bas du nuage, cette zone ait été cassée avec comme objectif ce support à 5.13. Les vendeurs disposaient de beaucoup de dynamisme et ont relancé la tendance baissière. Dans cette situation, le nuage a servi de révélateur de la conviction baissière du marché.

On notera également que durant toute cette séquence, la LS est demeurée sous sa Kijun, confirmant le manque de dynamisme des acheteurs.

Ainsi, l'approche d'un nuage épais avec des bougies peu dynamiques et une LS sous sa Kijun laissent présager un échec de franchissement de celui-ci.

b) Lorsque les prix n'évoluent pas très en dessous du bas du nuage dans la période précédant son contact, on retrouve un nuage généralement peu épais (volatilité plus faible) qui accroît les chances d'interruption de la poursuite de la tendance baissière. Les prix peuvent traverser le nuage longitudinalement et même s'en extraire si le nuage est mince. La poursuite de l'éventuelle sortie haussière dépendra des résistances au-dessus du nuage.

Dans l'exemple ci-contre, après une courte mais violente tendance baissière (période COVID), les prix se stabilisent, tentent sans succès de tester la Kijun plate puis se rapprochent du nuage. Ils restent au-dessus du support à 94.15 durant plusieurs mois avant d'aller tester le nuage. Les prix demeurent à nouveau plusieurs mois sous le plat de SSB/Kijun à 116.5 avant de franchir le nuage et se trouver confrontés à une résistance technique à 125.2.

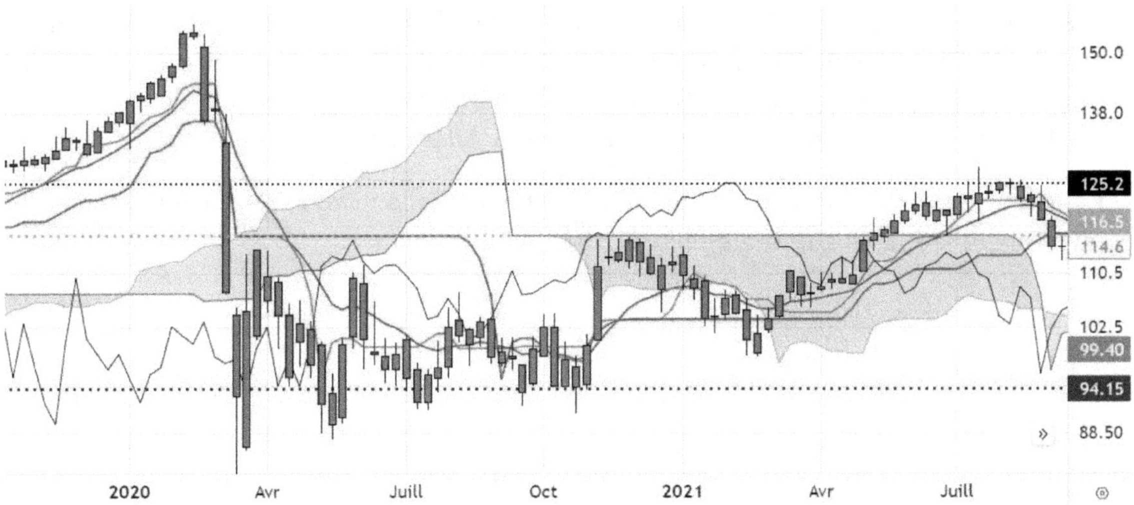

c) Si le nuage est épais, il sera quasiment impossible aux prix de le franchir même si les prix sont demeurés peu en dessous du nuage dans les périodes précédant le contact avec le nuage. Dans ce cas, les prix auront tendance à traverser longitudinalement le nuage et à sortir latéralement du nuage même si celui-ci s'amincit. Dans la configuration ci-après, les prix restent au-dessus du bas du nuage pendant plusieurs mois avant le contact avec celui-ci. Le nuage est épais et les prix ne parviennent pas à franchir la SSB à 8.76 même lorsque le nuage s'amincit. Cela confirme la puissance de cette résistance et prépare la sortie latérale du nuage.

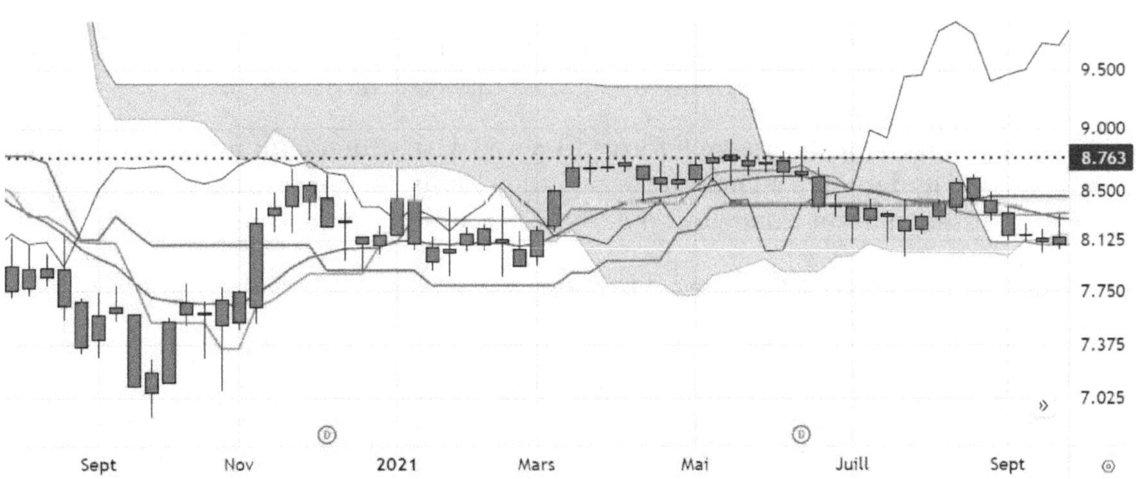

2 – 5 : Le comportement des prix proches d'un twist de nuages

La situation a déjà été évoquée. Lorsque les prix parviennent à proximité d'une zone de twist, cela signifie qu'une partie importante du mouvement de consolidation a été réalisée. De plus, cette arrivée se produit sur une partie du nuage qui est généralement mince. Il existe, contrairement à la situation précédente où les prix abordaient le nuage dans une partie épaisse, une vraie probabilité de franchissement.

Une autre condition est nécessaire : il faut que la LS ait, elle aussi, un nuage mince à franchir. Dans l'exemple du paragraphe 2 – 3, ces conditions sont remplies. Les prix commencent à franchir le nuage, la LS entre dans le sien. L'hésitation de la LS dans son nuage est de courte durée, d'autant plus qu'il n'y a pas de plat de SSB en travers du chemin.

La bougie verte de grande taille du 10 novembre scelle la victoire des acheteurs avec en plus l'ouverture d'un gap haussier.

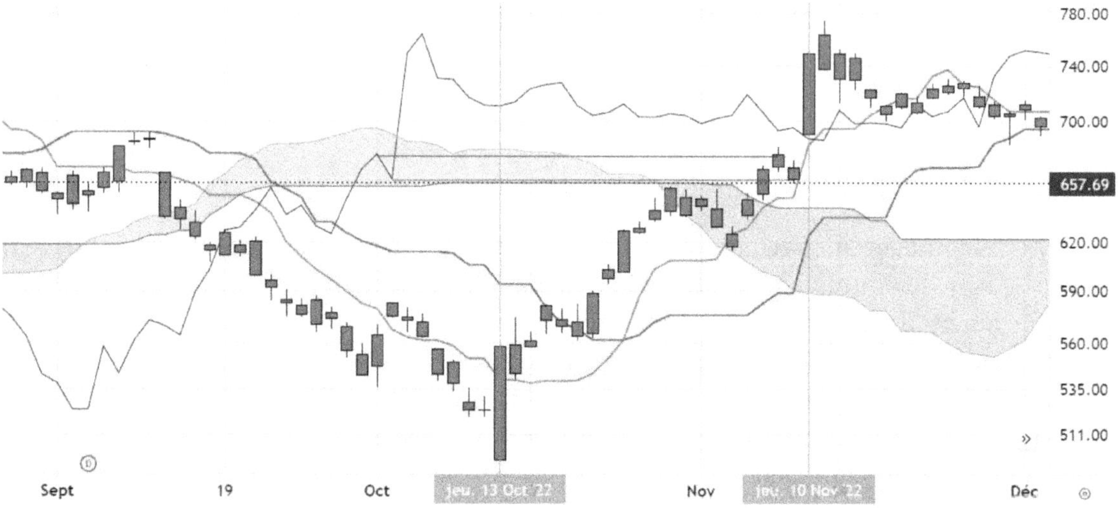

On notera aussi que la dynamique du mouvement précédant le contact avec le nuage rajoute un élément supplémentaire à la probabilité de franchissement.

Ainsi, une approche du nuage au niveau d'un twist, alliée à un nuage mince pour la LS et une dynamique à l'approche du nuage, sont des conditions très favorables au franchissement du nuage qui met fin à la tendance baissière.

A contrario, un nuage épais de la LS ne remet pas en cause le franchissement du nuage par les prix mais rajoute beaucoup d'incertitudes.

Dans l'exemple ci-après, les prix franchissent le nuage dans une zone faible juste après le twist. Cependant, la LS est en confrontation avec un nuage plutôt épais. Après franchissement du nuage, les prix abordent une phase de consolidation, reviennent tester le nuage dans un secteur plus épais. Là encore, il faut la bougie verte décisive du 10 novembre accompagnée d'un gap haussier pour propulser la LS au-dessus de son nuage.

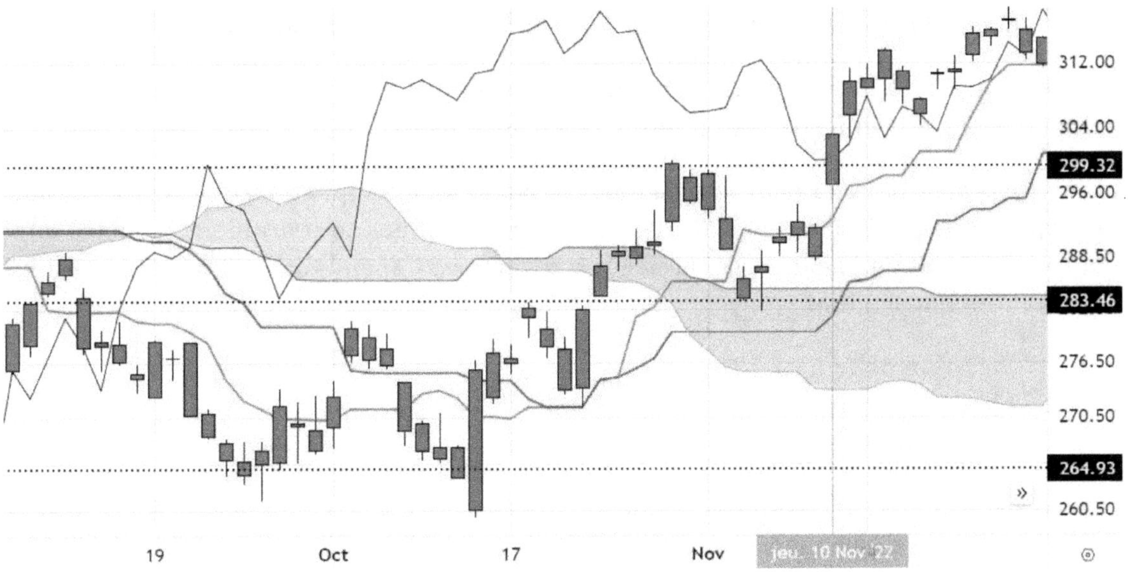

Bien qu'elle finisse bien pour les acheteurs, cette situation demeure risquée pour ceux qui sont en position.

2 – 6 : Franchissement du nuage accompagné par la LS

Le franchissement d'un nuage en tendance baissière, même s'il ne se produit pas aux alentours d'un twist de nuages, peut se réaliser avec une LS qui va aborder son nuage au niveau d'un twist de nuages.

Dans la situation ci-après, les prix franchissent le nuage, après hésitation, dans une partie mince de celui-ci mais restent sous la menace de la résistance à 61.77 correspondant au plat de SSB. On a vu à plusieurs reprises dans les situations présentées précédemment dans l'ouvrage que ce niveau rejetait régulièrement les cours.

Ici, la résistance arrête les prix mais la LS franchit son nuage dans une partie mince et vient en soutien des cours pour franchir l'obstacle. Là encore, c'est une bougie verte dynamique le 30 novembre qui emporte la conviction du marché.

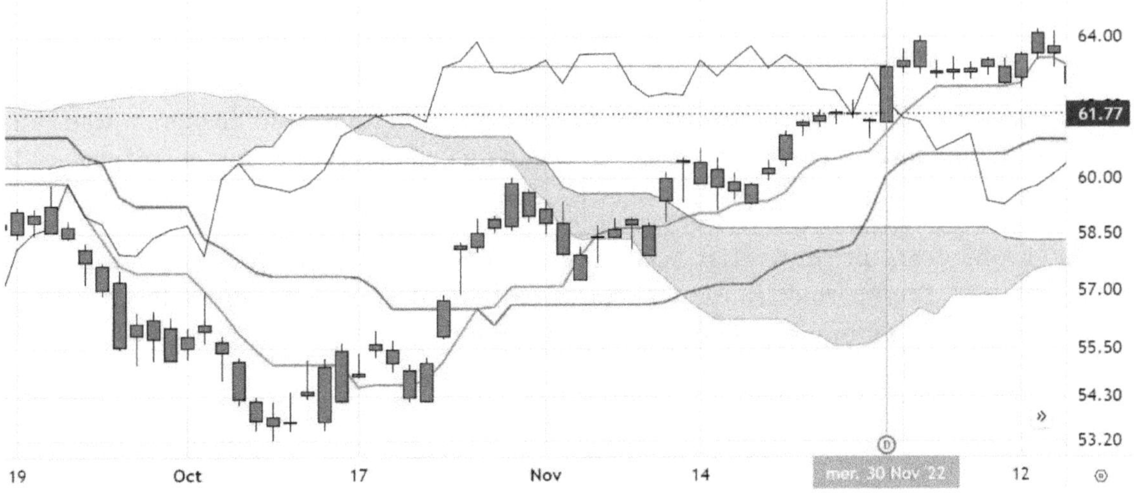

2 – 7 : Échec du franchissement du twist de nuage en tendance baissière

Cette situation se produit généralement quand les obstacles sont trop importants à franchir pour la LS, comme dans la configuration suivante.

Le mouvement baissier se retourne début novembre accompagné d'une figure caractéristique d'analyse technique (« île de retournement »). Les cours rallient le nuage dans la zone de twist en quelques séances le 11 novembre. Cependant, la LS a affaire à trois résistances importantes :

- Sa Kijun plate à 91.73
- Un nuage épais
- Un plat de Kijun hebdomadaire à 95.32

Ces résistances se sont avérées trop importantes et les cours ont rapidement reflué pour sortir par le bas du nuage baissier. La sortie baissière de la LS de son nuage suivie de la rupture de sa zone des prix a confirmé le 22 novembre la poursuite du mouvement baissier.

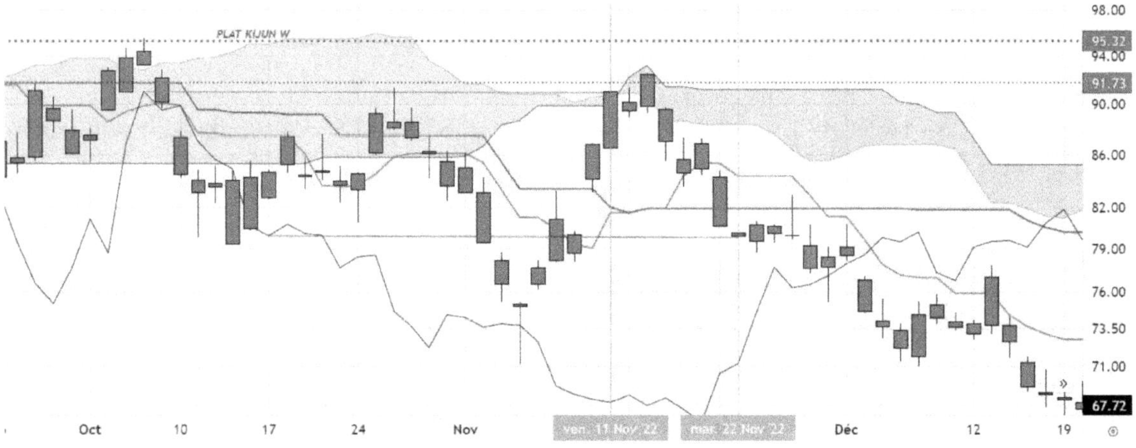

2 – 8 : Le système complet

Les graphiques suivants vont reprendre l'ensemble du déroulement des tendances baissières, de la rupture du nuage précédent jusqu'au contact avec le nuage baissier et la réaction des prix à la confrontation avec ce nuage.

Ces graphiques sont caractéristiques du déroulement des tendances qui se reproduit très souvent. Elles permettront au lecteur d'aborder les situations auxquelles il se trouvera confronté, notamment en début de tendance baissière afin de mieux anticiper ce qui peut se passer.

2 – 8 – 1 : Tendance baissière et attaque d'un nuage épais loin d'un twist :

2 – 8 – 2 : Tendance baissière et attaque du twist avec de gros obstacles pour la LS (nuage épais, plat Kijun…) :

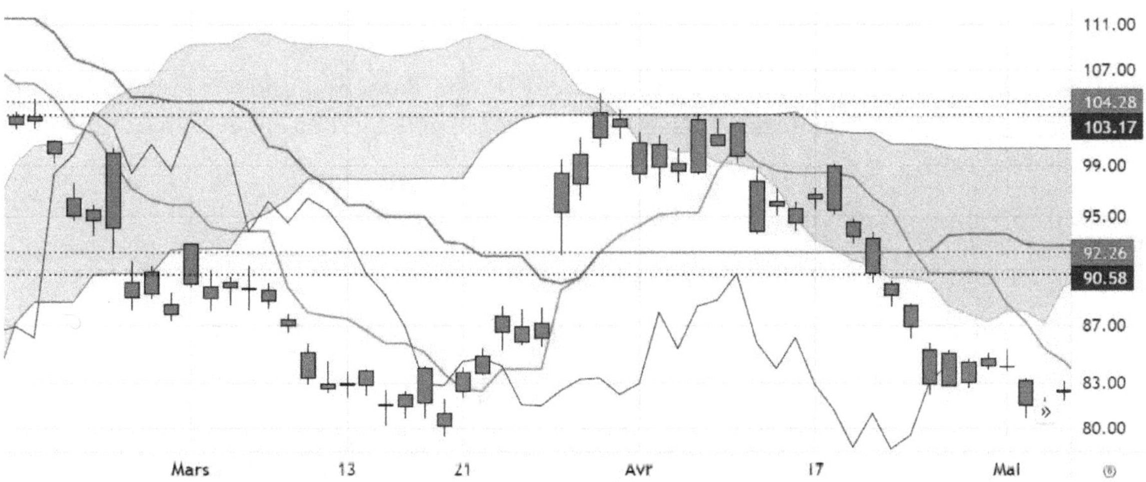

2 – 8 – 3 : Tendance baissière et attaque du twist avec un faible obstacle pour la LS :

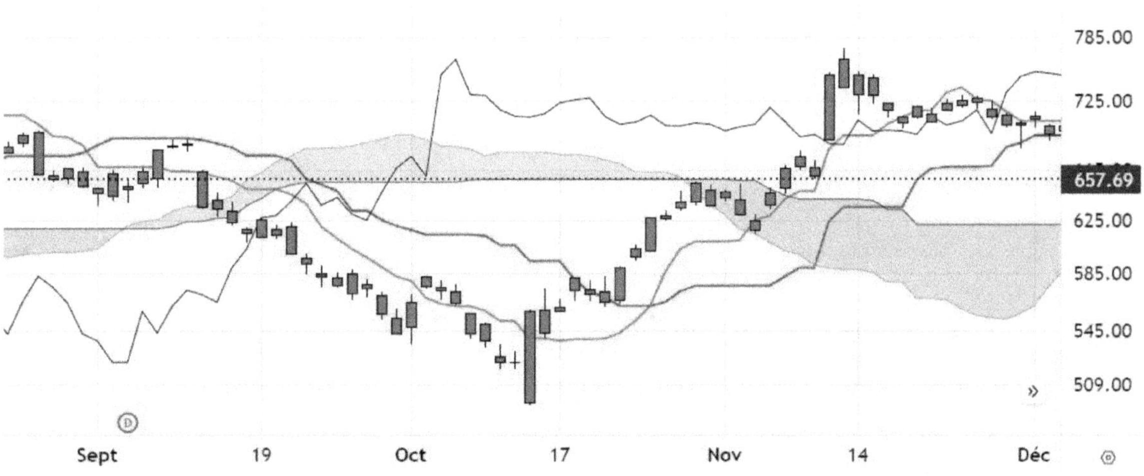

2 – 8 – 4 : Tendance baissière et franchissement du nuage après son amincissement :

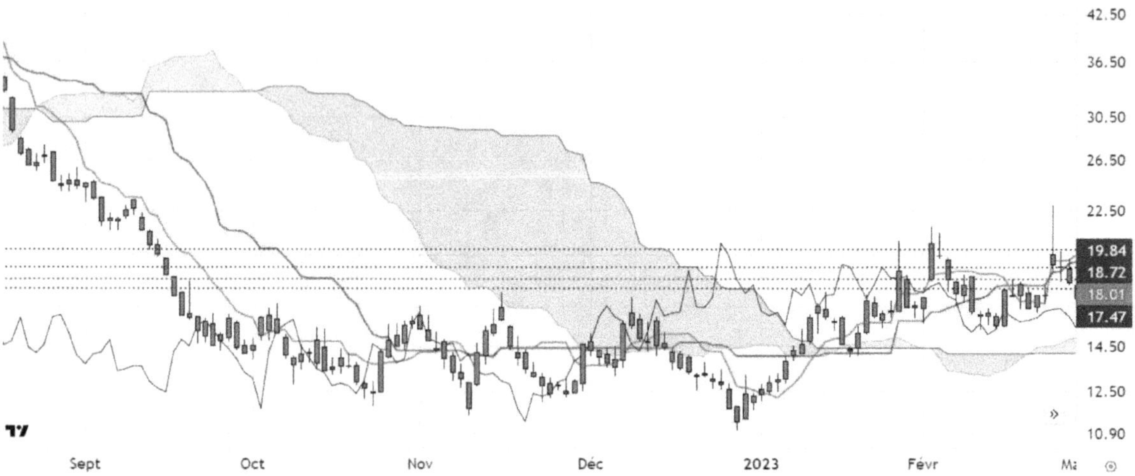

3 – Tendance haussière

Le schéma général va être un peu différent car le déroulement d'une tendance haussière est plus long qu'une tendance baissière pour des raisons qui ont été évoquées plus haut dans l'ouvrage.

3 – 1 : Démarrage de la tendance haussière

3 – 1 – 1 : Démarrage par la sortie haussière du nuage

a) Situation classique : sortie directe du nuage pour les prix et la LS

Les prix sortent du nuage le 4 janvier avec une bougie peu convaincante (doji). La LS est encore sous son nuage. La raison du doji est la présence du plat de SSB à 129.77 qui constitue une résistance sérieuse. Les prix viennent la tester et ce n'est que le 10 janvier que le franchissement est acté. Pendant ce temps, la LS attaque son nuage mince, le franchit puis vient le retester le 18 janvier avant de partir définitivement vers le haut.

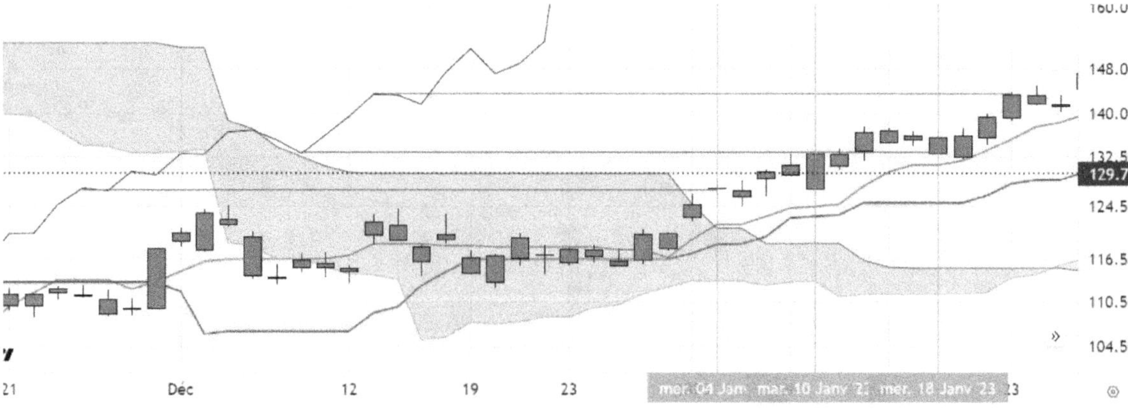

b) Sortie du nuage pour les prix et la LS

Les prix sortent de leur nuage le 7 juillet mais la LS est encore sous le sien. Il s'ouvre une période d'incertitude et le nuage est testé à plusieurs reprises avant la sortie qui semble favorable le 18 juillet. En effet, la LS vient de franchir le nuage au niveau d'un twist. Cependant, la mèche haute de la bougie du 18 juillet laisse craindre un nouveau test de son nuage par la LS. La bougie suivante est de taille importante, avec une mèche haute faible. La confirmation de la tendance haussière est acquise.

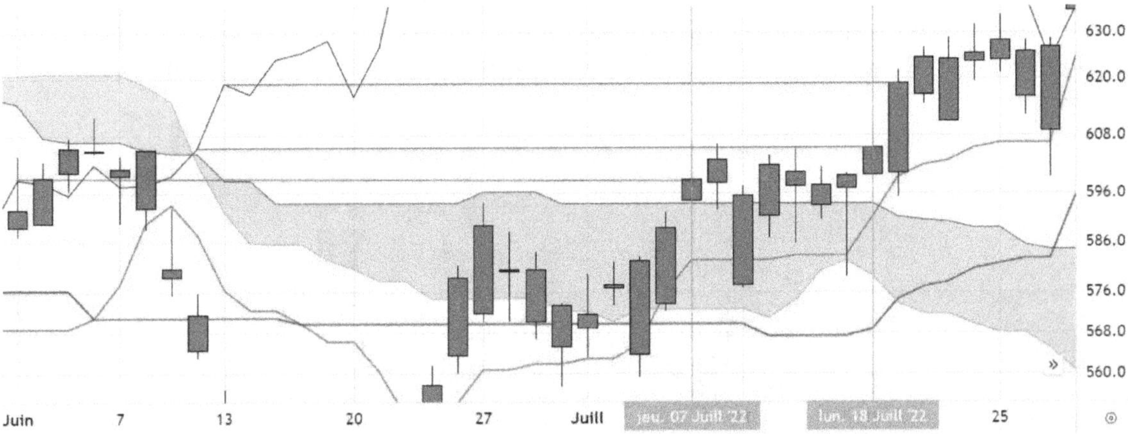

c) Obstacle pour la LS

Dans l'exemple ci-dessous, les prix sortent du nuage le 5 octobre. La tendance est a priori lancée mais n'a pas la confirmation de la LS. Celle-ci est sortie de son nuage mais elle n'est pas libre. Elle a encore un obstacle à franchir qui est son mur des prix. Le 5 octobre, la LS est au contact d'une bougie rouge de taille significative : cette situation a plutôt tendance à la repousser dans un premier temps. Elle revient tester son nuage avant de ressortir de manière haussière à la faveur d'une faille dans le mur des prix sous la forme d'un gap. À partir de là, elle n'a plus d'obstacle et la tendance haussière est confirmée. Il sera plus prudent d'attendre la bougie du 17 octobre, date à laquelle la LS franchit son premier niveau de sortie avant test du nuage. En réalisant ce nouveau plus haut, le risque de retest du nuage s'éloigne.

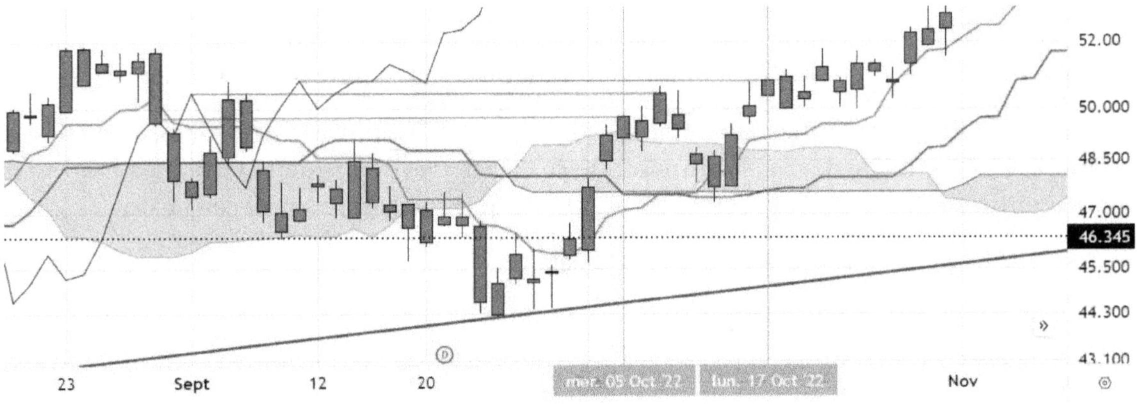

d) Obstacle et confirmation par la LS

Dans la situation suivante, les prix sortent de leur nuage en même temps que la LS sort du sien le 4 octobre. Cette dernière parvient juste à franchir sa Kijun qui va devenir plate. La taille de la bougie verte et la proximité de la LS de sa Kijun laissent supposer qu'un test de cette dernière devrait se produire. C'est ce qui se passe le lendemain, puis le 6 octobre, le franchissement de la LS est dynamique. Il demande cependant encore confirmation à cause de la mèche haute des prix le 6 octobre. Cette dernière indique encore la présence active du camp vendeur. Un nouveau test de la Kijun plate est acté par la LS. Ce n'est que le 14 octobre qu'un gap haussier est ouvert et que la LS fait un plus haut en s'éloignant définitivement de la zone d'influence de sa Kijun.

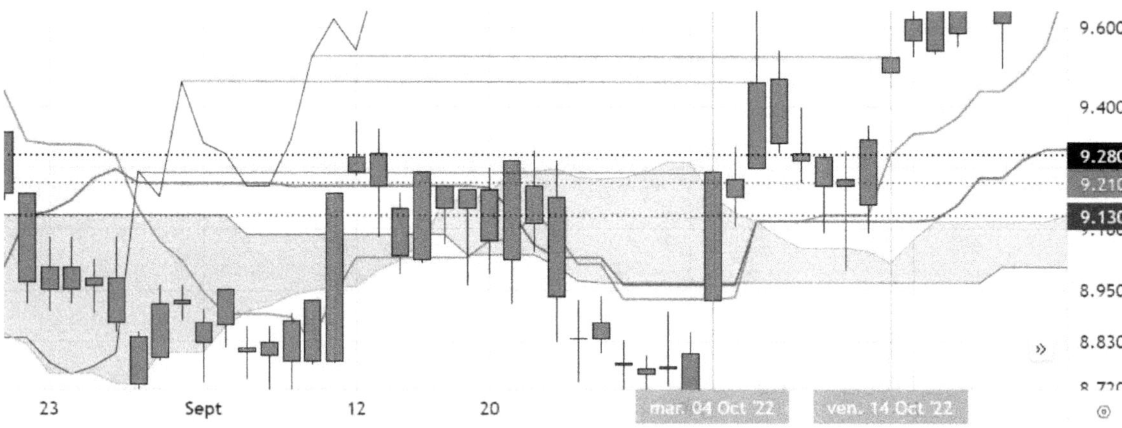

3 – 1 – 2 : Conclusion

Une tendance haussière démarre généralement par le franchissement du nuage par les prix : c'est une condition absolument nécessaire.

Comme tout mouvement, il doit être confirmé par la LS qui sort généralement de son nuage après les prix.

La LS reteste très souvent son nuage. Il faudra attendre le rebond de la LS après test, et pour plus de prudence, qu'elle fasse un plus haut que la première sortie pour confirmer le mouvement.

Quand la LS est libre, le démarrage de la tendance haussière sera confirmé.

Si la LS doit, après franchissement de son nuage, affronter d'autres obstacles (Kijun, mur des prix…), elle devra s'affranchir de ces obstacles pour que la tendance haussière soit confirmée. Il est aussi tout à fait classique qu'elle ait à retester ces obstacles.

3 – 2 : Développement de la tendance haussière

3 – 2 – 1 : Situation classique

En reprenant l'exemple de l'alinéa c), après la validation de la LS, la tendance se développe en tenant compte :

- de l'harmonie des prix avec la Tenkan : en particulier, la situation de surachat observée le 7 novembre conduit à une petite consolidation qui reconstitue l'harmonie
- de situation de surachat de la Tenkan par rapport à la Kijun qui entraîne un test de la Kijun plate par les prix
- de la position de la LS qui accompagne le mouvement en demeurant au-dessus de ses prix ou, lors de consolidations, en venant en contact avec ceux-ci.

Après une longue période de progression des prix, une respiration est généralement nécessaire pour contrôler le rapport entre les forces acheteuse et vendeuse. La Kijun régule souvent cette situation. Au sommet le 30 septembre, les prix ont progressé d'environ 20% depuis le démarrage de la tendance haussière. Ce n'est donc pas surprenant qu'une consolidation plus forte soit déclenchée. Pour la première fois, la Kijun plate est cassée et un test du support technique à 54.26 est réalisé. Le test du 16 décembre correspond à un test de ses prix par la LS. Ces tests sont positifs, les cours franchissent la Kijun quelques séances plus tard et la tendance peut reprendre.

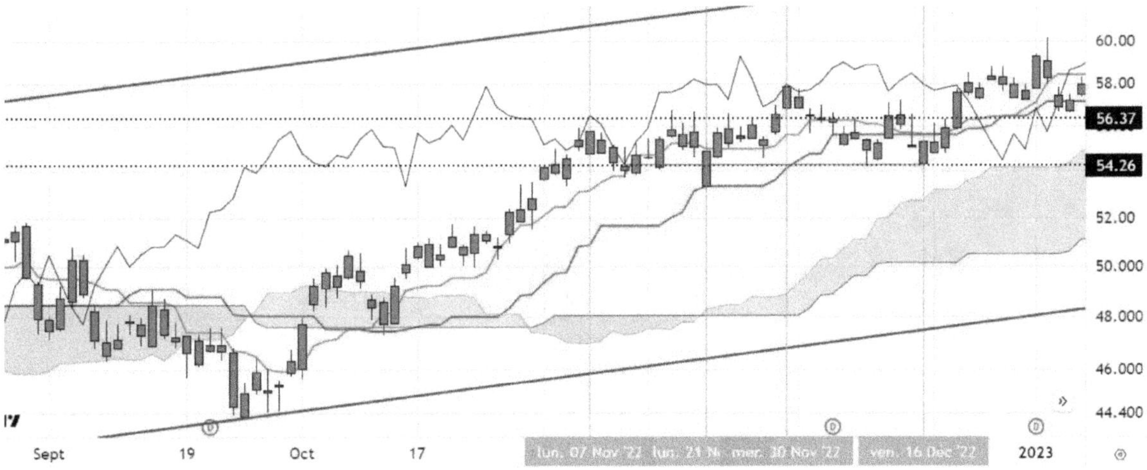

Cet exemple montre que ces situations de consolidation et de test de la Kijun surviennent quand :

- Le momentum de la tendance faiblit. Au bout d'un certain temps, beaucoup d'investisseurs importants ont pris position à l'achat depuis la validation du démarrage de la tendance. Le potentiel de nouveaux acheteurs, au niveau où sont arrivés les prix, faiblit. Il est donc nécessaire que les prix baissent pour intéresser de nouveaux acheteurs et tenter ceux qui sont en position de la renforcer. Quand l'équilibre bascule à nouveau au profit des acheteurs, ce dont témoigne le franchissement de la Kijun plate dans les derniers jours de décembre, la tendance haussière reprend.
- Les prix s'approchent du support constitué par le nuage. Ce rapprochement survient du fait de la consolidation qui vient d'être décrite. Le fait que les acheteurs reprennent la main sans qu'il soit besoin d'un test du nuage est un signe favorable de la pérennité de la tendance.

3 – 2 – 2 : Obstacles au développement de la tendance

Il convient, bien sûr, de tenir compte des résistances soit passées soit créées par les unités de temps supérieures. Elles peuvent mettre fin à la tendance ou entraîner une consolidation avant un franchissement définitif.

a) Dans l'exemple suivant, la LS franchit une première fois son nuage le 6 octobre (date de la LS) puis vient, quelques séances plus tard, retester le nuage très aplati : situation classique que nous avons déjà vue. Le rebond permet le franchissement du nuage mais le 11 novembre, le plat de SSB à 2032.36 fait obstacle à la progression des prix. La LS et les prix vont évoluer autour de ce niveau. Des tentatives de franchissement de ce niveau vont bien avoir lieu mais elles sont arrêtées le 30 novembre par le haut du gap ouvert le 22 aout puis le 13 décembre par la résistance technique à 2152.40. Ce n'est finalement que le 6 janvier avec le franchissement de ce niveau que la tendance est définitivement confirmée.

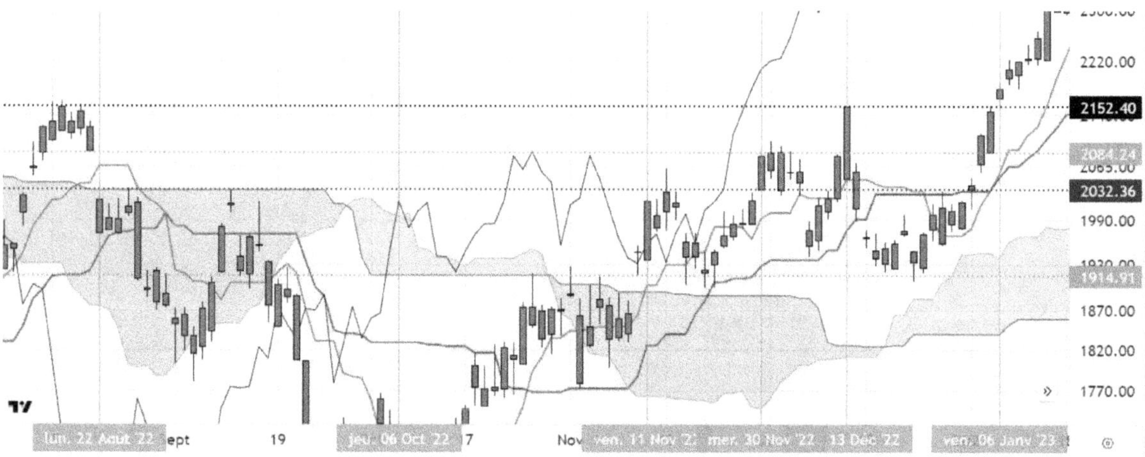

On notera que tous ces obstacles sont connus dès la sortie des prix de leur nuage. L'investisseur devra en tenir compte et adapter sa stratégie comme il sera démontré dans la deuxième partie de l'ouvrage.

b) Il est toujours nécessaire, pour analyser une tendance, de la replacer dans sa situation de plus long terme, fournie par l'analyse de l'unité de temps supérieure. Dans l'exemple suivant, les prix sortent de leur nuage, suivis de la sortie de son nuage par la LS. Le 30 novembre, la confirmation est apportée de la tendance haussière. Les prix marquent une hésitation avant de franchir le plat de SSB à 17.36. Le gap haussier ouvert le 3 janvier accompagné d'une bougie verte marque le franchissement de 17.36. Cependant le mouvement haussier s'arrête brutalement le 2 février. Quelques jours après, les prix reviennent dans le nuage puis cassent ce dernier.

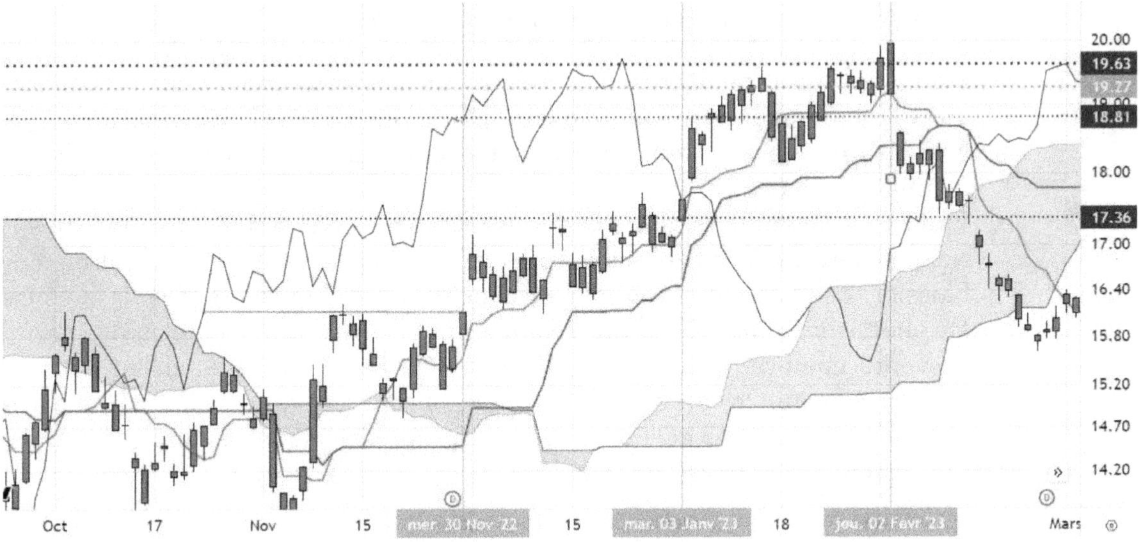

On comprendra la raison de ce soudain reflux en passant à l'unité supérieure :

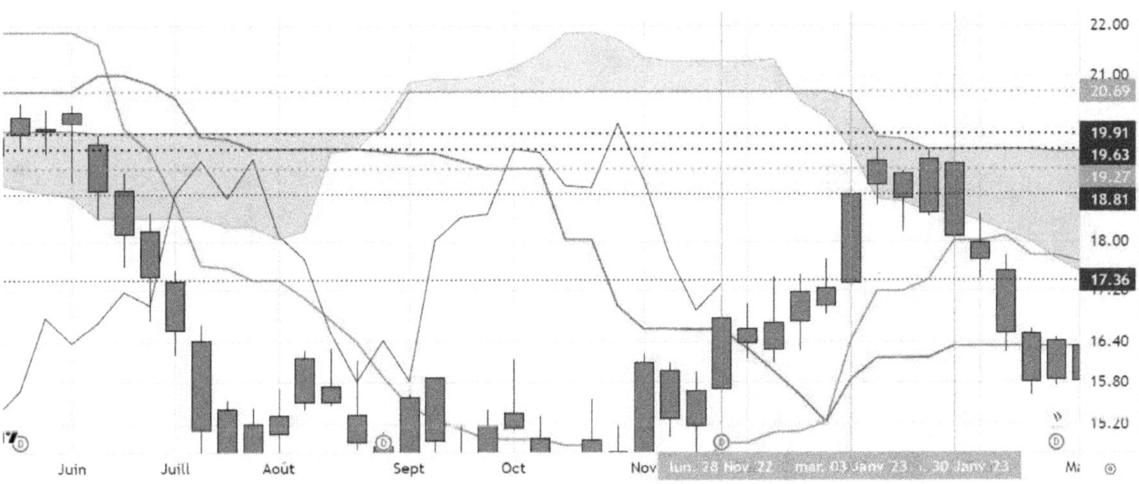

Dans l'unité supérieure, la tendance est baissière. La tendance haussière analysée précédemment correspondait en fait à la consolidation de la tendance baissière dans l'unité supérieure. Les obstacles de l'unité supérieure prévalent sur ceux de l'unité inférieure. En la circonstance, les prix se retrouvent en contre-tendance au contact de la SSB barrant la route à une sortie haussière des prix. De plus, la LS est mal placée, à l'intérieur de son nuage, sous sa SSB et sa Kijun plate. La probabilité de franchir tous ces obstacles pour les prix et la LS est très faible. Un autre phénomène vient accréditer la thèse de l'échec au franchissement.

La lutte entre acheteurs et vendeurs a duré environ 4 semaines (graphique en hebdomadaire ci-dessus). Au bout d'un temps long, les acheteurs n'ont pas réussi à invalider la tendance baissière et à franchir la SSB. Il est normal que l'on observe le renoncement du camp qui s'est avéré le plus faible.

3 – 2 – 3 : Fin de la tendance haussière (ou risque de fin)

a) On vient en fait de décrire précédemment une situation où des résistances dans l'unité supérieure ont bloqué la poursuite du développement de la tendance parce que cette tendance n'était, comme on l'a vu, qu'une consolidation de tendance baissière.
La force des vendeurs a pris le dessus et les prix ont reflué vers puis sous le nuage, mettant fin à cette parenthèse contrarienne d'un mouvement de fond baissier. Ces situations s'accompagnent souvent d'un reflux violent et court. En effet, le niveau de résistance est un point théorique de vente, et des ordres de vente nombreux sont probablement déjà placés dans le carnet d'ordres avant même que les prix n'atteignent la zone de résistance. La chute des prix qui s'ensuit incite les acheteurs à sortir progressivement de leur position, ce qui alimente le mouvement baissier.

Une autre situation de fin de tendance apparaît après une tendance baissière, puis le franchissement du nuage.

Dans ce cas, ce sont les plats de SSB qui jouent leur rôle de résistance en marquant les différentes étapes de remontée des cours. Dans le schéma suivant, la LS parvient bien à sortir de son nuage, mais le plat de SSB à 6.93 bloque les prix. La structure des bougies lors du contact avec la résistance autour du 3 février (étoile du soir) confirme la reprise du marché par le camp vendeur.

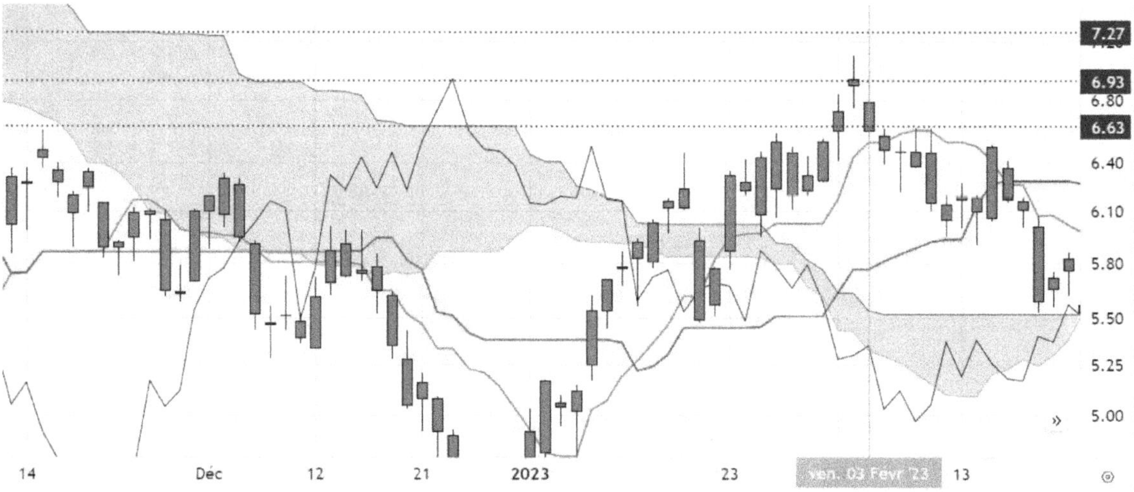

On a ainsi deux situations classiques de fin de tendance qui s'apparentent à des configurations de consolidation de tendance baissière de long terme dans l'unité de temps considérée ou l'unité supérieure.

Nous allons maintenant analyser les autres configurations de fin de tendance.
Dans les situations à venir, on n'est pas confronté à une forte résistance dans l'unité supérieure. On verra dans les situations à venir que le mouvement vendeur est plus progressif, donnant à l'investisseur tout loisir pour adapter sa stratégie et que des étapes de validation de la fin de la tendance doivent être confirmées.

b) Situation classique de fin de tendance haussière

Après la sortie des prix du nuage suivie de celle de la LS du sien, un gap haussier dynamise le mouvement qui se développe en harmonie avec la Tenkan. La situation de surachat de la Tenkan par rapport à la Kijun autour du 18 novembre la ramène vers la Kijun. C'est à ce moment, vers le 6 décembre, que se produit le premier test de la Kijun par les prix. L'harmonie Tenkan/Kijun étant rétablie, la tendance haussière peut prospérer. La figure de retournement en étoile du soir amplifiée par l'ouverture d'un gap baissier le 31 janvier ouvre une période de consolidation et ramène les prix sous la Tenkan puis la Kijun. Le croisement baissier Tenkan/Kijun opéré quelques séances plus tard suivi du test du nuage haussier est le premier signe d'un réel affaiblissement de la tendance. Dans un premier temps, le bas du nuage fait support aux prix qui rebondissent mais la sortie haussière est timide et de courte durée. Plus grave, les prix ne parviennent même pas à tester le bas du gap du 31 janvier avant que les vendeurs ne reprennent la main. Le nuage est cassé le 9 mars. Le mouvement est amplifié le lendemain 10 mars par l'ouverture d'un gap baissier accompagnée d'une bougie rouge importante. Par la suite, les cours ne pourront pas reprendre non plus la Kijun plate à 232.24 et la LS sortira latéralement de son nuage. La fin de la tendance haussière est bien matérialisée.

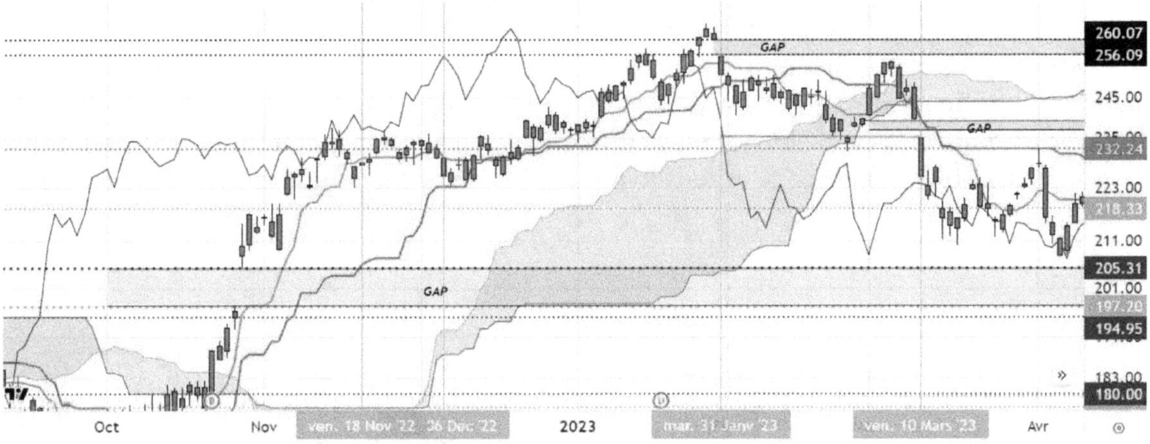

On notera également que le nuage haussier est épais dans la première partie de la tendance, à un moment où le momentum haussier est fort. Plus la tendance avance, plus celui-ci a tendance à faiblir, entraînant un amincissement du nuage et une réduction de sa pente. Vers la fin de la tendance, le nuage est devenu mince du fait de la baisse du momentum et de la forte réduction de la volatilité. C'est pour cela que la période de contact prix/nuage est déterminante. La zone d'accord des prix (équilibre court-moyen/long terme) est petite et les prix peuvent basculer dans un sens ou un autre en fonction du supplément de conviction d'un camp ou de l'autre. Si suffisamment d'acheteurs considéraient que la zone de contact des prix avec le bas du nuage constituait une bonne occasion de rentrer sur le titre, les prix seraient repartis de manière dynamique. Sur ce test du bas du nuage, cette conviction a été très modérée et les acheteurs n'ont pas eu la conviction de combler le gap du 31 janvier. Cet échec est très révélateur des forces en présence et rapidement après les vendeurs reprennent la main et, dès la sortie baissière du nuage, un gap baissier va confirmer la prédominance du camp vendeur.

Néanmoins, le test du nuage auquel nous avons assisté ne marque pas systématiquement la fin de la tendance. Comme indiqué ci-dessus, si les acheteurs estiment, au moment du contact avec une zone d'équilibre comme le nuage, que les prix correspondants sont une bonne affaire, la tendance va pouvoir reprendre.

c) Rebond sur le nuage : la tendance repart

Les différentes étapes de l'exemple ci-dessous marquent les situations de rebond sur le nuage.

La tendance démarre comme dans les situations présentées précédemment. La première consolidation a lieu en octobre, après une séquence haussière très dynamique. De ce fait, le nuage est épais et constitue un support important. À l'entrée des prix dans le nuage, il faudrait une baisse de plus de 20% des prix pour casser la SSB. Cela est très peu probable après un tel rally, sauf circonstance particulière : mauvaise sortie de résultats, problèmes financiers, de gouvernance, de procès…

La tendance repart, et début 2023, une nouvelle consolidation apparaît. Le momentum haussier a été réduit et le nuage est plus mince : le risque de rupture s'accroît. Les prix viennent tester le bas du nuage à 144.51. À nouveau, les acheteurs reprennent la main et la tendance repart. La troisième consolidation se fait fin février avec un nuage encore plus mince. Le test du twist est favorable et une bougie verte dynamique, le 1er mars, accompagnée d'un gap haussier, offrent une relance significative jusqu'à la dernière consolidation fin avril. Celle-ci est plus dangereuse. En effet, le nuage est cassé le 28 avril avec un gap baissier. La baisse ne se poursuit pas pour le moment, la LS ne cassant pas son nuage. Il est clair que si celle-ci avait cassé son nuage, la tendance aurait pu devenir baissière.

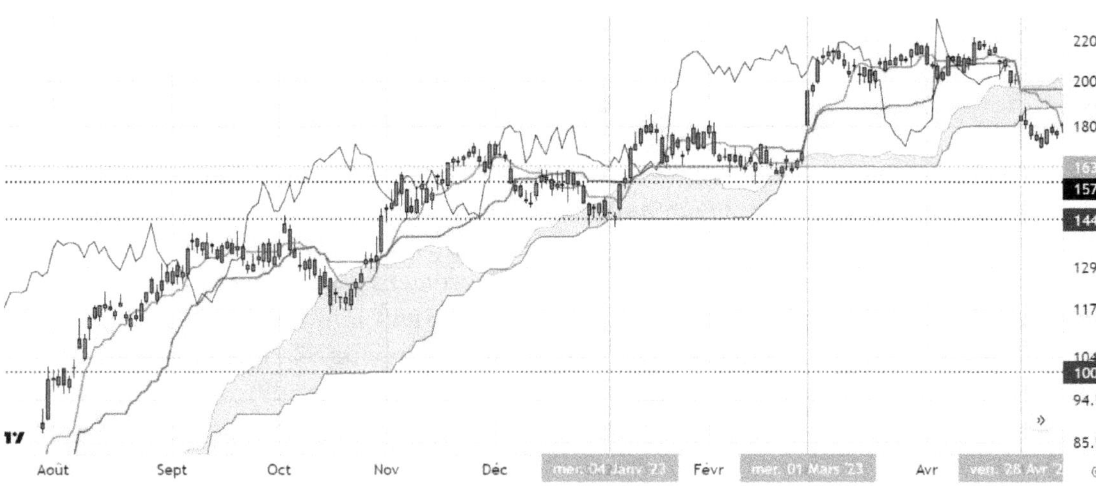

3 – 2 – 3 Le système complet

Les graphiques ci-après recapituleront les principales configurations haussières classiques du démarrage jusqu'à leur invalidation par rupture du nuage.

a) Échec sur une résistance dans une unité de temps supérieure, en l'occurrence une tête de SSA :

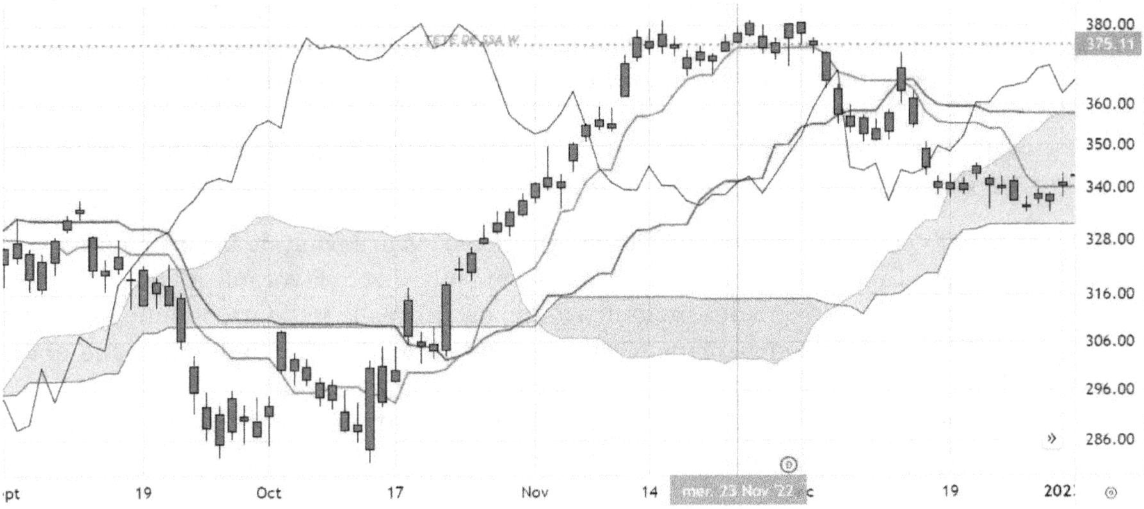

b) Échec par rupture du nuage par les prix et rupture de son nuage par la LS :

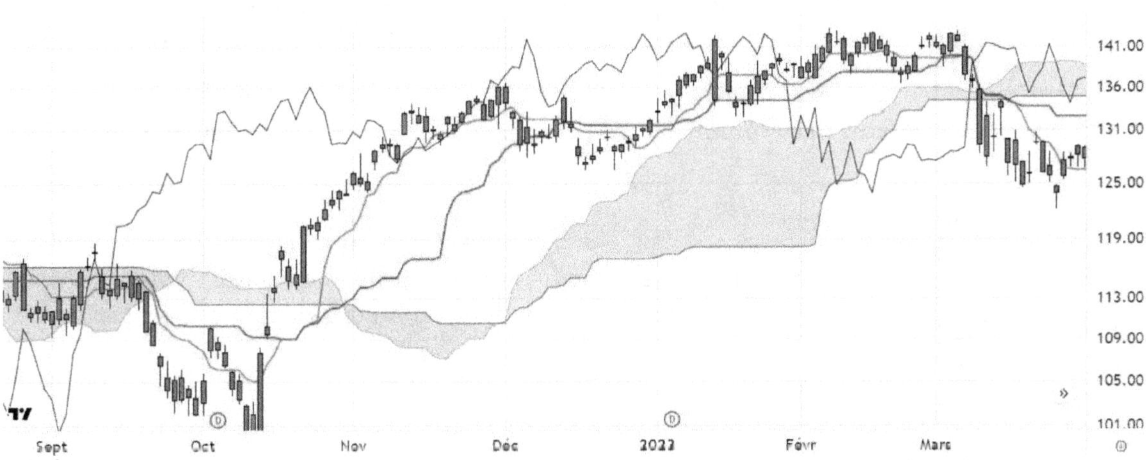

c) Échec sur les plats de SSB d'une tendance baissière précédente :

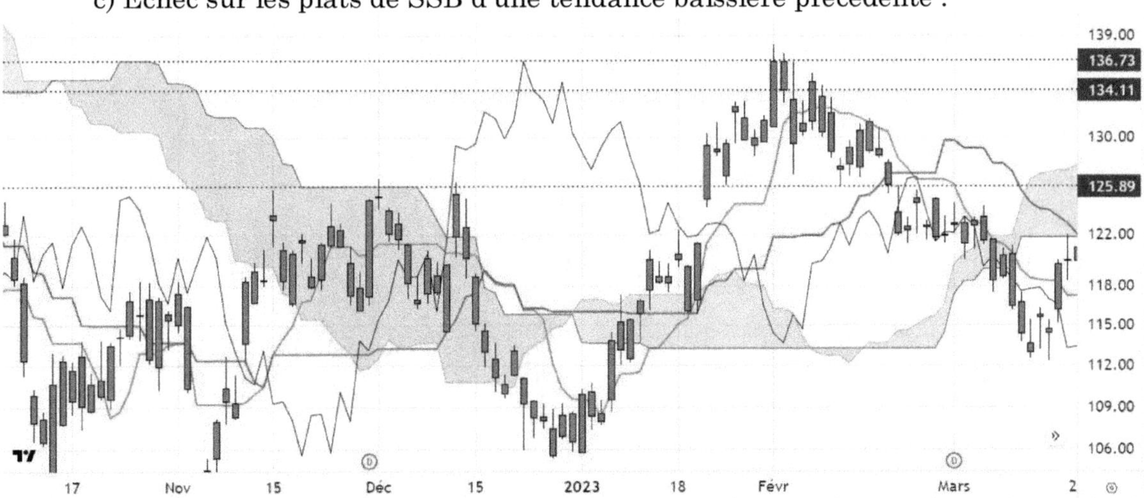

4 – Le range

La majorité des actifs évoluent une grande partie du temps sans qu'on puisse qualifier une tendance. Le plus souvent, ils évoluent entre deux zones de prix :

- Une borne haute qui est souvent une résistance dans l'unité de temps ou une unité supérieure
- Une borne basse qui est souvent un support dans l'unité de temps ou une unité supérieure

Ces structures peuvent être organisées : dans ce cas, les prix vont de la borne haute vers la borne basse et réciproquement. Cette situation pourra être favorable à l'investisseur :

- On achète le rebond des prix sur le support, après la validation d'une structure technique de retournement (étoile du matin, avalement haussier, bébé abandonné…)
- On vend le rebond sur la résistance, après validation d'une structure technique de retournement (étoile du soir, sommet en tour, avalement baissier…)

Il s'agit là d'une structure fréquente sur laquelle nous reviendrons, mais des situations plus complexes peuvent apparaître.

Il conviendra également d'analyser les contacts avec le support et la résistance afin d'envisager les situations de rupture du support et de franchissement de la résistance.

À l'intérieur des ranges, il faudra jouer avec les positions du nuage et de la Kijun principalement, la Tenkan intervenant pour la traversée des obstacles et l'harmonie avec les prix.

4 – 1 : Situation classique

Dans cette première configuration en bougies quotidiennes, les cours évoluent depuis début février à l'intérieur d'un range techniquement bien organisé :

- en résistance une zone entre 207.87 qui est un plat de Kijun hebdomadaire et 214.56 qui est un niveau de résistance technique. Cela signifie que ce niveau a déjà fait résistance dans le passé.
- Un support constitué par deux niveaux hebdomadaires : plat de SSB et plat de Kijun.

Il est également utile de regarder le graphique dans l'unité de temps supérieure afin de comprendre la situation de long terme.

Elle est présentée ci-après :

L'actif est engagé dans une tendance baissière de long terme. La consolidation en cours a d'abord amené les cours à tester la Kijun plate à 207.87, puis les prix se sont repliés sur une zone support constituée par des plats de SSB et de Kijun datant de juillet 2021. Ce dernier niveau est le siège de la Kijun plate actuelle à 159.76.

Par ailleurs, les cours arrivent au contact de la SSA très pentue d'un nuage épais et la LS est sous sa Kijun pentue également. La récente tentative de sortie du range va se trouver confrontée à une situation de très forte résistance.

On surveillera l'éventuel échec sur la SSA qui amènerait la rupture du plat de Kijun hebdomadaire à 207.87 et le retour dans le range. La voie serait alors ouverte dans un premier temps vers les plats de SSB à 185.08 puis 181.90 et 180.15 (voir graphique ci-après). À l'approche du twist de nuages, l'épaisseur du nuage se réduira et pourrait permettre sa rupture par les prix en direction du bas du range.

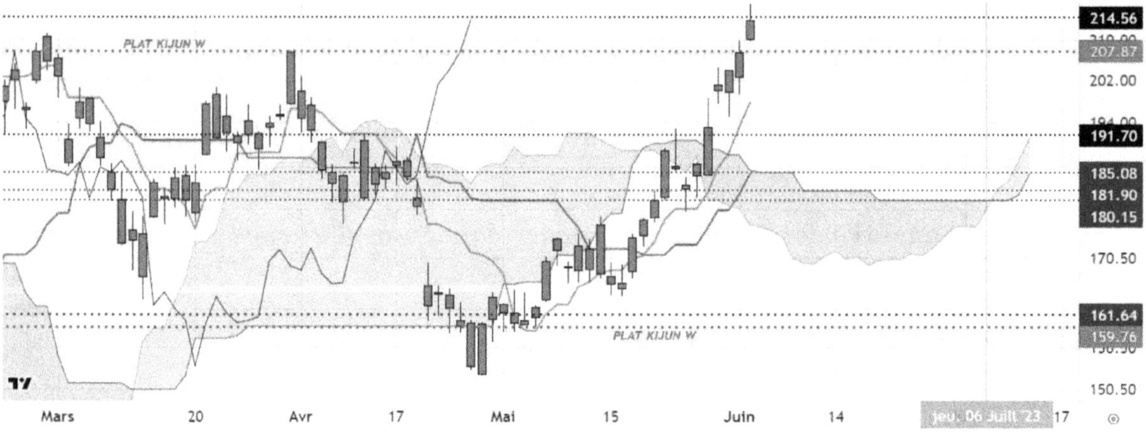

Pour préciser l'analyse du range, il est nécessaire de descendre à l'unité de temps inférieure, présentée ci-après entre début février et fin mai.

Cette sorte de dissection du mouvement laisse en fait apparaître des séquences et des situations qui ont été décrites précédemment :

- Mois de février : poursuite d'une tendance haussière puissante qui se termine par un rejet des résistances évoquées ci-dessus, une rupture de la Kijun et un test du nuage
- Mois de mars : les prix entrent profondément dans le nuage épais sans en sortir rapidement. La consolidation qui suit est bloquée par la Kijun et les prix sortent par le bas du nuage dans une zone moins épaisse. La baisse est interrompue le 13 mars par l'impossibilité de la LS à casser son nuage. On retrouve, dans la deuxième quinzaine de mars, le schéma classique d'une fin de tendance baissière. Les prix franchissent péniblement le nuage mais l'accumulation de résistances (plat de Kijun, plats de SSB) renvoie les prix à la baisse. Ils évoluent le long de la SSB puis trouvent un soutien dans les derniers jours du mois sur le haut du nuage baissier sur lequel ils rebondissent pour revenir en fin de mois tester le haut du range.
- Mois d'avril : l'échec précédent, dynamisé par le gap baissier, amène les prix à refluer vers le nuage et les prix s'engouffrent le 4 avril dans la brèche offerte par le twist de nuage. Après une consolidation horizontale au niveau du bas du nuage et au contact de supports techniques, le mouvement baissier reprend en direction du bas du range.

- Mois de mai : on retrouve à nouveau un des schémas classiques de fin de tendance, avec une entrée dans un nuage baissier de taille significative, une progression latérale puis une sortie haussière dans une section plus mince du nuage. Les cours et la LS enfin libres permettent aux prix de retourner vers le haut du range.

Cette présentation montre que l'analyse du range dans une unité de temps inférieure nous ramène à des situations largement analysées précédemment. Elle montre également que cette unité de temps inférieure redonne de la volatilité au mouvement qui ainsi disséqué montre une série de tendances de plus court terme qui ramènent à toutes les analyses que nous avons réalisées précédemment.

Cet exemple amène deux questions :

- Comment envisager un rebond sur le bas ou le haut du range ?
- Quels objectifs peut-on se donner si le rebond se réalise ?

L'exemple ci-dessus apporte déjà certaines réponses. Nous allons les compléter avec les exemples suivants.

Tout d'abord, on s'intéressera à la nature des phases de range.

a) 1er cas : le range comme consolidation en fin de tendance

On appelle cela « phase d'accumulation ». Cette phase est de durée très variable. Elle correspond à une situation durant laquelle les investisseurs pensent que la tendance baissière s'achève. Pour ne pas provoquer de remontée trop rapide des cours, ils accumulent jour après jour des titres de la manière la plus discrète possible. La seule action possible pour l'investisseur est de prendre le risque d'une position longue en attendant une sortie haussière du range. On développera les techniques d'investissement possibles dans ces conditions dans la deuxième partie de l'ouvrage.

Dans l'exemple ci-dessous, après une longue tendance baissière, les cours trouvent un support sur un plat de Kijun dans l'unité de temps supérieure. Une dizaine de séances sont nécessaires pour sortir du range par le haut confirmant la notion de phase d'accumulation. L'objectif technique de cette sortie est le report vers le haut de la hauteur du range. C'est aussi le premier objectif d'une consolidation de la tendance baissière, c'est-à-dire la Kijun. Les deux niveaux se correspondent parfaitement comme le montre le graphique :

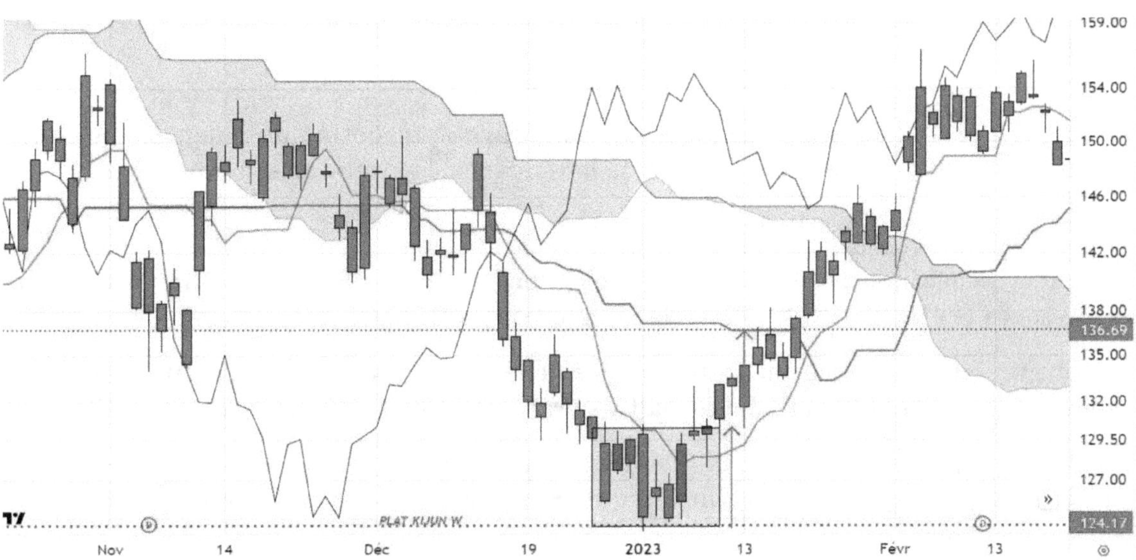

La Kijun plate est donc le premier objectif à atteindre. À ce stade de la tendance baissière, la configuration est très classique. On se rapproche dans le temps du nuage et il est fréquent que les cours franchissent la Kijun pour aller tester le nuage. On a vu que les chances de franchir le nuage dépendent de la zone dans laquelle le contact va se faire. Quand il se réalise dans une zone où le nuage est mince et que la LS ne rencontre pas de résistance majeure, la traversée peut se faire. Quand l'attaque du nuage se réalise dans une zone épaisse du nuage, le risque de reprise de la tendance baissière est fort.

Cette nature de range peut représenter une bonne opportunité pour l'investisseur de long terme. On reviendra sur la manière de rentrer et de gérer la position, notamment à l'approche des obstacles, dans la deuxième partie de l'ouvrage.

b) La situation est similaire pour les fins de tendance haussière comme le montre la figure suivante. La zone de range est appelée « phase de distribution ». Sa sortie baissière pourra se développer après la confirmation de la rupture de la Kijun plate en direction du nuage. La taille du nuage et la zone où les prix abordent la SSA détermineront la suite de l'évolution des prix.

Dans cet exemple, la fin de tendance se produit avant la rupture du nuage. Dans le cas où la rupture du nuage marque la fin de la tendance, la situation est similaire.

c) Autres types de ranges

Il faut systématiquement passer à l'unité de temps supérieure pour comprendre ce que représente le range et où le placer dans un contexte d'évolution à plus long terme.

Quel que soit son emplacement, un range a généralement une signification ; les prix ne sont pas en range par hasard dans la très grande majorité des cas.

Dans l'exemple suivant, les prix restent plus d'un an en range, passant en dessous et au-dessus du nuage avec un rythme régulier, les prix passant du haut au bas du range et inversement.

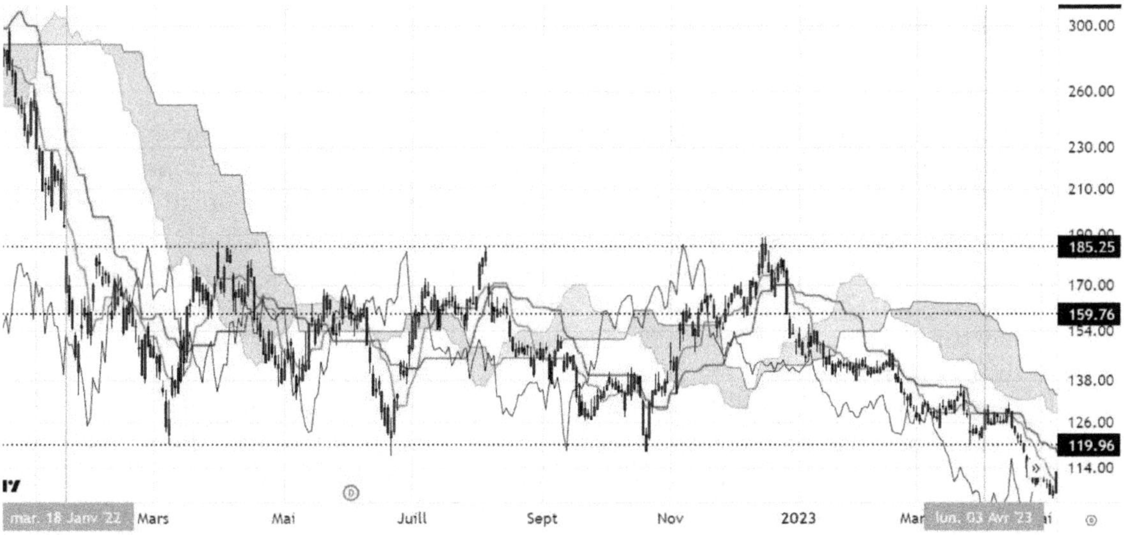

Le passage à l'unité de temps supérieure, présenté dans le graphique ci-dessous, montre une structure classique que nous avons déjà analysée. Les prix sont en tendance baissière. Le 18 janvier 2022, un gap baissier propulse les prix sous le nuage. Les prix ont trouvé un support sur 119.96 et la tendance de long terme consolide à plat. Les prix esquissent, classiquement, une tentative de franchissement de la Kijun plate en juillet 2022. Les prix sont encore trop éloignés dans le temps du nuage et cette tentative échoue. La 2e tentative a lieu, classiquement, à l'approche du nuage. Les prix abordent le nuage dans une portion très épaisse de celui-ci et cela aboutit à un rejet du nuage. Ils glissent le long de la SSA. Passé, dans le temps, le bas du nuage, aucune tentative n'est réalisée de retester celui-ci. La tendance baissière reprend ses droits après une longue période de range. La poursuite de la tendance baissière se fait de manière très classique également, c'est-à-dire en parfaite harmonie avec la Tenkan.

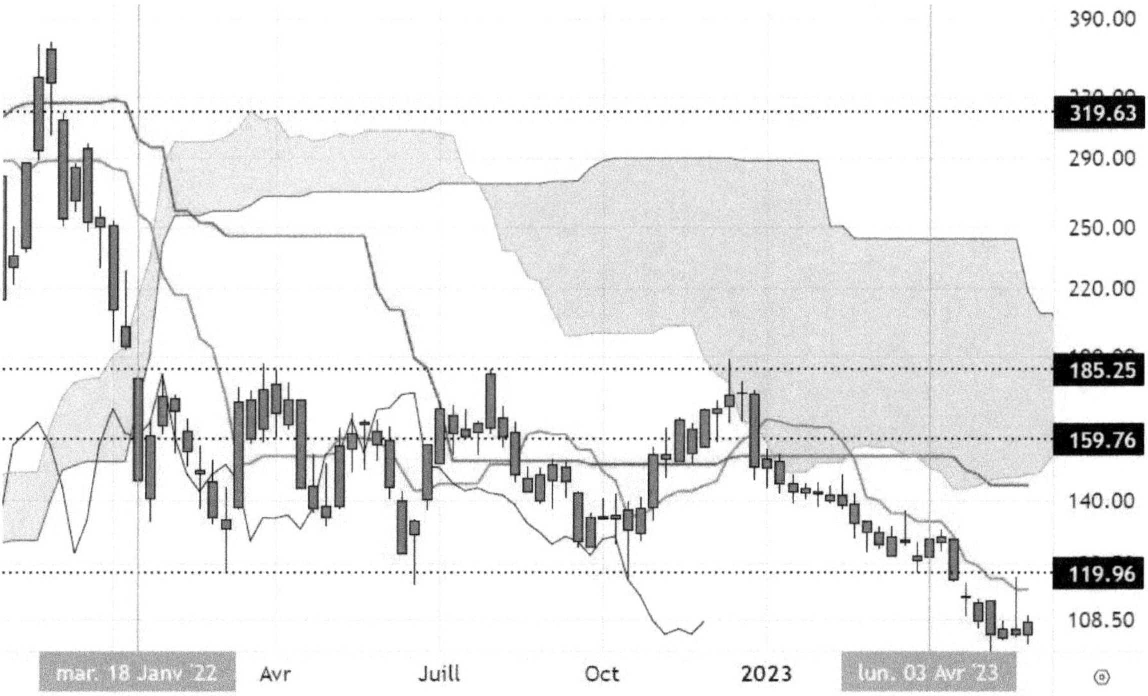

d) Conclusion concernant les ranges

De ce qui précède, on peut conclure que :

- Tous les ranges n'ont pas la même nature. Ceux, courts, en fin de tendance marquent un retournement. L'investisseur pourra se positionner dans le sens du retournement. Ceux qui sont placés, en apparence de manière aléatoire, révèlent leur nature en passant à l'unité de temps supérieure. Cela permettra à l'analyste de qualifier le mouvement et l'investisseur utilisera l'unité de temps de base et son unité inférieure pour augmenter la capillarité de l'analyse et déceler des opportunités d'entrée en position. On retrouve ainsi les vertus de l'analyse en trois unités de temps.
- Les ranges ne sont totalement aléatoires que peu fréquemment. Dans les cas où cela se produit, on pourra passer à l'unité de temps inférieure afin de disséquer le mouvement global et trouver des configurations connues.
- Le passage à l'unité de temps inférieure est logique. Si, dans une unité de temps, les prix sont en range, cela veut dire qu'il n'y a pas de tendance et peu de volatilité à long terme. Le passage à l'unité de temps inférieure met en lumière des mouvements tendanciels qui permettent d'exploiter de la volatilité.
- L'analyste peut s'intéresser à tout, l'investisseur aura toujours intérêt à exploiter des structures connues, répertoriées et pour lesquelles il dispose déjà d'une expérience.

CHAPITRE 7

APPROCHE COMPARATIVE : ICHIMOKU/ANALYSE TECHNIQUE CLASSIQUE

Les deux approches poursuivent les mêmes buts, tant au niveau de l'analyse des actifs que de l'établissement de scénarios d'évolution des prix. Pour chaque scénario sont déterminés des objectifs de niveau de cours à atteindre, de niveaux d'invalidation ainsi que les zones d'intervention possibles.

Les deux utilisent exclusivement les prix et travaillent sur la base de graphiques. On peut considérer qu'elles correspondent à des méthodes de traitement du signal que sont les prix.

L'Analyse Technique, bien qu'elle soit partie du Japon, s'est considérablement développée en Occident depuis environ un siècle, et une très abondante littérature fait état des nombreux travaux réalisés par de nombreux analystes, en majorité américains.

Ichimoku, après la publication de ses travaux par M. Hosoda en 1968/1969, a été délaissé du fait d'un nombre considérable de données à collecter, et ce n'est que vers 1996 avec la publication en anglais par M. Sasaki que la méthode a pu franchir les frontières du Japon. La littérature concernant la méthode est beaucoup moins fournie, même si le nombre d'utilisateurs progresse rapidement.

Les différences fondamentales (à mon sens) entre les deux approches tiennent aux points suivants :

- L'Analyse Technique travaille beaucoup sur des extrêmes de marché : supports, résistances...), c'est-à-dire des niveaux où le rapport de force entre acheteurs et vendeurs s'inverse, alors qu'Ichimoku s'applique à trouver les niveaux ou zones d'équilibre des prix où il y a consensus entre acheteurs et vendeurs.
- Ichimoku propose une approche du futur en déterminant les obstacles que devraient rencontrer les prix en fonction des mouvements passés en incluant une forte prise en compte de la volatilité. Si faire une analyse sur trois unités de temps est importante en Analyse Technique classique, elle est ABSOLUMENT indispensable en Ichimoku. Cette dernière méthode « cartographie » graphiquement le terrain futur et rend ainsi l'analyse prospective plus facile ainsi que l'établissement des scénarios.

1 – Support/résistance versus équilibre de marché

L'exemple suivant, en données quotidiennes, est particulièrement significatif. Le 12 mai, les prix trouvent support sur 147.07. Dans cette zone de prix, on retrouve plusieurs niveaux qui ont fait support technique dans le passé : 149.60, 144.85, 143.69 et 142.87. Il est impossible d'établir une hiérarchie entre ces niveaux de support.

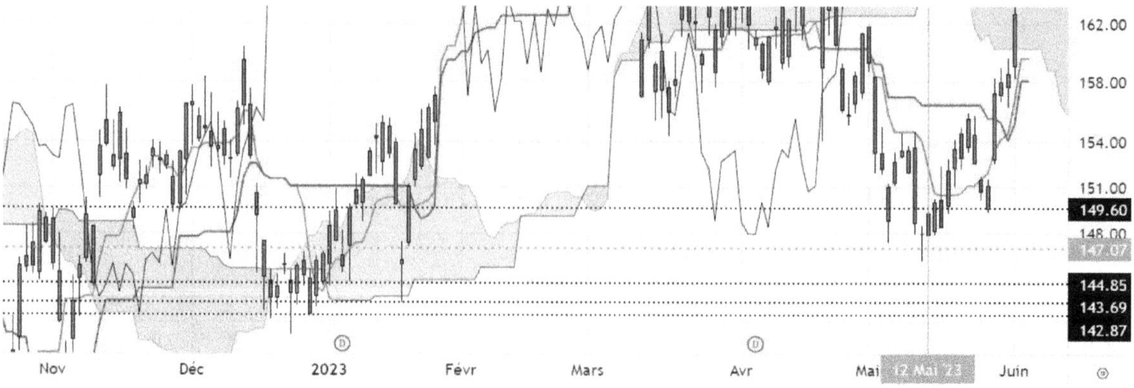

Le niveau où les cours se sont arrêtés correspond à un plat de SSB/Kijun en hebdomadaire et le niveau de sortie baissière du nuage. Ce niveau est stratégique mais l'Analyse Technique classique n'a pas pu le détecter. Pire encore, ce niveau ne figure pas dans les supports établis dans cette zone.

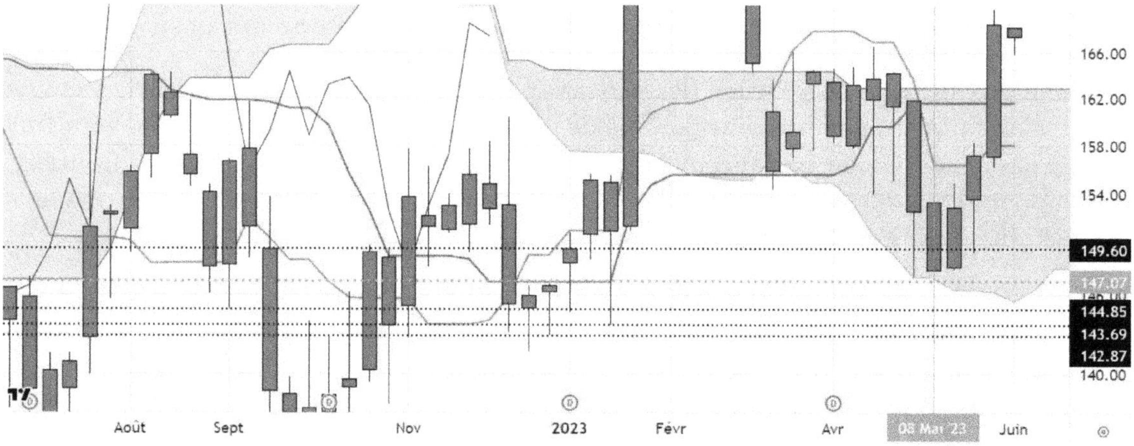

Cependant, l'existence de supports autour du niveau stratégique montre que le marché s'est arrêté dans cette zone à plusieurs reprises après que le niveau ait été établi, d'abord comme plat de SSB à partir de l'été 2022, puis en tant que plat de SSB/Kijun à partir de fin 2022.

Cette situation montre que lorsqu'une zone d'équilibre du marché est révélée par les calculs Ichimoku, le marché a tendance à venir dans cette zone, justement parce qu'elle correspond à un équilibre. Dans l'exemple ci-dessus, le marché n'est pas en tendance claire : il se cherche. Les niveaux d'équilibre correspondent à des zones à tester pour chercher une direction. La confrontation entre camps acheteur et vendeur peut se dénouer dans un sens ou un autre si un des deux affirme sa détermination sur une zone repère.

La précision quasi chirurgicale de la réaction des prix sur certains niveaux majeurs comme les plats de SSB et de Kijun confirme bien cette recherche des niveaux et zones d'équilibre, comme dans l'exemple ci-après.

Il arrive régulièrement que des supports techniques soient créés par des niveaux d'équilibre Ichimoku. Dans la situation suivante, le niveau de 273.92 n'avait pas été support ou résistance par le passé, notamment lors du rally 2020/2021. Cependant, le mouvement de cette période a généré un plat de SSB début 2022 sur 273.92. Ce niveau n'avait pas été support ou résistance mais niveau d'équilibre à l'occasion d'une consolidation ou d'un arrêt de la progression des cours durant le rally. Le système Ichimoku en a gardé la mémoire alors qu'il n'est pas visible sur le graphique. Après la rupture du nuage au printemps 2022, les cours ont trouvé support sur ce niveau ; cette situation correspond au rebond de la LS sur le bas du nuage. On notera que les cours, début mai, lors de la première tentative de sortie baissière du nuage, ont d'abord trouvé support sur le premier plat de SSB à 287.07 avant de rebondir puis de repartir à la baisse vers 273.92.

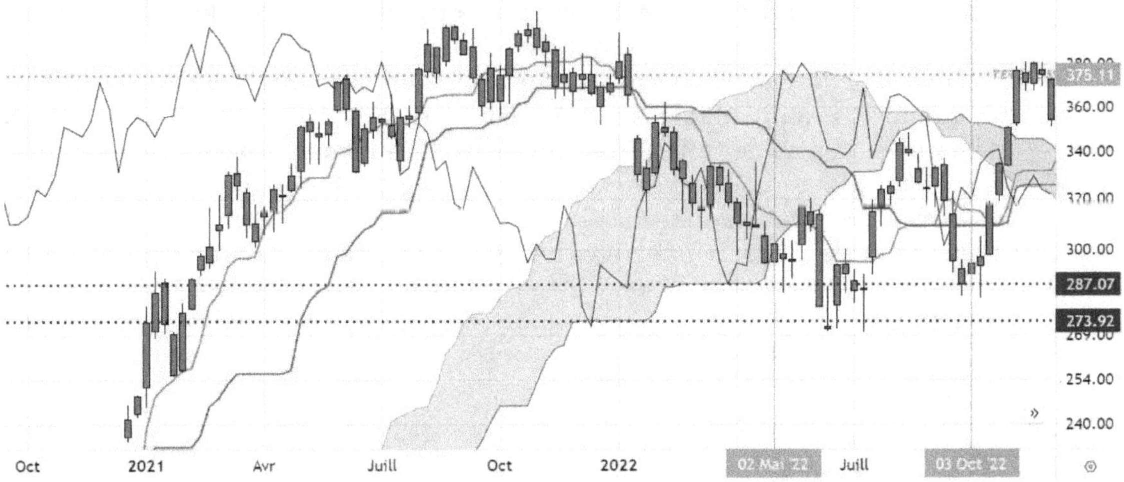

Plusieurs mois plus tard, début octobre, et après avoir échoué sous le nuage (sur un niveau qui n'est pas une résistance technique), les prix reviennent tester le plat de SSB à 287.07.

Ce graphique clarifie la marche des prix, le rebond sur les plats de SSB, l'échec sur le nuage début août, le retour sur une zone support plat de SSB, le franchissement de la Kijun à l'approche du nuage baissier, le franchissement d'un nuage mince et enfin l'échec des prix sur la tête de SSA car la LS ne sort pas de son nuage.

On a vu l'ensemble de ces situations classiques dans les chapitres précédents.

On ne retrouve pas cette cohérence et ces mouvements traditionnels dans l'approche Ichimoku avec la seule Analyse Technique classique, comme le montre encore le graphique ci-après où le système Ichimoku a été enlevé :

On retrouve certains niveaux mais l'Analyse Technique ne permet pas d'anticiper les mouvements des prix et de déterminer les zones de prix/équilibre qui seront testées.

L'exemple suivant montre comment Ichimoku guide, explique et permet de prévoir la marche des prix.

- En juin 2022, deux bougies rouges importantes, séparées par un gap baissier, amènent les prix à tester exactement le bas du nuage à 263.70. L'analyste Ichimoku connaît ce niveau qui n'est pas un niveau technique. De plus, il décèle la situation de survente due à un écart important entre la Tenkan et les prix. Il sait enfin que les plats de SSB sont des niveaux d'équilibre importants et que la probabilité de test de ce niveau est forte. Il peut raisonnablement anticiper un rebond sur ce niveau compte tenu de la situation de survente prix/Tenkan. Il sait enfin que si le plat de SSB à 263.70 provoque ce rebond, celui-ci s'effectuera le long de la SSB et que le niveau suivant de résistance, en la circonstance le haut du nuage, sera le prochain test de la marche des prix. On notera enfin que le haut du nuage où les prix se sont arrêtés à 298.80 n'est pas un niveau technique.

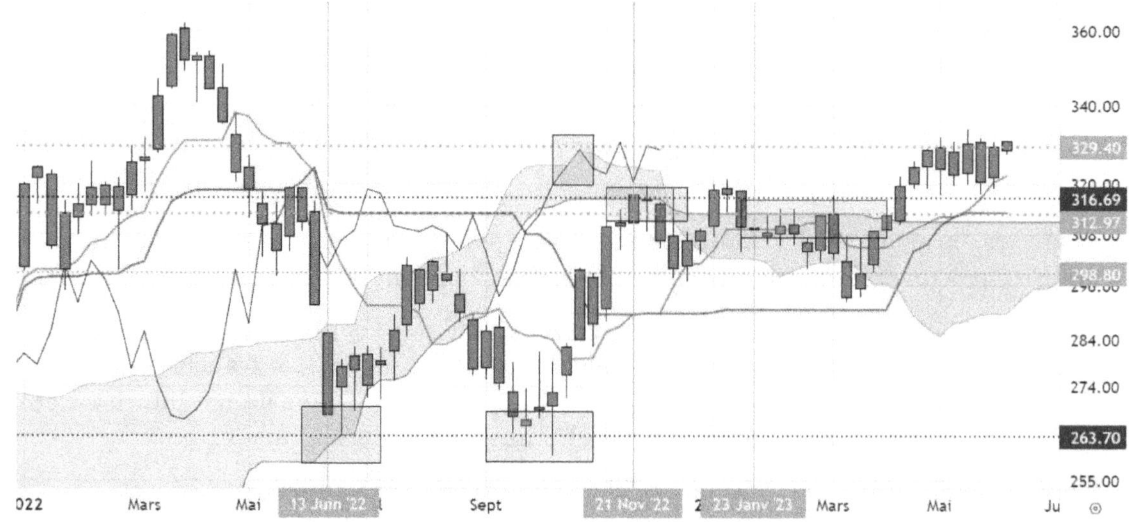

- Début octobre, après l'échec sur 298.80, les cours reviennent tester le support majeur à 263.70 qui est devenu un niveau technique grâce au plat de SSB. À ce moment, l'analyste technique tiendra compte de ce niveau. Cela démontre qu'il est classique que des niveaux techniques de support ou de résistance soient créés par des niveaux d'équilibre en Ichimoku.
- Le 21 novembre, les prix affrontent la résistance à 316.69 qui est la SSB bas du nuage. Ce niveau est inconnu en Analyse Technique classique.
- À partir du 23 janvier, les cours échouent à sortir du nuage et cela dure deux mois. La SSB à 312.97 est un niveau majeur car il a été plat de Kijun précédemment. Pour l'analyste classique, ce niveau de 312.97 est connu mais non hiérarchisé. Il n'a aucune raison de penser qu'il sera plus difficile à franchir qu'un autre : ce n'est pas pour lui un niveau majeur ; il a fait support précédemment mais ce n'est même pas un niveau de polarité. **Cette possibilité de hiérarchiser les niveaux est une force majeure d'Ichimoku.**
- À partir de fin avril, les cours sont au contact d'une résistance à 329.40. Ce n'est pas un niveau technique mais un niveau majeur en Ichimoku : c'est une tête de SSA, soit la sortie du nuage de la LS et la confirmation de la tendance haussière.

2 – Approche prospective d'Ichimoku

Reprenons l'exemple précédent et certaines remarques déjà faites. L'Analyste Ichimoku avait pu anticiper, avec une probabilité raisonnable de succès, des évolutions majeures des prix :

- Le support trouvé fin juin sur le plat de SSB à 263.70, niveau de sortie des prix du nuage
- La remontée des prix le long de la SSB puis la résistance constituée par le haut du nuage
- Le retest du support, devenu majeur, à 263.70 début octobre
- Le test du nuage à 316.69 fin novembre, suite au franchissement de la Kijun plate
- La résistance constituée par le haut du nuage à partir de fin janvier
- La résistance constituée par la tête de SSA en mai.

Si on enlève le dispositif Ichimoku du graphique, ce dernier devient beaucoup moins clair et ne permet aucune capacité d'anticipation.

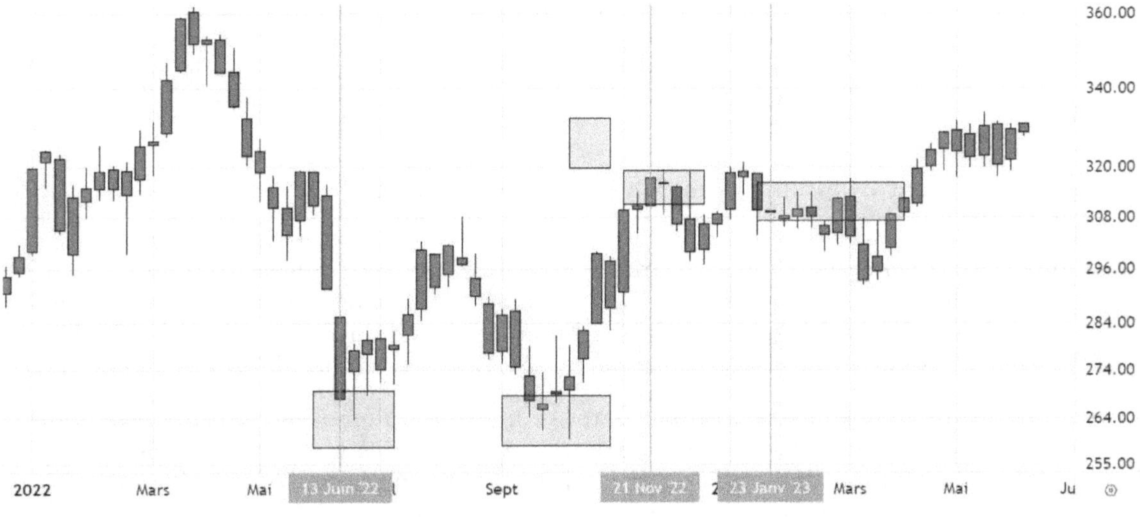

L'analyste classique va constater le support trouvé le 13 juin sur 263.70 puis le retournement. Il va le constater à nouveau en octobre avec la figure de retournement. Il va aussi constater les résistances de novembre, janvier et mai.

Le dispositif Ichimoku permet de décrypter le comportement des prix en révélateur du comportement psychologique des investisseurs. C'est pour cela que l'on retrouve les mêmes types de graphique qui permettent à l'utilisateur de prévoir les comportements des intervenants, la marche future des prix, puis d'élaborer des scénarios avec une bonne probabilité de succès.

3 – Analyse Technique classique et Ichimoku se complètent parfaitement

L'exemple précédent en donne une illustration. Comme indiqué supra, l'Analyste Technique classique ne dispose pas de la capacité d'anticipation aussi poussée que l'Analyste Ichimoku. Ce dernier a prévu les supports et résistances mais sa capacité ne pourra anticiper quel sera le comportement des prix sur ces niveaux. La lecture des bougies (à la portée de l'Analyste Ichimoku) et les figures classiques de retournement développées en Analyse Technique ainsi que les indicateurs techniques permettent de confirmer les éventuels rebonds sur les supports et résistances.

L'Analyse Technique classique existe depuis plus d'un siècle et demi. Des milliers d'ouvrages lui ont été consacrés par des milliers de professionnels qui ont perfectionné la discipline. Ils se sont vendus et ont contribué à la formation des nouveaux analystes et investisseurs. De grands maîtres de l'Analyse Technique ont fait progresser la discipline. Nombre d'entre eux se sont montré de très bons traders.

Il serait fou et certainement très prétentieux de tourner le dos à cette richesse.

On verra dans la deuxième partie du présent ouvrage que l'auteur a développé une approche personnelle qui est prioritairement basée sur Ichimoku mais qui utilise certains outils privilégiés de l'Analyse Technique classique, notamment les bandes de Bollinger et de Keltner, retracements et extensions de Fibonacci, figures de continuation et de retournement, sans que cette liste soit exhaustive.

L'Analyse Technique renseigne efficacement l'utilisateur sur la confrontation permanente entre acheteurs et vendeurs. La bonne lecture des bougies, les figures techniques remarquables ne sont que la traduction de ce rapport de force et de la psychologie des acteurs du marché. Son apport pour l'analyste Ichimoku est indispensable.

L'approche Ichimoku globalise ou intègre (au sens mathématique du terme) en fait cette confrontation en créant une mémoire de marché à travers les différentes lignes et le nuage qui apporte la mesure de la volatilité. En ce sens aussi les deux disciplines sont complémentaires.

Ichimoku apparaît ainsi comme un pan entier de l'Analyse Technique et enrichit la discipline.

Il faut rappeler que les Japonais sont les précurseurs de l'Analyse Technique. Ce n'est pas par hasard que les bougies que nous utilisons quotidiennement sont dites japonaises. C'est encore un Japonais qui a inventé Ichimoku et c'est au Japon que la méthode s'est propagée en premier dans les salles de marché avant d'essaimer dans le monde entier.

Tout cela correspond à des volets différents mais complémentaires d'une seule discipline qui consiste à travailler sur le prix en intégrant des méthodes de traitement du signal. **Ichimoku est dans ce contexte une de ces approches du traitement du signal qui est particulièrement originale et efficace.**

DEUXIÈME PARTIE

LE SAVOIR-FAIRE

Investir avec Ichimoku

INTRODUCTION

La première partie de l'ouvrage avait pour but de transmettre au lecteur les spécificités de la méthode et lui permettre de maîtriser l'ensemble des éléments la composant.

Au cours de cette première partie, l'objectif de l'auteur était de démontrer le caractère descriptif de la méthode.

On a ainsi montré les différentes situations de marché : tendances haussière ou baissière, range pouvant probablement 80% du temps se matérialiser par des situations graphiques classiques, que l'on retrouvera très souvent.

La maîtrise par le lecteur de ces situations qui ont été réunies en fin de cette première partie lui permettra déjà d'aborder une forte proportion de configurations auxquelles il se trouvera confronté en tant qu'investisseur. Ces configurations seront déjà largement suffisantes pour le lecteur pour parfaire sa connaissance de la méthode (« le SAVOIR ») et pour lui permettre d'investir sereinement avec la méthode (« le SAVOIR-FAIRE »).

Cette deuxième partie abordera les thèmes suivants :

- Les compléments d'Analyse Technique classique concernant les outils qui complèteront la méthode Ichimoku et ouvriront à l'approche développée par l'auteur dénommée : « La méthode des convergences »
- La description de cette dernière approche
- L'investissement avec Ichimoku et l'approche décrite constitueront la part centrale de cette deuxième partie. L'objectif est de donner au lecteur une méthode d'investissement cohérente et garante de succès. L'accent fort porté sur l'approche méthodologique ouvrira sur un tableau de situations classiques Ichimoku, basée sur deux types de configurations d'investissement. Tout d'abord, on détaillera **l'investissement dans la tendance** en proposant des solutions pour détecter et profiter de son démarrage, de suivre son investissement et éventuellement le renforcer au cours de la tendance et enfin de définir les meilleurs moments pour sortir de position. On décryptera également **l'investissement d'opportunité** pour profiter notamment d'une impulsion.

CHAPITRE 1

LA NOTION DE TENDANCE

Investir dans la tendance est un des principaux thèmes qui sera développé dans cette deuxième partie.

Pour cela, il est important de définir cette notion de tendance.

Deux approches semblent se contredire car elles ont des origines différentes :

- Celle de l'Analyse Technique classique issue de la théorie de Dow
- Celle d'Ichimoku que nous avons longuement décrite et analysée dans la première partie de l'ouvrage.

Nous allons revenir sur la première puis nous comparerons les deux approches.

Charles Dow est l'un des maîtres de l'Analyse Technique. Il a jeté les bases d'une analyse des marchés financiers. Il a, en particulier, étudié l'aspect psychologique des acteurs des marchés. Nous reviendrons sur ce point dans l'analyse de la tendance. Il a publié ses travaux entre 1900 et 1902, peu de temps avant sa disparition, mais ce n'est qu'à partir des années 1930 qu'ils ont été diffusés et popularisés grâce à Robert Rhea.

La théorie de Dow comporte plusieurs aspects, mais nous allons nous intéresser ici uniquement à celui faisant référence à la notion de tendance.

Charles Dow considère trois phases principales dans une tendance. Prenons le cas d'une tendance haussière. Elle naît par une phase d'accumulation, durant laquelle les premiers investisseurs commencent à s'intéresser au titre et à constituer une première position longue. Ce sont souvent des initiés, des institutionnels, très au fait de la situation économique et financière de l'entreprise. Ce sont les précurseurs et ils « lancent » le marché du titre. Cette phase d'accumulation se traduit régulièrement par une phase de range, plus ou moins propre.

La deuxième phase intervient quand le reste du marché détecte les mouvements sur les cours et comprend l'intérêt de constituer une position. C'est pour cela que la première partie de cette phase est très impulsive. Ce sont généralement les professionnels qui interviennent puis, quand ils sont en position et que les médias parlent abondamment du titre, le grand public arrive et cette phase majeure commence à décliner. On est alors dans la troisième phase de la tendance. Les professionnels commencent à prendre leurs bénéfices en cédant leurs titres aux retardataires : c'est la phase de distribution. Ce mouvement se réalise de la manière la plus discrète possible de la part des professionnels afin de ne pas entraîner le marché dans une baisse trop forte et trop rapide, avant qu'ils aient pu concrétiser le gros de leur plus-value.

La tendance haussière est alors généralement terminée. On assiste même parfois, quand tout le monde est long et qu'il n'y a plus d'acheteurs, à un fort et brutal mouvement baissier.

Le graphique ci-après illustre les trois phases du marché. On voit que la fin de la phase 3 et la rupture de la zone sous 61.77 s'accompagne d'un mouvement baissier significatif lié à la pénurie d'acheteurs.

On voit également que la phase de développement s'accompagne à deux reprises de phases correctives que nous allons détailler. Les cours arrivent le 28 octobre sur un niveau de polarité, un niveau qui a été support et résistance dans le passé. C'est, en Analyse Technique classique, un niveau remarquable. Les investisseurs qui étaient encore en position alors qu'ils avaient acheté à ce prix dans le passé parce qu'il était un niveau de support (donc un point d'achat logique) considèrent comme une bonne opportunité de se délester de cette position perdante dans de bonnes conditions.

La consolidation prend forme jusqu'à ce que les investisseurs qui n'avaient pas participé à la première phase impulsive trouvent une bonne opportunité de rentrer dans le marché. Ceux qui étaient déjà en position peuvent trouver un intérêt à renforcer leur position. Un équilibre se retrouve pendant un moment puis ces acheteurs reprennent le contrôle du marché. Le titre peut repartir. Le même phénomène se reproduit quand les cours atteignent 60.81 mi-novembre.

Enfin, on constate que la phase de distribution prend corps lorsque les cours reviennent sur un niveau de résistance à 64.19, qui avait provoqué un retournement de tendance en avril et en août précédents.

Ainsi, on retrouve la constitution de la tendance en phases impulsives et correctives dans le graphique ci-contre.

Les phase 1 – 2, 3 – 4, 5 – 6 et 7 – 8 sont impulsives.

Les phases 2 – 3, 4 – 5 et 6 – 7 sont correctives.

On notera deux éléments fondamentaux des tendances haussières.

- Les niveaux de fin de correction sont toujours supérieurs à la fin de la correction précédente :

Niveau de démarrage de la tendance, soit le point 1 : 88.97

Fin de la première phase corrective, soit le point marqué 3 : 89.97

Fin de la deuxième phase corrective, soit le point marqué 5 : 100.12

Fin de la troisième phase corrective, soit le point marqué 7 : 103.11

- Les niveaux des plus hauts dans la tendance sont toujours supérieurs aux plus hauts précédents :

Fin de la première phase impulsive, soit le point marqué 2 : 96.29

Fin de la deuxième phase impulsive, soit le point marqué 4 : 107.67

Fin de la troisième phase impulsive, soit le point marqué 6 : 109.64

Fin de la quatrième phase impulsive, soit le point marqué 8 : 127.18

La phase de consolidation entre les points 6 et 7 correspond à un range, situation que l'on peut retrouver en milieu de tendance.

Cet exemple illustre la définition de la tendance haussière dans la théorie de Dow :

Une tendance haussière est un mouvement formé de plus hauts de plus en plus hauts et de plus bas de plus en plus hauts.

La tendance est validée dès que l'on a deux plus hauts de plus en plus hauts et deux plus bas de plus en plus hauts.

Dans notre exemple, à partir du moment où les cours, après la consolidation au point 3, ont franchi le niveau de 96.29, mi-mars, la tendance haussière est validée. De plus, ce franchissement valide une nouvelle jambe haussière qui va amener les cours jusqu'au point 4 à 107.67.

L'exemple suivant nous permettra de comprendre comment, dans la théorie de Dow, se déterminent les fins de tendance.

La tendance haussière présente un dernier plus bas le 4 octobre à 790.43 et un dernier plus haut à 933.72 le 8 novembre. Par la suite, une nouvelle consolidation démarre qui amène les cours sous le dernier plus bas le 24 janvier à 727.53. La situation créée est la suivante : les investisseurs qui avaient acheté la dernière consolidation à 790.43 se retrouvent en perte lors du mouvement correctif suivant. C'est la première fois que cela se produit depuis le début de la tendance haussière. Cela montre que le rythme de la tendance haussière tel qu'on l'a décrit ci-avant est rompu. **La rupture de 790.13 a invalidé la tendance haussière précédente.**

Suivons maintenant le rythme du mouvement qui se met en place. On retrouve la séquence similaire à une progression haussière mais dans l'autre sens.

On a deux points hauts, 1 et 3, plus bas l'un que l'autre et deux points bas, 2 et 4, plus bas l'un que l'autre. Par réciprocité, on a défini une tendance baissière. Cette tendance est acquise dès que les cours ont cassé le niveau 2 sur la bougie rouge correspondant à la flèche rouge.

Ainsi, la rupture de 790.43 a invalidé la tendance haussière. La tendance est devenue neutre et la rupture de 727.53 a fait passer la tendance de neutre à baissière.

Il est intéressant de comparer l'interprétation du passage en tendance neutre puis en tendance baissière avec l'approche Ichimoku. Le dispositif Ichimoku a été ajouté au graphique précédent.

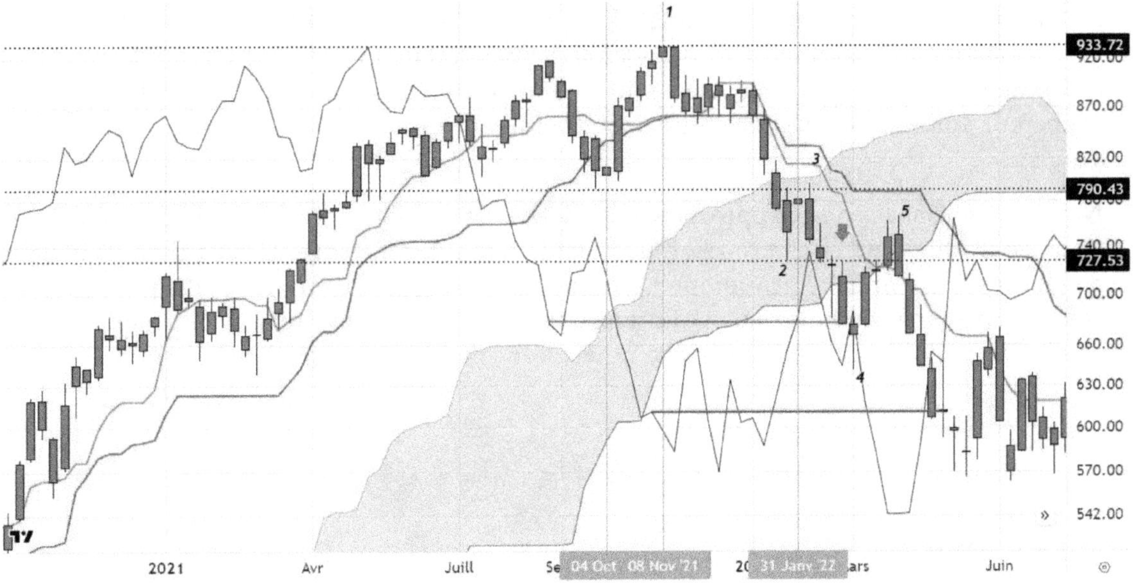

On constate que la bougie rouge (flèche rouge) qui avait confirmé le passage en tendance baissière dans la théorie de Dow correspond à la sortie du nuage pour les prix, et par conséquent le passage en tendance baissière, même s'il reste à la confirmer par la LS.

On retrouve également une phase de neutralité entre les tendances haussière et baissière, caractérisée par le nuage. En plus, la bougie rouge qui casse le dernier plus bas à 790.43 est celle qui fait entrer les prix dans le nuage.

On a donc deux approches qui se rejoignent ici parfaitement. La situation n'est pas toujours aussi flagrante mais il y a rarement contradiction entre les deux approches. Il peut y avoir un décalage dans le temps lié à l'épaisseur du nuage, notion inexistante dans le dispositif Dow, ou au mode de calcul des lignes d'Ichimoku qui utilise des points moyens et qui peuvent être décalés en fonction de la volatilité.

Il y a néanmoins un élément supplémentaire qui conforte l'approche Ichimoku. Au moment de la sortie du nuage, la LS est encore au-dessus de son nuage : la tendance n'est pas confirmée. C'est pour cela qu'une consolidation se met en place après le point 4 vers le point 5. La tendance baissière, confirmée selon Dow mais non encore confirmée en Ichimoku, reprend ses droits et la LS finit par casser son nuage en confirmant la tendance dans le dispositif Ichimoku.

Après le point 5, la tendance baissière se poursuit dans le dispositif Dow, sans jamais être remise en cause tout comme en Ichimoku où le nuage n'est plus retesté.

On voit ainsi que les deux approches se recoupent. La lecture dans la théorie de Dow est commode en suivant l'évolution des plus hauts et des plus bas dans le mouvement.

Un autre point doit être souligné dès maintenant. On a évoqué la situation des acheteurs qui avaient pris position lors de la dernière consolidation à 790.43. Lors du retournement, on avait montré que ces investisseurs se retrouvaient en perte dès que ce niveau a été cassé. Cela illustre un des aspects notables de la théorie de Dow sur la psychologie des investisseurs. Sur un niveau où ils auraient dû acheter pour assurer la poursuite de la tendance, une majorité d'entre eux vend. Cela constitue une rupture dans le mouvement et un changement d'attitude complet de la psychologie des intervenants sur le marché. Cela montre que chaque plus bas devient le niveau d'invalidation de la tendance haussière. Cela revient à indiquer que ce niveau devient le niveau de stop de protection pour l'acheteur futur. Nous reviendrons abondamment sur cet aspect dans la suite de l'ouvrage.

Nous utiliserons les deux approches de la notion de tendance dans toutes les démonstrations de trading que nous proposerons dans la suite de l'ouvrage. L'intérêt de l'approche de Dow est la simplicité graphique : il suffit de suivre les plus hauts et les plus bas successifs dans une tendance pour allumer des signaux d'alerte qui devront bien sûr être confirmés par la batterie d'outils que nous allons décrire et mettre en œuvre.

CHAPITRE 2

UTILISATION DES OUTILS DE L'ANALYSE TECHNIQUE CLASSIQUE

L'approche de l'analyse et de l'investissement utilisée par l'auteur à travers « la méthode des convergences » sera développée plus avant dans l'ouvrage.

Il a déjà été évoqué à plusieurs reprises l'approche Ichimoku de l'auteur qui n'ignore pas tous les apports de l'Analyse Technique classique.

Il est vrai qu'il serait dommage de se priver des outils et méthodes développés depuis plus d'un siècle. La notion de tendance présentée dans un chapitre précédent confirme la complémentarité entre les 2 approches et apporte de la lisibilité à l'investisseur.

Nous allons donc compléter notre approche Ichimoku et exploiter les types de graphiques classiques analysés dans la première partie de l'ouvrage en les enrichissant d'apports techniques.

La méthode exploite notamment, au-delà de la notion de tendance déjà décrite, les bandes de Bollinger et leur complémentarité avec les Bandes de Keltner, les retracements et extensions de Fibonacci et d'autres outils de l'Analyse Technique classique.

Nous allons apporter des compléments opérationnels à ces outils traditionnels de l'Analyse Technique.

1 – Les bandes de Bollinger

1 – 1 : Les quatre phases du cycle des bandes de Bollinger

Nous utiliserons les réglages traditionnels, à savoir :

- Moyenne mobile arithmétique 20 périodes : MM20
- Enveloppes à deux écarts types de la MM20

L'utilisation principale des bandes de Bollinger est la mesure de la volatilité mathématique et son exploitation dans une séquence impulsive.

Nous allons préciser cette utilisation à partir de l'exemple suivant. La partie basse du graphique est une représentation des volumes de transactions.

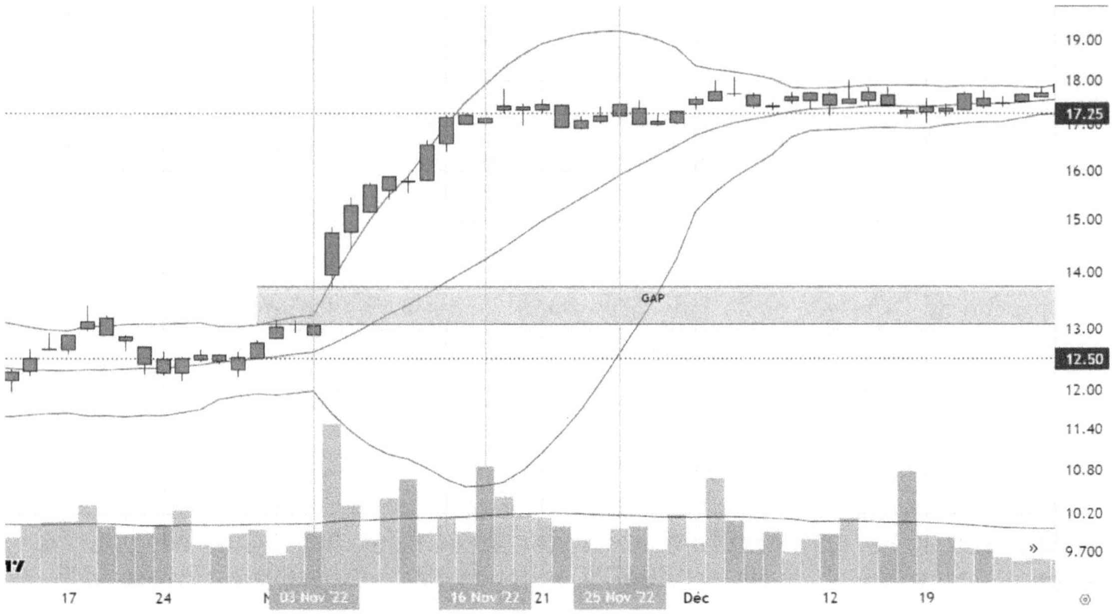

a) Jusqu'au 3 novembre, les prix sont dans un range. Les bandes haute et basse sont (quasiment) horizontales ainsi que la moyenne mobile. L'amplitude de ce range est peu importante. Cela correspond à **la phase 1 des bandes de Bollinger dite phase de squeeze.**
Il ne se passe pas grand-chose sur l'actif, la volatilité est très faible et les volumes de transaction généralement inférieurs à leur moyenne. Ils correspondent plutôt à des opérations spéculatives sur le court terme. L'actif est dans une zone de prix qui fait consensus : il est « à son prix ».

b) Le 4 novembre, une puissante impulsion se produit.
Elle peut avoir plusieurs origines : sortie de résultats trimestriels ou annuels pour les actions, décisions de Banques Centrales sur leurs taux d'intervention pour le Forex, statistiques macroéconomiques pour les indices, nouvelles géopolitiques pour les matières premières…).
Dans le cas présenté, cette impulsion s'accompagne en plus de l'ouverture d'un gap haussier qui témoigne de l'importance de la nouvelle, de sa capacité à modifier de manière significative le prix d'équilibre de l'actif. On note également une très forte augmentation des volumes. Les prix franchissent la bande de Bollinger haute et la bande basse part à la baisse.
Nous sommes rentrés dans la phase 2 des bandes de Bollinger, qui est la phase impulsive.

c) Le mouvement acheteur se poursuit, les volumes se réduisent par rapport à la première sortie impulsive de la bande haute mais restent significatifs. On a alors une série de quatre bougies vertes dont tout le corps est au-dessus de la bande haute. On a simplement quelques mèches de test de cette même bande confirmant la force du mouvement. La cinquième bougie est un doji (bougie quasiment sans corps et avec des mèches haute et basse) marquant une pause dans la hausse. On constate une augmentation des volumes montrant la sortie de certains investisseurs. Le mouvement se poursuit mais on constate une réduction du momentum : les deux clôtures suivantes se font au contact de la bande haute mais les corps des bougies sont revenus sous cette même bande.

d) Le 16 novembre marque une modification du rythme de la progression des cours. C'est la première séance présentant une bougie rouge depuis le démarrage de l'impulsion haussière. Elle est certes de petite taille et ne correspond pas à l'amorce d'un changement de tendance mais plutôt à une stabilisation des prix. La bande basse, c'est-à-dire la bande opposée au mouvement, commence à se retourner. On arrive à l'extrême de la volatilité.
Le retournement de la bande de Bollinger basse marque la fin de la phase 2 impulsive.
On rentre alors en phase 3 des bandes de Bollinger, qui est la phase de confirmation de l'impulsion.

e) Les prix n'évoluent plus beaucoup au cours de cette phase 3. On verra d'autres exemples où la progression se poursuit mais à un rythme très inférieur au dynamisme de la phase 2. Les volumes ne marquent pas non plus un grand dynamisme des investisseurs. Le 25 novembre, la bande haute se retourne à son tour. On entre dans une phase de forte réduction de la volatilité. Le mouvement impulsif est terminé.
Le retournement de la bande de Bollinger située dans le sens du mouvement marque la fin de la phase 3.
On rentre en phase 4 des bandes de Bollinger.

f) Cette phase 4 se termine début décembre. Les prix sont stabilisés. La volatilité décroît fortement, les volumes plus erratiques, généralement en dessous de leur moyenne. On peut avoir des séances avec des volumes significatifs si le marché espère un redémarrage rapide du mouvement impulsif. Les prix évoluent généralement autour de la MM20 avec des franchissements et des ruptures de celle-ci. Dans le cas présent, les prix se maintiennent au-dessus de la MM20. On entre vers le 10 décembre dans une nouvelle phase de squeeze (nouvelle phase 1).

1 – 2 : Signification du cycle en quatre phases

Lorsque les cours sont dans le premier squeeze avant le 3 novembre, ils évoluent autour de 12.50 avec des fluctuations faibles. Ce niveau fait consensus comme étant le vrai prix de l'actif tel qu'évalué par le marché. Un évènement favorable survient le 4 novembre qui fait progresser le prix de l'actif, ouvrir un gap haussier et franchir la bande de Bollinger haute. Dans la phase 2 impulsive, le marché est acheteur, mais à partir de la phase 3, un équilibre est en train de se former autour de 17.25. C'est la nouvelle valeur qui fait consensus dans le marché en tenant compte des conséquences sur les résultats futurs de l'entreprise, suite à l'évènement survenu le 4 novembre.

1 – 3 : Cycle baissier

Le schéma est très similaire. Les phases baissières sont souvent plus dynamiques que les phases haussières dans la première partie du mouvement mais l'équilibre futur est généralement plus long à atteindre.

Dans l'exemple ci-après, la phase 2 débute par une bougie rouge importante le 10 juin suivie d'un gap baissier qui montre la dynamique du mouvement, confirmée par les volumes. La phase 2 s'achève le 23 juin par une consolidation horizontale comme dans l'exemple précédent mais la force du mouvement demeure et la phase 3 va marquer une nouvelle jambe de baisse avec des volumes significatifs. La fin de la phase 2 s'est traduite par une consolidation horizontale qui a fait chuter la volatilité mais le mouvement n'était pas terminé, ce qui a entraîné une phase 3 dynamique. C'est un peu comme si on avait deux phases 2 impulsives successives. On retrouve un gap baissier et du volume comme au début de la phase 3. La phase 4 est courte mais violente. La consolidation qui s'opère occasionne des volumes également importants, les investisseurs cherchant rapidement à prendre leurs gains. La moyenne mobile est franchie rapidement avec deux bougies vertes de taille importante.

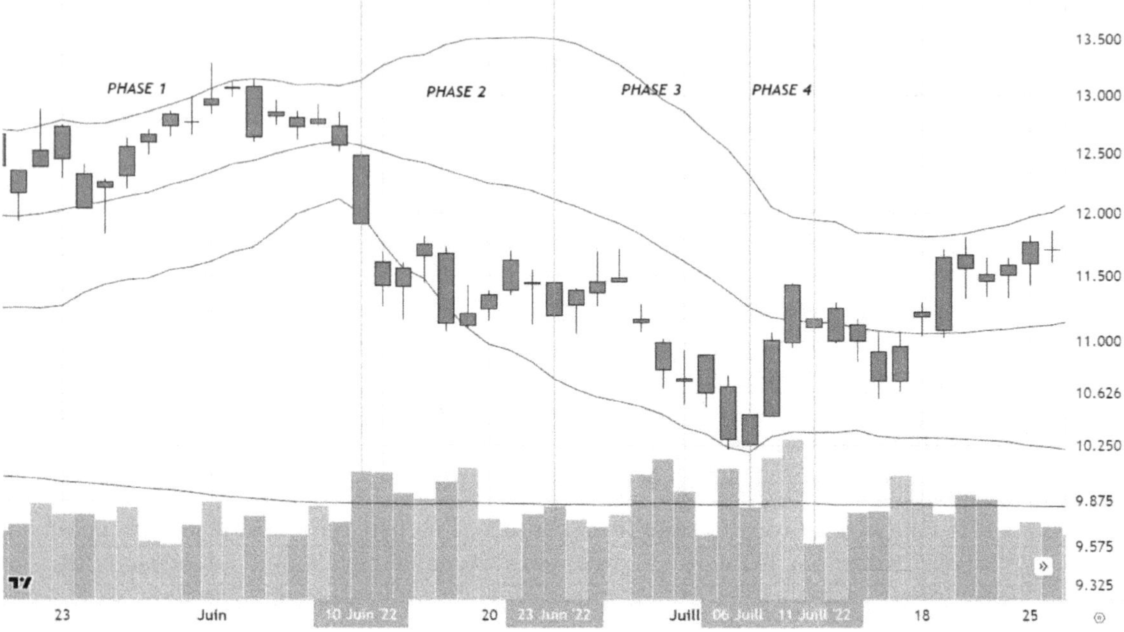

1 – 4 : Variantes du cycle

On en distingue plusieurs suivant l'intensité de l'impulsion initiale ainsi que le temps pour arriver dans la zone du futur équilibre des prix. Dans le premier exemple, dès la fin de la phase 2, l'équilibre futur était quasiment atteint, ce qui a entraîné une petite consolidation et une pointe du volume. Les phases 3 et 4 ont été sans volatilité et accompagnées de volumes inférieurs à la moyenne.

La forme générale des quatre phases, caractéristique du cycle des bandes de Bollinger, est globalement la même, mais des variantes peuvent apparaître en fonction de l'intensité de la réaction en phase 2, de la vitesse et de la forme du chemin pour atteindre le consensus des prix du futur squeeze.

a) Phase 2 courte et phase 3 longue

Le graphique suivant montre une situation très impulsive. Après une phase de squeeze courte entre le 3 et le 11 janvier, un premier gap est ouvert dès le 9 janvier alors que les prix sont encore dans la phase 1. Un second gap est ouvert deux séances plus tard. Il propulse les prix en clôture au-dessus de la bande de Bollinger haute avec une bougie verte dynamique. Une phase de range arrive plus tôt, en phase 2, car le mouvement a été fort en peu de temps, ponctué par deux gaps. Le marché a besoin de « digérer » ce mouvement. Le 19 janvier, la phase 2 se termine avec le retournement de la bande basse. Cette consolidation horizontale terminée, le camp acheteur reprend sa marche en avant et les cours reprennent leur progression en phase 3 qui marque le même dynamisme qu'en phase 2 mais sans gap et avec un momentum régulier. Cela aboutit à un excès du marché le 2 février avec une bougie appelée en Analyse Technique classique

« bébé abandonné », figure traditionnelle de retournement. La bande haute se retourne le lendemain, marquant la fin de la phase 3. La phase 4 est également courte, les prix cassent la MM20 dès l'entrée dans cette phase.

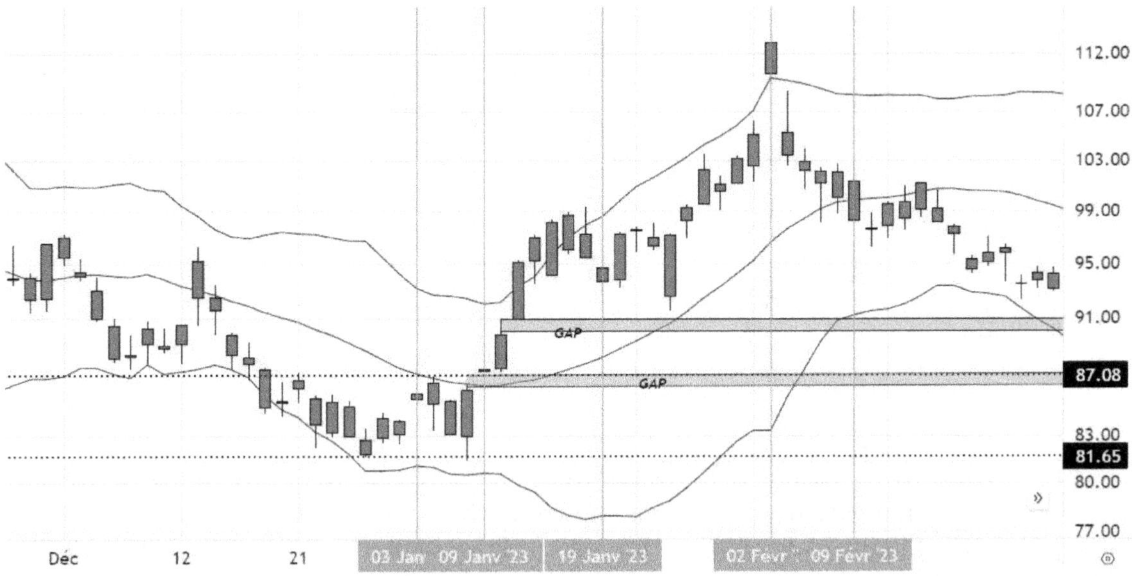

On a là une structure déformée par rapport à l'exemple précédent mais les quatre phases demeurent. L'impulsion démarre tôt, avant même d'avoir entamé la phase 2. On verra que cette situation est plus difficile à exploiter en investissement car :

- L'impulsion débute avant l'entrée en phase 2
- Les deux gaps et le momentum fort éloignent du stop de protection. Celui-ci sera reprécisé dans la suite de ce chapitre.

b) Phase 2 longue et phase 3 courte

Une situation de phase 2 longue correspond à une impulsion progressive, sans momentum fort. Dans l'exemple suivant, l'entrée en phase 2 d'un mouvement baissier se détecte par la rupture de la bande basse de Bollinger le 5 janvier. Le mouvement ne bénéficie pas d'une dynamique forte mais les vendeurs gardent cependant la main, et la bande basse de Bollinger poursuit son ouverture. Il faut un gap baissier le 14 janvier pour accélérer le processus. Si la bougie est (légèrement) verte, son corps est tout entier sous la bande basse et la bougie suivante est rouge. Le mouvement semble lancé. Il s'achève le 25 janvier avec le retournement de la bande opposée au mouvement, soit ici la bande haute et le premier mouvement de consolidation. On note la constitution d'une figure technique de retournement. Le mouvement est de courte durée comme la phase 3 et la bande côté mouvement se retourne, marquant la fin du mouvement impulsif. La phase 4 est longue avec un seul contact des prix avec la MM20. Elle s'achève le 11 février avec une nouvelle période de squeeze courte. Nous reviendrons sur ce phénomène important par la suite.

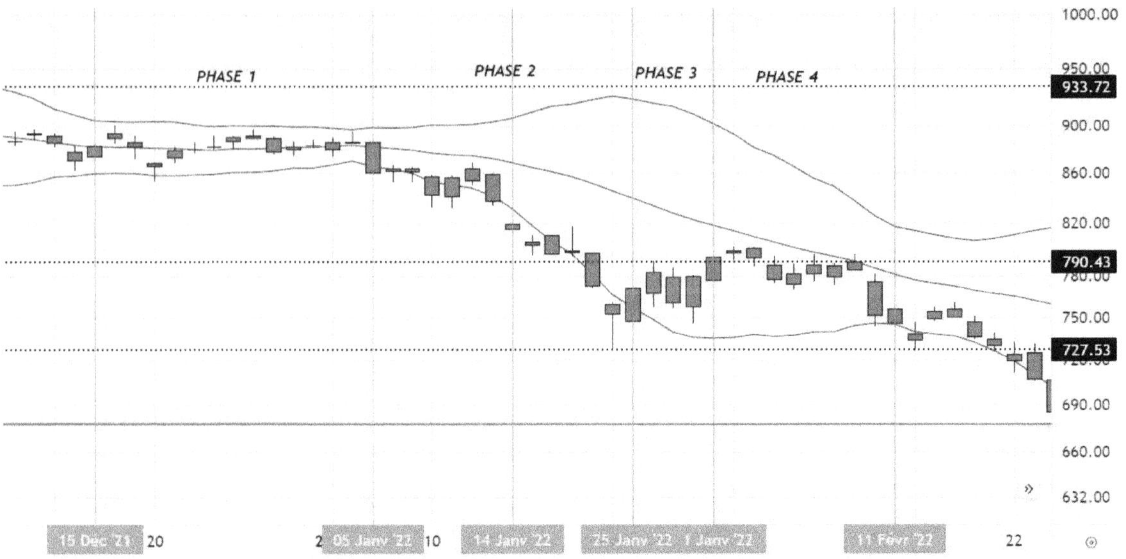

c) Relance de l'impulsion en phase 2

Dans cette configuration, un premier mouvement impulsif démarre le 13 octobre qui ouvre la bande haute avant le franchissement le lendemain par les prix. Cette phase 2 semble se terminer le 26 octobre par la consolidation débutante. On a l'impression d'avoir assisté à une phase 2 courte quand une nouvelle impulsion relance le mouvement et donne une seconde (petite) phase baissière à la bande opposée, comme en début de mouvement. La véritable sortie de phase 2 est actée le 9 novembre avec le nouveau retournement haussier de la bande basse et la bougie rouge dont le corps est tout entier au-dessus de la bande haute. Une telle structure est caractéristique d'une situation de surachat. La phase 3 s'achève avec la classique traversée de la MM20 par les prix en phase 4 le 3 décembre.

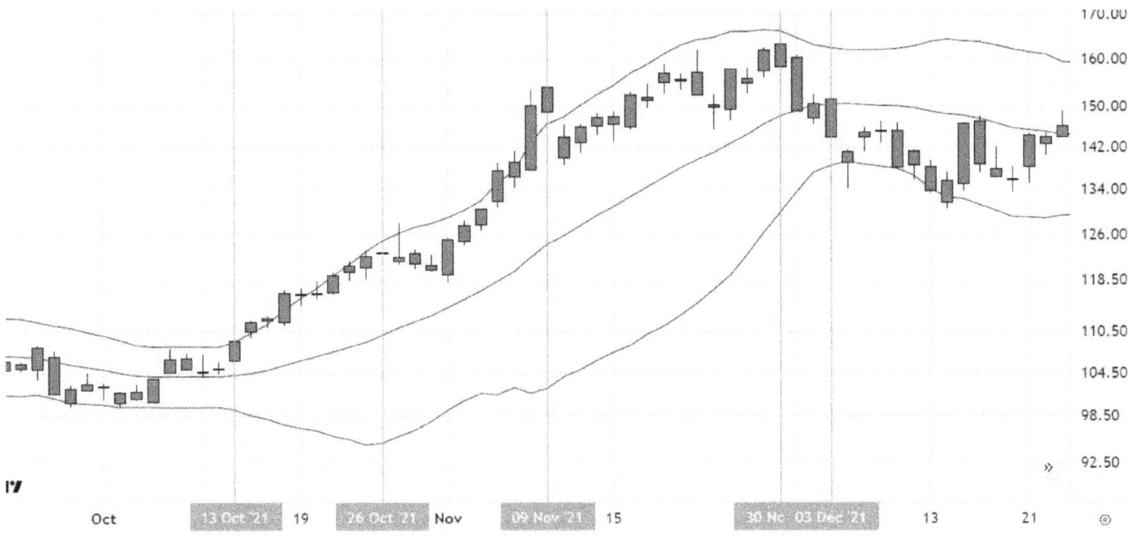

Là encore, la structure graphique des bandes est déformée mais les quatre phases et leurs implications demeurent parfaitement lisibles.

1 – 5 : Action de la MM20

Dans le cas général elle est cassée (structure haussière) ou franchie (structure baissière) en phase 4 ; cela arrive (rarement) en phase 3 et nous y reviendrons.

La MM20 apparaît toujours comme un support au mouvement en phase 2, généralement en phase 3, et elle est souvent traversée en phase 4. C'est le cas dans la dernière situation. Cette traversée est un signe supplémentaire de la fin du mouvement impulsif et anticipe une phase corrective.

L'exemple ci-dessous montre une longue phase 2, des phases 3 et 4 équilibrées et un nouveau squeeze très court autour du 28 février avant la reprise d'un mouvement baissier. La première rupture de la MM20 a lieu, traditionnellement, en phase 4 avant que le 1er mars une grosse bougie rouge traverse la MM20 puis la bande basse en retournant cette dernière.

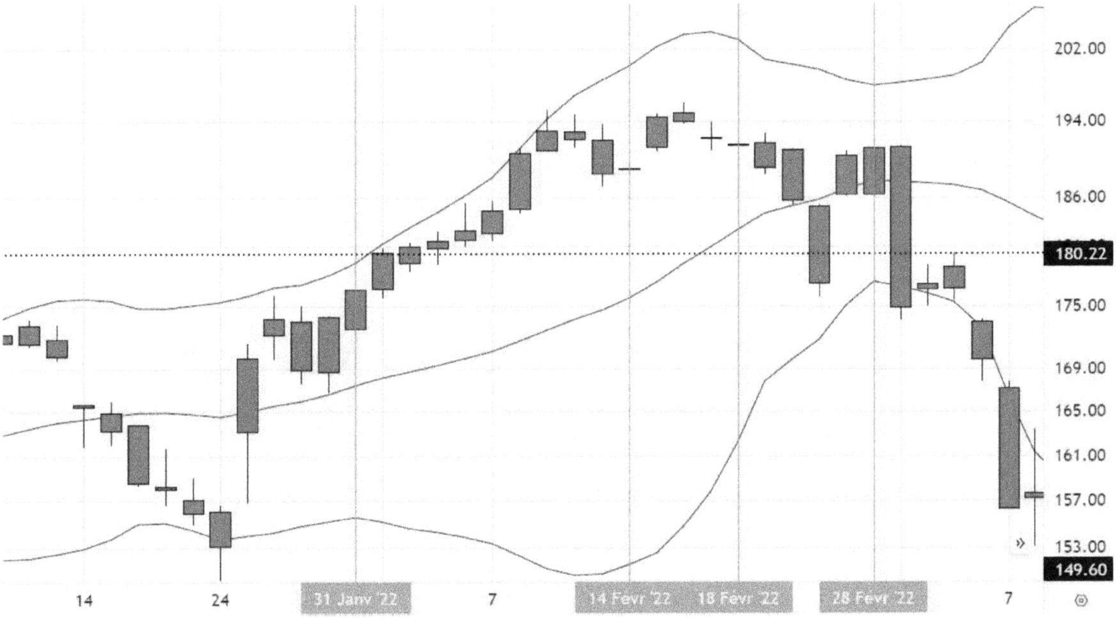

La traversée de la MM20 a été un signe précurseur du retournement du mouvement.

La situation suivante montre une succession de structures en quatre phases correspondant à un mouvement impulsif de long terme (dans l'unité de temps considérée). Dans chaque structure, la MM20 n'est pas traversée en phase 4. La situation présentée concerne la paire du FOREX : EURGBP en données horaires. On verra plus avant les unités de temps utilisées en fonction des types d'actifs. Dans le cas du FOREX, les impulsions sont rapides et il convient de réagir très vite. Des unités de temps courtes sont nécessaires.

Une impulsion baissière se déclenche le 29 mai à 11h et la bande de Bollinger basse commence à s'ouvrir avant d'être cassée le même jour à 16h. Les phases classiques se déroulent mais, ni en phase 3 ni en phase 4, on n'assiste à une traversée de la MM20 par les prix, tout au plus un test sur lequel les vendeurs reprennent immédiatement la main.

La phase de squeeze est très courte, autour du 30 mai à 8h et, immédiatement, une nouvelle impulsion est déclenchée. Elle déroule ses différentes phases. Une traversée de la MM20, très fugitive, se produit le 31 mai à 0h, sans clôture au-dessus de celle-ci. Elle ne fait que relancer l'appétit vendeur. Le cycle se termine sans autre contact avec la MM20 et la fin du squeeze intervient sur une nouvelle impulsion baissière à partir du 31 mai à 15h.

Cette dernière impulsion présente une phase 2 dynamique mais courte et à son terme les prix rentrent en range sur les phases 3 et 4. Dans cette dernière phase, une traversée de la MM20 se développe sur plusieurs bougies à partir du 1er juin à 20h sur des niveaux comparables au range des prix dans les phases 3 et 4 du cycle précédent. Quelque chose a changé par rapport aux derniers cycles impulsifs et la traversée de la MM20 très tôt dans le dernier cycle marque la fin de ce grand mouvement baissier. La MM20 a joué le rôle de résistance dynamique et a assuré, du fait de sa non-traversée, une fonction de guide du mouvement tendanciel.

On peut rajouter maintenant au graphique le dispositif Ichimoku.

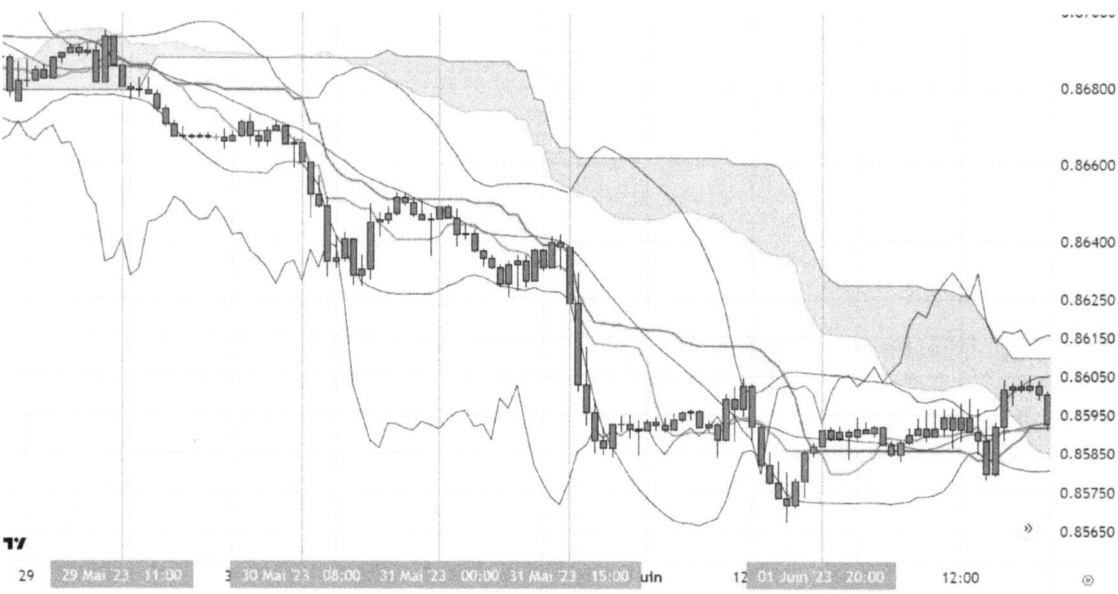

On retrouve la complémentarité des phases et des cycles des bandes de Bollinger avec le déroulement classique d'une tendance baissière du dispositif Ichimoku.

Le 29 mai après 11h, la sortie des prix des bandes de Bollinger coïncide avec la confirmation de la tendance baissière par la sortie de la LS de son nuage

La première consolidation et le test de la MM20 le 30 mai au soir et le 31 mai à 0h correspondent au test de la Kijun par les prix.

La fin du mouvement baissier après plusieurs cycles de bandes de Bollinger coïncide avec l'approche du nuage dans une zone où son épaisseur n'est pas rédhibitoire.

Il est clair que cette concordance des deux approches tout au long du déroulé de l'opération donne de la cohérence au mouvement et de la confiance à l'investisseur. Ce dernier, on le verra plus loin dans cette deuxième partie de l'ouvrage, pourra initier plusieurs positions vendeuses avec de grandes chances de succès, avec des niveaux d'invalidation contrôlés, des objectifs clairs, et pourra anticiper la sortie, partielle ou totale, de ses positions.

2 – Association bandes de Bollinger/bandes de Keltner

Les bandes de Keltner ont été créées par le trader américain Chester Keltner qui les a diffusées au début des années 1960. Le concept a été repris et « modernisé » depuis.

L'indicateur se classe parmi les « enveloppes ». Leur principe est le même que les bandes de Bollinger. Au lieu d'utiliser une notion d'écart type, on introduit un autre indicateur qui est l'ATR (Average True Range).

Bande haute = Moyenne Mobile + 2*ATR

Bande basse = Moyenne Mobile – 2*ATR

Son auteur utilisait une moyenne mobile exponentielle 20 périodes. Ici, nous voulons associer les deux types de bandes et nous utiliserons, comme pour les bandes de Bollinger, une moyenne mobile arithmétique 20 périodes et l'ATR sur 14 périodes.

Beaucoup de publications font références aux bandes de Keltner, à leur construction et aux caractéristiques de l'indicateur ATR. Nous renverrons le lecteur vers ces ouvrages s'il veut approfondir ces éléments.

La caractéristique de l'ATR est d'être moins volatil que l'écart type utilisé dans les bandes de Bollinger.

En effet, ce dernier calcule la distance entre la bougie et la MM20 et l'élève au carré. Cela a pour conséquence de faire varier de manière significative l'écart type lorsqu'une ou plusieurs bougies s'écartent fortement de la MM20. C'est aussi le but recherché par le système des bandes de Bollinger que nous avons analysé : on cherche à connaître rapidement, par le passage en phase 2 des prix, le démarrage d'une séquence impulsive.

Les bandes de Keltner sont plus « lissées » que celles de Bollinger car l'ATR résulte d'un calcul moyen au premier degré (au sens mathématique) sur 14 périodes. Si une bougie impulsive apparaît, elle participera pour seulement 1/14e au calcul de l'ATR. Cela rappelle un peu les comparaisons de moyennes mobiles court et long terme. Comme pour ces dernières, on s'intéressera aux positions relatives des deux types de bandes et leurs croisements seront des évènements importants.

Le graphique suivant présente le dispositif bandes de Keltner :

Les prix demeurent plus longtemps à l'intérieur des bandes de Keltner qu'avec celles de Bollinger, à paramètres identiques.

Autant on cherchait avec les bandes de Bollinger les sorties (phase 2) pour détecter une impulsion, autant les sorties des bandes de Keltner annoncent la fin du mouvement. Cela est logique : il faut plusieurs bougies avec des écarts importants avec la MM20 pour décaler l'ATR de manière significative, et quand cela se produit, on est généralement tout près de la fin du mouvement impulsif. On retrouve ce phénomène sur le graphique lors des sorties des bandes les 4, 9 et 17 mai.

Ainsi, l'association des 2 types de bandes devrait nous permettre de détecter le début et la fin des impulsions.

Reprenons alors le graphique précédent en associant les deux dispositifs de bandes, en bleu les Keltner et en noir les Bollinger.

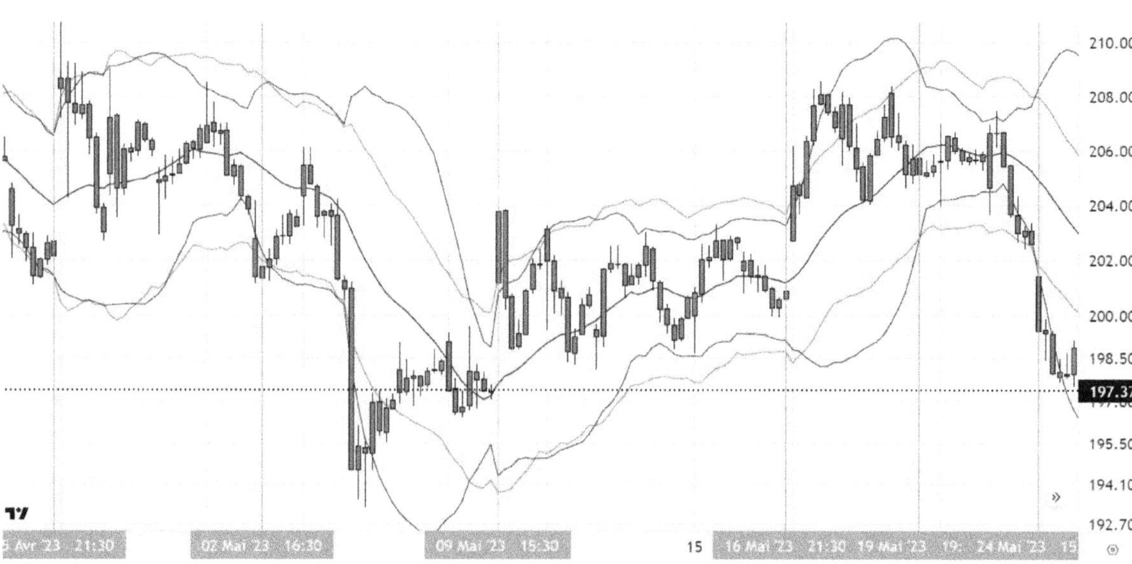

Un élément apparaît immédiatement qui sera la base de l'association des deux dispositifs :

Lorsque les bandes de Keltner sont à l'extérieur des bandes de Bollinger, toute tentative des prix de sortir des bandes de Bollinger est vouée à l'échec. La bande de Keltner haute est une résistance pour les prix, la bande basse un support.

On repère les périodes où les bandes de Keltner sont à l'extérieur des Bollinger :

- Du 25 avril à 21h30 au 2 mai à 16h30
- Du 9 mai à 15h30 au 16 mai à 21h30
- Du 19 mai à 19h30 au 24 mai à 15h30

Zoomons sur les 2 premières situations :

a) Peu après la sortie des Keltner à l'extérieur des Bollinger le 23 avril à 21h30, les prix tentent de franchir les deux bandes et subissent un violent échec. Le même phénomène se reproduit le 2 mai à 16h30, dans l'autre sens. Les Keltner sont à l'extérieur des Bollinger. La bougie rouge précédente casse les bandes et la consolidation intervient immédiatement.

b) La même situation se reproduit le 9 mai à 15h30. Les prix sortent des bandes de manière très dynamique : bougie verte de taille significative et ouverture d'un gap haussier. La bande de Keltner est au-dessus de la Bollinger et les bougies suivantes ramènent les cours sous les bandes.

c) Le phénomène se reproduit encore le 16 mai à 21h30. Comme précédemment, une impulsion est déclenchée avec une bougie verte (on doit quand même se méfier de la mèche haute significative). Dans ce cas, les bandes sont proches. La bougie suivante est rouge, de petite taille. Elle laisse le temps à la bande de Keltner de passer sous la Bollinger et le mouvement haussier peut se poursuivre.

Reprenons encore plus en détail cette dernière situation.

Le 17 mai, sur la bougie de 17h30, les prix sortent de la bande de Bollinger alors que la Keltner est à l'intérieur de celle-ci. Le 18 mai sur la bougie de 16h30, les prix reviennent sous la bande de Keltner. On avait indiqué supra que la sortie des bandes de Keltner annonçait généralement la fin du mouvement impulsif. C'est le cas ici. Les prix viendront bien retester la bande de Keltner sur la grande bougie rouge de 15h30 le 19 mai, mais les prix repartent vers le bas, confirmant la fin du mouvement impulsif.

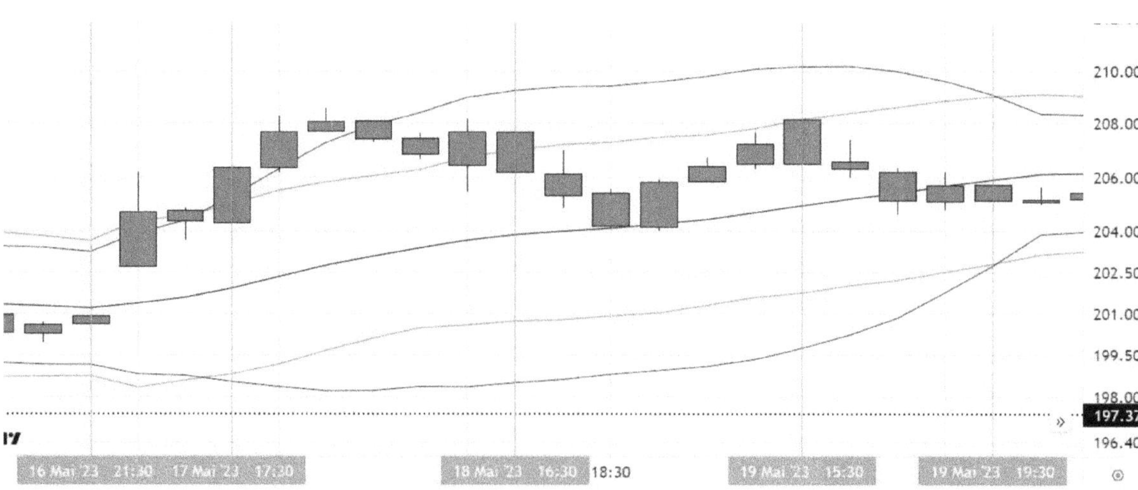

d) Conclusion

Cette association entre ces deux types d'enveloppes apportent deux informations importantes :

- Elles détectent, comme on vient de voir dans l'exemple précédent, les démarrages et les fins d'impulsion
- Elles constituent un excellent détecteur de faux signaux : « bull traps » et « bear traps »

e) Association avec le dispositif Ichimoku

L'épisode que nous venons de voir entre le 16 et le 19 mai est très caractéristique de l'apport de l'association des deux types de bandes au dispositif dans la détection de faux signaux.

Dans la même unité de temps, on ne retrouve pas de résistance Ichimoku au niveau des bougies qui ont tenté de franchir les bandes.

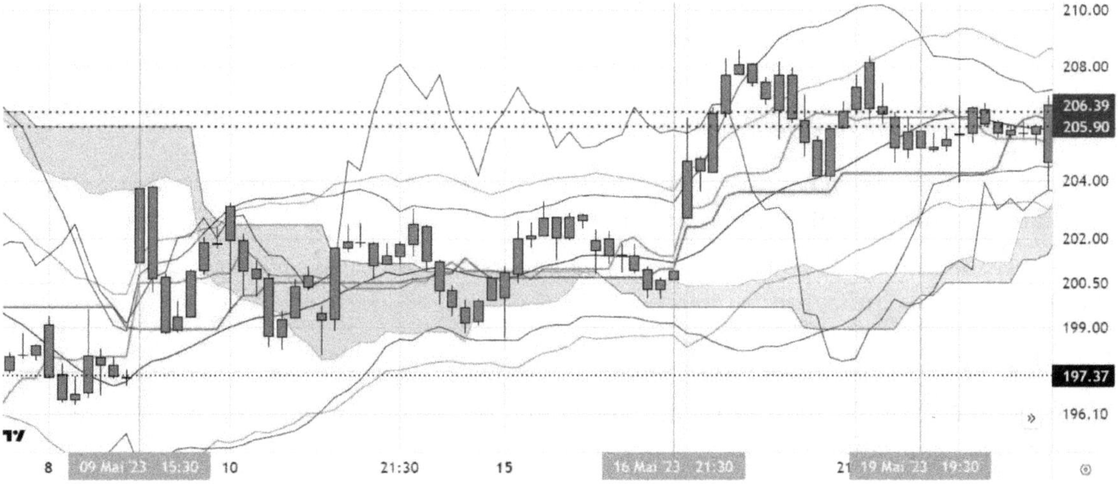

Si on passe à l'unité de temps supérieure, la situation se clarifie. Dans cette unité de temps, les bandes de Keltner sont à l'extérieur des bandes de Bollinger. Cela n'empêcherait pas les prix d'aller tester la bande de Keltner haute, mais l'unité de temps inférieure nous a prévenus du bull trap et les prix ne pourront pas franchir un nuage pourtant mince.

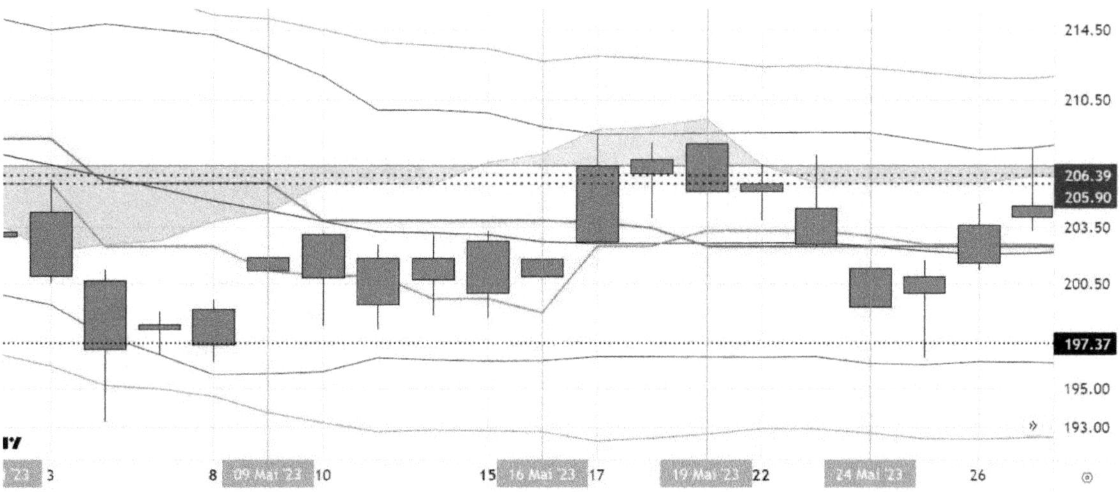

f) Il faut noter que cette approche est reprise par la Société WALDATA, éditeur bien connu de logiciels boursiers depuis plus de 35 ans.

   Elle commercialise un logiciel « VBA » qui exploite cette association et offre des éléments d'analyse et de sélection de signaux (MarketAnalyser) très efficaces.

3 – Les retracements et extensions de Fibonacci

Nous ne reviendrons pas sur tous les développements concernant cette approche des nombres développée par le mathématicien italien qui a vécu entre les XIIe et XIIIe siècles.

Ses travaux ont eu des conséquences majeures aussi bien en mathématiques (théorie des nombres et nombre d'or notamment) qu'en peinture (*La Joconde*...), architecture (pyramides de Kheops, du Louvre...), au niveau du corps humain (homme de Vitruve, chaîne d'ADN...) et bien plus tard sur le comportement des investisseurs en Bourse. Il a aussi inspiré les philosophes et a été à l'origine d'un certain ésotérisme. Il y a un véritable mystère qui fait que la « divine proportion », le nombre d'or, apparaisse autant dans le monde des humains, dans leur rapport à la beauté, à l'équilibre ressenti. Cela va même jusqu'aux comportements des investisseurs en Bourse, comme nous allons le voir !

3 – 1 : Les retracements de Fibonacci

Deux + un niveaux importants : 38.2%, 61.8% auxquels on a ajouté 50% qui ne figure pas dans la suite de Fibonacci mais qui correspond à une sorte de logique humaine.

Deux niveaux mineurs : 23.6% et 76.4%. On ne mentionnera pas ce dernier dans la suite pour des raisons qui seront précisées.

a) Retracement 38.2%

C'est celui qui représente le mieux l'harmonie et l'équilibre d'un mouvement, comme l'illustre le graphique suivant :

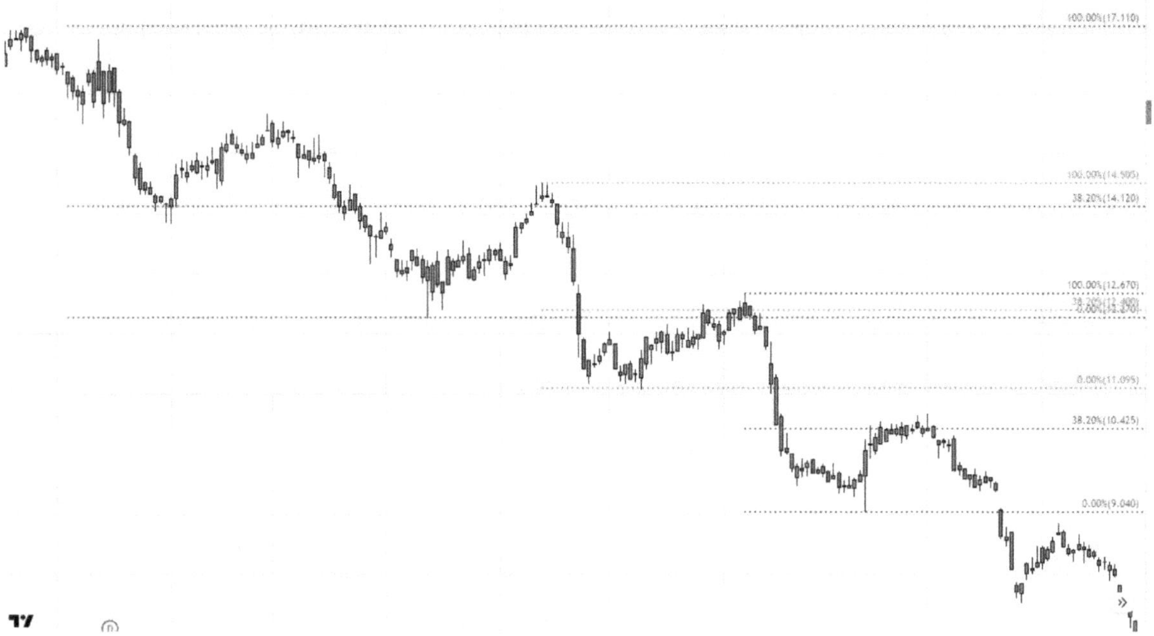

On retrouve trois mouvements baissiers successifs, chacun retraçant 38.2% du mouvement précédent. L'impression d'harmonie de construction et même d'esthétique apparaît clairement.

Si on rajoute au graphique le dispositif Ichimoku, on retrouve une situation de tendance baissière tout à fait classique développée dans la première partie de l'ouvrage.

Chaque retracement correspond à un contact (ou quasi-contact) avec le nuage en tendance baissière. Prenons la consolidation qui a débuté le 9 octobre. Le retracement 38.2% de Fibonacci correspond au nuage. L'investisseur peut ainsi élaborer une stratégie contrarienne avec comme objectif la convergence de niveaux entre le nuage et le retracement 38.2%. On verra par la suite que le niveau de stop de protection est très proche et qu'une telle opération permet un ratio rendement/risque tout à fait intéressant.

b) Retracement 61.8%

C'est certainement le plus difficile à gérer des 3 retracements majeurs. C'est celui dont les objectifs sont les plus aléatoires mais il a une caractéristique majeure pour l'analyste comme pour l'investisseur.

Le graphique suivant expose deux situations :

- Rebond sur le retracement
- Échec du rebond sur le retracement et traversée

Le 7 juin débute une consolidation du mouvement haussier sur le niveau 21.47. Elle se poursuit jusqu'au 17 juin, date à laquelle un rebond matérialisé par une figure de retournement et une bougie verte puissante se met en place. Les cours évoluent jusqu'à la clôture suivante qui correspond également au retracement (en bleu) 61.8% de la baisse entre les 7 et 17 juin. Le mouvement baissier se poursuit jusqu'au 6 juillet. Il trouve support sur 16.67. Une nouvelle consolidation se met en place (en rouge). Le retracement 61.8% de toute la baisse est testé à partir du 19 juillet durant sept séances. Il est finalement franchi le 28 juillet et les cours reviennent tester le démarrage de la consolidation de la tendance haussière le 4 août avec la mèche haute de la bougie rouge de cette séance.

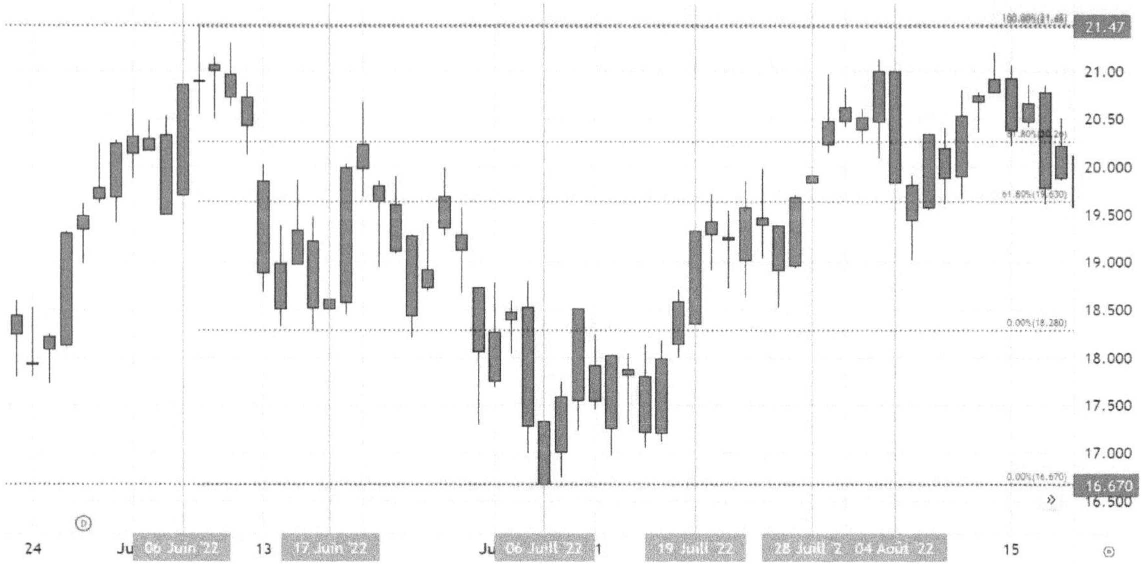

Le rebond sur le retracement 61.8% annonce la poursuite du mouvement primaire (ici baissier).

Statistiquement, le dépassement du retracement de Fibonacci 61.8% aboutit au retour à l'origine du mouvement de consolidation comme décrit ci-dessus.

c) Retracement 50%

Il n'entre pas dans le dispositif mathématique de Fibonacci mais a été introduit car il correspond à de fréquentes occurrences, comme ci-après :

Le retracement du mouvement baissier se réalise très « proprement » sur le retracement 50%. Il est classique aussi que le marché marque des hésitations sur les niveaux de retracement, comme ici avant que le rebond s'effectue et que le mouvement baissier se poursuive.

On notera au passage que la rupture le 13 juin de 147.59 amplifiée par un gap baissier, niveau qui était le dernier plus bas dans le mouvement baissier, ouvre une nouvelle séquence baissière.

d) Retracement 23.6%

Ce ne sont pas les plus fréquents et il est généralement assuré que la poursuite du mouvement initial se produira de manière significative.

Dans l'exemple suivant, le retracement 23.6% se confond avec une consolidation horizontale du mouvement baissier qui reprend son cours après rupture du support à 51.08, niveau qui avait provoqué la consolidation.

e) Retracement 76.4%

Il ne sera pas évoqué, compte tenu de ce qui a été dit précédemment concernant le retracement 61.8%. Son dépassement conduit généralement à revenir à l'origine du mouvement. Le risque pris par un investisseur d'attendre un rebond sur le retracement 76.4%, peu fréquent, ne présente que des risques et les dernières décisions raisonnables qu'il aura à prendre se situeront sur le retracement 61.8%.

3 – 2 : Les extensions de Fibonacci

L'approche est similaire aux retracements.

Ils consistent à reporter la vague initiale au point extrême de consolidation et d'y appliquer les retracements de Fibonacci.

Le graphique ci-après détaille le processus.

On considèrera ici les extensions à partir du 0.618, soit : 0.618, 0.786 et 1. L'extension 0.5 est très rarement opérationnelle et les extensions au-delà de 1 donnent des résultats aléatoires. Il est difficile de quantifier une extension de mouvement supérieure au mouvement initial.

Statistiquement, lorsqu'un mouvement a consolidé sur le retracement 23.6%, les cours peuvent aller à l'extension 1.

De même, quand les cours ont consolidé sur le retracement 38.2%, les cours peuvent aller sur l'extension 0.786, ou a minima entre 0.618 et 0.786.

Quand les cours ont consolidé sur le retracement 50%, ils peuvent aller sur l'extension 0.618. Ils ont souvent du mal à la dépasser dans le même mouvement.

Quand les cours ont consolidé sur le retracement 61.8%, tout est possible mais c'est déjà un beau résultat si les cours reviennent à l'origine du mouvement initial.

a) Extension après retracement 38.2%

Le graphique ci-dessous donne un exemple d'un retracement 38.2% et de l'extension du mouvement qui en résulte. Celui-ci va bien s'arrêter sur l'extension 0.786 puis, après une nouvelle consolidation, la tendance baissière va repartir.

Ce même graphique, avec le dispositif Ichimoku, permet de compléter l'analyse de la situation.

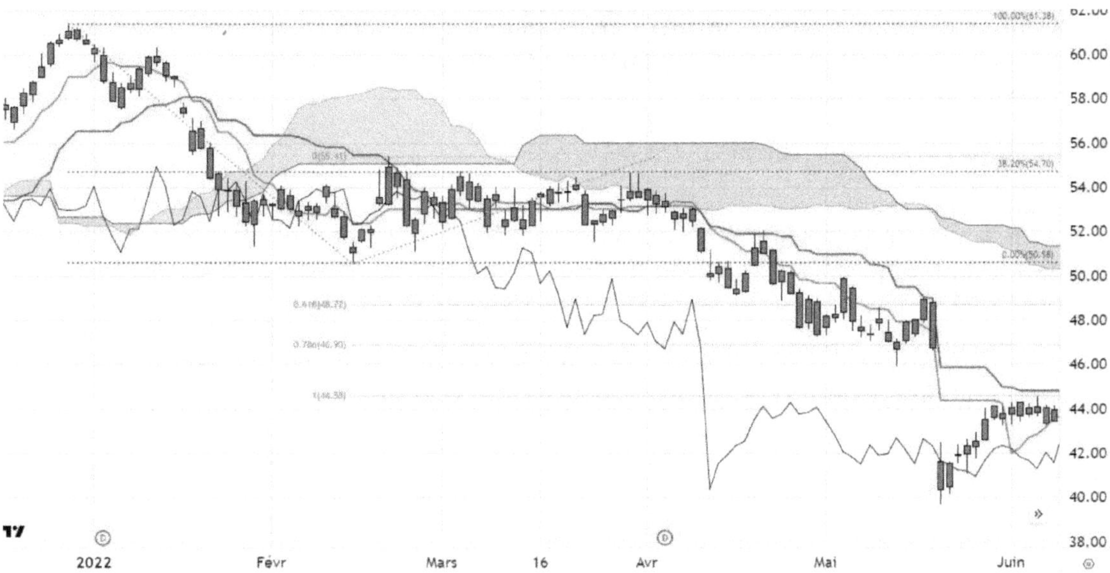

On retrouve une excellente complémentarité des approches.

L'extension 0.786 ne correspondait ni à un support technique ni à un niveau remarquable en Ichimoku. Par contre, la petite consolidation qui a suivi le rebond sur l'extension est allée tester la Kijun dans une tendance baissière, situation très classique en Ichimoku. Le rejet des prix par la Kijun a relancé le mouvement baissier.

Il ne faut jamais oublier que, quel que soit le niveau de retracement constaté, il faut que le niveau sur lequel a démarré la consolidation soit retraversé pour que l'extension aille à son objectif.

C'est ce que montre l'exemple suivant :

Le 1er novembre, un mouvement baissier se met en place sur 122.30. Il aboutit le 22 février à ce que les cours trouvent support sur 61.32 après une baisse de près de 50%. Un rebond s'effectue sur ce niveau jusqu'au retracement 38.2% à 84.99. Ce niveau correspond à une résistance matérialisée par un plat de SSB. Les prix repartent à la baisse mais ne parviennent pas à casser 61.32, niveau testé à plusieurs reprises entre début mai et le 20 juillet. La très grosse bougie du 25 juillet met fin au mouvement de baisse en franchissant 84.99 en clôture. Cela correspond à :

- L'invalidation du mouvement baissier par franchissement du dernier plus haut
- La validation d'une structure technique de double creux par le franchissement de la ligne de cou.

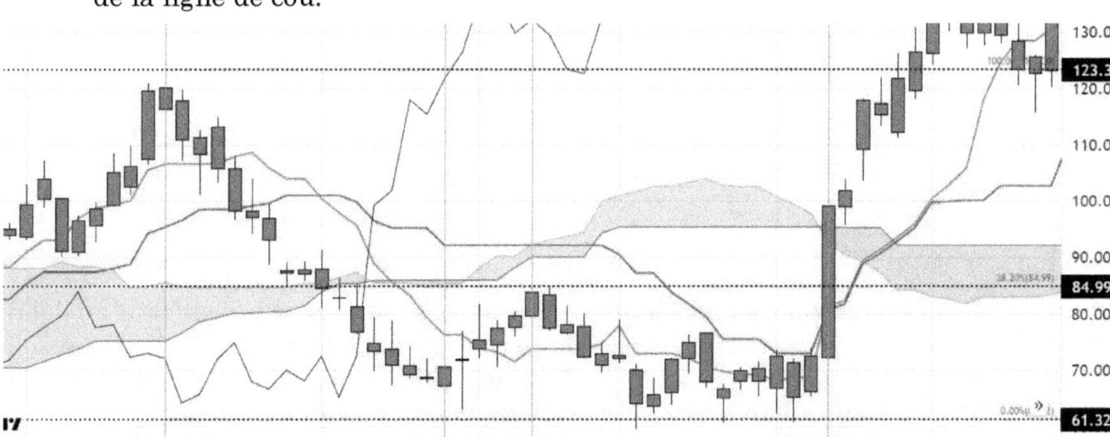

Cela ne doit pas freiner a priori l'investisseur qui s'engage dans cette option ; cela fait partie des aléas de la discipline. Les stops de protection sont là pour pallier les risques de ces situations.

b) Extension après retracement 50%

L'exemple ci-dessous montre un retracement de 50% et, après retournement, un objectif, dans le mouvement, sur l'extension 0.618. Le mouvement détaillé s'inscrit dans une tendance haussière déjà en cours.

Le mouvement, après retracement sur le support à 144.51, reprend la tendance initiale et va jusqu'à l'extension 0.618. Quelques mèches tentent de l'amener sans succès à l'extension suivante 0.786.

c) Extension après retracement 23.6%

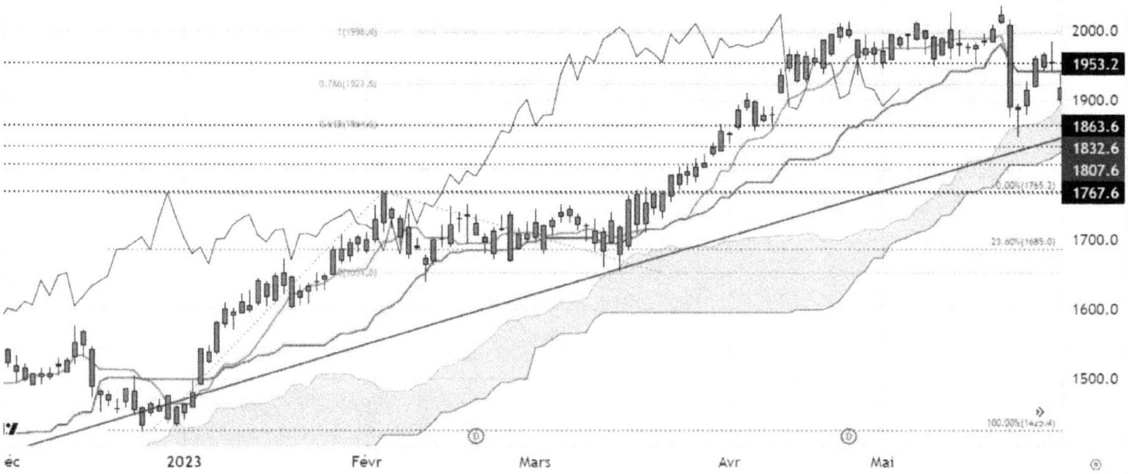

On notera que le retracement 23.6% se fait sur un contact avec le nuage, tant au début du rally que sur le point bas de la consolidation. Le fait que le nuage bloque la consolidation associée au premier niveau de retracement conforte la force de la tendance. Il est de nature à rassurer l'investisseur. Les cours vont ici jusqu'à l'extension 1.

d) Extensions après retracement 61.8%

Il s'agit de la situation la plus aléatoire qu'il est difficile (inutile ?) d'exploiter pour un investisseur. Tout peut se passer. Heureusement, le dispositif Ichimoku permettra à l'investisseur d'anticiper les situations piégeuses, illustrées par les exemples suivants.

Exemple 1 : Une grande tendance baissière se développe durant un an entre octobre 2021 et octobre 2022. Cette tendance baissière, dont le déroulement est très classique, se termine sur 99.89 et le rebond dynamique sur ce support permet aux cours d'attaquer le nuage dans une partie mince. Le franchissement du nuage finit par se réaliser mais les cours arrivent sur la convergence de deux résistances correspondant au plat de SSB/Kijun à 143.74 et du retracement 61.8% à 140.41. Les cours refluent face à cette zone de résistance et sont confrontés, dans le nuage, au support qu'est la Kijun plate à 124.49.

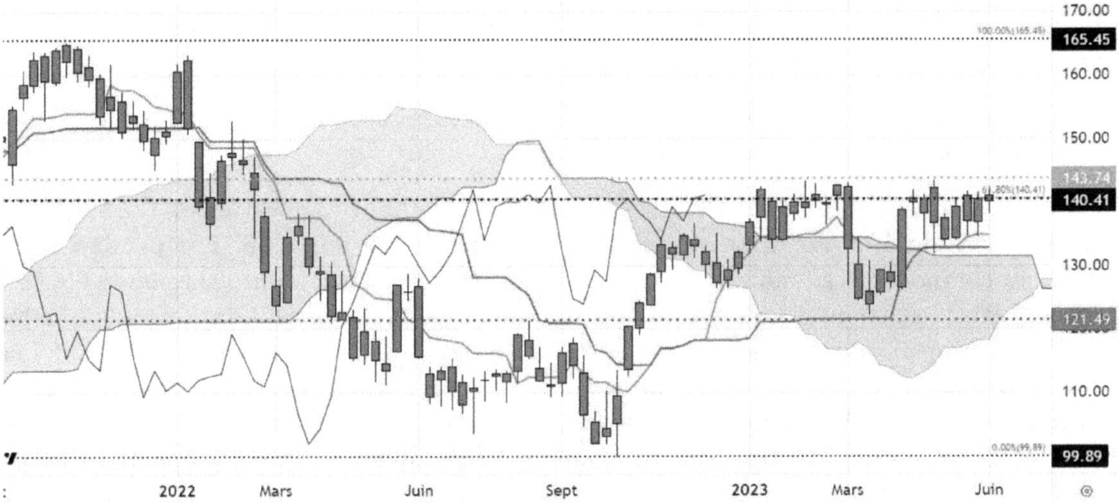

Exemple 2 : On retrouve une situation totalement différente. Le mouvement baissier amorcé le 22 novembre trouve un support le 7 mars et la consolidation qui suit va jusqu'au retracement 61.8%. Le mouvement baissier repart et les cours n'ont à affronter qu'un nuage mince alors que la LS casse ses prix puis une Kijun pentue. Les cours arrivent finalement jusqu'à l'extension 1 qui n'est pas la situation prévisible.

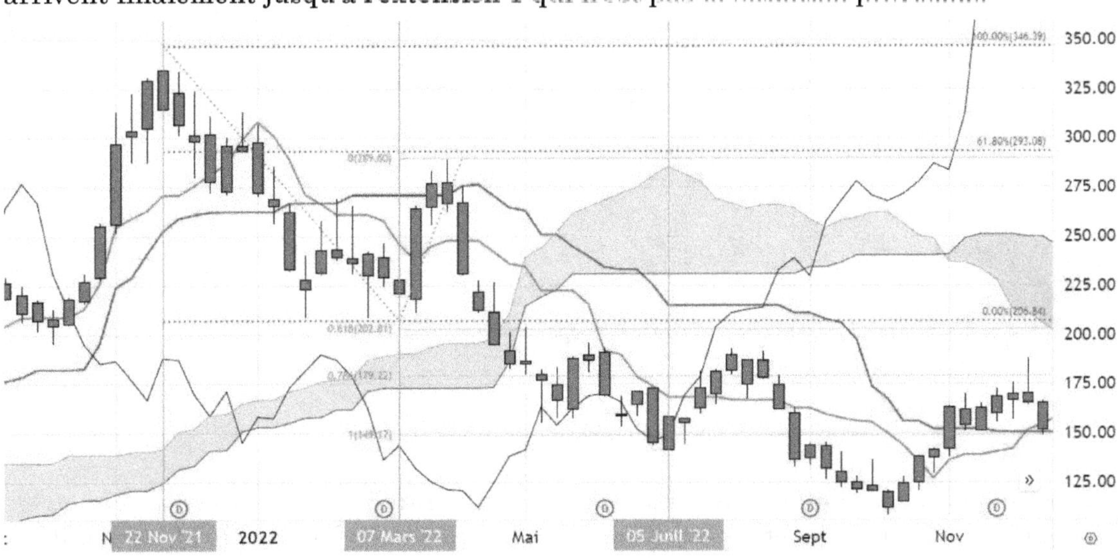

Ces 2 exemples montrent que **l'investisseur doit être extrêmement méfiant (ou mieux encore rester à l'écart) quand il analyse une consolidation qui va jusqu'au retracement 61.8%. Cela signifie que le mouvement actuel est en opposition avec une approche harmonieuse de l'évolution des cours et donc très aléatoire.**

e) Utilisation des retracements et extensions sur les plus hauts et les plus bas historiques

Quand les cours se trouvent dans la zone des plus hauts ou des plus bas historiques ou des plus hauts ou plus bas depuis une durée si longue que les niveaux et calculs déterminant les lignes Ichimoku ne signifient plus rien au niveau du fondamental, les retracements et extensions sont des outils privilégiés pour déterminer de nouveaux objectifs haussier et baissier.

Ils vont permettre, en analysant la dernière consolidation, de déterminer avec les extensions de nouveaux niveaux potentiels.

Il faudra également s'assurer du potentiel du mouvement en cours (par exemple avec des indicateurs de momentum ou de volatilité).

Dans l'exemple ci-après, l'actif a fait un nouveau plus haut historique sur 12.87 puis a retracé près de 50% du rally précédent qui avait débuté sur 8.56. Par prudence, on donnera comme objectif maximum pour un éventuel investissement l'extension 0.618 à 13.50. L'actif a atteint 13.65 avant d'entamer une nouvelle consolidation. Les bandes de Bollinger qui commençaient à se refermer au début de la consolidation sur 12.87 se sont rapidement retournées à la hausse dès la reprise du mouvement haussier et la MM20 a toujours fait support au mouvement, élément favorable comme cela a été démontré dans le chapitre traitant des bandes de Bollinger. Après la consolidation en cours, on pourra faire ce même travail pour déterminer, si les conditions s'y prêtent, un nouvel objectif haussier.

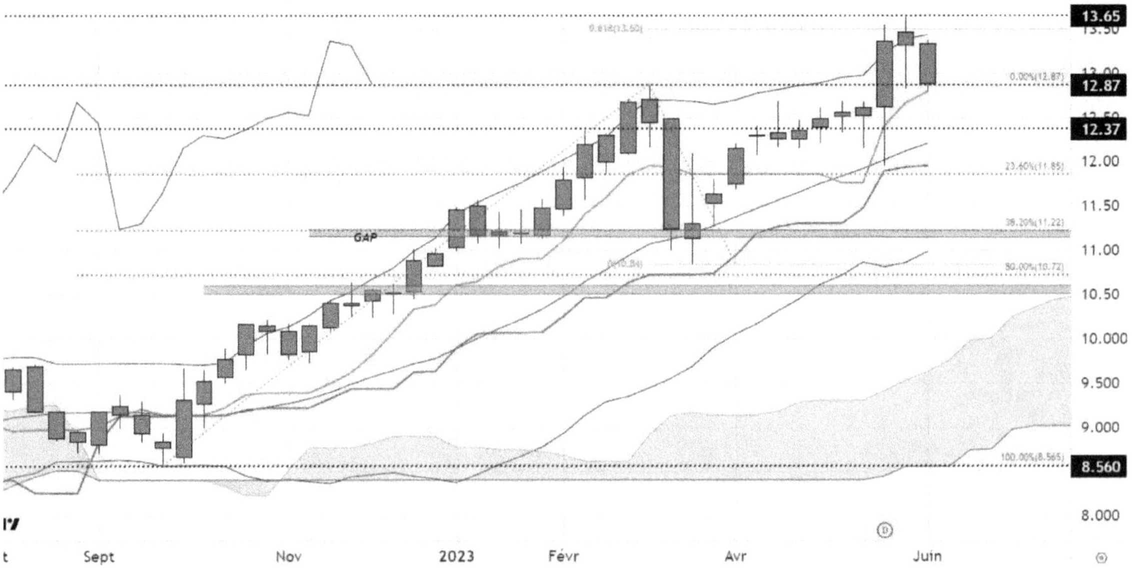

Dans ce type de situation, Ichimoku n'est pas d'un grand secours : les cours naviguent loin au-dessus du nuage et de la Kijun. Seuls les éléments d'alerte sur la pérennité de la tendance, à savoir test ou rupture de la Kijun puis éventuellement du nuage, donneront des indications à l'investisseur. La Kijun pourra éventuellement être utilisée dans cette situation comme niveau d'invalidation d'une position haussière.

Enfin, on se montrera toujours prudent à l'approche du précédent plus haut historique qui peut très bien ne jamais être franchi à nouveau et provoquer une consolidation plus marquée que la précédente et signer la fin du mouvement haussier (structure technique de « double sommet »).

Dans l'exemple baissier suivant, après la consolidation débutée sur le plus bas de très long terme à 15.80, les cours ont consolidé sur le retracement 38.2% avant de repartir à la baisse. Ils ont cassé le 6 juin le précédent plus bas et poursuivi leur mouvement. Une consolidation horizontale s'est développée sur l'extension 0.618 avant que la baisse reprenne pour trouver un nouveau plus bas sur l'extension 1.

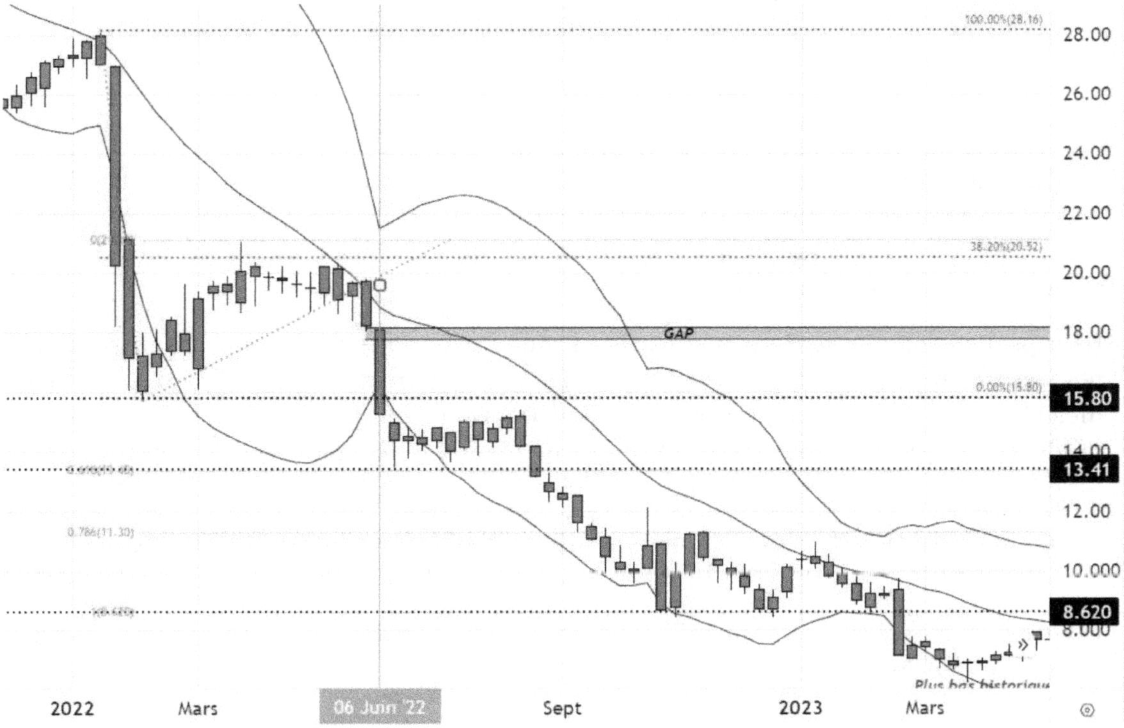

Les bandes de Bollinger ont toujours été présentes pour confirmer la pérennité du mouvement baissier : la bande basse a toujours été baissière, confirmant la réserve de volatilité pour poursuivre la baisse au-delà de l'extension 0.618 et les cours n'ont jamais clôturé au-dessus de la MM20.

L'incorporation du dispositif Ichimoku complète l'analyse totale de la situation :

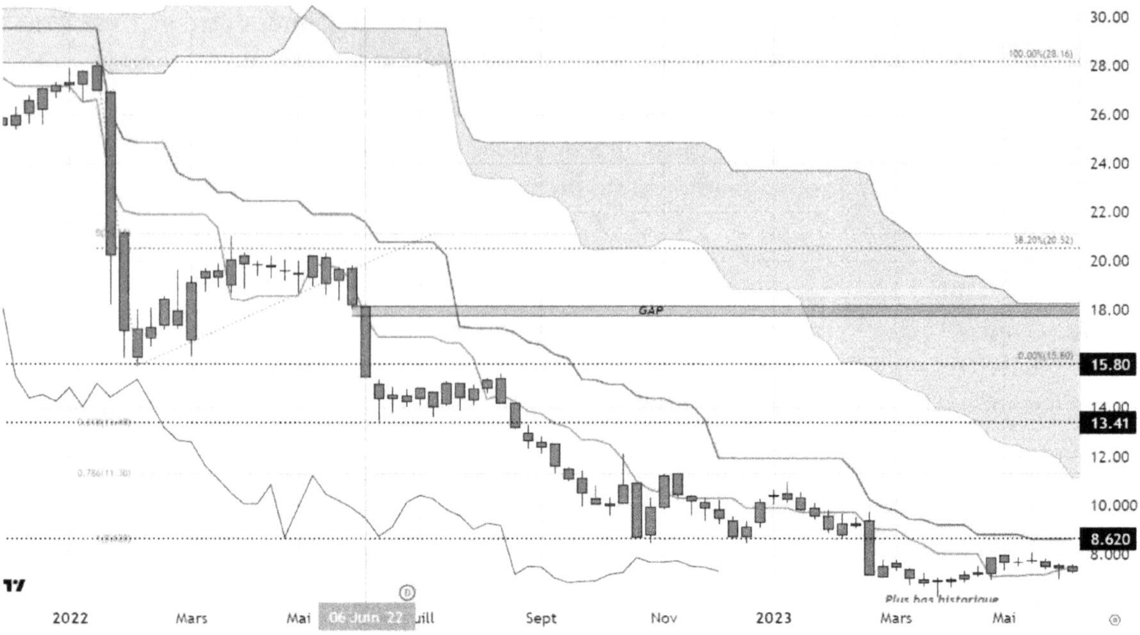

La consolidation correspondant au retracement 38.2% est initiée par une situation de survente entre les prix et la Tenkan. L'équilibre est retrouvé à proximité du retracement 38.2%, ce qui laisse déjà envisager le fait que la consolidation est terminée, son objectif d'harmonie étant atteint.

La consolidation horizontale qui se produit au niveau de l'extension 0.618 correspond à nouveau à une situation de survente prix/Tenkan et surtout Tenkan/Kijun. Les harmonies retrouvées, le mouvement baissier peut reprendre. Il faut noter la puissance de la tendance baissière par le fait que les prix ne viennent jamais tester la Kijun et que la LS est constamment sous ses prix.

f) Justification du rapport entre le niveau des retracements et des extensions qui suivent

En cours de tendance, on a vu qu'il était normal et même nécessaire pour en assurer la pérennité que des consolidations aient lieu.

Prenons le cas d'une tendance haussière.

Une consolidation se produit à un moment où tous les acheteurs estiment que le prix proposé devient inintéressant compte tenu des caractéristiques de l'actif. Il n'y a plus d'acheteurs et naturellement les prix baissent.

Jusqu'où ?

Ils baisseront tant que le mouvement vendeur l'emportera sur le mouvement acheteur. Il cessera quand tous les vendeurs qui le souhaitaient auront sorti leur position et que les acheteurs potentiels recommenceront à trouver un intérêt au prix proposé. Cela correspondra aussi au moment où les acheteurs auront le sentiment que le nouveau prix proposé devient intéressant, soit pour entrer dans le marché (ceux qui avaient raté le début de la tendance : les retardataires), soit pour renforcer leur position.

Plus la profondeur de la consolidation sera faible, plus fort sera le sentiment de marché que les prix pourront aller beaucoup plus haut.

Plus la consolidation sera profonde, plus le sentiment que le prix de démarrage de celle-ci était excessif. Et même, à partir d'un certain niveau de consolidation, les acheteurs désespèrent du redémarrage du mouvement et les prix reviennent à l'origine du mouvement haussier. Cela se produit généralement, comme nous l'avons vu, lorsque le retracement 61.8% aura été franchi.

Ainsi, plus le retracement sera important, plus le niveau de l'extension qui peut servir d'objectif de reprise haussière sera bas. Les situations harmonieuses correspondent au retracement 38.2%. Elles donnent les meilleures chances de redémarrage de la tendance et d'atteindre l'extension 0.786.

Bien sûr toutes les situations ne sont pas identiques. Les correspondances indiquées plus haut entre niveau de retracement et niveau d'extension qui en résultent ne sont que des approches statistiques, telles que l'auteur les a observées.

Il faudra tenir compte des obstacles sur le chemin des prix. Une convergence entre un niveau de retracement et/ou d'extension et un support ou une résistance accroîtra considérablement la probabilité de l'atteindre.

Dans l'exemple suivant, la convergence entre le niveau de retracement 38.2% et le prix atteint au moment de l'approche du nuage confirme qu'il est très improbable que les prix puissent aller plus haut. Cette situation peut conforter l'investisseur dans une éventuelle intention d'ouvrir une position vendeuse.

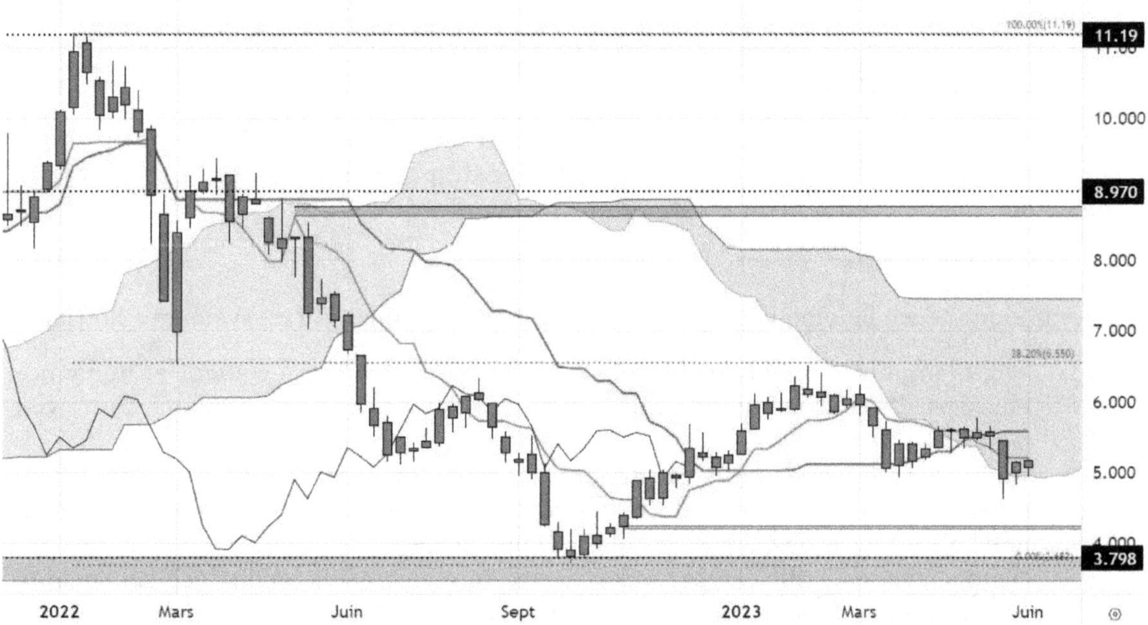

La convergence entre un niveau de retracement et un obstacle Ichimoku est présentée dans le graphique suivant.

Le mouvement baissier qui s'est développé entre le 28 mars et le 10 octobre retrace sur le niveau 50% de Fibonacci à partir de cette date, les cours marquant une figure technique de retournement. Le retracement 50% correspond à une résistance majeure en

Ichimoku qui est le haut du nuage. Les prix refluent violemment à partir de ce niveau pour trouver support sur la Kijun plate.

On remarquera également que si les prix avaient franchi le nuage, une autre convergence entre le plat de Kijun à 118.9 et le retracement 61.8% aurait constitué une résistance significative.

4 – Les vagues d'Elliott

Il s'agit d'un outil très classique et très utilisé par de nombreux analystes et investisseurs. S'il est peu utilisé par l'auteur, il est utile de rapprocher Ichimoku de cette grande technique, que nous allons illustrer par deux exemples :

4 – 1 : Les cinq vagues

Le graphique décrit les cinq vagues de base de la partie impulsive d'un système elliottiste :

- Vague impulsive 1 : elle débute le 20 avril 2020. Les prix évoluent en tendance baissière. Ils consolident et s'approchent d'un nuage peu épais et même d'un twist pentu de nuages.
- Vague corrective 2 : dans ce cas, elle est peu importante et elle se termine au niveau du franchissement du nuage le 2 novembre. La fin de la vague 2 correspond à un test réussi de sa Kijun plate par la LS.
- Grande vague 3 : elle correspond au cœur du mouvement tendanciel. Elle débute le 2 novembre. Les prix franchissent un plat de SSB à 178.88 le 1er février. Il correspond au franchissement d'un nuage quasi inexistant par la LS : il n'y avait pas vraiment d'incertitudes sur le fait que la LS allait réussir ce franchissement compte tenu de la dynamique du mouvement. La vague 3 se développe en parfaite harmonie avec la Tenkan.
- Vague 4 : elle débute le 18 octobre et elle correspond au premier test de la Kijun par les prix. Elle est de taille similaire à la vague 2.

- Vague 5 : elle débute le 6 décembre. C'est la dernière du dispositif impulsif. Après une première partie favorable, à partir du 28 février, le rythme devient moins régulier avec un nombre de bougies rouges plus important. Le 6 juin, cette phase s'achève au contact d'une résistance à 329.59 et débute la correction.

On retrouve, comme pour les outils de l'Analyse Technique précédente, des convergences opérationnelles entre Ichimoku et les vagues d'Elliott.

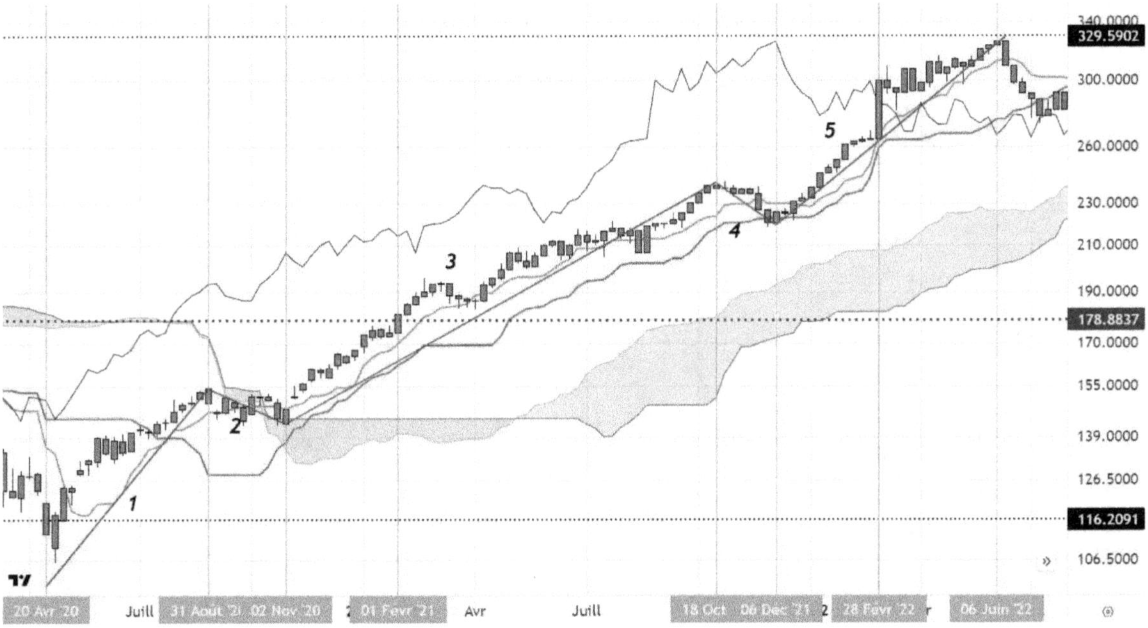

4 – 2 : Système impulsif/ système correctif

Le principe complet comprend le système 3 vagues impulsives/2 vagues correctives et en fin de vague 5 une correction en ABC conformément au graphique ci-après :

La vague 1 est arrêtée par le plat de SSB/Kijun à 9965.

La vague 2 trouve support sur un ancien plat de SSB/Kijun à 8823.

La vague 3 permet le franchissement d'un twist allongé de nuages.

La vague 4 est très courte et vient restaurer l'harmonie des prix et de la Tenkan.

La vague 5 est plutôt longue, inférieure à la 3. Elle témoigne d'une grande force de la tendance.

À partir du point haut de la vague 5, le système correctif se met en place. La fin de la première vague corrective A correspond à la rupture du nuage. Cependant, nous n'avons pas la confirmation de fin de tendance par la LS qui demeure au-dessus du nuage. Le mouvement haussier peut repartir et les prix parviennent à franchir le nuage jusqu'au point B où commence la vague corrective qui aboutira au point C. Cette nouvelle correction ne permet ni aux prix ni à la LS de casser le nuage. On a un système correctif mais jamais une invalidation de la tendance haussière.

Ainsi, le suivi commun des vagues et le système Ichimoku s'alimentent l'un l'autre. Il était important dans la compréhension globale du marché que les vagues A et C n'invalident pas la tendance haussière qui peut repartir après C.

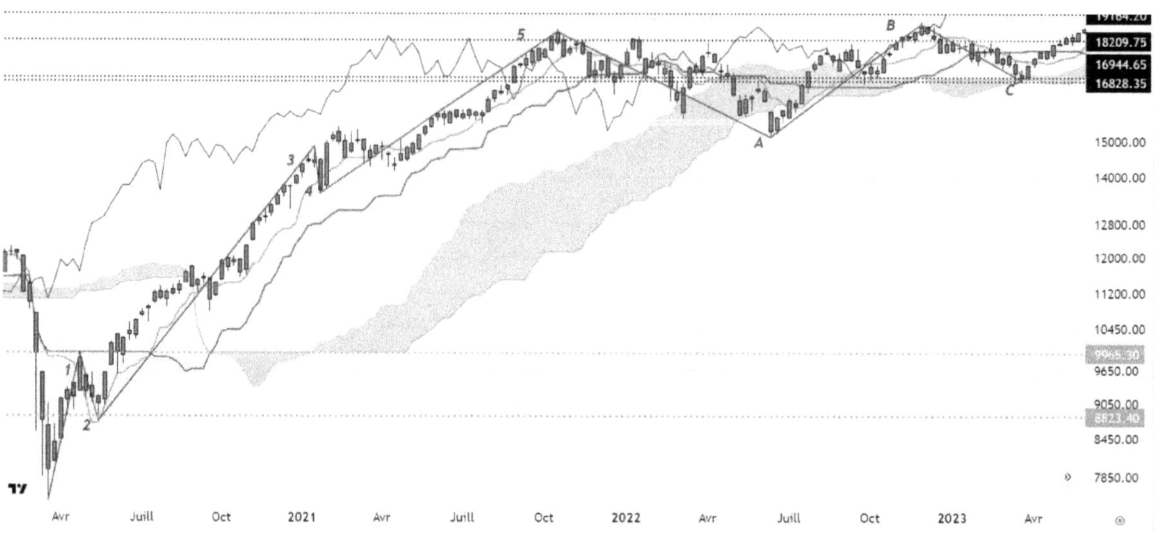

Ainsi, un investisseur utilisateur des vagues d'Elliott pourra parfaitement les adjoindre à un dispositif Ichimoku.

CHAPITRE 3

LES COMPOSANTES DE L'INVESTISSEMENT AVEC ICHIMOKU

Nous allons analyser dans ce chapitre les différentes composantes de l'investissement, à savoir :

- L'entrée en position
- Le stop de protection initial et son évolution
- L'objectif de l'investissement
- La sortie de position
- Le ratio rendement/risque

1 – Les entrées possibles en position

Nous allons détailler plusieurs situations techniques que l'investisseur doit rechercher prioritairement pour envisager une entrée en position.

Tout d'abord, il convient de rappeler qu'un achat au-dessus du nuage est logique car il correspond à une situation haussière. Celui-ci doit aussi être effectué au-dessus de la Kijun, notamment plate. Tout achat, quelle qu'en soit la raison, effectué sous la Kijun est considéré comme une action contrarienne (donc plus risquée) et doit être envisagé avec celle-ci comme objectif. La situation est souvent malaisée et doit être déconseillée.

Un achat sous le nuage est aussi une opération contrarienne, donc très risquée. Si elle est effectuée sous la Kijun, celle-ci doit être vue comme l'objectif. Si les prix sont au-dessus de la Kijun, l'objectif est le nuage. Là aussi, même si nous verrons qu'il existe des situations d'investissement intéressantes (plus bas de la tendance), le risque est plus important que dans les configurations orthodoxes, à savoir :

- Achat en tendance haussière au-dessus de la Kijun plate
- Vente en tendance baissière au-dessous de la Kijun plate

On verra également que le franchissement de la Kijun peut représenter une opportunité d'achat en tendance haussière, et sa rupture une opportunité de vente en tendance baissière.

Le schéma opposé s'applique pour les ventes en tendance haussière. Toute vente quand les prix sont au-dessus de la Kijun plate est contrarienne, donc plus difficilement contrôlable et a comme objectif la Kijun plate.

Toute vente en tendance haussière quand les prix sont sous la Kijun aura comme objectif le nuage.

1 – 1 : Achat en tendance haussière

1 – 1 – 1 : Franchissement de la Kijun plate

La situation la plus classique est l'achat au-dessus de la Kijun, notamment après ou à l'occasion de son franchissement. Dans tous les cas, ce dernier doit être dynamique avec au moins une bougie verte de belle taille ou un gap haussier suivi d'une bougie verte dynamique.

Exemple 1 : Pendant plusieurs jours, du 24 janvier au 10 février, le marché hésite au contact d'un nuage mince. La Kijun est alors confondue avec la SSB ; elle arrive (péniblement) le 10 février à sortir du nuage mais sur une bougie rouge. C'est le lendemain **que le signal d'achat est donné, à savoir :**

- **Prix au-dessus du nuage**
- **Franchissement de la Kijun**
- **Bougie verte très dynamique avec une mèche haute de petite taille**
- **Accompagnement de la Tenkan après sa sortie du nuage ; ce point est très important : si la Tenkan était très en dessous des prix, une consolidation aurait certainement eu lieu après la bougie verte**
- **LS sortie de son nuage, confirmant la tendance haussière**

On prendra soin de toujours vérifier que toutes ces conditions sont remplies avant d'envisager la prise d'une position longue.

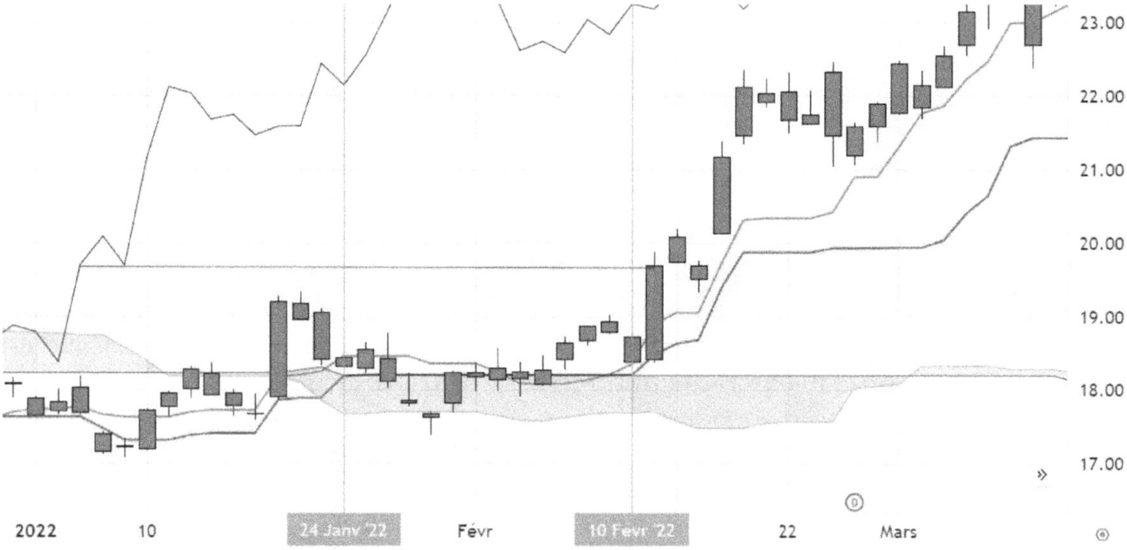

Cette configuration est particulièrement intéressante car elle peut être le démarrage d'une tendance haussière significative. Si toutes les conditions de l'investissement (stop, objectif, ratio rendement/risque) sont réunies, elle représentera la première position de l'investisseur. On verra par la suite les méthodes de renforcement de position (technique de pyramidage).

Exemple 2 : Les prix, après sortie haussière du nuage, franchissent la Kijun plate le 12 janvier. Cependant, la LS est encore sous ses prix : elle n'est pas libre et elle ne donne pas encore la confirmation de la tendance haussière. Le véritable signal d'achat interviendra le 20 janvier avec une LS totalement libre.

Il est indispensable de respecter cette confirmation. On a vu qu'un des rôles de la LS est de filtrer les faux signaux. Ici, la LS est repassée sous ses prix avant de les franchir définitivement. Le marché a donc hésité quelques séances avant que le camp acheteur ne s'impose définitivement.

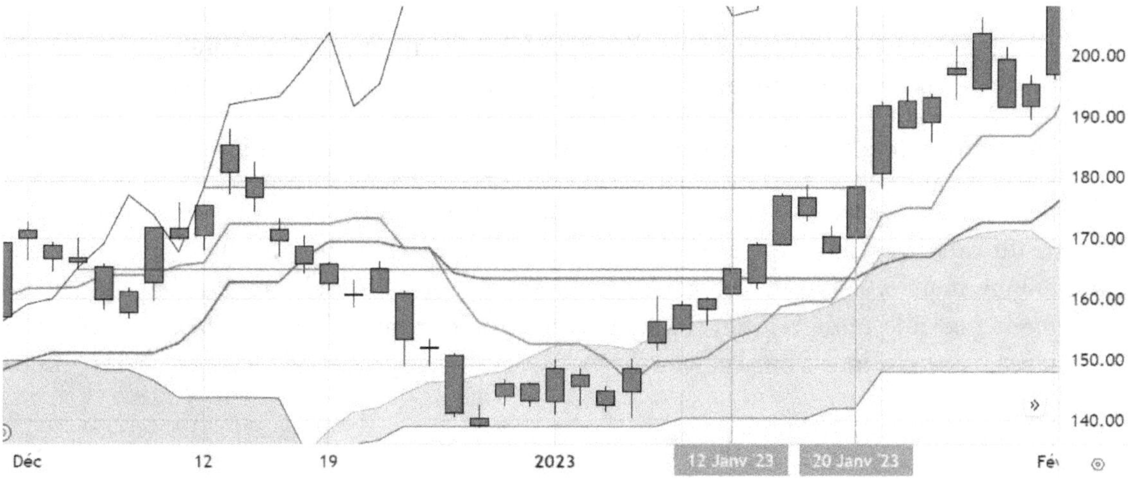

Exemple 3 : non-respect de la confirmation par la LS :

Le 13 décembre, les prix franchissent la Kijun plate, qui plus est en ouvrant un gap haussier, mais la LS est encore dans son nuage. Une consolidation intervient pendant plusieurs séances. Ce n'est que le 6 janvier que les prix franchissent à nouveau la Kijun plate, mais la LS est toujours dans son nuage. Elle sort trois séances plus tard mais on peut toujours s'attendre, comme cela est assez fréquent, à un retest du nuage. Le véritable signal d'achat est donné le 17 janvier. Il y a eu une petite consolidation de la LS mais elle confirme qu'il n'y aura (probablement) pas de retest du nuage.

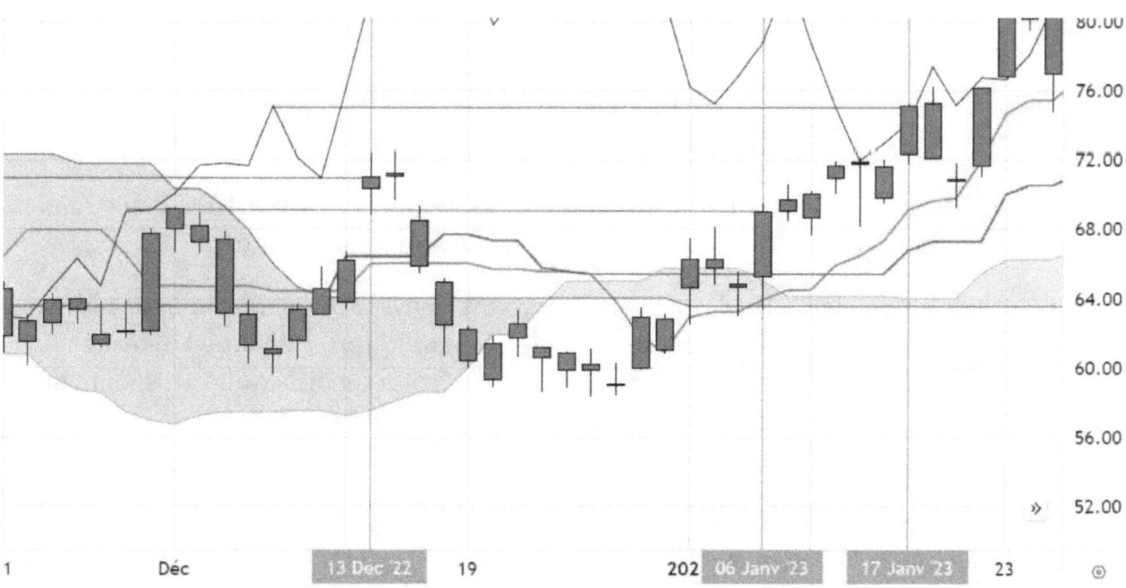

1 – 1 – 2 : Franchissement du nuage

C'est un cas plus fréquent que le précédent. Quand les prix viennent d'un schéma baissier puis franchissent le nuage, la Kijun est encore dans le nuage. On regardera avec attention la position de la Tenkan sur la sortie du nuage qui doit aussi être dynamique. On va voir à travers les différents exemples suivants que la situation est plus complexe que la précédente.

Exemple 1 : Les prix sortent du nuage le 7 novembre. Cependant :

- La LS est en limite de sortir du sien ; la sortie n'est pas confirmée
- La Tenkan n'accompagne pas les prix ; elle est encore très engluée dans le nuage.

Les prix vont donc évoluer autour de la SSB pour attendre la Tenkan

Sur la base de la sortie de la Tenkan du nuage et de son accompagnement des prix, la sortie du nuage est bien effective le 16 novembre. La LS est bien sortie, elle aussi, de son nuage mais on est toujours sous la menace de retest de celui-ci. L'achat est théoriquement possible mais risqué. Ce sont les autres paramètres du trade qui décideront ou non l'investisseur à s'engager.

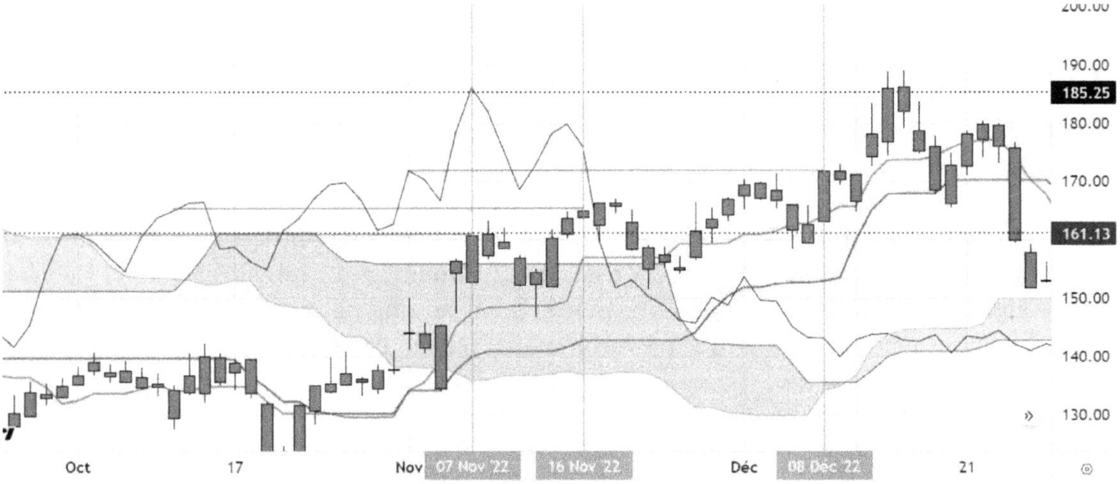

Ce n'est qu'après le retest non pas du nuage mais du plat de SSB à 161.13 que le mouvement haussier peut partir sur la bougie dynamique du 8 décembre.

On notera enfin que la sortie des prix du nuage est une condition absolument indispensable pour envisager une entrée en position. C'est elle qui amènera l'investisseur à s'intéresser à l'actif. Elle est, dès le début, une condition insuffisante car, même après une sortie haussière, les prix sont sous la menace du plat de SSB à 161.13 qui agit sur les prix mais agira encore plus pour la LS.

Exemple 2 : la première sortie du nuage le 27 octobre n'est pas franche : bougie rouge en forme de toupie et LS à l'entrée basse de son nuage. La bougie du lendemain est plus convaincante, la LS franchissant son nuage, mais nous sommes toujours sous la menace d'un retest de celui-ci. C'est ce qui se produit, la LS passant même sous son nuage le 3 novembre (date des prix). Ce n'est que le 10 novembre que toutes les conditions sont remplies pour passer à l'achat.

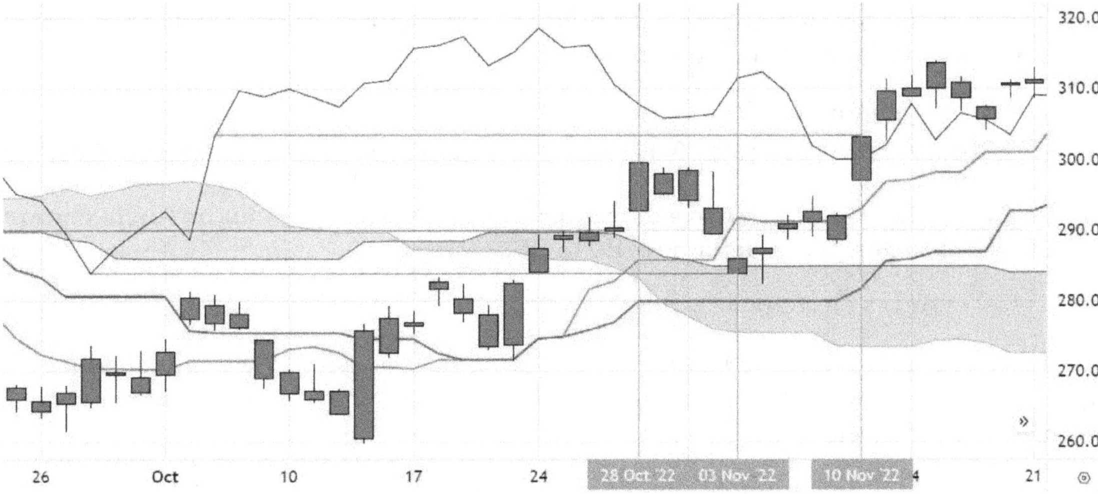

On voit que le signal d'achat est donné alors que la Kijun est toujours dans le nuage. Les tergiversations des prix entre fin octobre et le 10 novembre ont mis la Kijun à plat. Elle retrouve une pente haussière à l'occasion de la bougie du 10 novembre. **Cette présence dans le nuage de la Kijun n'a aucun impact sur la possibilité de passer à l'achat**. Par contre, comme on l'a vu, la sortie haussière de la Tenkan en harmonie avec les prix est une condition indispensable.

Sur ces deux exemples, les prix étaient précédemment dans une tendance baissière et le franchissement du nuage a changé la tendance. Cela ne sera envisageable que si les conditions d'épaisseur du nuage le permettent. On a vu dans la première partie de l'ouvrage les situations de contact des prix avec le nuage.

Exemple 3 : Lorsque, comme sur le graphique suivant :

- Le nuage baissier des prix commence à avoir une certaine épaisseur,
- Les prix ont, de ce fait, de la difficulté à sortir du nuage,
- La LS doit traverser un nuage d'une certaine épaisseur,

les conditions d'entrée en position ne pourront être qu'aléatoires. Il n'est pas surprenant alors que le franchissement du nuage soit finalement un « bull trap ». C'est une des vertus d'Ichimoku de filtrer les faux signaux.

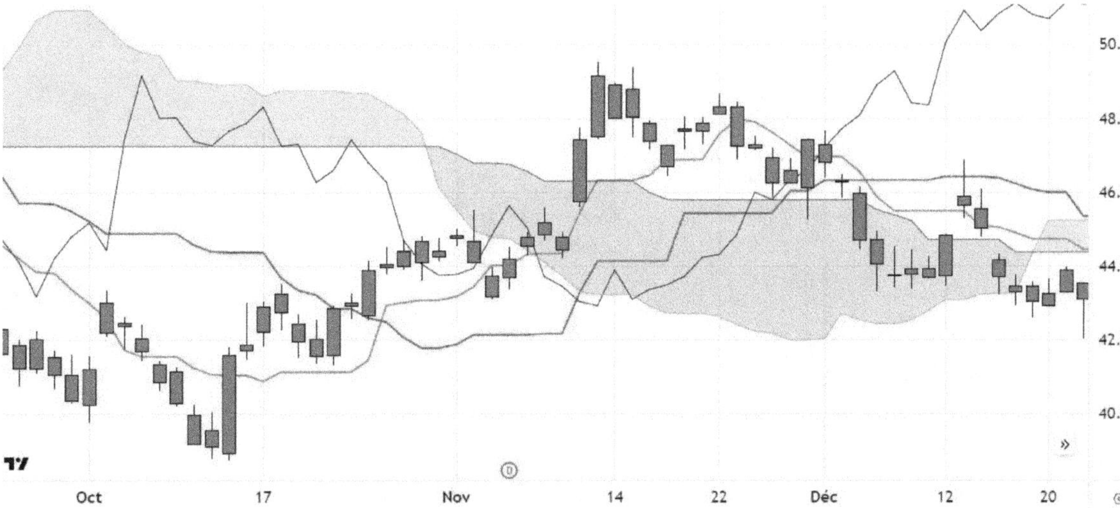

Ainsi, suite à une sortie haussière du nuage, il conviendra de valider les conditions suivantes avant d'envisager un achat :

- **Sortie dynamique du nuage**
- **Validation par la Tenkan qui doit accompagner les prix dans son franchissement**
- **Confirmation de sa sortie du nuage et sa libération de tout obstacle comme « le mur des prix » de la part de la LS.**

1 – 1 – 3 : Achat en cours de tendance

Si l'investisseur n'a pas pu entrer en position au démarrage de la tendance, notamment après franchissement validé du nuage, il voudra néanmoins se joindre au mouvement haussier qui se développe.

Pour des raisons notamment de positionnement de stop de protection, il devra attendre une consolidation de la tendance pour envisager un achat. Pour les investisseurs déjà en position, ce sera l'occasion de renforcer celle-ci.

Exemple 1 : Le franchissement du nuage validé par la Tenkan et la LS est effectif le 28 juillet. La tendance se développe difficilement et les prix viennent déjà tester le nuage puis la SSB, sortie baissière de celui-ci à 1168.2. Cette zone correspond de plus au retracement 50% du rally entre le 16 juin et le 19 août. C'est donc un niveau de support majeur et les prix rebondissent sur celui-ci.

Après franchissement du nuage par les prix, la LS qui a déjà testé favorablement le sien sort de son influence le 8 novembre, mais c'est l'importante bougie verte deux séances plus tard qui donne le véritable signal de relance de la tendance. En effet, conformément à l'approche de la tendance issue de la théorie de Dow, décrite au début de cette deuxième partie de l'ouvrage, le franchissement de 1404.4 correspond :

- au franchissement du dernier plus haut dans le mouvement haussier : il ouvre une nouvelle séquence de hausse
- à l'existence de deux plus bas (16 juin et 23 septembre) et deux plus hauts (19 août et 10 novembre) qui valident la tendance haussière.

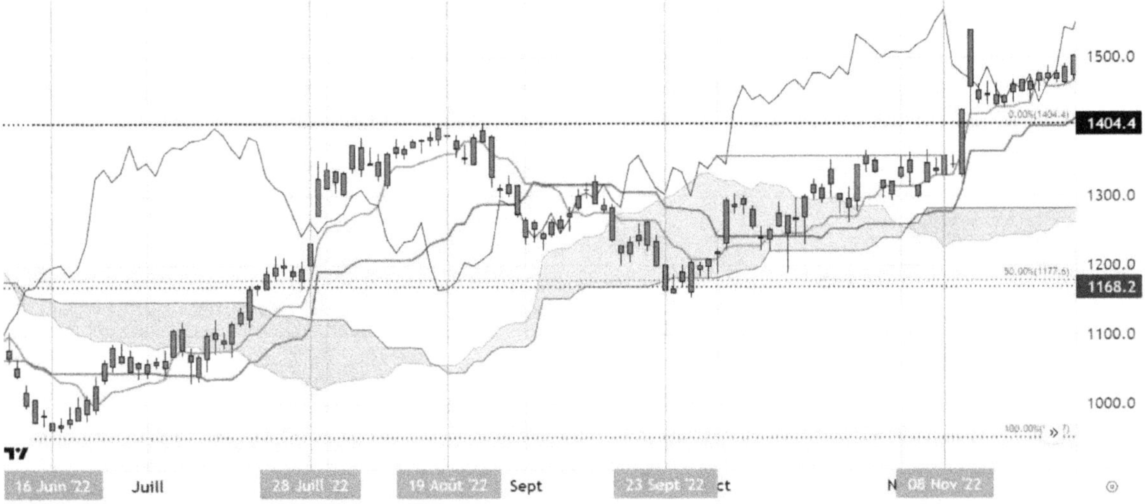

Exemple 2 : Le mouvement précédent se poursuit après la bougie importante du 10 novembre. Le lendemain, une situation de surachat apparaît entre les prix et la Tenkan, et le mouvement haussier se poursuit prudemment après cet excès, en parfaite harmonie avec la Tenkan. Les prix font un nouveau plus haut dans la tendance haussière sur 1574.2 avant de consolider et revenir tester le nuage. Celui-ci se fait dans de bien meilleures conditions que le précédent :

- Seul le haut du nuage est testé et encore une seule fois
- Le test se réalise sans que soit atteint le retracement 38.2% du rally entre le 23 septembre et le 14 décembre.

La situation est favorable. Le franchissement de la Kijun plate le 4 janvier donne un signal d'achat qui sera totalement validé deux séances plus tard par le franchissement du dernier plus haut dans la tendance haussière à 1574.2.

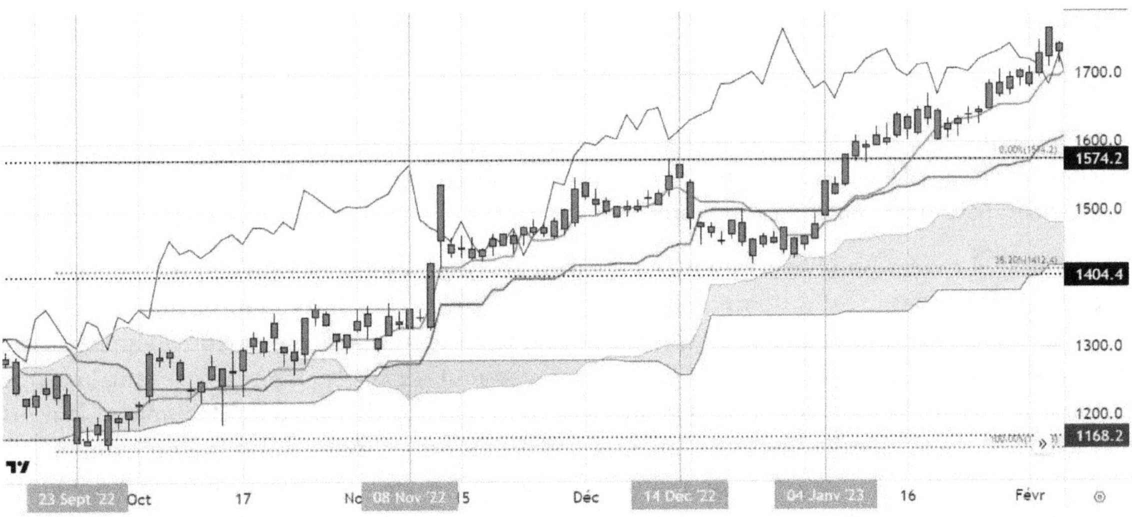

Exemple 3 : Dans le cas de tendance forte, c'est-à-dire avec peu de consolidations, les achats, notamment de renfort de position, peuvent se faire dans deux circonstances :

- Test de la Kijun
- Application de la théorie de Dow, soit lors du franchissement du dernier plus haut dans la tendance
- Validation d'un nouveau plus bas plus haut que le précédent avec une figure de retournement.

Le graphique ci-après nous donne illustration de ce type de situation.

La bougie verte du 21 octobre constitue un point d'achat. Elle intervient après la confirmation du franchissement de la résistance technique à 9.70. Le mouvement haussier se poursuit et une consolidation se déclenche sur le niveau de 10.21 qui devient le dernier plus haut dans la tendance. La consolidation s'arrête avant la Kijun plate et le précédent plus haut à 9.70. Le franchissement confirmé le 25 novembre du dernier plus haut à 10.21 est un nouveau point d'achat. Le mouvement se poursuit avec un nouveau plus haut à 10.63, une nouvelle consolidation puis un nouveau franchissement du plus haut le 20 décembre, qui est encore un point d'achat. Un dernier cycle se déroule après un nouveau plus haut à 11.04 et son franchissement le 3 janvier.

Ainsi, tous les franchissements des plus hauts deviennent des points d'achat en respect de la théorie de Dow.

Le mouvement s'est développé en totale harmonie avec la Tenkan et il est si fort que la Kijun n'a jamais été testée.

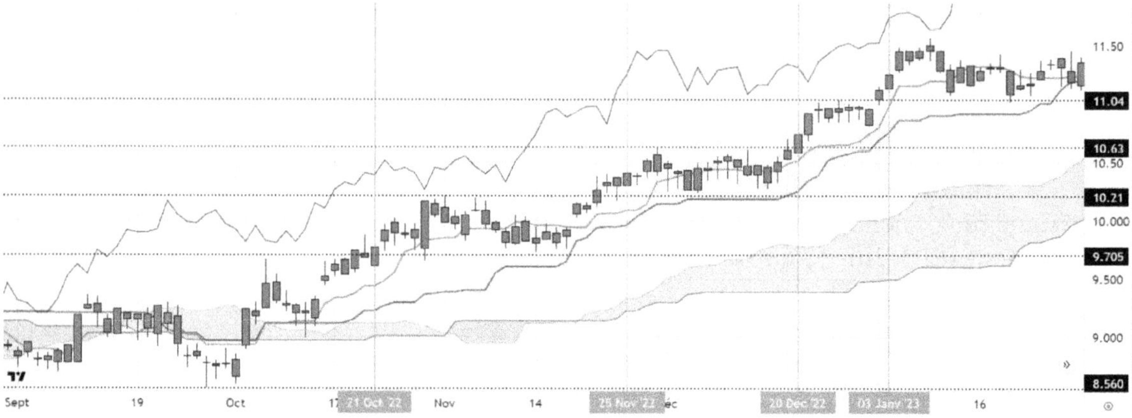

Si le déroulement des opérations a été guidé par la notion de tendance de la théorie de Dow, le dispositif Ichimoku avec la Tenkan et la Kijun a apporté de la sécurité à l'investisseur tout au long du mouvement.

Exemple 4 : On se méfiera toujours des achats après une consolidation forte, accompagnée souvent d'un test ou d'une rupture de la Kijun plate. Dans la situation ci-dessous, la LS sort de son nuage peu après les prix et un mouvement haussier se développe jusqu'à la résistance à 43.40. Une consolidation forte se met en place, les prix cassent la Kijun plate et rebondissent sur le retracement 61.8% du rally démarré le 19 janvier. Il a été indiqué dans le chapitre ayant trait aux retracements et extensions la particularité du retracement 61.8%, à savoir qu'il était difficile de donner un objectif de rebond. On retrouve là une illustration. Le 3 mars, les cours franchissent la Kijun plate, en ouvrant de plus un gap haussier, mais les vendeurs reprennent immédiatement la main. La situation est devenue chaotique et on n'a généralement aucun intérêt à envisager un nouvel achat après un retracement 61.8%. On a plutôt intérêt à surveiller sa position si on était déjà entré acheteur.

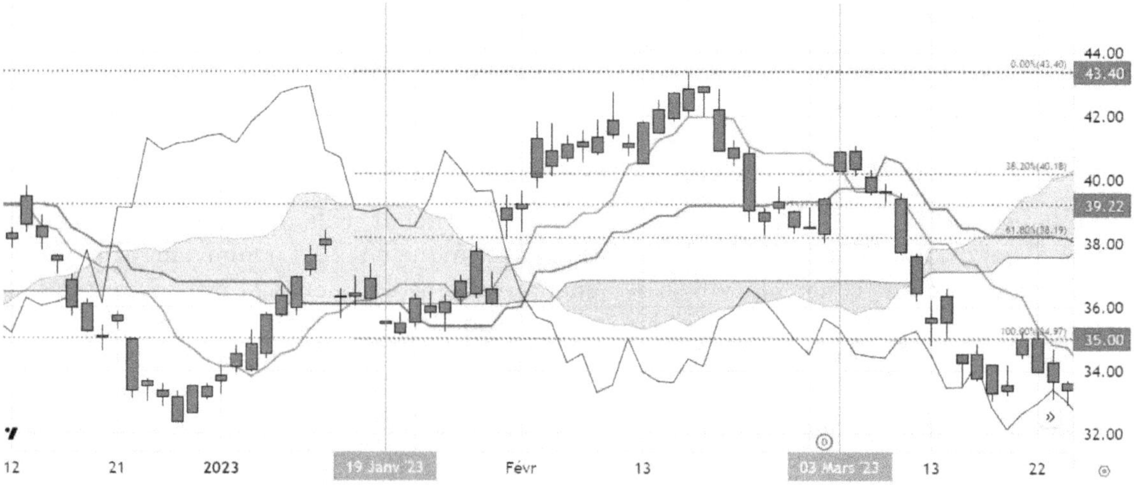

Exemple 5 : La première sortie des prix du nuage intervient le 27 octobre mais la LS est encore dans son nuage. Le mouvement consolide et les prix viennent clôturer deux séances dans le nuage. Les prix ressortent du nuage le 10 novembre mais la confirmation de la sortie du nuage par la LS intervient le 17 novembre. Le mouvement haussier part difficilement, bien qu'il soit en harmonie avec la Tenkan. On assiste à beaucoup d'impulsions courtes, suivies de consolidations jusqu'à la rupture de la Kijun le 19 décembre. Puis son franchissement à nouveau le 4 janvier.

Cette situation comporte beaucoup d'aléas, une construction qui n'apparaît pas harmonieuse. Les acheteurs ont beaucoup de mal à imposer leur conviction qui de ce fait peut apparaître fragile.

L'investisseur n'a certainement pas grand intérêt à s'intéresser à ce type de configuration qui ne peut que procurer stress et incertitude.

1 – 1 – 4 : Conclusion sur l'achat en tendance haussière

Comme on l'a vu, un achat suite à une sortie haussière du nuage nécessite la validation des conditions suivantes :

- Sortie dynamique du nuage
- Validation par la Tenkan qui doit accompagner les prix dans son franchissement
- Confirmation de sa sortie du nuage et sa libération de tout obstacle comme « le mur des prix » de la part de la LS.

Par la suite, l'investisseur pourra reprendre une nouvelle position en cours de tendance lors des consolidations qui se traduisent par des tests de la Kijun ou du nuage ou encore lors de la validation d'un nouveau plus bas supérieur au précédent. Il s'appuiera sur les retracements et extensions de Fibonacci pour compléter son analyse. Il se méfiera des retracements 61.8% qui peuvent réserver de mauvaises surprises. En l'absence de ces tests du fait d'une tendance forte, il se laissera guider par les conditions de la théorie de Dow.

Il aura toujours intérêt à s'intéresser à des mouvements tendanciels bien construits, tant au démarrage qu'en cours de tendance.

1 – 2 : Vente en tendance baissière

Beaucoup d'éléments (en sens inverse) qui ont été notés pour les points d'achat en tendance haussière demeurent valables en tendance baissière.

Cette dernière a souvent la particularité, pour des raisons qui ont été expliquées, de se développer plus rapidement que les tendances haussières, du moins dans les premières phases.

Il est d'autant plus important de réussir à entrer dès la confirmation de la tendance baissière. Les possibilités de rentrer ultérieurement existent et seront détaillées, mais lorsqu'elles surviennent, la tendance a déjà beaucoup avancé et les espérances de gain seront plus réduites.

1 – 2 – 1 : Entrée sur confirmation de la tendance baissière

Exemple 1 : Il décrit une situation tout à fait classique en tendance baissière. Le 6 septembre, les prix ont cassé le nuage deux séances plus tôt mais ce n'est qu'à cette date que la LS a cassé sa Kijun plate. La sortie des prix du nuage n'étaient pas accompagnée par la Tenkan et c'est très naturellement qu'une consolidation se développe afin de recréer l'harmonie prix/Tenkan. La bougie du 13 septembre donne le signal de vente en validant les conditions suivantes :

- Prix sous le nuage
- Rupture du nuage par la Tenkan et reconstitution de l'harmonie prix/Tenkan
- LS sans obstacles (« mur des prix ») et sortie du nuage validée

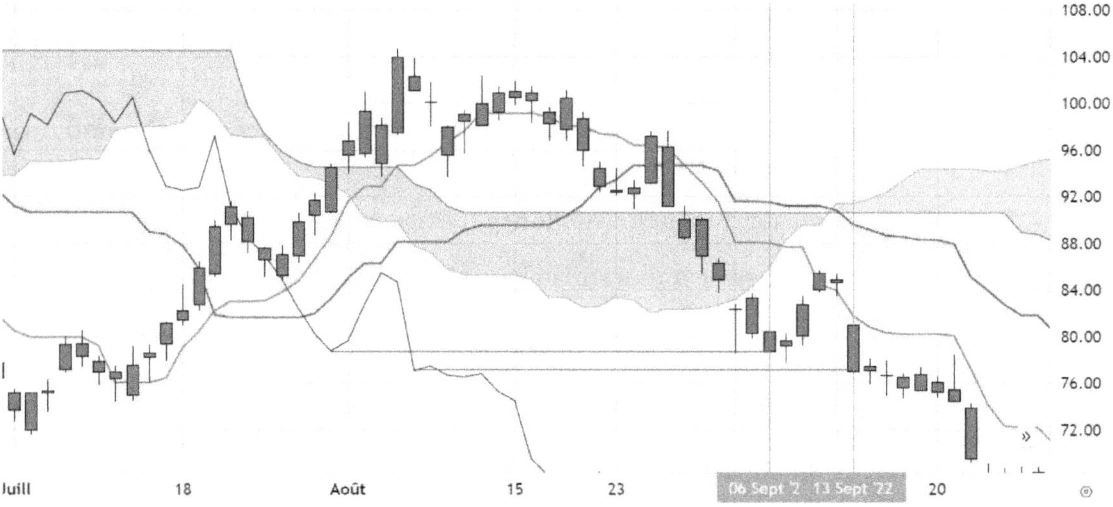

Des éléments supplémentaires favorables accompagnent ce signal de vente :

- Rupture de la Tenkan après son franchissement deux séances plus tôt
- Ouverture d'un gap baissier

Exemple 2 : Les prix cassent le nuage en harmonie avec la Tenkan le 29 juillet. Cependant, la confirmation par la LS n'arrivera pas avant le 21 septembre. En effet, la tête de SSA à 88.57 va faire support pendant près de deux mois et ne permet pas d'initier une position vendeuse. La LS a un comportement un peu aléatoire : sortie latérale du nuage, retest de ce dernier, interaction avec ses prix. Au 21 septembre, les prix sont sous la Kijun et une bonne harmonie existe entre Tenkan et prix. Toutes les confirmations de validation de la tendance baissière sont obtenues.

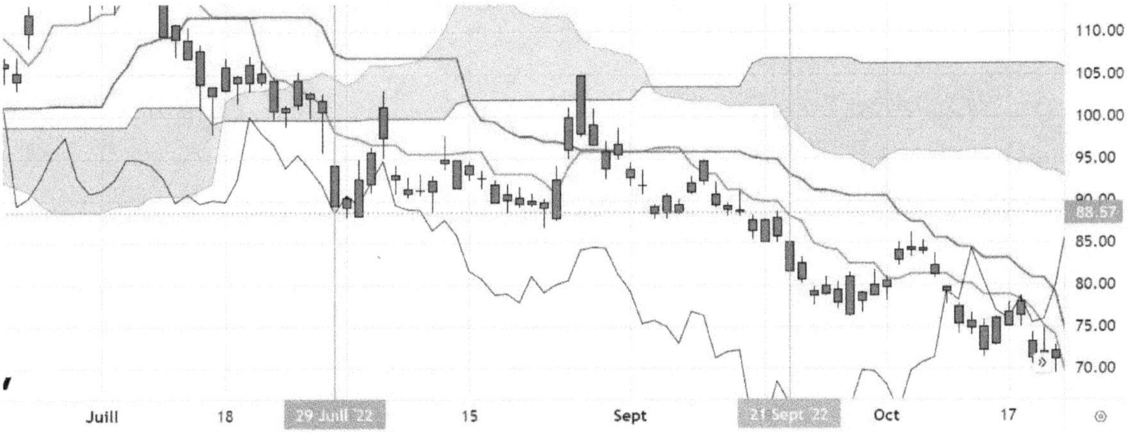

Exemple 3 : La validation par la Tenkan permet d'échapper à de faux signaux de vente comme dans la situation suivante. Le 26 avril, les prix cassent le nuage et la LS confirme cette sortie. La Tenkan est également en train de sortir du nuage mais elle n'accompagne pas les prix. En effet, sa sortie est latérale et non pas sous le nuage, alors que les prix, eux, sont bien sous ce nuage. Il y a rupture d'harmonie entre prix et Tenkan. Cette évolution latérale va se poursuivre dans les séances qui suivent, avec des prix qui ne baissent pas ; le mouvement baissier n'est pas enclenché. Les prix repartent même à la hausse et la LS revient dans son nuage. Ce n'est finalement que le 9 juin que l'on retrouve une situation favorable qui valide le signal de vente : les prix sont sortis de manière dynamique du nuage, ont cassé la Kijun plate et bénéficient d'une Tenkan qui a vraiment cassé le nuage. Enfin, la LS est libre après être passée sous ses prix.

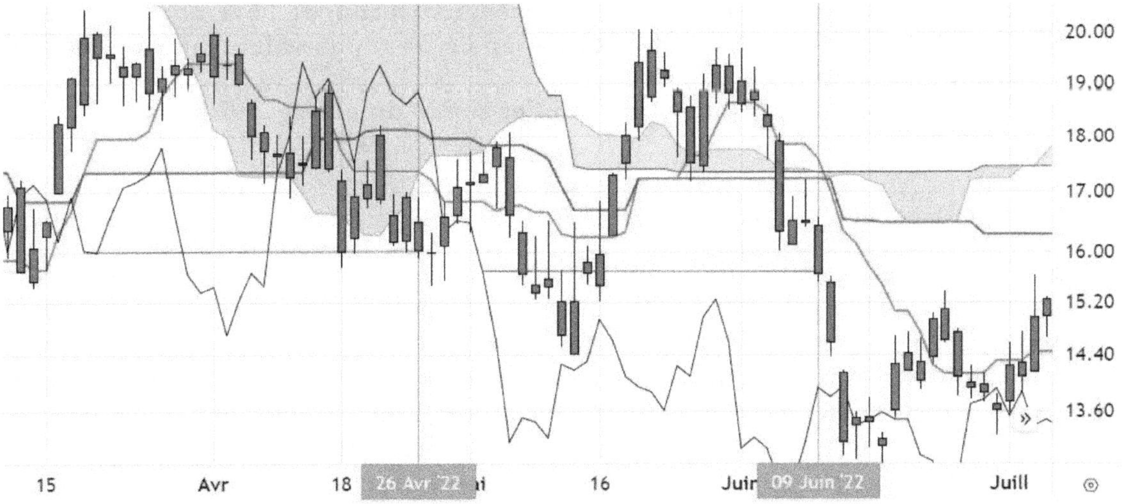

On voit dans cet exemple l'importance de toutes les validations. Un investisseur qui aurait initié une position vendeuse le 26 avril sur le seul indicateur de la sortie baissière des prix aurait eu toutes les chances de se voir stoppé en perte.

Exemple 4 : Le signal de vente n'est pas donné le 22 avril car les prix sont bien sortis sous le nuage mais la LS n'est pas libre : elle est au-dessus de sa Kijun plate. De plus, la Tenkan est encore au-dessus du nuage. Il faudra attendre l'apparition du signal de vente jusqu'au 9 mai, date à laquelle toutes les conditions sont réunies avec en plus l'ouverture d'un gap baissier.

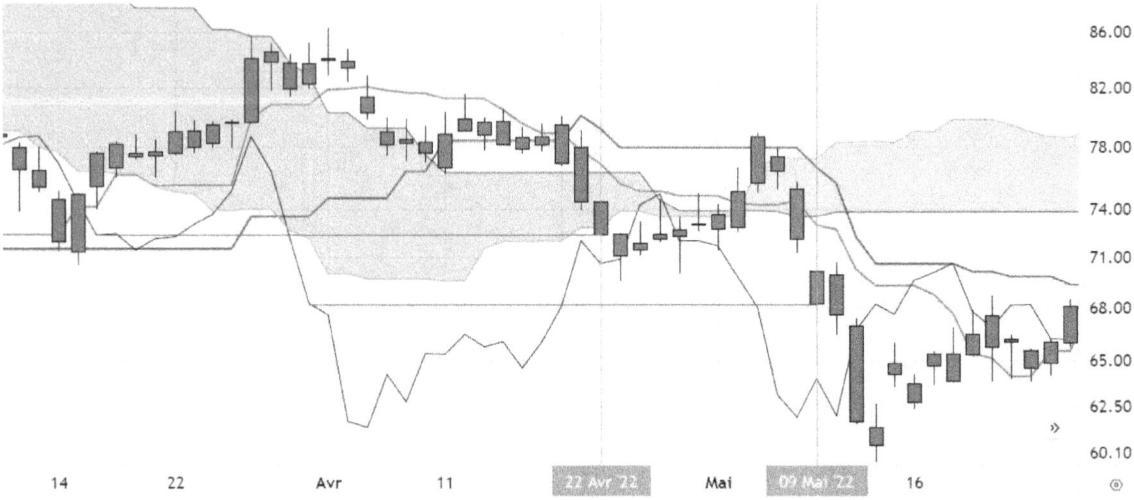

Dans ces deux derniers exemples, le premier échec de la délivrance du signal de vente correspond à des mouvements baissiers qui ne sont pas encore engagés, malgré la sortie baissière des prix du nuage. C'est pour cela qu'une ou plusieurs conditions de vente ne sont pas remplies. Il manque le momentum baissier : c'est lui que fournissent la Tenkan et la LS.

En conclusion, le signal de vente en tendance baissière nécessitera la réunion des conditions suivantes :

- **Prix sous le nuage**
- **Rupture du nuage par la Tenkan et reconstitution de l'harmonie prix/Tenkan. Une sortie latérale d'un nuage épais n'est pas valable car ne marque pas un momentum baissier**
- **LS sans obstacles (« mur des prix ») et sortie du nuage validée**

1 – 2 – 2 : Vente en cours de tendance baissière

Elle sera possible, dans de bonnes conditions, en cas de consolidation du mouvement.

Exemple 1 : Le signal initial de vente après validation de la tendance baissière est donné le 29 avril, toutes les conditions mentionnées ci-dessus étant réunies. Une petite consolidation naît dans les séances suivantes pour attendre la Tenkan puis l'harmonie prix/Tenkan reconstituée, le mouvement baissier peut se développer jusqu'à ce qu'apparaisse une situation de survente de la Tenkan par rapport à la Kijun et que les prix viennent tester cette dernière le 27 mai. L'harmonie prix/Tenkan/Kijun est reconstituée le 7 juin, et le lendemain, un signal de vente est donné par une forte reprise de la baisse confirmée par un gap baissier significatif. Ce test de la Kijun vient d'un manque de momentum du mouvement après le signal de vente initial. Il indique un manque de conviction du camp vendeur, les prix revenant durant plusieurs séances au-dessus du prix de vente. Ce test va déclencher une réaction forte des vendeurs en alignant quatre bougies rouges successives de taille significative.

Exemple 2 : on retrouve ici une situation similaire à celle que l'on avait analysée en tendance haussière, c'est-à-dire de momentum important sans test de la Kijun. On utilisera la notion de tendance de la théorie de Dow et le double contact (franchissement puis rupture) des prix avec la Tenkan.

La tendance baissière est validée le 15 novembre ; la LS a tenté un retest du nuage sans succès. Deux séances plus tôt, un test de la Tenkan a déjà été effectué. Un nouveau plus bas est confirmé le lendemain, marquant ainsi une nouvelle possibilité de vente. Le même phénomène se reproduit le 3 janvier, ouvrant encore une opportunité de vente. Celles-ci s'offrent à l'investisseur alors que les prix évoluent en permanence sous la Tenkan avec une forte dynamique.

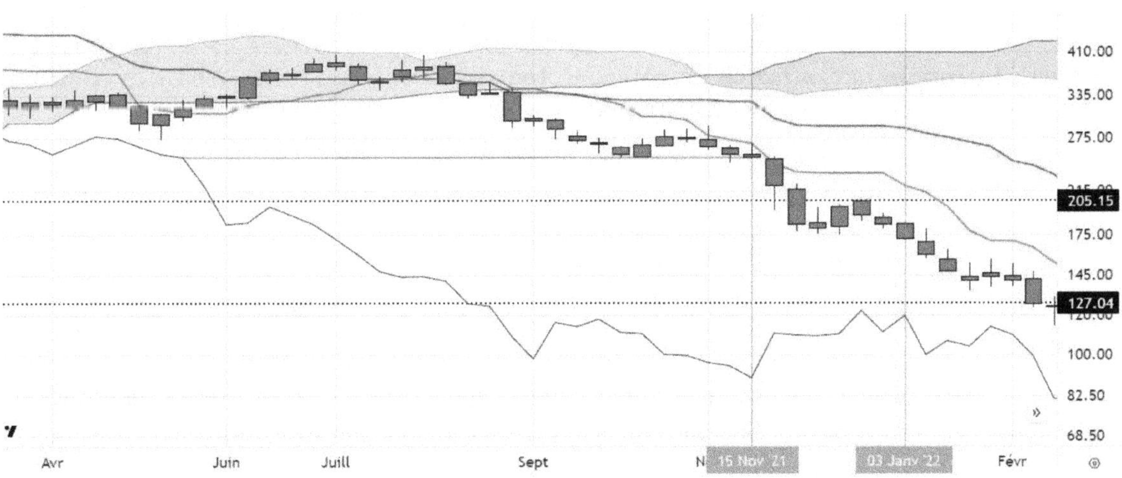

Exemple 3 : Signal de vente sur test de la Kijun :

La sortie des prix du nuage le 22 décembre n'est pas convaincante, la Tenkan étant encore loin dans le nuage. Il faut attendre le retest du nuage par la LS et le retour à l'harmonie prix/Tenkan pour qu'un signal validé soit délivré le 19 janvier. Un premier test de la Kijun est réalisé le 1er février. Sa rupture par les prix le 8 février délivre un signal de vente.

Un nouveau test de la Kijun (ainsi que de l'oblique baissière, validée par 3 points de contact) est effectué le 14 mars. L'échec et l'ouverture d'un gap baissier valident le 15 mars un nouveau signal de vente. Le mouvement se poursuit de manière plus chaotique jusqu'au 4 mai, la LS venant tester ses prix et même les franchir. Il faut attendre cette dernière date pour qu'elle devienne libre et que la bougie rouge de taille importante valide :

- Un nouveau plus bas dans la tendance sous 12.36
- La rupture de l'oblique baissière de résistance
- La sortie de la LS de ses prix, comme indiqué ci-dessus
- Des prix qui sont repassés sous la Kijun et la Tenkan.

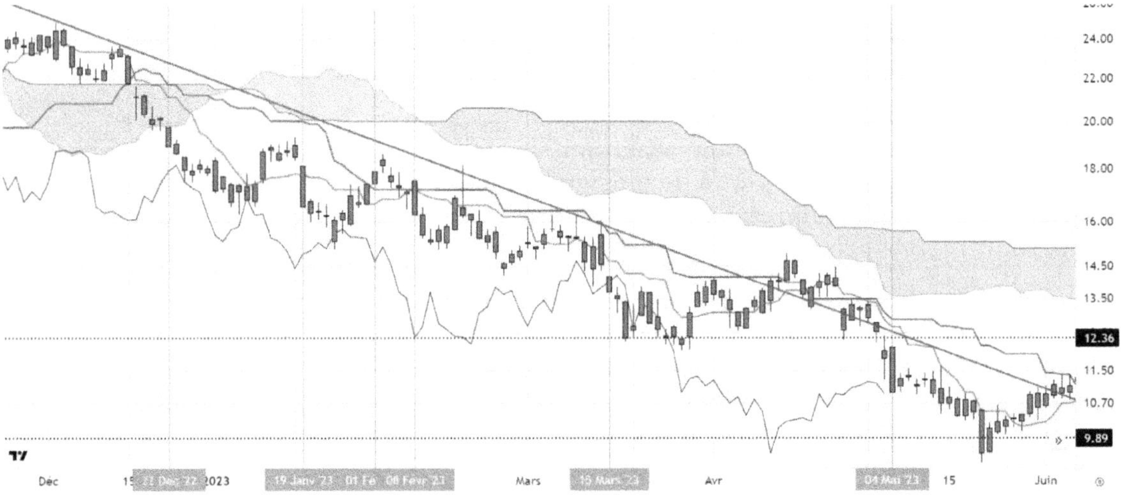

1 – 2 – 3 : Conclusion sur les entrées en tendance baissière

La validation de la tendance baissière et le premier signal de vente interviennent lorsque sont réunies les conditions suivantes :

- **Prix sous le nuage**
- **Rupture du nuage par la Tenkan et reconstitution de l'harmonie prix/Tenkan**
- **LS sans obstacles (« mur des prix ») et sortie du nuage validée.**

Il n'est pas nécessaire que la Kijun soit sortie du nuage pour valider le premier signal de vente.

Toute consolidation durant le déroulement de la tendance baissière pourra donner l'opportunité de renforcer la position et aux retardataires de rentrer dans le mouvement.

On pourra exploiter les situations suivantes :

- **Réalisation d'un nouveau plus bas dans la tendance, dans le respect de la théorie de Dow**
- **Un test de la Kijun suivi d'une bougie rouge dynamique**
- **Un franchissement suivi de la rupture de la Kijun plate avec une bougie rouge dynamique**

- **Dans les tendances fortes où les prix ne viennent pas tester la Kijun, un franchissement suivi d'une rupture de la Tenkan.**

2 – Le stop de protection

Il s'agit là certainement de l'aspect le plus compliqué des composantes de l'investissement.

Sa définition logique est qu'il correspond au niveau où l'investisseur devrait ouvrir une position inverse à celle dans laquelle il est engagé. C'est le niveau d'invalidation du mouvement en cours.

Il ne suffit pas de déterminer ce niveau théorique, encore faut-il tenir compte de la volatilité qui pourrait prendre en défaut l'investisseur par une mèche, un excès de marché.

Les publications sur le sujet sont en fait assez peu nombreuses en comparaison de l'importance que le sujet revêt pour l'investisseur.

Nous allons, dans les pages suivantes, proposer aux investisseurs des approches pratiques du problème.

Nous avons défini précédemment deux approches de la notion de tendance et montré la cohérence qui existait entre elles sur le fond.

a) Approche de la notion de stop de protection dans la théorie de Dow :

Reprenons le schéma déjà présenté lors de la description de la tendance haussière.

Considérons la situation après le franchissement du point 5 par les prix. Imaginons que, au lieu de rallier le point 6, les prix aient reflué et cassé 100.12, soit le point 5. Tous les investisseurs qui auraient acheté après le point 5 pour profiter du retournement seraient en perte et un nouvel investisseur, à la rupture de 100.12, devrait avoir une lecture vendeuse. Le point 5 représente donc un niveau d'invalidation du mouvement haussier en cas de rupture. **C'est donc un niveau de stop de protection pour les investisseurs qui seraient en position, le point 5 à 100.12 franchi.**

b) Stop de protection dans le dispositif Ichimoku :

Reprenons le graphique présenté récemment concernant les entrées en position en tendance baissière.

On a vu que les échecs au franchissement de la Kijun plate représentaient des opportunités de renforcer la position vendeuse. Si on reprend la relance baissière du 15 mars, le contact entre les prix, la Kijun et l'oblique baissière sur le niveau à 16.01 marque les limites de la volonté du camp acheteur. Ce niveau apparaît comme le niveau le plus haut défendu par les acheteurs : c'est donc le niveau d'invalidation du mouvement relancé le 15 mars.

c) Évolution du stop de protection en tendance baissière :

Reprenons à nouveau le graphique précédent et déterminons le niveau du stop de protection au fur et à mesure de la progression de la tendance.

- Première entrée en position vendeuse : elle a été indiquée le 19 janvier sur la longue bougie rouge qui fait suite au gap baissier, au rejet du nuage par la LS confirmant la tendance baissière. On trouve (rectangle rouge) une convergence de résistances constituée par la Kijun plate et le bas du nuage (SSB) à 20.05. Ce niveau invalide clairement le mouvement baissier car il correspond au comblement du gap, au retour de la LS dans le nuage et au franchissement de la Kijun plate en tendance baissière.
- Le deuxième signal de vente a été donné le 8 février lors du rejet des prix par la Kijun plate. Le dernier plus haut dans la tendance baissière a été réalisé le 2 février sur 18.62. Ce niveau devient le nouveau stop de protection pour la position ouverte le 19 janvier et pour le renfort qui serait pris le 8 février.

- Le troisième signal de vente est donné le 15 mars après le rejet des prix par la convergence de résistances constitué par l'oblique baissière et la Kijun plate à 16.01. Un nouveau plus bas est constitué dans la tendance à cette occasion. Le niveau qui invaliderait le mouvement est 16.39, dernier plus haut dans la tendance baissière et plat de Kijun. La troisième position ainsi que les 2 premières ont leur stop maintenant au-dessus de ce niveau.

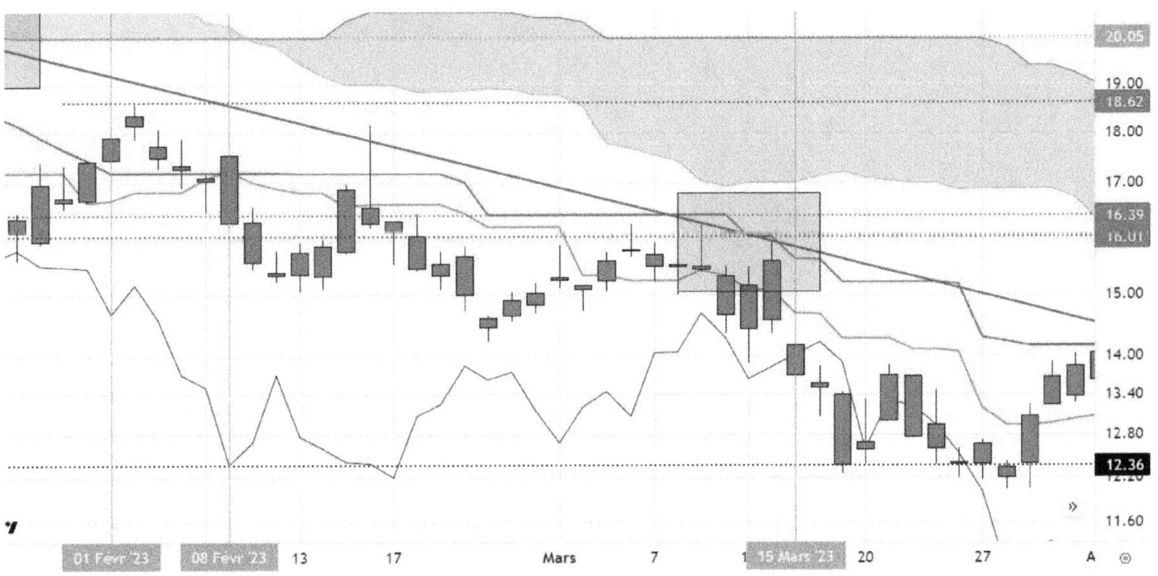

d) Positionnement précis du stop de protection

Les niveaux de stop de protection indiqués ci-dessus correspondent au niveau d'invalidation technique, mais il faut considérer la volatilité qui peut se manifester par une mèche qui viendrait toucher le stop et ferait sortir l'investisseur de sa position alors qu'il peut continuer à être dans le bon sens.

Une méthode, préconisée par l'auteur, consiste à utiliser un indicateur de volatilité, déjà évoqué lors de la présentation des bandes de Keltner qui est l'ATR (Average True Range).

Le graphique ci-dessous montre la valeur de l'ATR 14 périodes et son évolution durant la tendance baissière, en dessous du graphique des prix. Lors de la première entrée en position, l'ATR est à 1.08 et le niveau d'invalidation technique est à 20.05. On pourra positionner son stop de protection en ajoutant à ce niveau les 2/3 de l'ATR, soit : 20.05 +2/3*1.08 = 20.05 + 0.72 = 20.77.

Il en sera de même pour la deuxième entrée avec un niveau technique d'invalidation à 18.62 et un ATR à 1.02, soit : 18.62 + 2/3*1.02 = 19.30 ; et pour la troisième avec un niveau d'invalidation à 16.39 et un ATR à 1 : 16.39 +2/3*1 = 17.05.

On notera cependant que cette méthode de fixation du stop de protection n'obéit à aucune règle d'Analyse Technique. Elle est empirique et n'est que le fruit de l'observation et de l'expérience.

e) Synthèse

Les deux approches se rejoignent dans le sens où elles entérinent le fait que le niveau d'invalidation d'un mouvement correspond à celui où le camp opposé reprendrait le contrôle du marché.

L'approche développée par la théorie de Dow a l'avantage de déterminer des points d'invalidation précis.

L'approche Ichimoku fait référence à la Kijun plate mais son franchissement le 17 avril a été acté avant que le reflux s'annonce le lendemain. Le vrai niveau d'invalidation est donc le plus haut atteint par le camp acheteur, à savoir le plus haut du 17 avril.

Il faudra donc considérer les contacts avec la Kijun plate en consolidation d'un mouvement haussier ou baissier, mais il est très dangereux de positionner son stop de protection exclusivement en fonction de la seule Kijun.

Le vrai niveau de stop de protection est celui que le camp opposé à la tendance en cours est capable d'aller chercher dans la consolidation avant de renoncer.

Cette approche obéit simplement à la réalité du marché, c'est-à-dire au résultat de la confrontation permanente entre acheteurs et vendeurs et aux niveaux de prise en main du marché par un camp ou l'autre.

On constate néanmoins que, très souvent, les niveaux de la Kijun plate et ceux issus de la théorie de Dow sont proches. Cette constatation doit rassurer l'investisseur et faciliter la détermination de son stop de protection.

f) Importance du stop de protection

On peut lire çà et là les propos de certains investisseurs qui affirment ne pas positionner de stop de protection. Tout en respectant les pratiques de chacun, **l'auteur du présent ouvrage milite très fermement pour positionner TOUJOURS un stop de protection.**

Cette pratique présente beaucoup d'intérêts :

- Elle démontre que l'investisseur a analysé l'ensemble des paramètres de son entrée en position, qu'il est conscient et a quantifié son risque.
- Elle permet de déterminer le niveau de perte acceptable à froid, c'est-à-dire avant de s'engager. C'est une des composantes du ratio rendement/risque et participe au money management.
- Elle permet enfin de réduire le stress qui accompagne, plus ou moins selon les personnalités et l'expérience, l'investisseur lors de son entrée en position et SURTOUT quand – et cela se produit régulièrement – l'investissement ne part pas dans la bonne direction.

Ainsi, dans tous les exemples d'investissements qui seront détaillés en fin de cette partie de l'ouvrage, **les niveaux de stop de protection et leur évolution seront systématiquement précisés.**

3 – Détermination de l'objectif de l'investissement

On pourra déterminer plusieurs types d'objectifs. Les plus significatifs sont :

a) Dans l'unité de temps où se décide l'investissement :
- Kijun plate, SSB et plats de Kijun, de SSB et plats de SSB/Kijun
- Supports et résistances techniques
- Les bandes de Bollinger, notamment en phase 4
- Bandes de Keltner extérieures aux Bollinger, comme cela a été présenté plus avant dans l'ouvrage

b) Dans l'unité de temps supérieure :
Les mêmes que dans l'unité de temps principale. On a vu précédemment que les obstacles dans les unités de temps supérieures pèseront plus fort que dans l'unité de temps principale.

c) Les extensions de Fibonacci lorsque les prix sont dans la zone des plus hauts ou des plus bas historiques ou non testés depuis longtemps.

d) La convergence de niveaux de supports ou de résistances issus de même unité de temps ou d'unité de temps supérieure renforcera leur poids. La convergence de supports ou de résistances de nature et d'origine différentes (comme un plat de SSB et un support ou une résistance technique ou encore comme un niveau de Fibonacci et un niveau Ichimoku ou issus de l'Analyse Technique classique) renforcera le poids du niveau en question.

3 – 1 : Objectifs dans l'unité de temps de l'investissement envisagé

Exemple 1 : La bougie verte du 4 janvier qui s'accompagne d'un gap haussier lance la tendance haussière : la LS est libre, la Tenkan accompagne les prix lors de la sortie du nuage. Une position longue peut être envisagée. Les objectifs sont les résistances techniques à 33.70 puis 35.37 ainsi que le plat de SSB futur à 33.50. À ce stade, le niveau de stop se situe sous 28.25, dernier plus bas dans le mouvement haussier. Le premier objectif est proche et il peut arrêter les cours. C'est pour cela que les 5 et 6 janvier, on constate la présence de deux bougies rouges.
Le 6 janvier, les cours ouvrent juste sous la zone de résistance 33.50/33.70 avant de se replier. La bougie du lendemain doit être décisive. Soit les acheteurs confirment leur volonté haussière et le franchissement peut se réaliser, soit les vendeurs reprennent la main : dans ce cas, le mouvement haussier aurait été probablement compromis. La résistance suivante à 35.37 est également abordée avec dynamisme, mais durant deux jours (et deux petites bougies rouges), la confrontation entre acheteurs et vendeurs est plus incertaine. Le franchissement se réalise finalement, mais le 18 janvier, les vendeurs reprennent la main, le niveau de 35.37 est cassé en séance avant d'être repris en clôture et le mouvement haussier peut repartir.

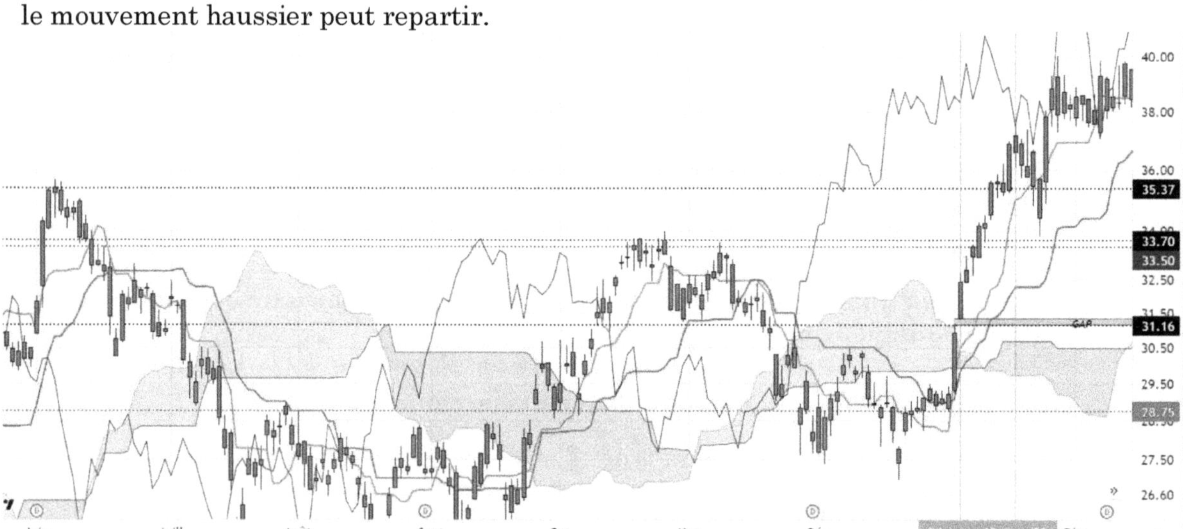

Exemple 2 : Retour vers la situation décrite dans le chapitre consacré à l'entrée en position. Le signal d'achat était donné le 20 janvier. Cependant, le premier obstacle était à 187.82. Il fallait donc patienter une séance de plus pour voir les cours franchir ce niveau. Une entrée en position effectuée le jour suivant permettait le franchissement du premier obstacle. Le niveau de stop de protection correspondant se situait sous la Kijun plate, dernier plus bas dans la tendance. Les objectifs correspondant à une entrée en position après le 20 janvier se situent à 222.33, puis 236.04. Ce sont des plats de SSB datant de l'été précédent et 247.68.

Les cours progressent et viennent dans la zone objectif : 222.33/247.68 autour du 14 février. Elle confirme son rôle de zone de résistance et les cours refluent avant qu'un gap haussier démontre une certaine volonté des acheteurs qui tarde à se concrétiser puisqu'il faut attendre le 16 mars pour qu'une bougie verte dynamique propulse les cours au-dessus de cette zone et que la progression des cours se poursuive.

Ainsi, une entrée en position optimisée, la séance suivant celle du 20 janvier, au-dessus de 187.82, a pour objectif la zone 222.33/247.68 avec un niveau d'invalidation sous la Kijun plate.

Exemple 3 : Le 12 janvier, la sortie définitive de la LS de son nuage confirme l'opportunité d'achat. Le niveau de stop est le dernier plus bas dans la tendance haussière soit 75.95. Les obstacles à la progression des prix sont :

- Un plat de Kijun datant de septembre à 86.85
- Un plat de SSB/Kijun à 89.05
- La résistance technique à 104 correspondant au démarrage de la tendance baissière durant l'été précédent
- Une petite zone 110.2/110.8 correspondant à un plat de SSB et un plat de SSB/Kijun datant de septembre/octobre

Les cours mettent plusieurs jours à franchir le premier obstacle à 86.85. Il en est de même du deuxième à 89.05 qui est finalement franchi avec un gap haussier et une bougie verte dynamique.

La résistance technique à 104 entraînera une consolidation importante puisque les cours reviendront à un niveau proche de 89.05 avant de repartir avec une bougie verte importante qui englobe la bougie rouge précédente et franchit la Kijun (bougie de retournement).

Les cours échoueront finalement sur la zone 110.2/110.8.

Après le gap haussier, le stop de protection pourra être placé sous 84.30, dernier plus bas dans la tendance.

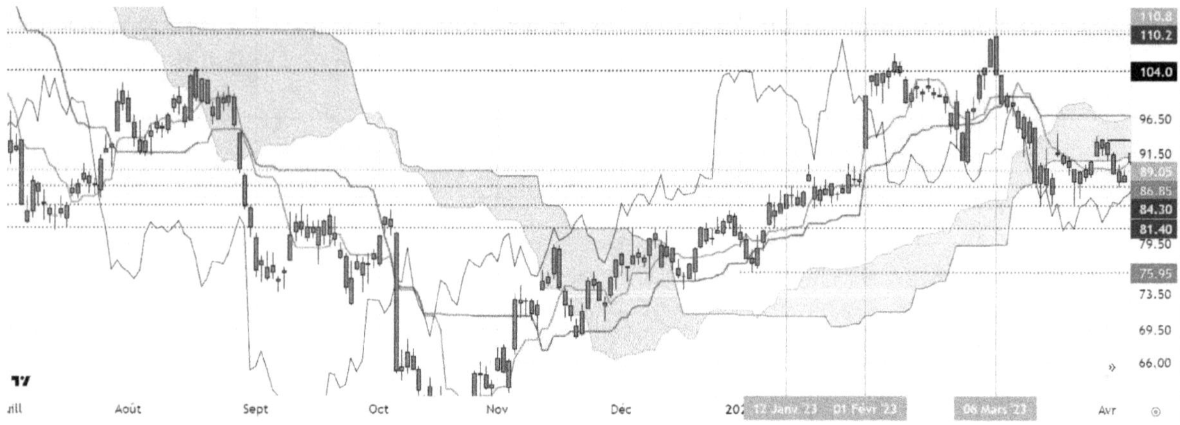

Cette situation montre les obstacles constitués par les plats de SSB dans la reprise après une tendance haussière. Ce sont autant d'étapes que l'actif devra franchir avant de retrouver le niveau d'avant le début de la tendance baissière.

À chaque obstacle, la confrontation entre acheteurs et vendeurs marque une tension particulière. On verra comment un investisseur pourra se comporter dans ce type (fréquent) de situation et anticiper une poursuite ou un arrêt du mouvement.

3 – 2 : Les objectifs dans les unités de temps supérieures

3 – 2 – 1 : Situation complète

Avant toute décision d'entrée en position, l'investisseur doit mener son analyse sur trois unités de temps, afin notamment de :

- confirmer si le sens dans lequel il veut rentrer est celui de la tendance à plus long terme ou s'il s'agit d'une opération contrarienne. L'approche et la stratégie seront différentes, de même que le risque.
- déterminer les obstacles dans le sens envisagé.

La situation suivante va développer toute la stratégie que peut mettre en place l'investisseur dès qu'il a détecté une opportunité dans une unité de temps. Le développement se fera sur les unités de temps : jour, semaine, mois. Il s'agit d'un investissement en actions (vente à découvert) pour une durée de détention (a priori) longue. Cela signifie qu'une possibilité de développement d'une tendance a été envisagée. L'opportunité est détectée par le graphique jour. En effet, toutes les conditions de tendance baissière sont acquises. Après la sortie baissière des prix du nuage, une consolidation est intervenue, qui a entraîné un retour de la LS à l'intérieur du nuage. Les prix ont repris leur parcours baissier juste avant de tester le retracement 38.2% de l'impulsion baissière.

Ce phénomène est favorable à la poursuite du mouvement baissier mais la confirmation doit venir de la LS qui intervient le 16 décembre. Le stop de protection se placera au-dessus du haut de la consolidation, en faisant intervenir l'ATR comme montré précédemment.

Les obstacles dans l'unité de temps sont :

- Le plat de Kijun datant du mois d'août à 231.16
- Les plats de SSB/Kijun datant de juillet et d'août à 227.97 et 224.09
- L'extension 0.786 correspondant au retracement de Fibonacci ci-dessus à 222.76
- L'extension 1 confondue avec un support datant de mai à 209.18

Ces deux extensions sont aussi à considérer comme des objectifs du mouvement. On regardera leur éventuelle convergence avec les supports.

Cela nous donne une zone entre 224 et 231 puis un niveau à 209. Ce sont des obstacles et aussi des objectifs potentiels d'une impulsion baissière.

La situation en vision hebdomadaire est la suivante :

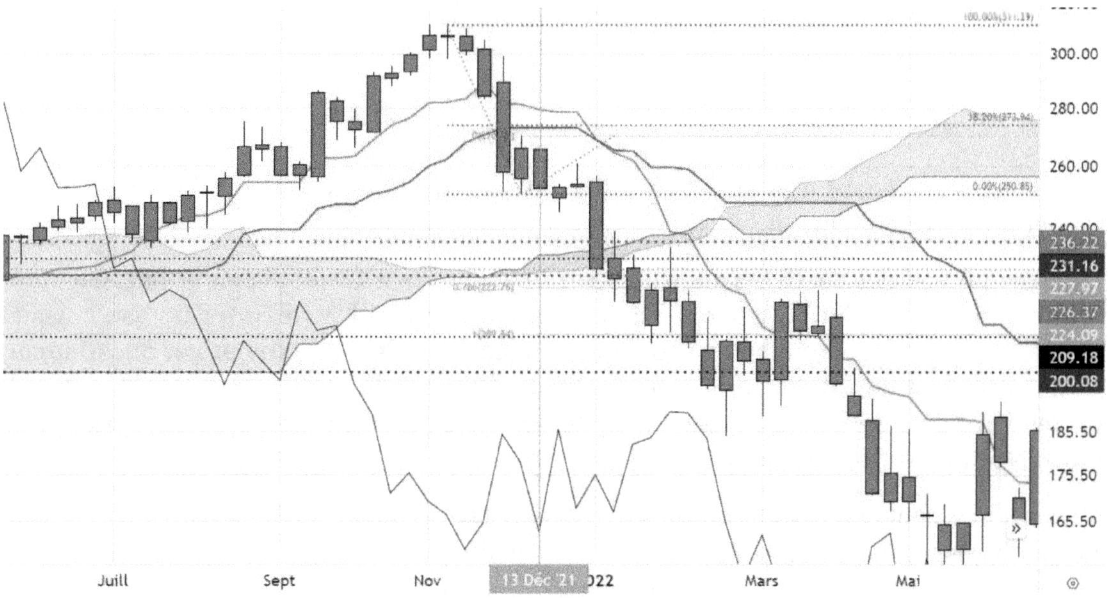

À la date de la détection de l'opportunité en jour, la Kijun plate a été cassée. Les obstacles principaux sont :

- le nuage mince baissier encadré par deux plats de Kijun à 226.37 et 236.22
- le plat de SSB à 200.08

En mensuel à la date de la détection de l'opportunité, les deux obstacles connus sont :

- la Kijun plate à 213.58
- le plat de Kijun à 200.08, confondu avec le plat de SSB en hebdomadaire

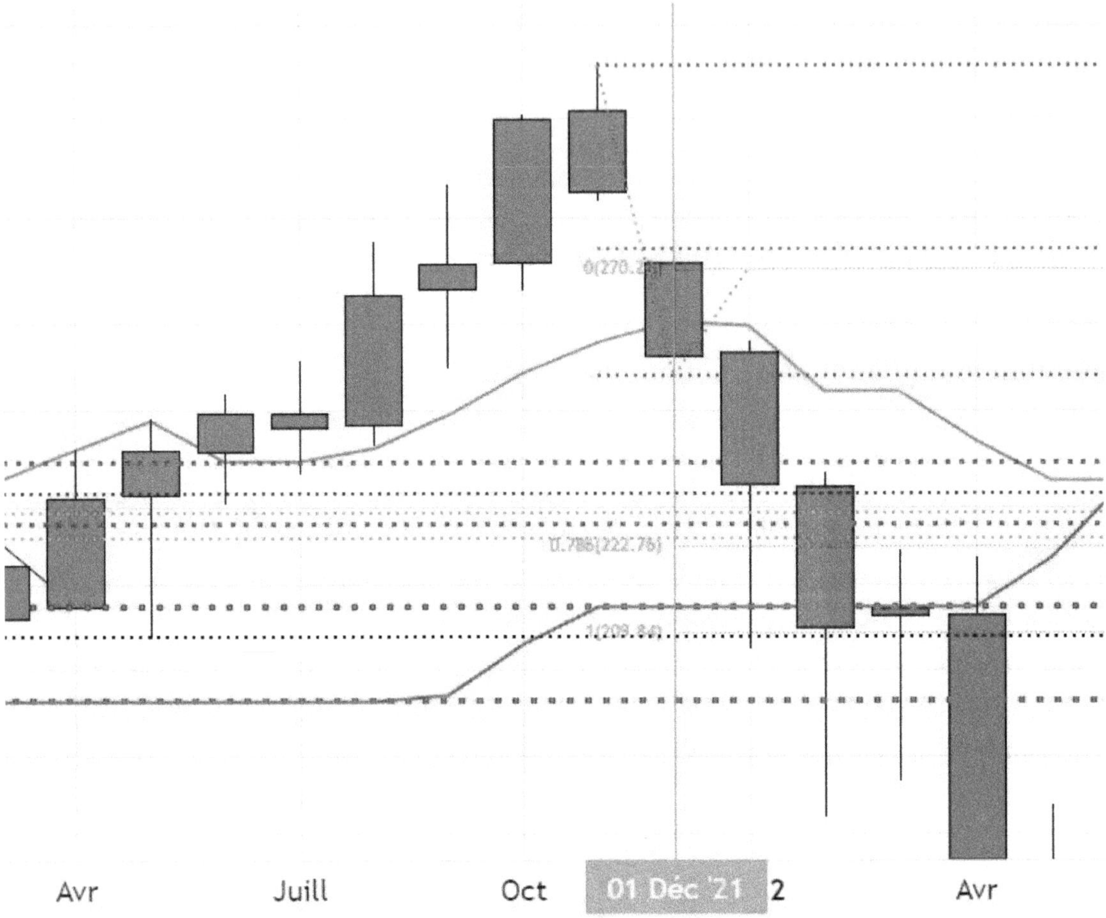

Revenons maintenant à la situation sur l'unité journalière qui sera celle qui servira à guider l'investissement.

L'entrée en position le 16 décembre ne sera pas suivie d'un mouvement baissier mais plutôt d'une consolidation horizontale. Le fait majeur sera l'ouverture d'un gap baissier le 5 janvier précédé d'une bougie rouge importante. Celle du 5 janvier est aussi importante et permet de valider un nouveau plus bas dans la tendance baissière. Le stop de protection peut alors être descendu au-dessus de 260.96 qui est le dernier plus haut dans la tendance, compte non tenu de l'ATR.

On est alors rentré dans la grosse zone de résistances notamment en jour et semaine. Le gap baissier encadré par des bougies rouges qui montrent la force du camp vendeur doivent pousser l'investisseur à attendre et à observer le nouveau rapport de force entre acheteurs et vendeurs. Tant que la Kijun n'est pas franchie, la tendance et l'investisseur ne risquent rien. Dès qu'elle se met à plat, la sécurité de l'investissement augmente et il est tout à fait possible de descendre encore le stop au-dessus de la Kijun plate avec la marge indiquée par l'ATR à ce moment afin de pallier toute mèche. Dans ces conditions, le stop de protection se trouve en dessous du niveau d'entrée : l'investisseur ne risque plus rien.

La bougie du 13 janvier dessine une figure technique « étoile du soir » qui doit relancer le mouvement baissier. L'extension 0.786 Fibonacci est cassée et les prix vont tester la Kijun plate mensuelle à 213.58 qui est un obstacle redoutable. Sa rupture indiquerait l'opportunité d'une nouvelle jambe de baisse en direction du plat de Kijun mensuelle à 200.08. Si l'investisseur décide de rester en position à partir du 26 janvier dans le but de tenter le ralliement de 200.08, il pourra descendre à nouveau son stop de protection au-dessus de la Kijun à cette date à 234.13.

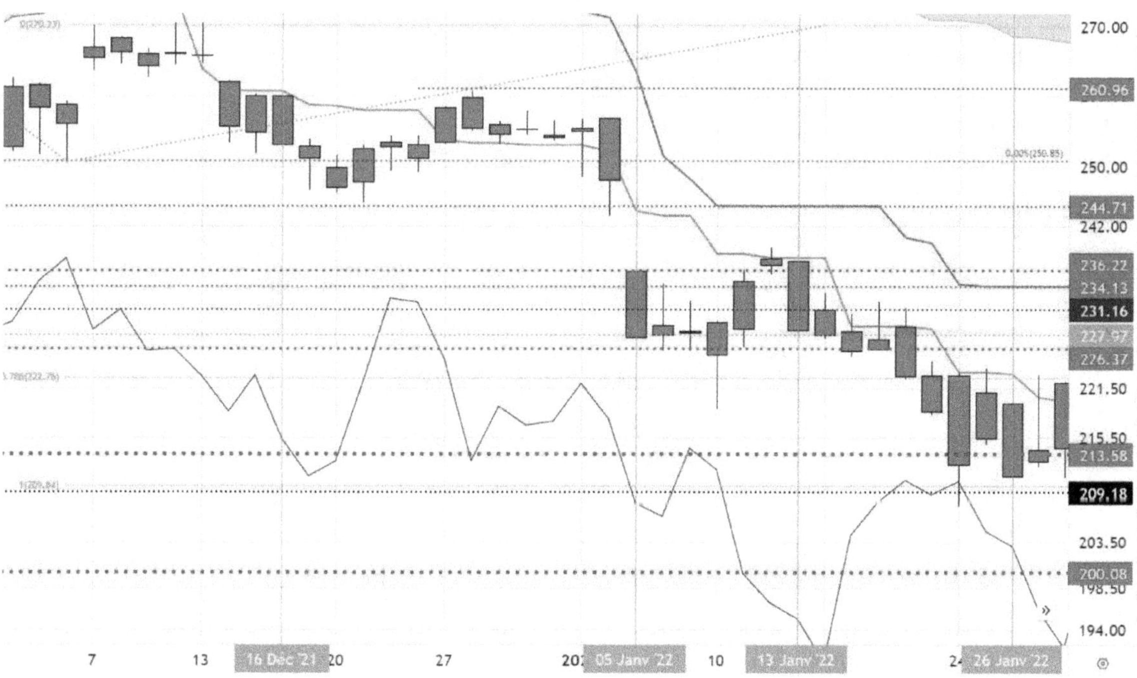

3 – 2 – 2 : Autres situations

a) Nuage de la LS dans l'unité de temps supérieure

En unité de temps jour, le 9 janvier, un signal d'achat est déclenché par plusieurs bougies vertes, la sortie du nuage des prix, le franchissement de la Kijun plate, l'accompagnement de la Tenkan et la confirmation par la LS.

Les obstacles dans l'unité de temps sont :

- les plats de SSB/Kijun à 67.10 et 71.26.
- la résistance à 77.12 datant de mars
- la résistance à 81 datant de janvier

En hebdomadaire, la situation est la suivante :

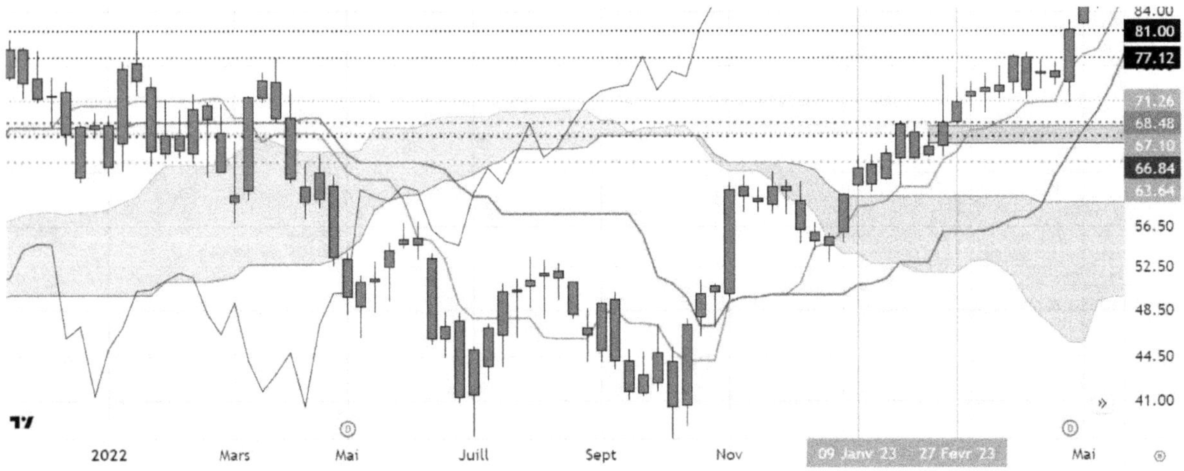

Le niveau d'entrée envisagé en bougies quotidiennes se heurte à :

- le plat de SSB/Kijun à 63.84, correspondant à la confirmation de la sortie du nuage par les prix
- le plat de Kijun à 68.48
- et surtout, le fait que la LS est encore sous son nuage, mince certes, mais elle ne donne pas encore la confirmation du passage en tendance haussière dans cette unité de temps.

Il faudra donc attendre la confirmation de la sortie de la LS et le franchissement du plat de Kijun, réalisés sur la bougie de la semaine du 27 février, pour envisager un achat.

En revenant en journalier, on constate que la situation n'est pas favorable car les cours sont sous une résistance à 73.72. Il faudra finalement attendre presque deux mois et la bougie verte dynamique du 26 avril pour que tous les paramètres soient favorables, avec un stop de protection court sous 71.26 pour que le mouvement se développe rapidement.

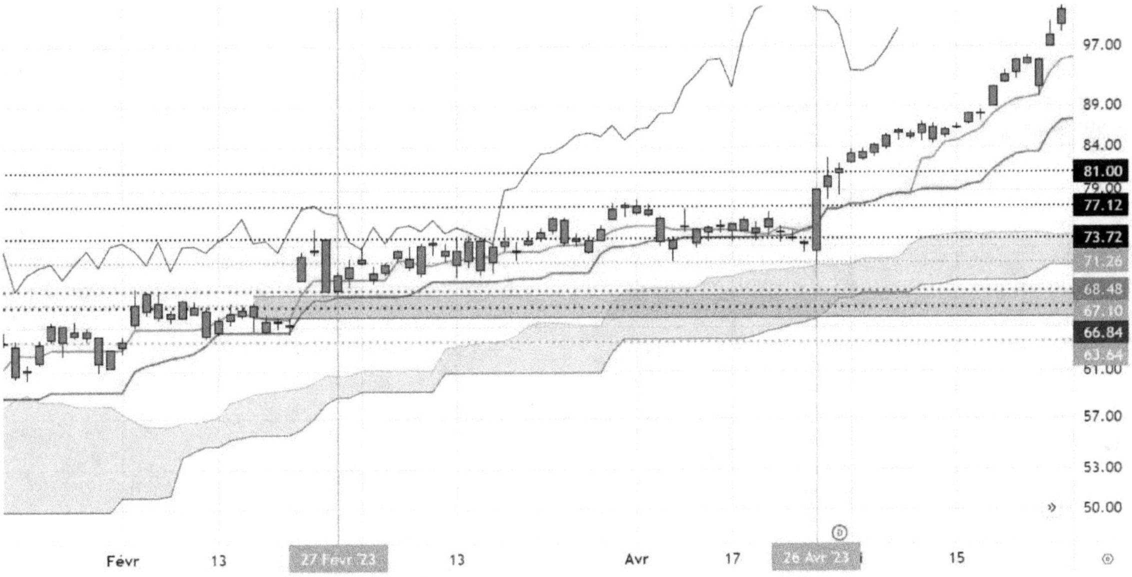

La notion du bon « timing » apparaît déterminante. Dans notre exemple, il se trouve que tous les obstacles ont été finalement franchis. Jusqu'à ce moment, l'investisseur qui serait rentré tôt n'aurait pas pu déterminer des objectifs qui auraient donné un ratio rendement/risque acceptable.

Une des qualités indispensables à l'investisseur est la patience ! Cet exemple est caractéristique.

Investir en Bourse, ce n'est pas jouer au casino !

b) Situation favorable en données jour

Le 5 novembre, la configuration en quotidien est favorable. Tous les paramètres Ichimoku sont validés et la résistance technique à 5.54 est franchie. Le prochain obstacle est le plat de Kijun à 6.31.

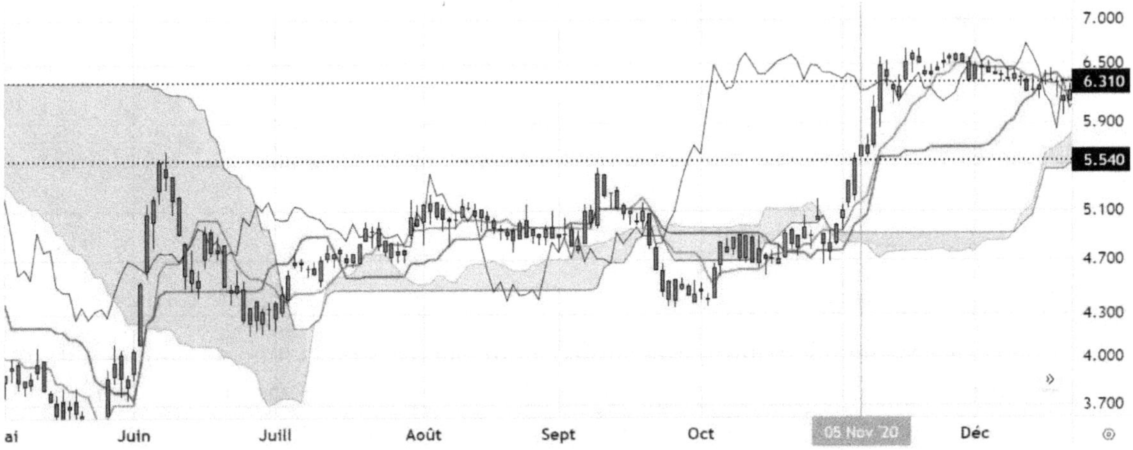

Cependant, la situation en hebdomadaire, ci-après, est beaucoup moins favorable car les prix sont encore sous le nuage bien qu'un mouvement haussier soit en place depuis plusieurs semaines.

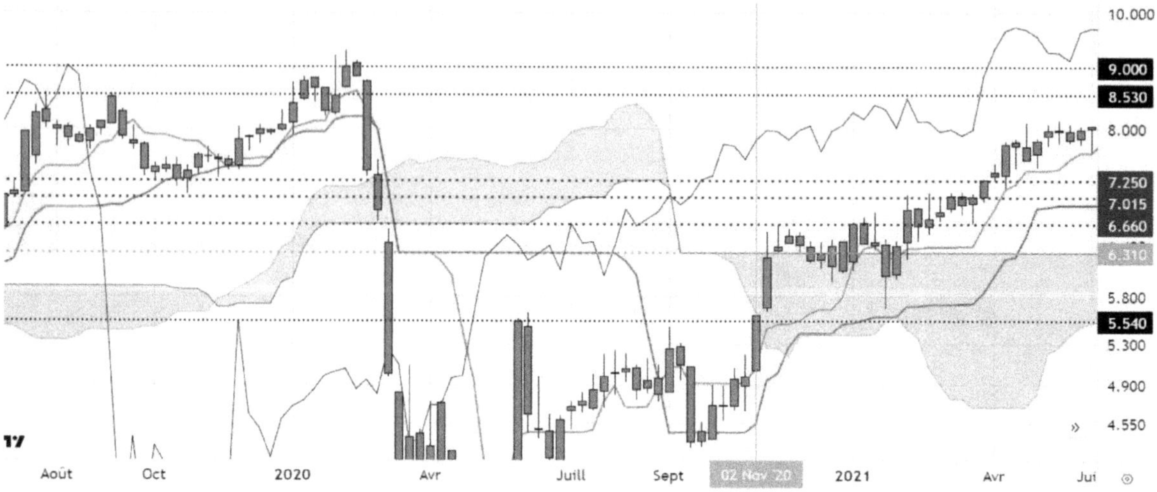

Il faudra attendre – a minima – le franchissement du plat de SSB/Kijun à 6.31 correspondant à la sortie des prix du nuage.

Au-dessus de ce niveau apparaissent plusieurs plats de SSB à 6.66 puis 7.01 et 7.25. Les résistances techniques suivantes sont à 8.53 puis 9.00.

Revenons, avec ces éléments, dans l'unité de temps inférieure.

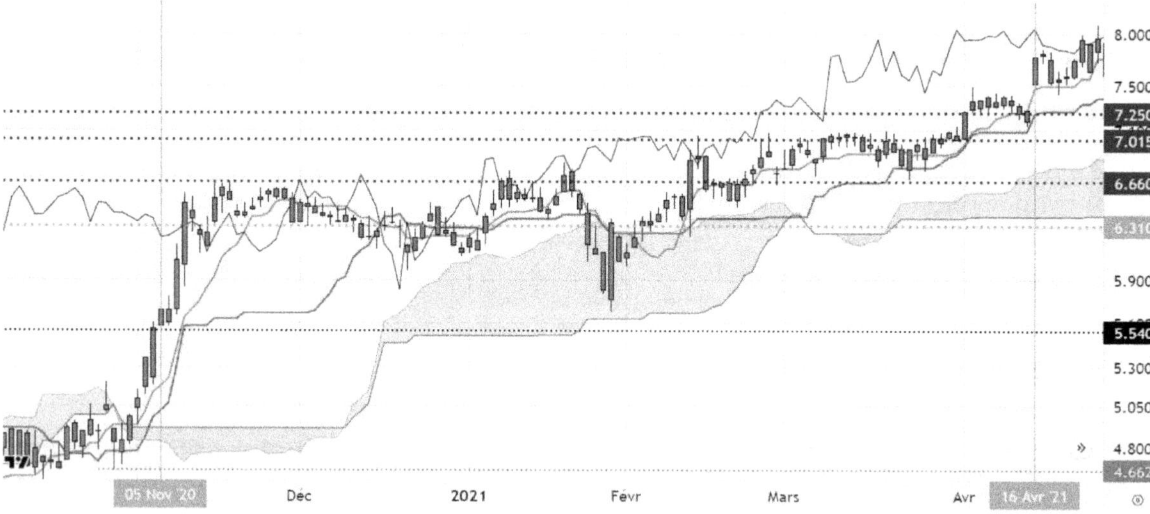

L'investisseur pourrait se limiter à l'objectif à 6.31. Cette approche est très risquée car :

- elle est tendancielle dans l'unité de temps mais contrarienne en hebdomadaire
- le stop de protection se situe sous 4.66, soit très loin. Ceci est dû au fait que le marché est monté en ligne droite sur une semaine, sans consolidation.

La seule possibilité aurait été une opération opportuniste de court terme dès le 2 novembre, date où les conditions Ichimoku sont remplies avec comme objectif la zone 5.42/5.54 et un stop de protection sous 4.66 :

La stratégie aurait été complétée par le choix qui s'offrait à l'investisseur, une fois son objectif atteint de sortir et prendre sa plus-value ou, compte tenu de la dynamique du mouvement, poursuivre sa position. On reviendra dans un chapitre suivant sur des propositions de stratégies de trading pour gérer ce type de situation.

4 – Les sorties de position

Nous venons de voir un exemple caractéristique des questions que se posent les investisseurs : quand sortir de position. Il n'y a pas de règle immuable. Cela dépend très largement de la psychologie de l'investisseur, de l'horizon de temps et de la situation de marché.

En effet, si on se trouve dans des conditions similaires à ce que l'on a connu entre fin mars 2020 et le tout début 2022 sur les indices action des deux côtés de l'Atlantique, la maxime « La tendance est votre amie » pouvait amener les investisseurs longs à adapter leur stratégie afin de poursuivre un peu plus leur investissement.

4 – 1 : Sortie sur objectif

C'est la solution la plus simple et celle souvent employée par les scalpeurs et les day traders, notamment ceux qui veulent clôturer la journée sans position ouverte.

4 – 2 : Sortie partielle sur objectif

Reprenons le graphique précédent et envisageons la situation de l'investisseur lorsque deux jours après son entrée en position pour viser la zone 5.42/5.54, les cours clôturent au-dessus de cette zone avec une mèche haute très courte.

Il peut, comme indiqué ci-dessus, sortir peu avant la fin de la séance et encaisser ses bénéfices.

Il peut aussi constater que le mouvement haussier est très dynamique et poursuivre sa position. La difficulté est que le stop de protection est maintenant très loin, toujours à 4.66. Il ne pourra monter qu'à la faveur d'une consolidation. Après avoir franchi une première zone de résistance, les cours pourraient très bien consolider dans la zone 5.42/5.54

puis repartir. Cela constituerait une magnifique opportunité de remonter le stop au-dessus du prix d'achat et de libérer psychologiquement notre investisseur.

Tout cela ne représente que des hypothèses de travail, sans aucune certitude.

L'investisseur peut aussi adopter deux stratégies possibles qui préserveraient à la fois des gains et permettraient de poursuivre le mouvement haussier si celui-ci veut bien continuer à se développer.

a) Stratégie 1 :

Il peut décider en fin de séance du 4 novembre, sur le franchissement de 5.54, de sortir une fraction de sa position, généralement la moitié, afin de sécuriser une partie de gains et de laisser une demi-position dans le marché en positionnant le stop de protection sous le bas de la bougie de la veille, conformément au schéma suivant :

- Le 4 novembre en fin de séance, en même temps que la sortie de la demi-position, l'investisseur déplace le stop qui était à 4.66 sous la bougie de la veille à 5.09, soit au-dessus du prix d'achat. De ce fait il aura aussi un gain sur la demi-position restante.
- Le 5 novembre, il remonte le stop sous la bougie du 4, soit autour de 5.20.
- Le 6 novembre, le stop est placé sous la bougie du 5, soit 5.55. On voit que cette bougie est rouge, de petite taille car le marché est très haussier. Si une mèche basse avait touché le stop, l'investisseur aurait sorti sa demi-position au niveau de la première demi-position. Il n'aurait rien gagné de plus mais il aurait essayé.
- Le 9 novembre, le stop n'est pas modifié car la bougie précédente était rouge
- Enfin, le 10 novembre, le stop se place sous 5.62 et le 11 novembre sous 5.82. On arrive ainsi au contact des plats de SSB/Kijun et plats de SSB hebdomadaires.

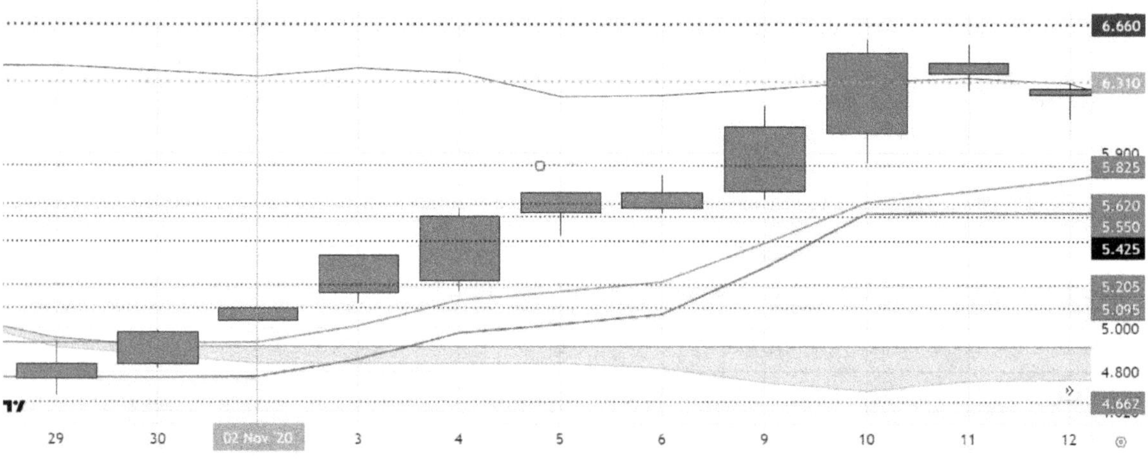

Si l'investisseur, qui a pour le moment bien mené son opération, peut décider de sortir sa demi-position dès l'entrée dans la zone (sérieuse) de résistances hebdomadaires, soit en fin de séance du 10 novembre, il peut aussi tenter le passage de cette zone en laissant désormais son stop sous 5.82. Il peut aussi rééditer le processus en sortant une partie de sa demi-position et laisser filer le reste avec un stop à 5.82.

Cette stratégie est applicable, bien sûr, quels que soient l'actif et les unités de temps dans lesquelles on travaille.

Elle présente l'intérêt de réaliser une plus-value immédiate sur l'objectif, de monter le stop pour sécuriser la position restante et de profiter à chaque bougie d'une augmentation de son gain. Si une consolidation importante se produit, le stop de protection jouera son rôle.

b) Stratégie 2 :

Elle est très similaire à la stratégie 1, mais en conservant toute la position et en faisant évoluer le stop comme indiqué précédemment. Si tout va bien, le gain sera supérieur. Dans le cas contraire, probablement un peu inférieur.

Dans tous les cas, à partir du moment où on s'approche de l'objectif ou quand on l'atteint, le stop de protection doit être modifié et coller au plus près au mouvement.

On sort d'une logique analyse pour se situer dans une logique investisseur qui cherche à maximiser son gain en jouant sur différents paramètres dont sa psychologie.

Lorsqu'on est proche de l'objectif, il est inacceptable de ne pas réaliser un minimum de gains, surtout si, comme dans l'exemple précédent, on n'a pas la possibilité de remonter le stop par inexistence de consolidation.

5 – Le ratio rendement/risque

Nous ne développerons pas beaucoup cette notion évidemment fondamentale. Comme pour le money management, elle est largement traitée dans différents ouvrages. Nous nous contenterons de rappels de bon sens.

Tout d'abord, il va dépendre de l'approche personnelle de chaque investisseur et de son rapport au risque.

Le ratio rendement/risque ou RRR est le rapport entre l'espérance de gain et le risque de perte. Le gain est la distance entre le prix d'entrée et l'objectif que l'investisseur s'est fixé. Le risque de perte est la distance entre le prix d'achat et le niveau de stop.

Un RRR de 1 indique la même distance entre les niveaux de gain et de perte. Ainsi, un investisseur qui a un taux de réussite de 50% de ses investissements et qui se donne un RRR de 1 sortira étal à long terme. Ce n'est pas le but de l'opération !

D'un autre côté, un investisseur qui rentre en position avec un RRR de 2 aura besoin de gagner une fois sur trois pour sortir étal.

Cela sous-entend que l'investisseur sortira systématiquement sur l'objectif alors que nous venons de voir des approches de poursuite de l'investissement au-delà de l'objectif qui peuvent modifier le RRR final dans un sens ou dans l'autre. Il sera toujours favorable pour une sortie de toute ou d'une partie de la position au-delà de l'objectif et inferieur dans le cas contraire.

Quelques règles que l'on peut se fixer :

- Suivre ses opérations pour savoir si l'investisseur peut en tirer une statistique fiable de son taux de réussite à long terme et si celui-ci est régulier.
- Analyser ses échecs : selon l'expérience de l'auteur, de l'ordre de 60 à 70% proviennent de non-respect des règles d'entrée en position, de la négligence du suivi

du calendrier des sorties de résultat pour les actions ou des grandes statistiques influant les indices et le Forex (annonces Banques Centrales, inflation en ce moment, emploi américain, PIB…) ou d'une mauvaise interprétation de ces informations économiques. Les situations de marché influent pour 30% seulement. Lors d'une entrée en position, si les prix commencent à aller dans le sens opposé à celui qui avait été prévu, cela démontre certainement une mauvaise appréciation de la situation ou un mauvais « timing ». Il faut réanalyser la situation et ne pas hésiter à prendre rapidement une petite perte, si nécessaire, plutôt que de la laisser croître jusqu'au stop.

- Analyser le placement du stop de protection : on a proposé une règle pour le déterminer, notamment en ce qui concerne la prise en compte de la volatilité. Il est frustrant de voir le stop touché pour quelques pips ou quelques centimes. Ce n'est pas toujours facile d'accepter d'éloigner le niveau du stop, ce qui va accroître le niveau de perte éventuelle et dégrader le RRR. À long terme, l'expérience montre, selon l'auteur, que cela améliore son trading en réduisant le stress, en s'obligeant à ne rentrer que dans des situations claires ou saines, dans des mouvements tendanciels bien construits.
- Analyser les opérations gagnantes : aurait-on pu aller plus loin que l'objectif, ce dernier était-il bien placé…

En découle un niveau de RRR. On lit souvent le conseil d'un niveau de RRR de 2. Pourquoi pas ? Celui-ci évoluera en fonction de l'expérience de l'investisseur, de son taux de réussite, de sa régularité. À titre personnel, l'auteur estime qu'on ne devrait jamais entrer en position en dessous d'un RRR de 1.6. Cela permet d'attendre un peu par rapport au point d'entrée déterminé afin de confirmer le mouvement. Dans ce cas, le RRR baisse mais le taux de réussite augmente. Ce type de choix participe de la psychologie de l'investisseur et son rapport au risque.

On notera enfin que les utilisateurs d'Ichimoku et ceux qui utilisent la règle concernant le placement relatif des bandes de Bollinger et de Keltner bénéficient certainement d'un avantage dans la mesure où ces deux outils filtrent efficacement les faux signaux.

CHAPITRE 4

LA MÉTHODE DES CONVERGENCES

L'approche qui va être proposée et développée, que l'auteur a appelé la « méthode des convergences », tire son origine des évolutions qu'il a eu très tôt de son approche d'Ichimoku.

Le premier point important a été d'être séduit par la notion d'équilibre de marché plutôt que celle issue des supports et résistances, c'est-à-dire des extrêmes de marché. Il y a une logique à ce que les cours, lorsqu'une tendance n'est pas établie ou, en cours de tendance, aillent tester des niveaux d'équilibre majeurs. C'est sur ces niveaux, c'est-à-dire à des moments stratégiques, que la confrontation entre les camps acheteur et vendeur déterminera celui qui emportera la conviction d'un maximum d'intervenants.

Les toutes premières années d'utilisation d'Ichimoku ont confirmé les améliorations des performances d'investissements.

Peut-on tourner la tête à tout ce que l'Analyse Technique a apporté ?

Non, certainement pas !

C'est ainsi que la méthode a pris forme et a évolué au fil des ans. Elle est devenue très stable depuis plusieurs années.

Le principe de base est que si plusieurs approches indépendantes fournissent le même résultat, la probabilité que ce dernier soit le bon en sort renforcé.

Appliqué à l'investissement, cela signifie que si l'utilisation de plusieurs outils, **de constructions indépendantes**, fournit les mêmes paramètres de l'investissement, la probabilité de réussite doit augmenter. De plus, l'investisseur prendra garde à tous les écueils que chaque approche lui indiquera : cela guidera ses choix.

Ces points expliquent cette notion de « **convergence** ».

Les développements proposés au début de cette deuxième partie de l'ouvrage, notamment concernant les bandes de Bollinger et de Keltner, les retracements et extensions de Fibonacci ont préparé le lecteur aux grands outils qui complètent la pratique d'Ichimoku. L'auteur utilise également de grandes approches de l'Analyse Technique, en plus des outils privilégiés évoqués ci-dessus :

- Les supports et résistances, bien sûr. On précise déjà que la convergence de niveaux remarquables en Ichimoku avec des supports et résistances accroît la probabilité de leur incidence sur l'évolution des cours et des obstacles à prévoir.
- Les figures techniques : on a déjà évoqué les figures de retournement, type bougies d'avalement ou englobantes, « étoile du matin » ou « étoile du soir »... L'œil s'habitue, avec le temps, à reconnaître ces figures.
- Les moyennes mobiles pertinentes, notamment dans leurs contacts avec la LS.

L'important est de bien comprendre et interpréter le message que délivrent les bougies et les ensembles de bougies.

Nous allons illustrer l'application de la méthode à travers les quelques exemples suivants :

1 – Convergence Ichimoku/ bandes de Bollinger et de Keltner

Le 18 mai, les prix refluent violemment sous l'effet de la convergence de quatre phénomènes :

- Kijun plate qui joue le rôle de résistance en tendance baissière
- Bandes de Bollinger en phase de resserrement (phase 4), ne permettant plus de disposer de la volatilité nécessaire pour que le mouvement haussier (de contre-tendance) puisse se développer
- Bandes de Keltner (en bleu sur le graphique) à l'extérieur des bandes de Bollinger
- Bougie du 18 mai qui englobe les trois bougies précédentes.

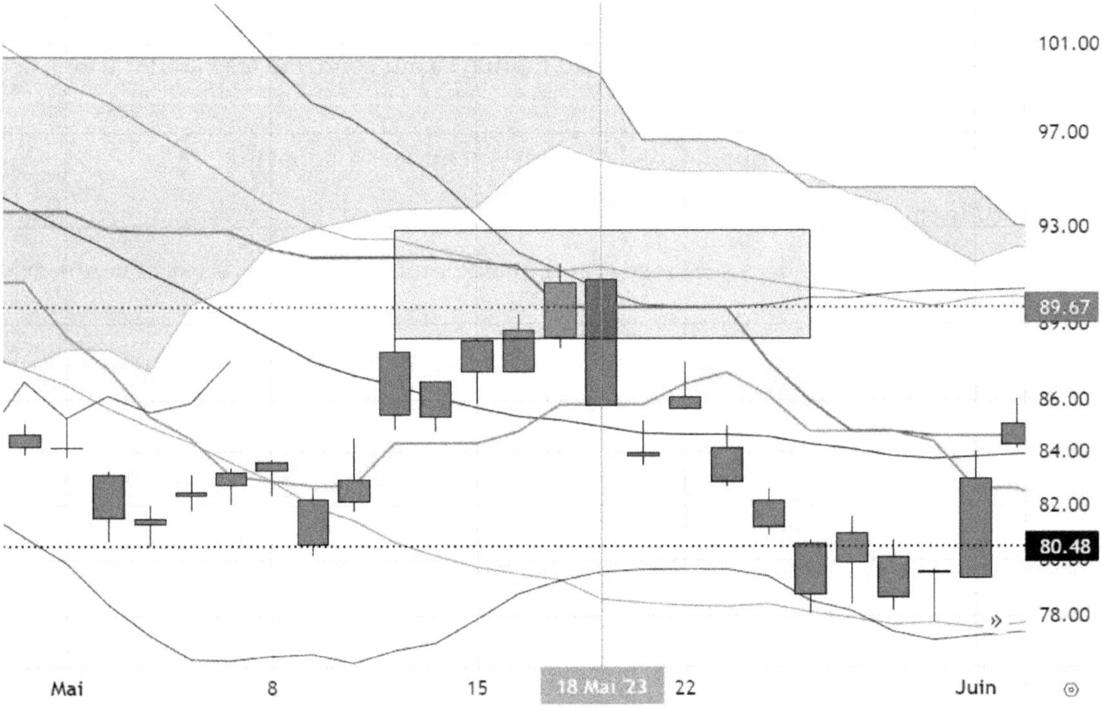

Ce qui est aussi notable est que cette situation était prévisible dès la veille, compte tenu de la convergence des trois premiers phénomènes. Cela aurait pu permettre à un investisseur de ne pas attendre la clôture du 18 mai : il aurait pu prendre position pendant la séance, dès que le mouvement des prix confirmait la convergence.

Dans ce cas, l'investisseur aurait pu initier une position d'opportunité vendeuse après rupture de la Kijun à 89.67, avec pour objectif le support technique à 80.48 et un stop au-dessus de la bougie du 17 mai. Le RRR était favorable, de l'ordre de 2. Même si les choses sont amenées à évoluer dans le temps, cet objectif était inférieur aux niveaux de support constitués par les bandes de Bollinger et surtout de Keltner.

Cette opportunité n'aurait pas pu être décelée avec Ichimoku seul et avec une grande probabilité de succès. En effet, les prix auraient pu continuer à progresser dans le mouvement haussier de contre-tendance, d'autant plus que la LS était libre vers le haut. Le seul argument était la résistance matérialisée par la Kijun plate. Ce n'est qu'une résistance et celle-ci peut très bien être franchie dans le mouvement. La possibilité de fin de mouvement baissier avec le rebond sur 80.48 ne pouvait pas être écartée. Les outils complémentaires se sont montrés décisifs pour appuyer l'approche Ichimoku.

Si on écarte un peu plus le graphique précédent, on note un argument supplémentaire. La bougie du 17 mai a buté sur le retracement de Fibonacci 50% du mouvement baissier entre le 6 avril et le 9 mai.

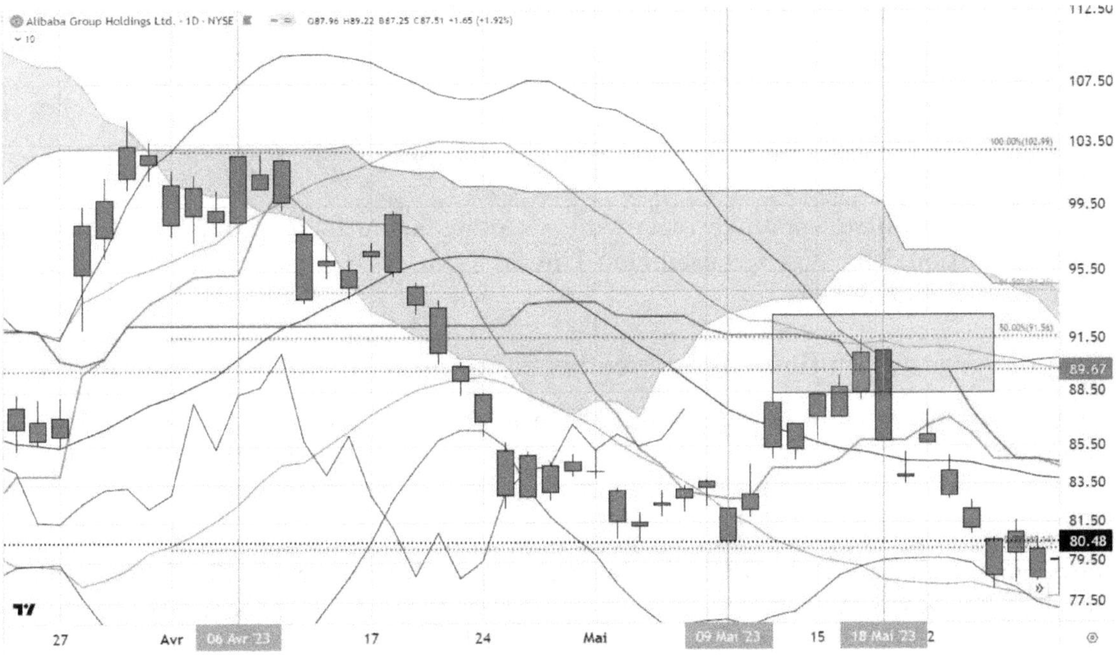

2 – Convergence Ichimoku/bandes de Bollinger et de Keltner/gap/interprétation des bougies

Sur le graphique suivant, une impulsion baissière se développe depuis le rejet des prix par la Kijun plate entre les 10 et 20 avril. Le 24 avril, la bande basse de Keltner revient à l'intérieur de celle de Bollinger et confirme les conditions favorables de la volatilité pour la poursuite du mouvement baissier. Le 8 mai, une tentative de franchissement de la bande basse de Keltner se solde par un échec et le lendemain, l'ouverture d'un gap baissier permet d'envisager la poursuite de la dynamique baissière. Cependant, les trois bougies vertes à partir du 11 mai retournent la bande de Bollinger basse et les prix franchissent le 15 mai la bande de Keltner basse. L'impulsion baissière est terminée et un investisseur aurait certainement intérêt à sortir, a minima, une partie de sa position baissière. En la circonstance, Ichimoku interprète la bougie du 15 mai comme un retour à l'harmonie prix/Tenkan, mais le franchissement dynamique de la bande de Keltner et le retournement de la bande basse de Bollinger indiquent qu'il n'y a plus assez de volatilité pour continuer à baisser. Le gap ouvert le 9 mai était un gap d'essoufflement, ce qui est souvent le cas quand il est situé après un long mouvement tendanciel, après d'autres gaps comme celui ouvert le 24 avril. La toupie du 10 mai marquait déjà une forme d'incertitude et une confrontation entre acheteurs et vendeurs qui commençait à indiquer un manque de volatilité et un consensus sur le niveau de prix actuel.

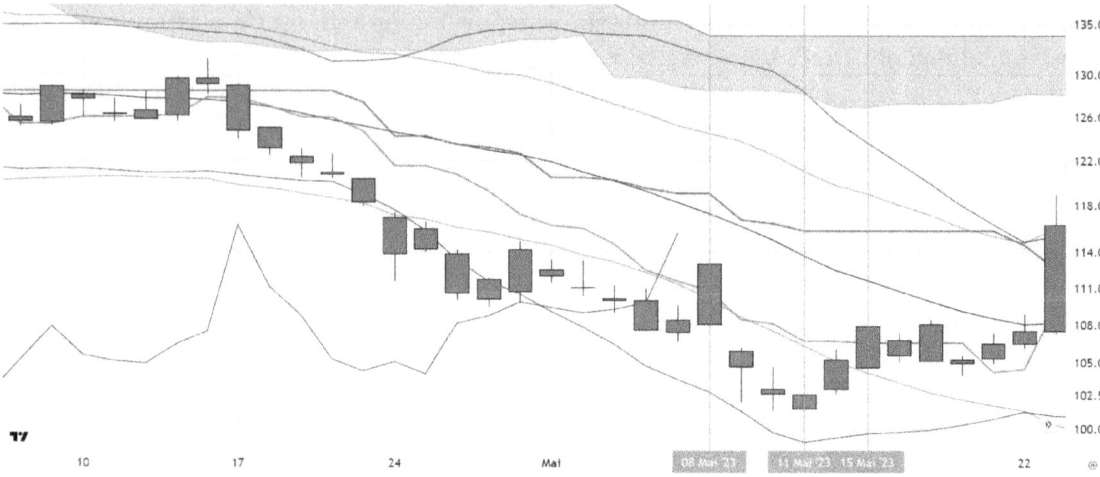

Cet exemple montre également comment, en plus des outils de bandes, la lecture et l'interprétation des bougies renseignent l'investisseur et lui permettent de pouvoir anticiper l'évolution des prix.

3 – Convergence en fin de tendance baissière

Dans l'exemple suivant, la bougie du 10 mars, amplifiée par le gap ouvert ce jour-là, lance un mouvement baissier qui semble être puissant. Elle suit une bougie rouge importante de la veille qui a permis la rupture de la Kijun pentue.

La bande de Keltner basse est déjà intérieure à celle de Bollinger et le mouvement se développe. Début avril, la bande de Keltner passe à l'extérieur de celle de Bollinger et les deux bandes vont avoir tendance à s'aplatir par la suite. Les prix marquent un plus bas dans la tendance le 6 avril à 208 et une consolidation se met en place.

La persistance de la bande de Keltner sous celle de Bollinger et leur évolution à plat marquent le manque de volatilité pour poursuivre la baisse.

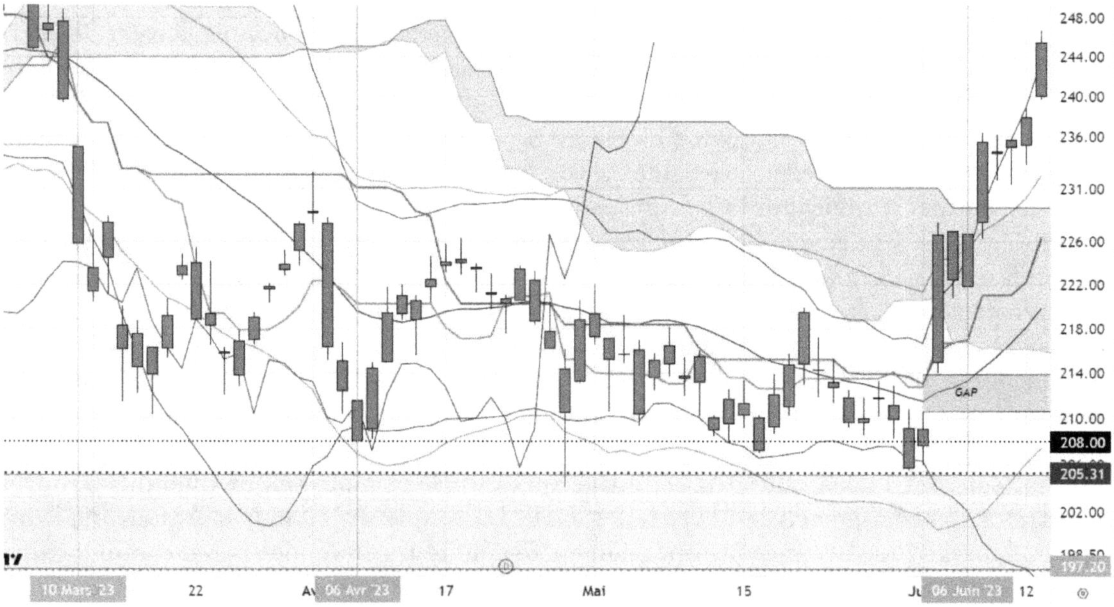

La tendance baissière va se retourner début juin. Un gap haussier est ouvert, suivi d'une longue bougie verte qui propulse les cours dans le nuage. Le passage, le 6 juin, de la bande de Keltner haute sous celle de Bollinger et leur orientation haussière préfigurent le franchissement du nuage.

4 – Échec au franchissement du nuage

Dans cette configuration, les prix s'approchent fin mai du nuage baissier mince. La bougie du 1er juin est déjà peu engageante avec sa longue mèche haute qui est venue tester le bas du nuage. Les vendeurs semblent vouloir défendre ce niveau. Celle du 2 juin est rouge, confirmant le manque de dynamisme. La longue bougie rouge du lendemain confirme l'échec du franchissement en dessinant une figure technique de retournement « étoile du soir ». Ce dernier pouvait être envisagé depuis plusieurs jours avec la position de la bande haute de Keltner et des bandes de Bollinger qui entraient en phase 4 et se resserraient.

Cette situation provient de l'évolution des cours depuis le 10 mai. Déjà, la Tenkan avait mal accompagné la rupture du nuage par les cours qui consolident. La confrontation acheteurs/vendeurs se déroule autour de la Kijun plate pendant une dizaine de jours ; elle semble faire consensus quant à la valeur de l'actif. Cette période est marquée par un manque évident de volatilité qui va avoir des conséquences sur le positionnement des bandes, les prix étant bloqués dans un range. La volatilité baisse et il est alors logique que les bandes de Bollinger se referment. Les bandes de Keltner étant plus « lissées », réagissent moins vite et passent naturellement à l'extérieur des Bollinger. Les franchissements des bandes et du nuage deviennent alors problématiques.

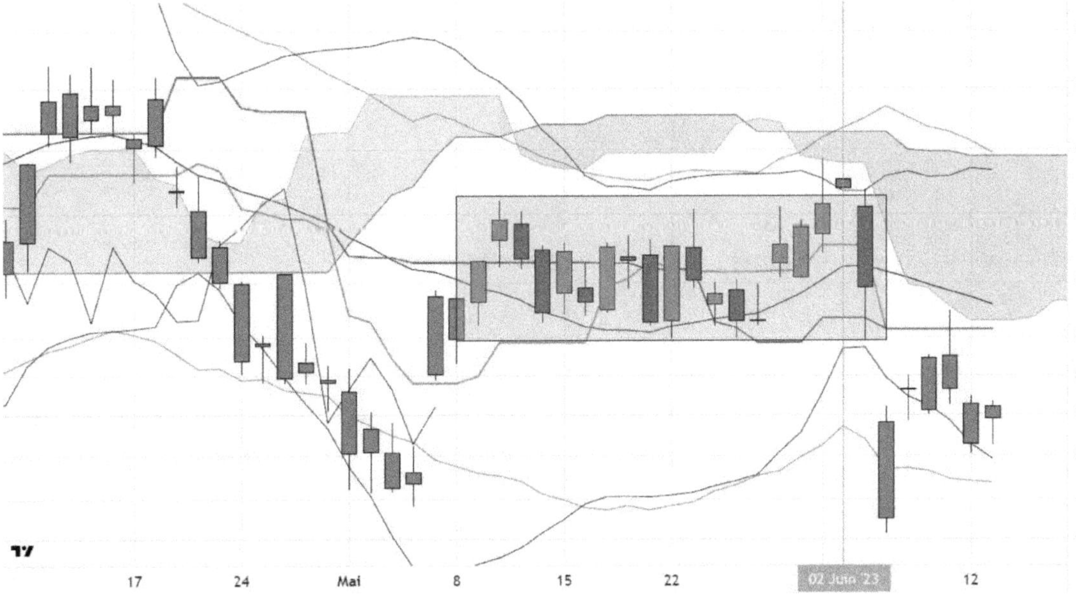

On notera également l'évolution de la situation après le 3 juin. Un gap important est ouvert le lendemain et l'ouverture de la séance se réalise sous la bande basse de Keltner qui est très extérieure à celle de Bollinger. Les prix marquent ainsi un excès baissier, incompatible avec la volatilité disponible. Il sera corrigé en deux ou trois séances avec leur retour au-dessus de la bande de Bollinger basse.

5 – Tête de SSA/ zone de distribution/gap

Après une longue phase haussière, les cours franchissent le nuage et ouvrent plusieurs gaps haussiers. Les trois premiers sont étroits, ce qui n'altère pas leur importance.

Le dernier gap ouvert le 10 novembre pourrait déjà à cette date alerter les investisseurs sur une éventuelle nature de gap d'essoufflement après une telle hausse, quasiment sans consolidation, et trois gaps successifs. Les cours arrivent sur une tête de SSA dans l'unité de temps supérieure comme indiqué dans le 2e des graphiques ci-dessous.

Débute effectivement le 10 novembre une phase technique de consolidation horizontale exactement placée autour de la tête de SSA. La rupture du range le 5 décembre confirme que le range était une structure technique de distribution autour du niveau de sortie du nuage pour la LS dans l'unité de temps supérieure.

Le mouvement haussier prend fin. On notera que la consolidation trouve un support sur la convergence entre le retracement 50% du rally et le bas du nuage.

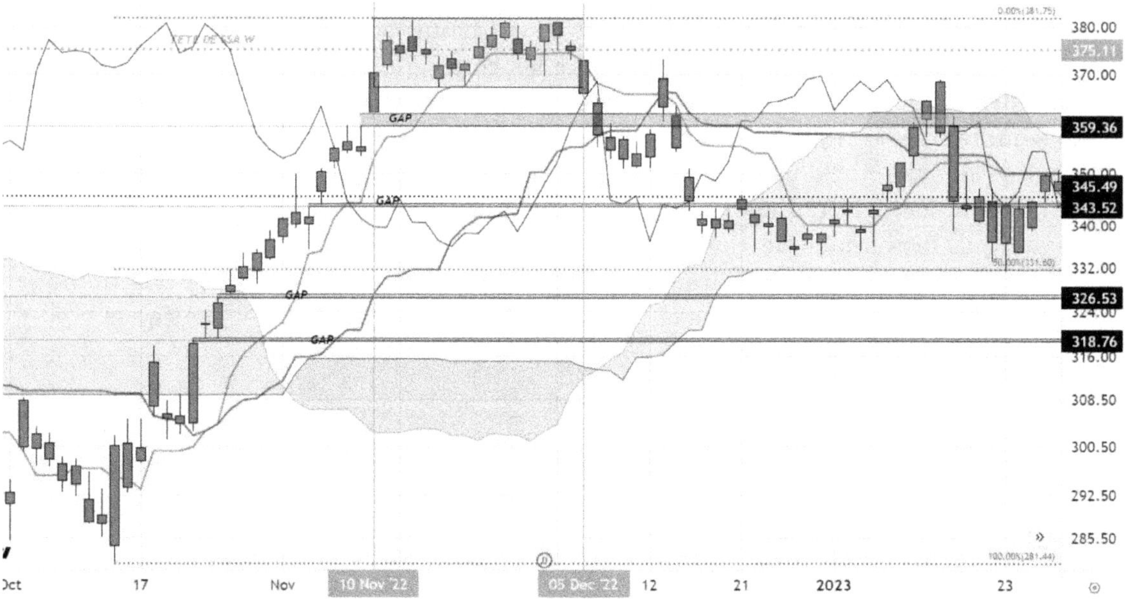

Ci-dessous le graphique dans l'unité de temps supérieure :

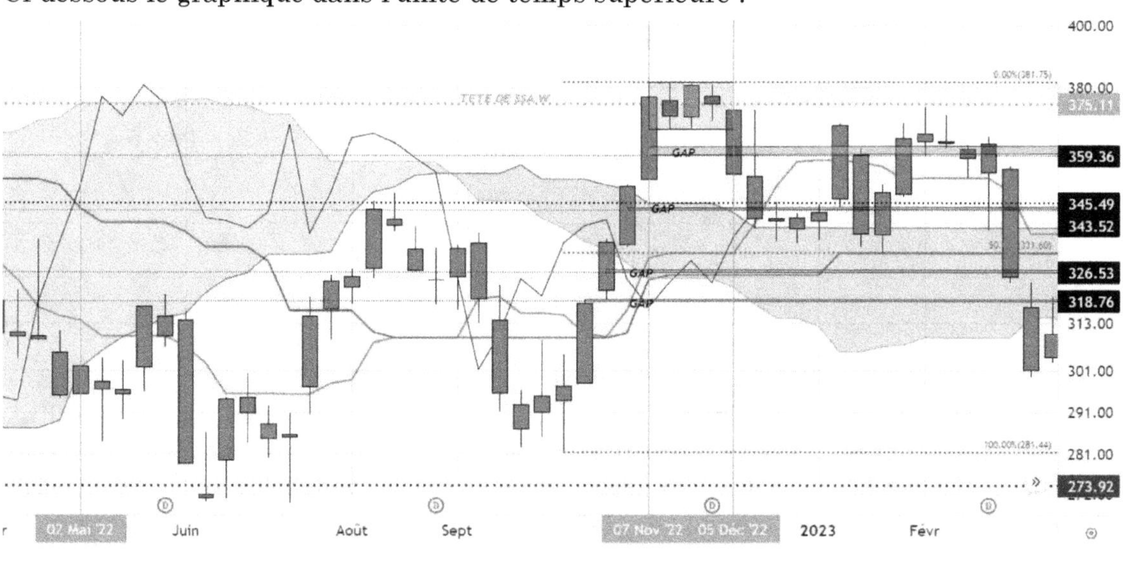

6 – Convergence moyennes mobiles/retracements et extensions de Fibonacci/ biseau/Kijun

La tendance baissière qui a démarré début février évolue sans consolidation significative jusqu'au 24 mars. La consolidation se met en place après une confrontation âpre entre acheteurs et vendeurs durant quatre séances, les acheteurs défendant le niveau de 45.11. Un gap haussier confirme la reprise en main du marché par les acheteurs et la consolidation se développe à l'intérieur d'une structure en biseau (figure technique de continuation de tendance). Le sommet de la consolidation le 14 avril correspond à la convergence entre :

- Les moyennes mobiles exponentielle 34 périodes (MMe34) et arithmétique 200 périodes (MM200). Cette dernière est considérée par tous les analystes. La MMe34 est efficiente ici car elle a déjà fait support et résistance aux cours : elle est en phase avec le rythme du marché
- Le retracement 38.2% de Fibonacci de toute la séquence baissière

- La Kijun qui est pentue à cet endroit

Le redémarrage baissier apparaît naturel et le mouvement va se poursuivre jusqu'à l'extension 0.5 de Fibonacci. Ce dernier niveau est peu usité après une consolidation au niveau du 38.2%. Cela s'explique par :

- La proximité temporelle du nuage
- La probabilité, dans cette configuration, d'un franchissement de la Kijun et d'un test du nuage, ce qui se produit effectivement.

Cette configuration doit guider l'investisseur le 20 avril, après la sortie de la structure en biseau, pour ouvrir une position vendeuse très sûre, avec les paramètres suivants :

- Achat en deuxième partie de séance du 20 avril avec un prix d'entrée autour de 49.50
- Un stop au-dessus de 52 (+ATR), zone de convergence des résistances
- Un objectif à 45.11, correspondant au point de départ de la consolidation

Ces paramètres procurent à l'investisseur un RRR très favorable avec une très forte probabilité de poursuite de la tendance baissière. On est dans une configuration classique et bien connue en Ichimoku, confortée par les compléments issus de l'Analyse Technique.

Un investisseur plus agressif serait rentré en position dès le 17 avril, c'est-à-dire en anticipant la sortie baissière du biseau.

Les caractéristiques de son entrée en position auraient été un prix d'intervention vendeuse autour de 50.84 ; les autres éléments sont les mêmes que ci-dessus.

7 – Convergence drapeau/Retracement de Fibonacci/Kijun

Le mouvement haussier, initié en octobre, parvient d'abord à franchir un nuage peu épais puis la Kijun plate. La LS confirme le mouvement début novembre après être sortie de ses prix et être totalement libre.

Les prix entrent, fin novembre, dans une consolidation à l'intérieur d'une figure technique qui est un drapeau. Cette dernière est, théoriquement, une figure de continuation du mouvement haussier.

Cette consolidation permet un test de la Kijun et les prix viennent sur le retracement 38.2% de Fibonacci du dernier rally datant de fin octobre.

Les prix sortent par le haut de la figure le 21 décembre. Ils franchissent également la Kijun. Un retest du drapeau et de la Kijun plate apparaissent nécessaires avant que le mouvement reprenne son chemin haussier. L'objectif est déterminé par une résistance datant de février 2022 à 12.26 et par la zone d'extension de Fibonacci entre 0.76 et 1, la consolidation ayant été un peu inférieure au 38.2%. Les prix viennent tester le 16 janvier la résistance à 12.26 avant une nouvelle consolidation.

Là encore, la convergence d'éléments classiques issus de l'Analyse Technique et d'Ichimoku facilite grandement le travail de l'investisseur, lui fournissant notamment un objectif technique fiable après la confirmation de la sortie du drapeau et du franchissement de la Kijun plate.

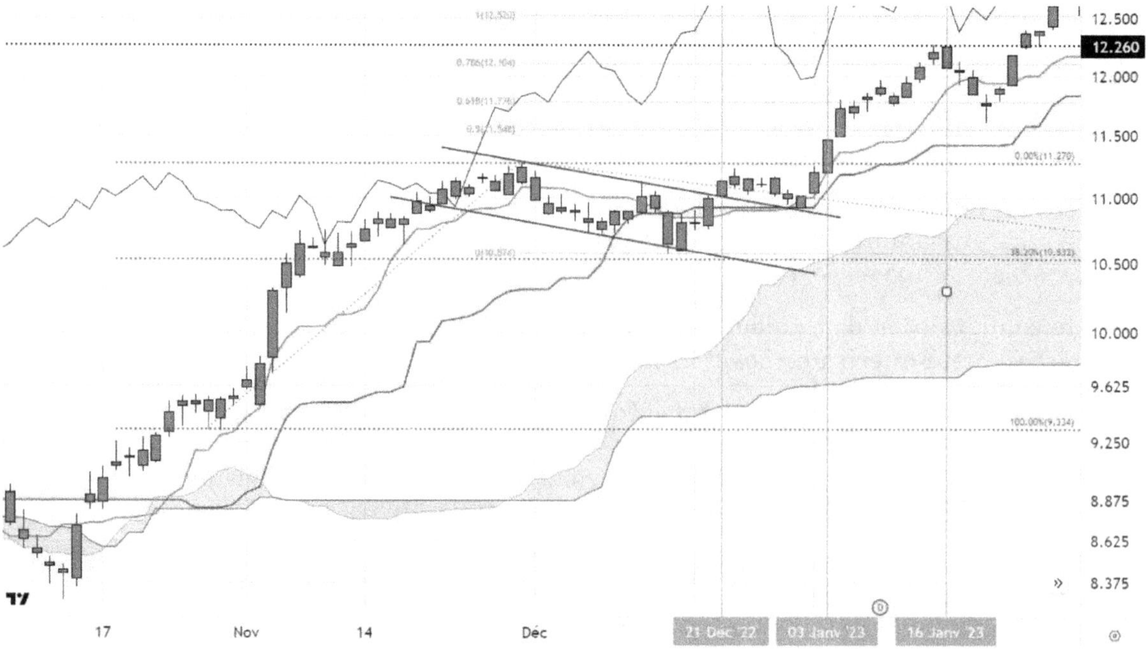

Une entrée en position le 3 janvier peut se réaliser dans de bonnes conditions après le franchissement du dernier plus haut dans la tendance et un stop de protection sous la Kijun plate.

8 – Conclusion sur la méthode des convergences

L'objectif est, après une analyse avec la méthode Ichimoku, de contrôler le rythme du mouvement en cours que l'on veut exploiter. Ichimoku nous propose tous les éléments concernant les paramètres de l'investissement mais insuffisamment, selon l'auteur, sur la « marche » des bougies et la confrontation permanente entre les camps acheteur et vendeur.

Des outils privilégiés comme les bandes, les retracements et extensions de Fibonacci, les figures chartistes… fournissent à l'investisseur des informations indispensables sur la psychologie des « grosses mains » qui font le marché et une capillarité de ce dernier. À cet égard, et on l'a vu à plusieurs reprises ci-dessus, ces informations complémentaires ont permis à l'investisseur d'anticiper l'évolution du marché.

On a vu enfin, dans plusieurs exemples, que la convergence très exacte des éléments doit permettre à l'investisseur de rentrer en position tôt et de manière plus sécurisée, ce qui peut l'inciter à augmenter (modérément) sa taille de position sans s'éloigner de ses règles de money management.

CHAPITRE 5

SITUATIONS D'INVESTISSEMENT AVEC LA MÉTHODE DES CONVERGENCES

Nous allons détailler les investissements qui peuvent se réaliser avec l'approche décrite au chapitre précédent, dans des circonstances différentes.

Nous analyserons des situations auxquelles l'investisseur aura à faire face couramment.

Nous regarderons différents marchés : actions, indices, Forex, matières premières et différentes unités de temps afin de couvrir le Day trading, le swing trading et l'investissement long terme. La notion de long terme désigne un horizon de temps de quelques mois, Ichimoku et l'Analyse Technique ne sont d'aucune utilité pour l'élaboration de scénarios à plusieurs années.

Le scalping ne sera pas évoqué, l'auteur n'ayant aucune attirance pour ce type de technique qui fait cependant le bonheur des investisseurs qui ont développé une approche très professionnelle de ce type d'investissement.

1 – L'investissement long terme dans la tendance

Nous avons décrit plusieurs situations dans ce registre. Nous allons y revenir en donnant tous les paramètres de l'investissement. Nous avons aussi précisé que le suivi de tendance peut se prêter à des renforcements de position : « pyramidage ».

1 – 1 : Investissement en tendance baissière : SHOPIFY (SHOP)

Nous allons décrire, étape par étape, toutes les phases de l'opération en évoquant les questions que doit se poser l'investisseur à chaque moment stratégique.

La tendance baissière peut être considérée comme validée le 20 décembre à la fois par Ichimoku et par la rupture du support datant de début octobre. Un investisseur agressif peut être tenté d'ouvrir une position vendeuse ce jour-là au prix de 128$. Le stop peut être placé au-dessus du dernier plus haut du mouvement baissier qui est la bougie rouge de l'avant-dernière séance, soit au-dessus de 143$ auquel il convient de rajouter 2/3 de l'ATR14 qui est à 8.22$ ce jour-là, soit un stop à 142.97 + 5.42 = 148.39$. L'objectif correspond au support à 102.58$ datant de mars et mai 2021. Il s'agit d'un niveau majeur qui avait arrêté la progression des mouvements baissiers à cette époque après plusieurs séances de confrontation acheteurs/vendeurs autour de ce niveau.

Le RRR s'établit à 25.42/20.39 = 1.25

Distance à l'objectif : 128 – 102.58 = 25.42$

Distance au stop : 148.39 – 128 = 20.39$

L'investisseur devra établir si un RRR à ce niveau peut lui convenir. C'est un niveau normalement trop faible. Il provient, en partie, du niveau de l'ATR élevé, conséquence de la forte volatilité régnant durant cette période. On peut noter à ce propos que le mode de calcul du stop dégrade naturellement le RRR mais procure une plus grande sécurité. Si on avait collé le stop au niveau théorique, soit à 143$, le RRR aurait été à 1.70. C'est à l'investisseur de voir s'il est prêt à « payer l'assurance ».

Dès le lendemain de l'entrée en position, une consolidation se met en place. Le stop de protection calculé comme nous l'avons fait maintient l'investisseur dans le marché, ce qui n'aurait pas été le cas s'il avait placé un stop trop « collé » à 142.97$. L'assurance a bien fonctionné en la circonstance !

Le mouvement baissier se poursuit. Suite à une nouvelle consolidation, le 13 janvier, les cours font un nouveau plus bas dans la tendance, ce qui permet de déplacer le stop au-dessus de la bougie de la veille, en tenant compte de l'ATR14 qui est à 7.15$ ce jour-là, soit : 119.29 + 7.15*2/3 = 124.06$. Ce niveau permet déjà d'assurer que l'opération sera gagnante, le point d'entrée étant à 128$.

L'investisseur pourrait penser qu'il est placé trop haut par rapport au haut de la bougie de la veille. Il doit se souvenir que c'est cette approche qui lui a permis de rester dans le marché lors de la précédente consolidation. La bougie du 13 janvier peut créer une situation de survente par rapport à la Tenkan et un retour à l'harmonie avec cette dernière pourrait menacer un stop trop court.

L'objectif est atteint le 20 janvier (voir le graphique suivant) et l'investisseur doit prendre une décision. On a vu les différentes possibilités de sortie partielle ou totale de position.

Dans le cas présent, l'investisseur remarquera que :

- Les bougies rouges des 19 et 20 janvier présentent des mèches hautes qui sont allées tester la Tenkan et les vendeurs ont montré qu'ils la défendaient

- Il n'y a pas de situation de survente entre les prix et la Tenkan, ni entre la Tenkan et la Kijun
- Les cours ont clôturé les 19 et 20 janvier sur l'objectif sans mèche basse, ce qui laisse supposer une défense modérée de ce niveau par les acheteurs.

Dans ces conditions, au soir du 20 janvier, il peut envisager de repousser au lendemain matin sa décision et voir comment se déroule l'ouverture de la séance.

Le gap qui s'ouvre le 21 janvier peut permettre de conserver toute la position tout en étant très vigilant.

Le stop peut aussi être descendu dès le lendemain au niveau du plat de Kijun naissant à 111.92$. L'ATR est à 8.60$, ce qui donne un stop à : 111.92 + 2/3*8.60 = 117.65$ pour un prix d'entrée à 128$.

Les cours entrent dans les jours qui suivent dans une consolidation en forme de triangle (à peu près symétrique). Cette figure est théoriquement une structure de continuation de la tendance baissière.

Le 16 février, les cours sortent effectivement par le bas du triangle en ouvrant même un gap baissier, montrant la reprise en main par le camp vendeur. La clôture de la bougie du jour crée un nouveau plus bas dans la tendance baissière et le stop peut à nouveau être descendu au-dessus du dernier plus haut dans la tendance qui est à 99.34$. L'ATR est à 7.78$, et le nouveau stop devient : 99.34 + 2/3*7.78 = 104.52$.

Une nouvelle consolidation démarre le 24 février qui initie un nouveau plus haut à 71.12$, et après la rupture le 7 mars du niveau d'ouverture du 22 février, un nouveau plus bas permet de descendre à nouveau le stop à : 71.12 + 2/3*6.14 = 75.22$.

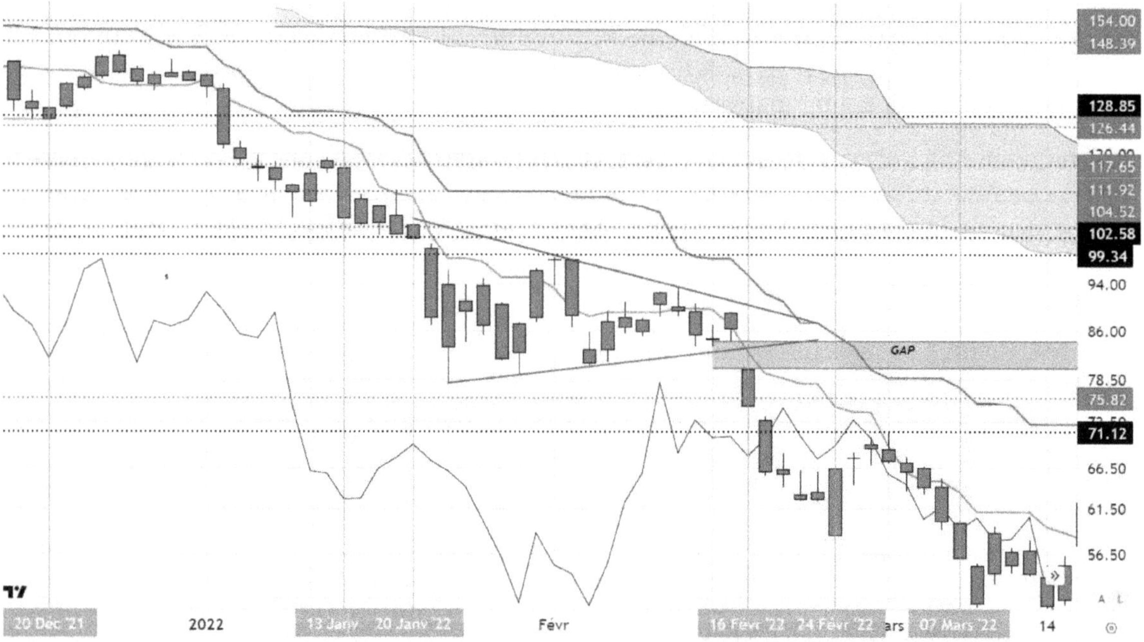

Nous allons détailler la fin de l'investissement.

Le 9 mars, une nouvelle consolidation semble se mettre en place puis les cours reviennent sur le dernier plus bas à 51.18$. Les cours consolident à nouveau sur ce niveau et le franchissement de 59.42$ le 16 mars doit inquiéter l'investisseur. En effet, les cours, par ce franchissement, valident une structure technique de « double creux » dont 59.42 est la ligne de cou. L'objectif de cette figure est le report vers le haut de la hauteur : plus bas/ligne de cou (flèches rouges sur le graphique), soit 68.90.

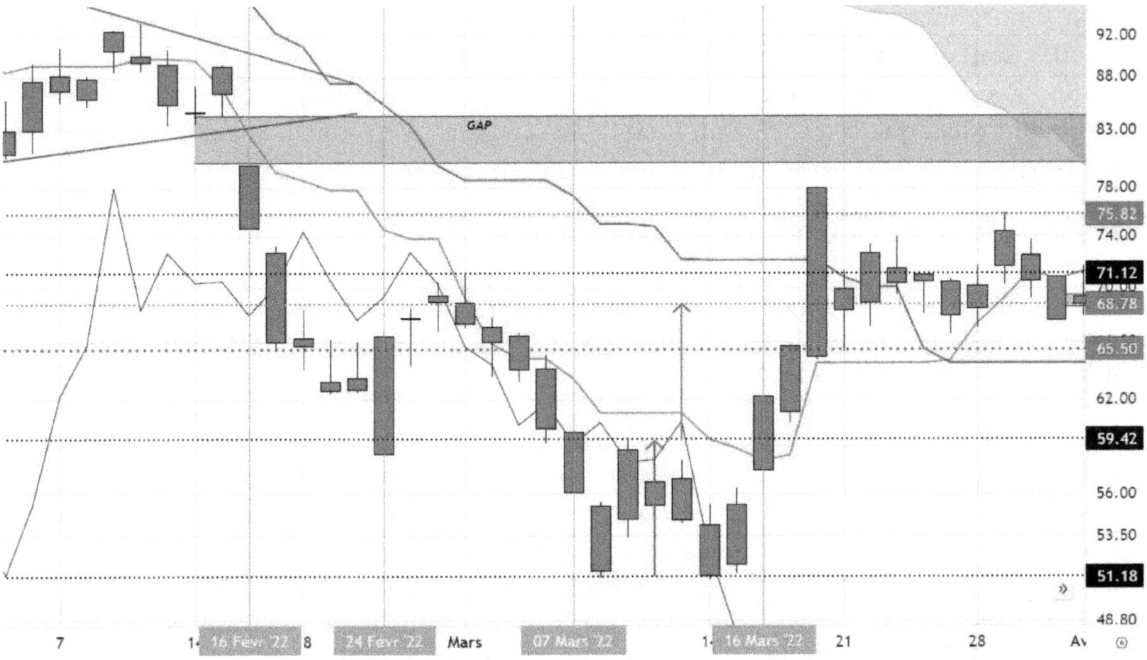

Pire encore, ce franchissement s'accompagne de l'ouverture d'un gap haussier et d'une bougie verte de belle taille. Les prix étaient arrivés à une situation très forte de survente, d'abord des prix par rapport à la Tenkan et surtout de la Tenkan par rapport à la Kijun. Cela laisse envisager un test de la Kijun. De plus, les cours s'approchent temporellement du nuage et le test souvent suivi du franchissement de la Kijun a déjà été développé dans les chapitres précédents.

Le meilleur conseil, selon l'auteur, à donner à l'investisseur est de sortir en fin de séance du 16 mars autour de 62$ après être rentré en position à 128$. Le résultat de l'investissement est superbe !

1 – 2 : Investissement en tendance haussière avec « pyramidage »

Cette opération, on l'a vu, correspond au renforcement, en cours de tendance, d'une position initiale ou de positions supplémentaires déjà accumulées.

Les situations ne sont pas très fréquentes, mais elles procurent de belles plus-values à l'investisseur en cas de succès. La difficulté ne tient pas tant dans la qualité de la tendance mais celle de l'investisseur à maintenir et augmenter ses positions.

Le principe de base est de renforcer la position chaque fois que la tendance réalise un nouveau plus haut en montant le stop de toutes les positions sous le dernier plus bas dans la tendance. Il conviendra aussi de se laisser guider par le dispositif Ichimoku qui joue plutôt un rôle de « gardien en dernier ressort » dans les tendances fortes, notamment avec la Kijun et le nuage.

Pour réduire le risque, l'idéal est de n'avoir qu'une seule position en risque ET que l'ensemble des positions donne un résultat financier toujours positif : en d'autres termes, que le prix d'achat moyen soit supérieur au niveau du stop de protection.

Cela voudra dire que toutes les positions ne sont pas de taille équivalente et on verra qu'elles iront en se réduisant au fur et à mesure de l'avancée de la tendance. L'expérience montre avec cette approche que la dernière position sort généralement en perte car elle se produit alors que l'on arrive au bout de la tendance. Le retournement qui se produit fera sortir toutes les positions, souvent sous le prix d'achat de la dernière position.

Par expérience, l'auteur adopte le schéma suivant :

Si la première position est à 100, la deuxième est à 60, la troisième à 40 et la quatrième – qui est souvent la dernière – à 20. C'est généralement celle-là qui sortira en perte mais c'est de loin la plus petite.

Le passage de 100 à 60 pour la deuxième position a été statistiquement établi pour avoir un stop qui laissera un résultat positif si le stop est touché. Le gain de la 1ère position est acquis, mais si la deuxième position a une taille trop élevée, le risque pris sur cette dernière sera généralement supérieur au gain acquis de la première. La seule façon de pallier le problème est de réduire la taille de la deuxième position.

La situation est la même pour la troisième position. On ne peut plus sortir à 0 après avoir ouvert trois positions. Il faut que le stop global des trois positions laisse un résultat final positif, maintenant de manière significative, ce qui oblige à réduire encore la troisième position.

Cette approche va être illustrée avec CAP GEMINI (CAP) à une période 2021 où les marchés étaient euphoriques, notamment le secteur technologique.

Le dernier plus haut historique à 123.25€ est franchi le 8 février 2021. Une position longue peut alors être initiée avec un prix d'achat sous 125€. Le stop est placé sous le dernier plus bas à 110.65€ en tenant compte de l'utilisation de l'ATR. L'objectif est fixé par les extensions de Fibonacci correspondant au dernier rally et la correction sur le retracement 38.2% de Fibonacci. On obtient ainsi un premier objectif sur l'extension 0.786 à 135.80€ puis l'extension 1 à 142.55€.

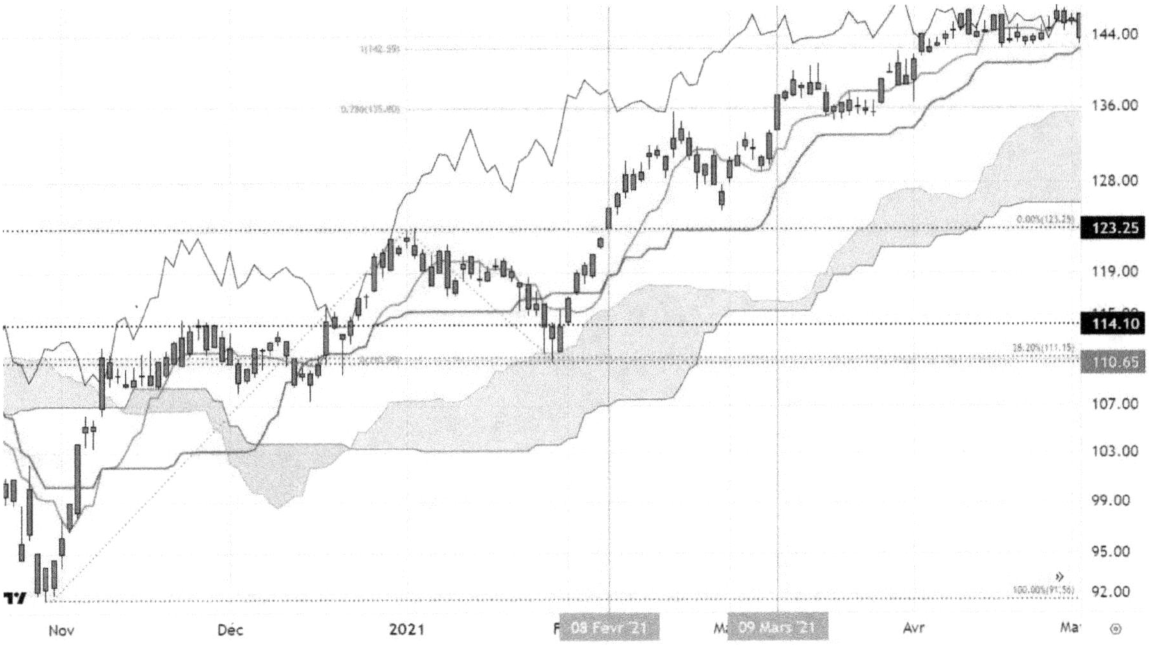

Remarque importante : une entrée en position acheteuse est théoriquement légitime dès la confirmation du rebond sur le retracement 38.2% par une figure de retournement avec un stop proche. Il est possible de tenir compte des extensions de Fibonacci de la dernière impulsion. Il ne faut pas oublier pour cela qu'il faudra d'abord franchir le dernier plus haut pour initier une nouvelle jambe de hausse. Si l'entrée en position se fait dans ces conditions, l'investisseur, à l'approche de 123.25 (le dernier plus haut), pourra s'inspirer des possibilités de décisions que l'on a évoquées précédemment. Nous présenterons par la suite un cas où on n'a pas pu franchir ce dernier plus haut ou casser le dernier plus bas.

Une consolidation se met en place au contact de l'objectif à 135.80€. Après la consolidation, le mouvement haussier repart avant le test de la Kijun plate, ce qui montre la dynamique du mouvement. Le 9 mars, un nouveau plus haut est réalisé, permettant d'initier une deuxième position.

Comme précédemment, le stop des 2 positions est remonté sous le dernier plus bas à 126.05€. Il peut même y avoir une tentation légitime de monter le stop au niveau de la mèche basse de la bougie du 7 mars à 129.50€. Cela assure un stop global sur les deux positions autour de 0. Cette approche est justifiée par les bougies vertes dynamiques qui ont suivi cette bougie et le fait que la Tenkan a fait support avant le nouveau mouvement haussier. Le dernier mouvement haussier avait consolidé sur le retracement 38.2% de Fibonacci ; les objectifs de la nouvelle jambe de hausse correspondent aux extensions 0.786 à 144.55€ puis 1 à 149.80€, comme indiqués sur le graphique suivant.

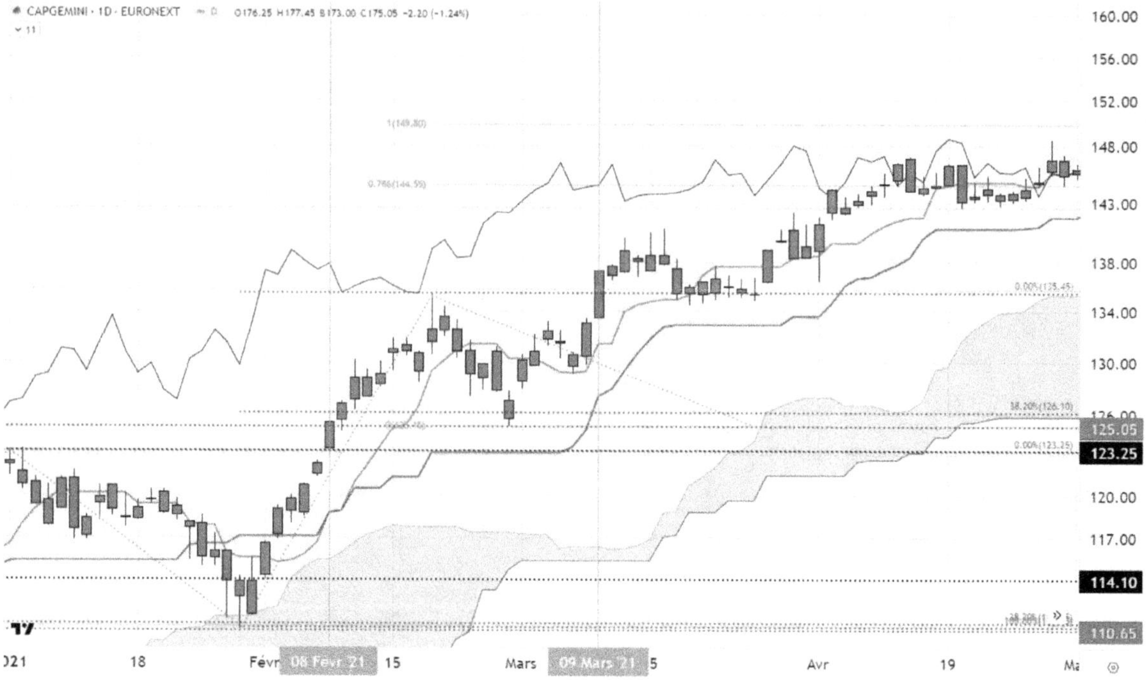

Une longue consolidation horizontale (rectangle vert du graphique suivant) va durer près de 2 mois entre mi-avril et mi-juin autour du premier objectif à 144.55€. Les cours vont tester le nuage qui joue son rôle de support, confirmant ainsi la pérennité du mouvement haussier.

Une nouvelle impulsion haussière est déclenchée le 11 juin par la sortie du range, l'ouverture d'un gap haussier et la réalisation d'un nouveau plus haut dans la tendance. Elle permet l'ouverture d'une troisième position longue avec comme paramètres :

- Prix d'achat : 152€
- Nouveau stop pour toutes les positions sous 141.50€ sans tenir compte de l'ATR
- Objectifs : comme précédemment, la consolidation était proche du retracement 38.2% de Fibonacci du dernier rally et les objectifs correspondent aux extensions 0.786 à 160.95€ puis 1 à 166.25€.

Remarque importante : cette situation de range durant deux mois est source d'incertitude pour l'investisseur. En effet, on peut se trouver dans une structure de distribution, période durant laquelle les gros investisseurs, estimant la tendance terminée, sortent progressivement tout ou partie de leur position dans les meilleures conditions de discrétion pour ne pas provoquer un mouvement de baisse important.

C'est pour cela qu'une remontée du stop durant cette période d'incertitude est certainement légitime. Une position logique est sous la mèche de la bougie du 1er avril à 136.65€ et en tenant compte de l'ATR.

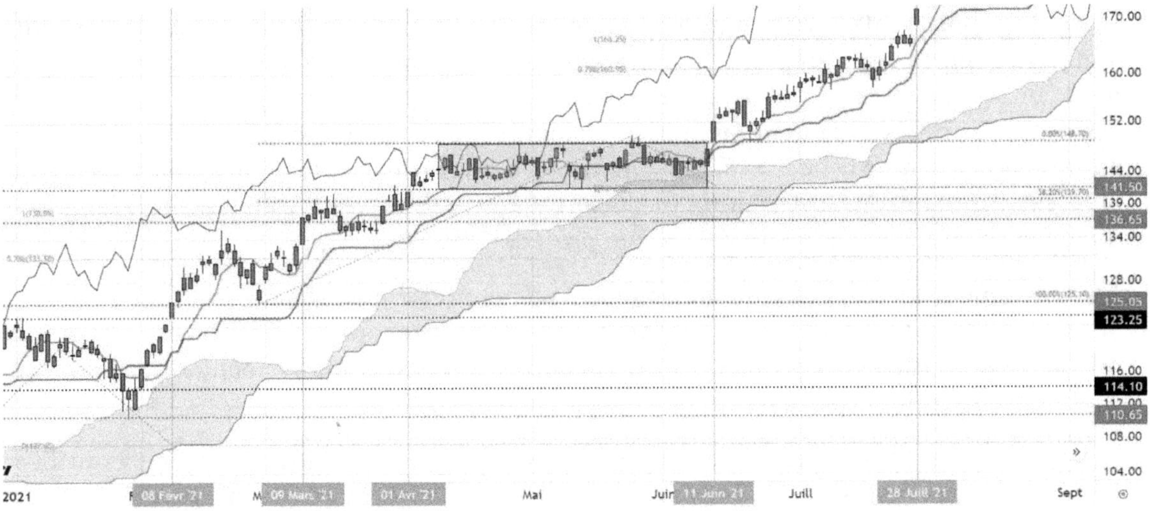

Les cours vont effectivement rallier le premier objectif suivi d'une consolidation de petite amplitude, toujours avec la protection de la Kijun. Le franchissement de l'extension 1 avec un gap haussier le 28 juillet ouvre la voie à une quatrième ouverture de position autour de 171€, avec un nouveau stop pour toutes les positions sous 155.70€ (compte non tenu de l'ATR). La dernière consolidation n'a pas dépassé le retracement 23.6% de Fibonacci et marque l'extrême dynamique du mouvement haussier qui va rallier l'extension 1.272 à 185.60€, niveau maximum généralement observé pour ce type de consolidation.

Lorsque les cours rallient ce niveau, il est clair que le problème du stop va se poser à l'investisseur : des prix autour de 185€ et un stop inférieur à 155€ donnent le sentiment d'un certain illogisme compte tenu de la taille atteinte par la position.

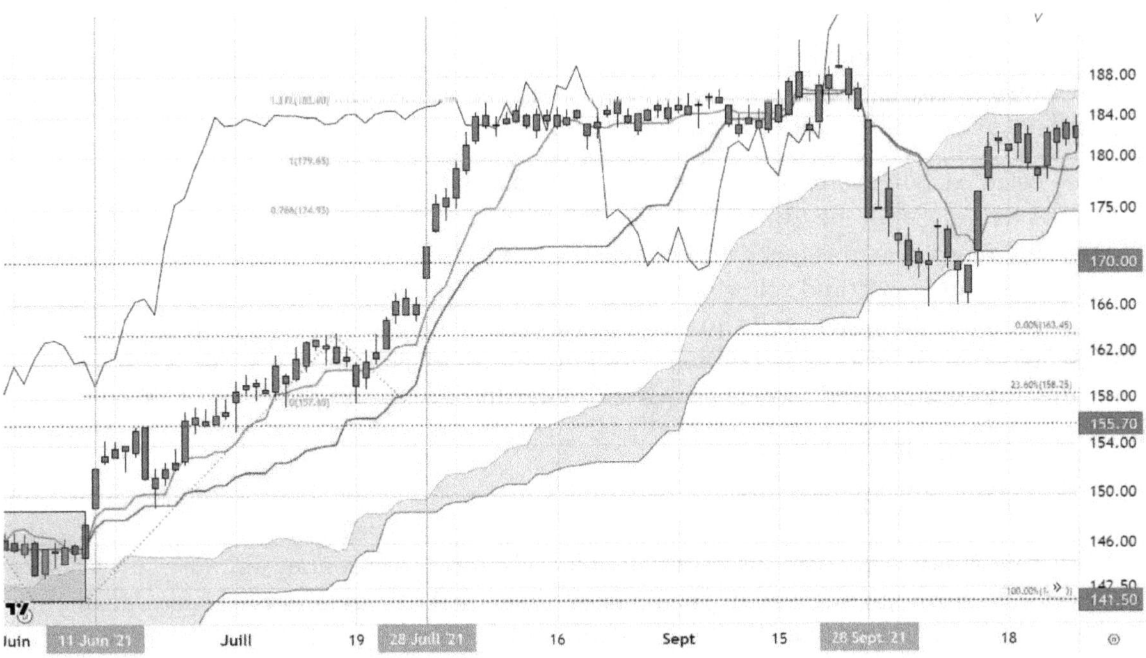

Durant la consolidation horizontale qui suit le ralliement de l'extension 1.272, il paraît logique de remonter le stop sous la Kijun plate. L'ATR est descendu à un niveau faible de 2.70€, ce qui permet de mettre le stop de toutes les positions à 170€, soit environ 10% sous les cours. Il pourra même être remonté en utilisant les Kijuns plates comme stop suiveur, comme celle à 175.50€. On arrive à une situation où le positionnement du stop est une question de « trading » et sort de la sphère de l'Analyse Technique ou d'Ichimoku, situation que l'on a déjà vue précédemment.

Le mouvement très dynamique qui a permis de cumuler quatre positions entre 125 et 185€ marque maintenant une pause longue avec un consensus acheteur/vendeur autour de 185€. La rupture de la Kijun le 27 septembre suivie de la longue bougie rouge du 28 septembre marquent la fin de ce long et fructueux rally.

Le stop de toutes les positions va être touché soit à 170€ si l'investisseur n'a pas utilisé la Kijun comme stop suiveur, laissant une petite perte sur la quatrième position ou un gain pour les quatre positions dans le cas contraire, si les stops ont été mis sous 175.50€.

La rupture du nuage est un avertissement important quant à la pérennité du mouvement haussier. En fait, il va repartir. Il fallait certainement une consolidation profonde après un tel rally pour que suffisamment d'acheteurs acceptent de prendre le risque d'une rentrée aussi tardive. Il faut, bien sûr, que l'appréciation de la valeur de la Société par le marché ait évolué depuis le début de la tendance haussière.

Il est psychologiquement très difficile (et même déraisonnable) qu'un investisseur prenne le risque d'une forte consolidation suivie d'une reprise, compte tenu de l'importance de la plus-value réalisée. La bougie du 28 septembre est le dernier avertissement que doit entendre l'investisseur.

Ce long exemple de « pyramidage » montre la patience dont doit faire preuve l'investisseur et la rigueur de la démarche pour cumuler des positions tout en contrôlant son risque qui doit se réduire au fur et à mesure de l'évolution des positions.

On comprend aussi que la raison et l'expérience amènent à réduire la taille des renforts de la position initiale car, comme expliqué au début de ce développement, la dernière position sortira probablement en perte. On ne sait pas laquelle sera concernée.

Dans notre cas, on évoluait au-dessus de niveaux historiques. Cela facilitait en un sens le suivi de l'investisseur qui n'avait pas d'obstacle devant lui et pouvait gérer la notion d'objectif avec les extensions de Fibonacci. La Kijun lui procurait une forme de sécurité. Ichimoku a joué un grand rôle sur la fin du mouvement. On a une structure classique de fin de tendance haussière telle qu'elle a été décrite dans la première partie de l'ouvrage. C'est une grande force de la méthode qui permet à l'investisseur de suivre et quantifier les différentes étapes de cette dernière consolidation et choisir le moment de la sortie.

1 – 3 : Détermination de l'objectif

a) SAINT GOBAIN (SGO)

Après une rupture dynamique du nuage, l'actif trouve un premier support sur 37.80€. La consolidation qui suit est stoppée par le nuage. Elle s'arrête entre les retracements 38.2% et 50% de Fibonacci. Cela signifie que l'objectif du mouvement doit se situer entre les extensions 0.618 et 0.786 de Fibonacci. C'est ce qui se passe effectivement.

b) Objectif fixé par les extensions de Fibonacci

Le sujet a été largement abordé au paragraphe 1 – 2 concernant le pyramidage sur CAP GEMINI.

On a évoqué les entrées en position lors du franchissement du dernier plus haut dans la tendance haussière.

En « remarque importante » avait été rappelé qu'il était possible de rentrer en position dès le retournement concluant la consolidation. Par contre, il était nécessaire de franchir le dernier plus haut pour utiliser les extensions de Fibonacci.

Dans l'exemple suivant concernant l'action ARKEMA, en tendance baissière, le dernier plus bas n'est jamais franchi.

La tendance baissière s'amorce avant la rupture du nuage. Elle est facilitée par la minceur du nuage, d'autant plus que la rupture s'effectue sur un twist de nuages et avec un gap baissier. Les cours rallient le support à 79.38€. La consolidation s'arrête juste avant le retracement de Fibonacci 38.2% et les cours repartent dans le sens de la tendance principale. Les extensions de Fibonacci 0.618 à 70.68€ et 0.786 à 65.04€ sont indiquées dans le graphique ci-après. Le support à 79.38€ ne sera en fait jamais cassé.

Il convient donc d'être averti et prudent en entrant en position dès le retournement.

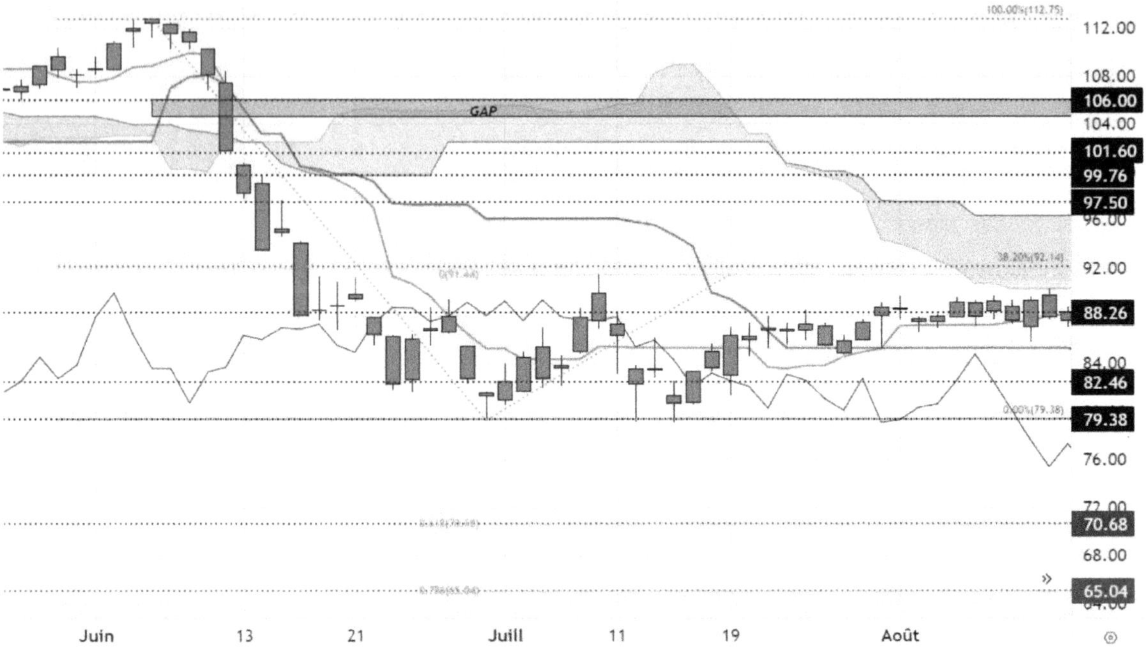

1 – 4 : Tendance haussière débutant sous le nuage

Une différence majeure entre Ichimoku et l'Analyse Technique classique vient de la différence de définition de la tendance.

Dans la théorie de Dow, deux plus hauts et deux plus bas plus hauts que le précédent confirment la tendance haussière.

Ichimoku considère que la tendance est haussière quand les prix sont au-dessus du nuage et qu'elle est confirmée par le franchissement du nuage par la LS.

On pourrait donc être en tendance haussière selon la première approche et en tendance baissière selon Ichimoku.

Pire encore, si une tendance haussière débute sous le nuage, l'investisseur Ichimoku devrait attendre le franchissement du nuage et la confirmation de la LS pour pouvoir entrer en position.

C'est le schéma des graphiques ci-dessous.

Sans Ichimoku, le franchissement de 135.36 confirme que l'on est en train de faire un deuxième plus haut, plus haut que le précédent. On a déjà deux plus bas plus hauts l'un que l'autre.

Le franchissement de 135.36 confirme que l'on est en tendance haussière.

Le même graphique en Ichimoku donne une vision – a priori – différente.

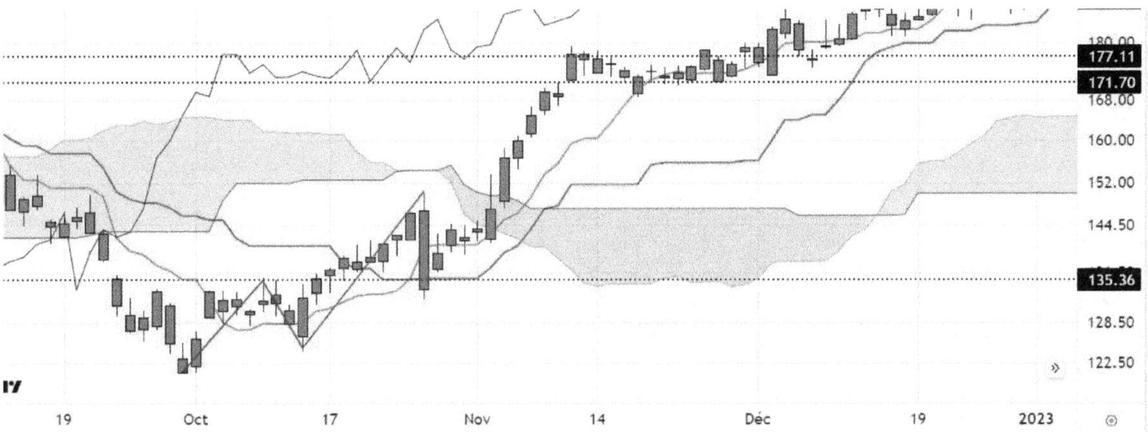

Sur le franchissement de 135.36, les cours sont toujours sous le nuage. Il faudra attendre la sortie du nuage par la LS pour que la confirmation intervienne, c'est-à-dire autour de 166. Cela fait une grosse différence !

Comment rapprocher ces deux visions ?

Ce qu'indique Ichimoku, c'est qu'au-dessus de 136.36 existe une série de gros obstacles issus de l'évolution passée, notamment un nuage significatif pour la LS. L'avancée des prix, après le franchissement de 135.36 est – a priori – favorable dans la mesure où ils vont aborder le nuage dans une partie mince. Si après la grosse bougie rouge de fin octobre, les cours avaient attaqué le nuage sur sa partie basse, les cours n'auraient certainement pas pu le franchir comme on l'a largement détaillé dans la première partie de l'ouvrage.

Pour Ichimoku, tant que l'on n'a pas franchi le nuage, le mouvement n'est que de contre-tendance : c'est la consolidation de la tendance baissière qui a conduit les prix sous le nuage. Le franchissement du nuage nous fait passer d'une consolidation de tendance baissière à une tendance haussière.

C'est ce que confirme la configuration suivante :

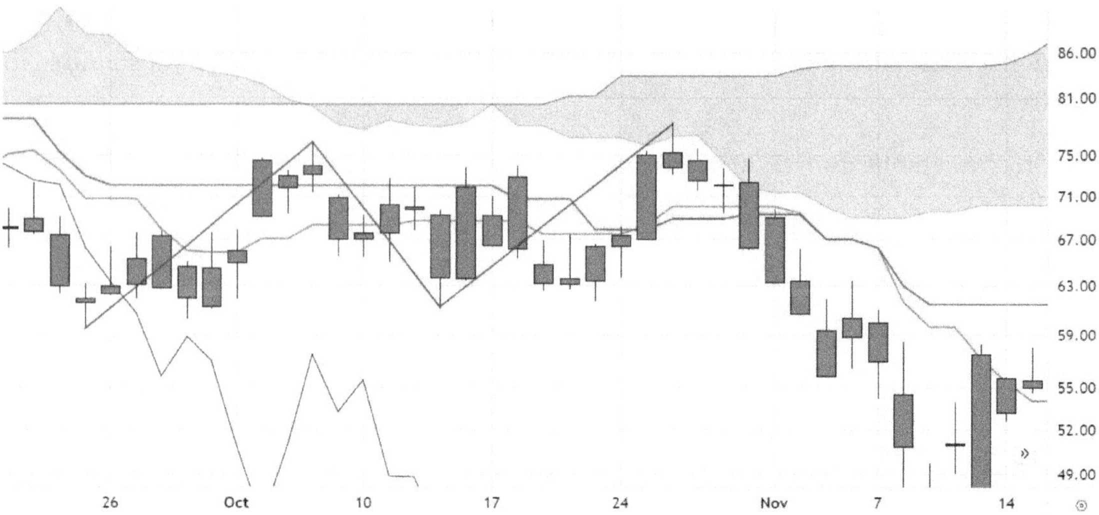

On a bien les deux plus hauts et les deux plus bas de plus en plus hauts mais les prix ne franchissent pas le nuage. Ce démarrage de tendance haussière selon la théorie de Dow n'était en fait qu'un « bull trap ». Ichimoku confirme en la circonstance sa capacité à filtrer les faux signaux.

Ainsi, il faut considérer qu'un mouvement haussier démarrant sous le nuage est un mouvement de contre-tendance. Le franchissement du nuage par les prix et la LS est la confirmation du basculement vers une tendance haussière.

Nous allons évoquer cette situation du point de vue de l'investisseur.

1 – 5 : Approche sur trois unités de temps

D'une manière générale, la préparation de l'investissement sera menée, comme on l'a vu précédemment, sur trois unités de temps. On pourra travailler, pour l'investissement moyen ou long terme en D, W et M : jour, semaine, mois ou encore sur H3 ou H4, D et W. Cette dernière option donnera plus de capillarité, notamment pour l'exploitation des bandes de Bollinger.

Approche H3, D et W : KERING (KER)

a) En H3 : le 9 avril, sur la bougie d'ouverture de la séance, un signal d'achat est délivré. Tous les paramètres Ichimoku sont favorables ainsi que la position des bandes : on rentre en phase 2 des Bollinger et la Keltner est intérieure à la Bollinger. La résistance à 574.40€ est franchie et il ne demeure pas d'obstacle à venir.

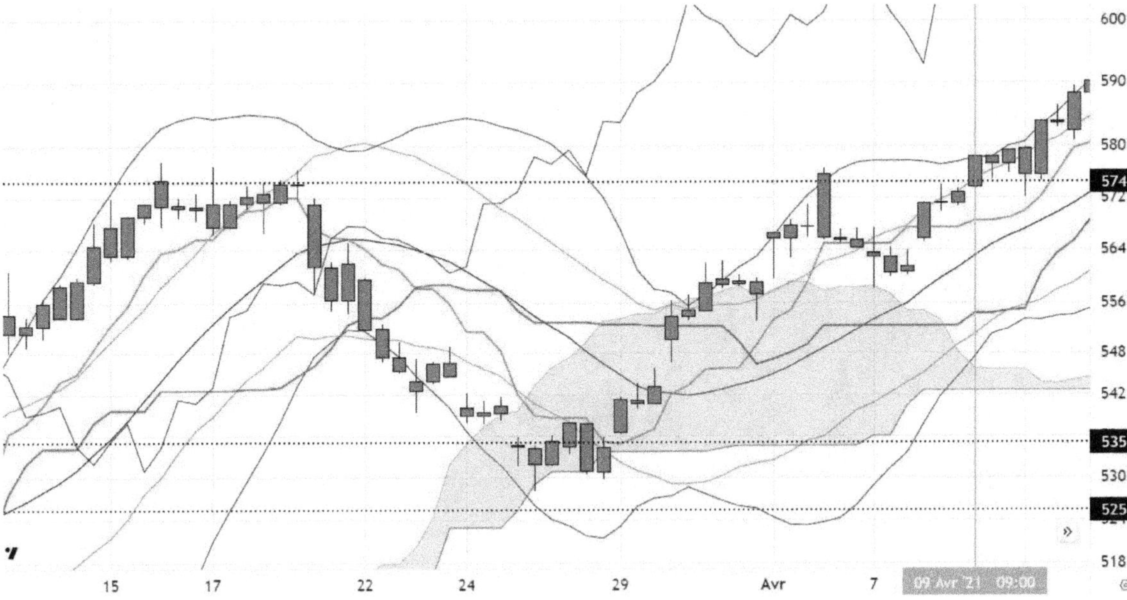

b) En D, la situation est également très favorable. Tous les paramètres Ichimoku sont validés et les prix ne sont pas encore sortis de la bande haute de Bollinger qui est cependant haussière et la Keltner est bien placée. La résistance à 589.90€ complète le tableau.

c) En W, la situation est similaire. À noter que la bande haute de Keltner est extérieure à la Bollinger. Il faudra la surveiller dans le temps car la pérennité à long terme de l'opération nécessitera à un moment son passage sous la Bollinger haute.

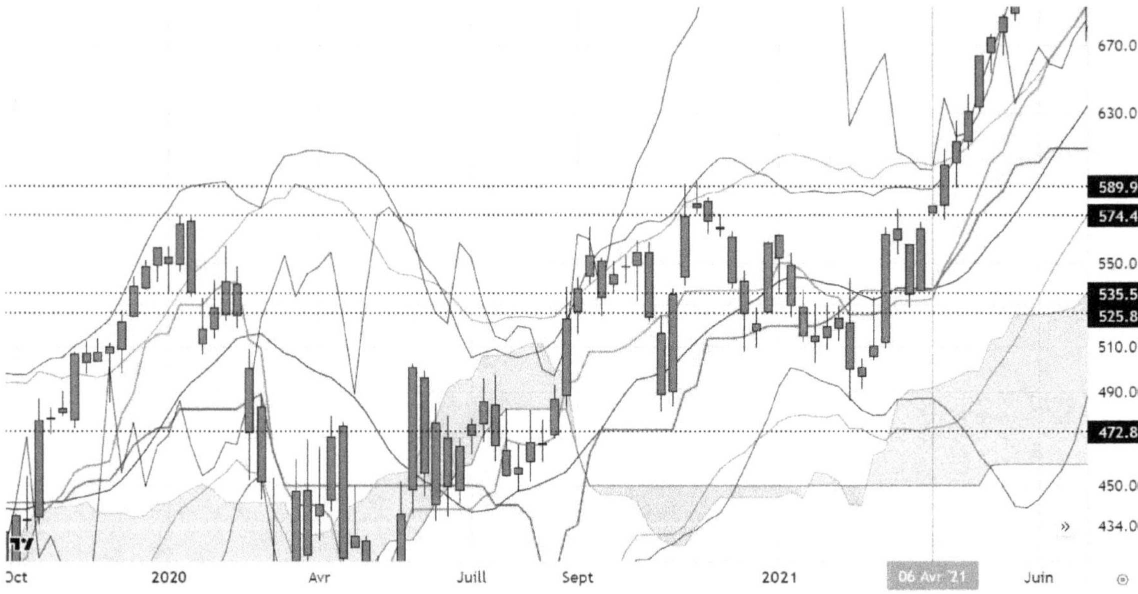

d) On note par ailleurs que l'on est proche d'un plus haut historique pour le titre. On ne dispose pas d'objectif matérialisé par une résistance au-delà de 589.90€. Il faudra utiliser les retracements et extensions de Fibonacci pour le déterminer ainsi qu'une figure classique d'Analyse Technique.
Le retracement du dernier mouvement impulsif s'est fait sous le niveau 38.2% de Fibonacci. Cela signifie que l'objectif doit être entre les extensions 0.786 et 1, soit dans l'intervalle 688.80 et 723.90€. On remarque aussi que si l'on franchit le dernier plus haut à 589.90€, on validera une structure de « double creux » :
  - Premier creux le 26 octobre
  - Deuxième creux le 15 février
  - Ligne de cou : sur 589.90€

Dans cette hypothèse (voir graphique ci-dessous), l'objectif est le report vers le haut de la hauteur ligne de creux/ligne de cou (flèches vertes). Cela nous donne comme objectif 723.90€, soit entre les deux valeurs données par les extensions de Fibonacci. Il y a une parfaite cohérence entre ces valeurs, ce qui en accroît la fiabilité.

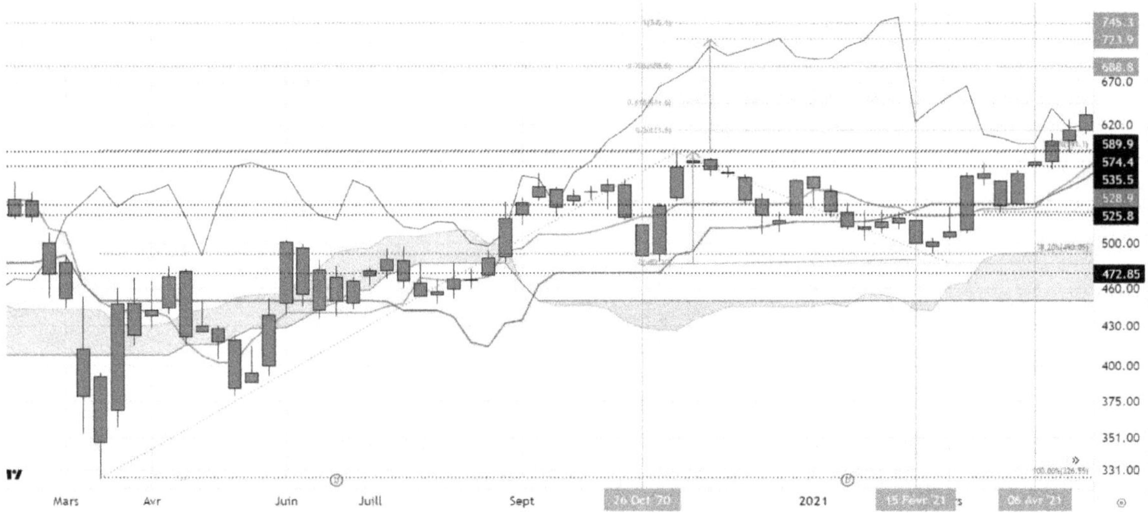

Il faudra donc attendre le 13 avril et le franchissement de 589.90€ pour initier une position dont les paramètres, hors prise en compte de l'ATR, seront :

- Niveau d'achat : autour de 592€
- Stop de protection : sous 558€, soit le dernier plus bas dans le mouvement
- Objectif : zone 688/745€ avec une vision particulière autour de 723€.

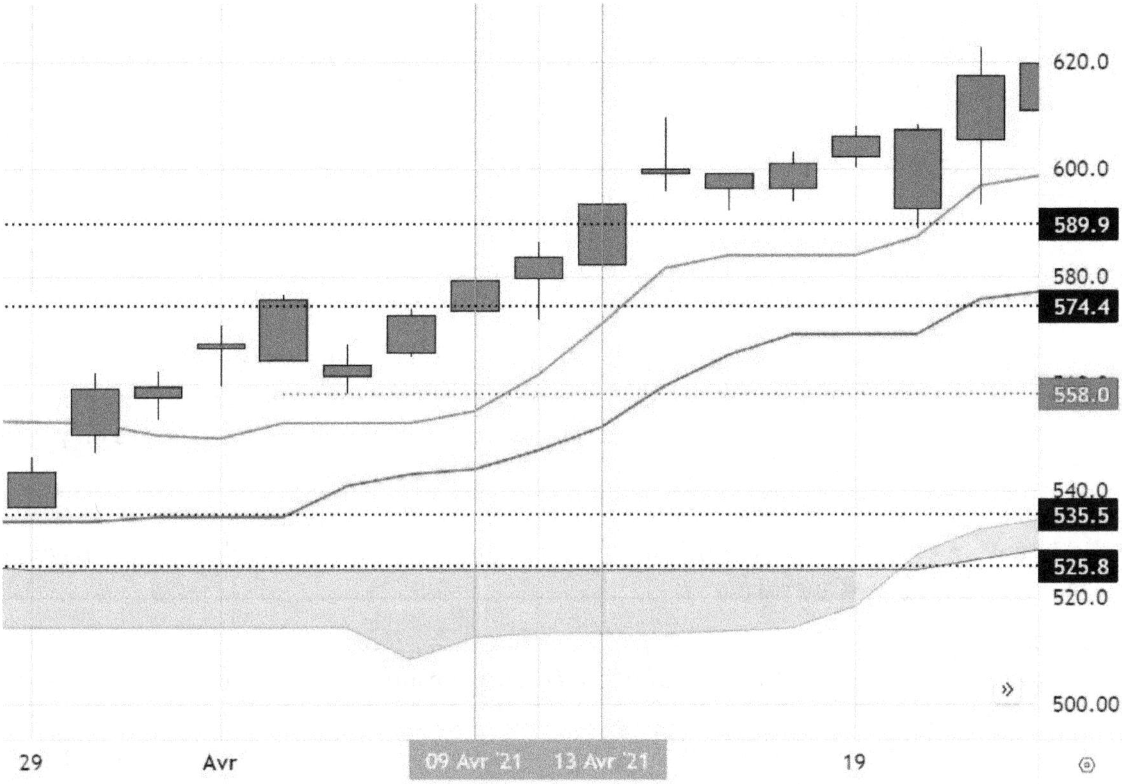

e) Déroulement de l'opération :

Il peut se suivre d'abord sur l'écran H3, puis on passera rapidement sur le journalier. Le premier a servi surtout à optimiser le point d'entrée et l'impulsion de départ. Le suivi du stop se fera aussi sur le D.
La bougie verte du 21 avril marque un nouveau plus haut dans la tendance et le stop peut être remonté sous la bougie rouge précédente à 589.90€. L'ATR est à ce moment à 13.53€, ce qui donne un niveau réel de stop à : 589.9 – 2/3*13.53 soit 580.90€. On note que ce niveau est proche de la Kijun plate qui apparaît ce jour.
Les cours vont évoluer jusqu'au 30 juin dans un schéma haussier très régulier en parfaite harmonie avec la Tenkan. Le premier objectif à 688.80€ est franchi sans consolidation. Le second objectif (report de la hauteur du « double creux ») provoque une consolidation d'abord à plat, puis le premier contact prix/Kijun intervient le 30 juin. Entre-temps, l'investisseur a pu continuer à déplacer son stop. Il ne peut pas profiter d'opportunités de consolidations. La solution dans ce cas est de se référer aux niveaux de Kijun dans ses phases plates. C'est le cas après les 12 et 20 mai puis 16 juin. On a des niveaux d'ATR autour de 12€. On pourra positionner le stop 8 à 10€ sous les niveaux de Kijun plate. Lors de la dernière remontée le 16 juin, il sera positionné à 676€. Il sera pris le 8 juillet et clôturera la position, si l'investisseur n'avait pas décidé de la clôturer sur un des deux objectifs atteints : 688.80€ et 723.90€.

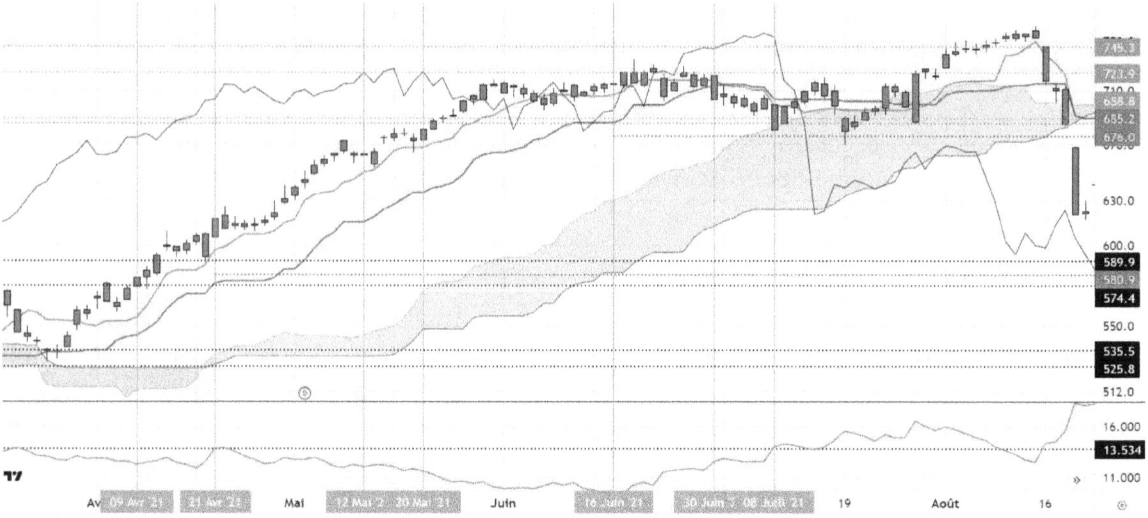

La courbe sous le graphique est celle de l'ATR. La réalité de l'évolution des cours au-delà du 30 juin ou du 8 juillet montrera que la décision de sortie était la bonne, compte tenu de la consolidation importante qui commençait à se mettre en place.

f) Conclusion sur l'opération : ce qu'il faut retenir

La situation et son déroulement illustrent très bien les éléments techniques et psychologiques de ce type d'opération.

À savoir :

- Les conditions techniques de l'entrée en position, sur franchissement d'une résistance majeure.
- Le suivi de l'opération : plus le temps avance, plus le volet psychologique prend de l'importance, notamment lorsque le stop est passé au-dessus du prix d'achat. Deux phénomènes interviennent alors : d'abord la sécurité (et la satisfaction) de sortir gagnant quoi qu'il arrive, et ensuite le désir de gagner le maximum. L'investisseur confirmé conservera toute sa lucidité et saura faire la part des choses, à savoir sortir à un moment où il estime que l'espoir de gain supplémentaire est inférieur au risque de perte. C'est ce que l'on a vu en positionnant, en fin d'opération, un niveau de stop qui assure un compromis acceptable entre ces deux éléments. Un gain notable est acquis. Si la consolidation s'avère forte, il vaut mieux être sorti. Si elle est minime, le stop ne sera pas touché.
  Cet exemple illustre une situation qui n'est (malheureusement) pas fréquente. On n'a pas envisagé ici de pyramidage qui aurait été possible comme dans le cas évoqué plus haut dans le chapitre. Quand on a la chance de se trouver dans ce type de situation avec un mouvement aussi harmonieux avec la Tenkan, il faut particulièrement surveiller sa position et tous les paramètres qui l'accompagnent. Le suivi du stop est un paramètre majeur : c'est lui qui doit déstresser l'investisseur en lui assurant un certain niveau de gain.

2 – Investissement en contre-tendance

La situation est plus complexe et surtout plus incertaine que l'investissement dans la tendance.

Le poids des obstacles qui se présentent sur la route des prix sera plus important car ne bénéficiant pas de la dynamique de la tendance établie.

Il faudra plutôt considérer ce type d'opération comme de l'opportunisme, pour un temps a priori court, et ne pas essayer de « forcer » les obstacles structurels importants que nous allons détailler par la suite.

2 – 1 : Mouvement haussier sous le nuage

C'est le type de situation que nous venons d'illustrer au 1 – 4 dernier graphe.

Dans le cas étudié, l'échec sous le nuage était prévisible :

- Le mouvement était faiblement haussier. En particulier le dernier plus haut était juste supérieur au précédent, marquant ainsi une faible conviction du camp acheteur
- Le niveau d'attaque du nuage était bas, engendrant une épaisseur que la faiblesse de la conviction manifestée par le camp acheteur laissait mal augurer le franchissement.

Le niveau d'attaque du nuage et son épaisseur ainsi que le momentum du mouvement apparaissent comme les paramètres déterminants des possibilités de franchissement.

a) Situations de franchissement :

Prenons l'exemple d'ALSTOM (ALO). L'actif trouve un support en tendance baissière sur 16.14€ le 29 septembre. Trois séances plus tard, un gap haussier et une bougie verte donnent le signal du retournement. Une éventuelle entrée en position donnerait un objectif sur la Kijun plate à 19.20€ pour un prix d'entrée autour de 18€ et un stop sous 16€. Le RRR est très mauvais et justifie difficilement une entrée en position, surtout en contre-tendance. On évoquera plus loin dans cette deuxième partie de l'ouvrage une stratégie d'entrée sur support après une longue période baissière.

Le franchissement le 18 octobre de 18.14€ valide la tendance haussière de court terme de la théorie de Dow, mais la tendance de fond reste baissière tant que l'on n'aura pas franchi le dernier plus haut dans cette tendance.

De plus, à ce niveau de prix, l'attaque du nuage se ferait vers le bas de celui-ci et dans la partie la plus épaisse. De ce fait, la progression des prix pourrait s'arrêter au profit d'une traversée latérale du nuage ou d'une relance de la tendance baissière.

Le plat de Kijun est finalement franchi après plusieurs séances de confrontation entre acheteurs et vendeurs. Une bougie dynamique le 26 octobre permet une approche du nuage dans une zone plus faible et à la LS de franchir ses prix. La situation s'est améliorée mais demeure incertaine.

Les cours franchissent finalement le nuage après plusieurs jours d'incertitude et le mouvement haussier se poursuit.

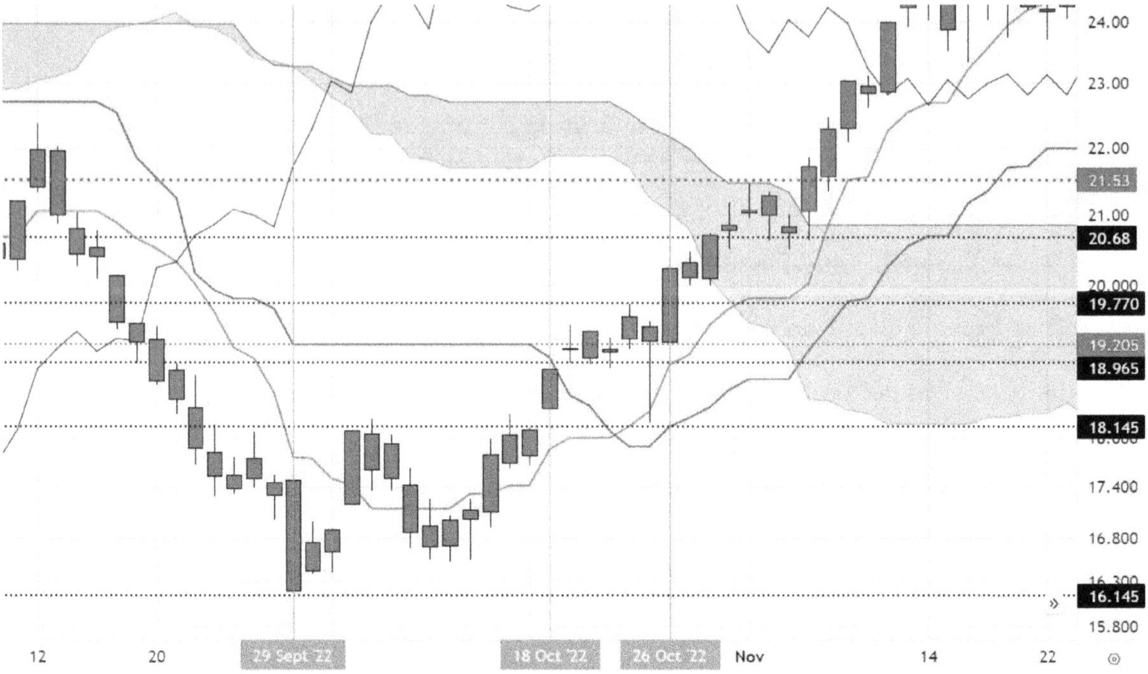

Dans cette situation, l'investisseur n'a jamais été dans une situation favorable pour envisager une entrée en position longue : stop très éloigné, objectif trop proche, position de départ et zone d'approche temporelle du nuage très basses, RRR éventuels mauvais… Plus le départ de la consolidation est bas, plus grandes sont les chances d'un essoufflement du mouvement avant d'atteindre le nuage. En la circonstance, les cours sont passés de 16.14€ à 21.50€, soit une progression de 33% en cinq semaines, ce qui nécessite un gros changement de la vision de l'actif de la part du marché.

Même lorsque les conditions semblent favorables, le franchissement sera définitif lorsque les obstacles qui se présentent après la sortie du nuage seront franchis, ce qui n'est pas le cas dans la situation suivante :

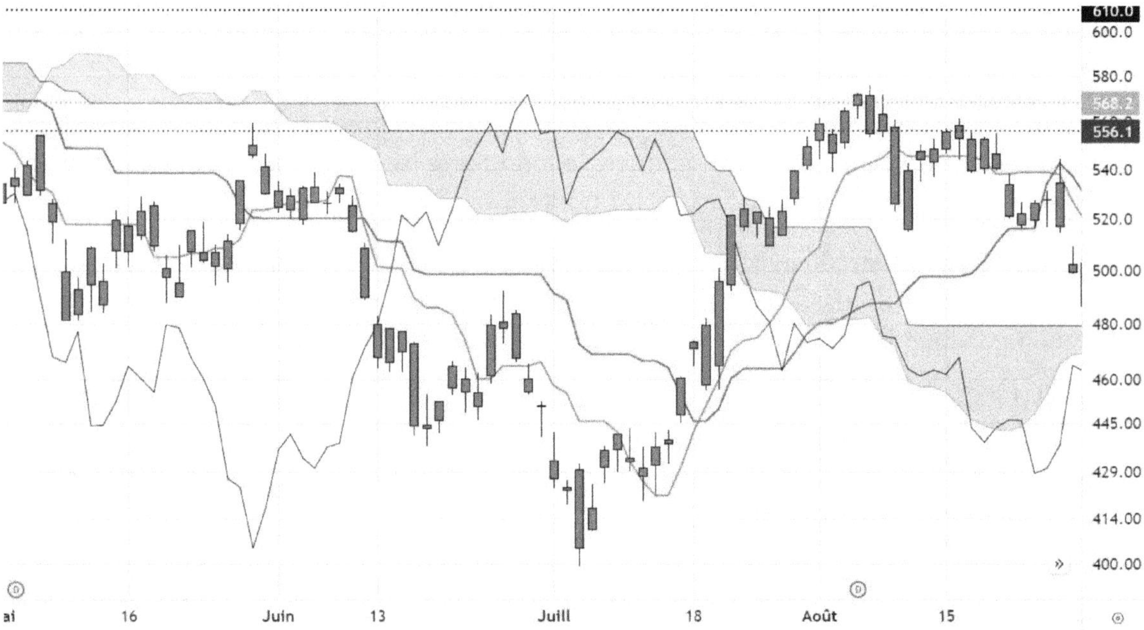

Les plats de SSB/Kijun et de SSB ont arrêté la progression des prix alors que la configuration est très proche de celle analysée précédemment.

b) Deux approches de ce type de situation :

Deux approches vont être proposées pour essayer de profiter d'une situation (éventuelle) de rebond d'une tendance baissière. C'est souvent l'objectif de l'investisseur ambitieux de détecter la fin d'une tendance baissière, ce qui peut parfois s'apparenter à « attraper un couteau qui tombe » : on a plus de chances de se couper que de gagner. Un investisseur confirmé sait qu'il ne rentrera pas au plus bas pour sortir au plus haut. L'important est de sortir gagnant, le mieux possible et de générer le minimum de « mauvais » stress qui peut biaiser les décisions.

- Première approche :

Une solution possible est, lorsque les cours semblent marquer une pause dans la baisse, d'attendre une figure technique de retournement. Dans le cas d'ALSTOM présenté précédemment, après le support testé le 29 septembre, deux bougies vertes ont montré un retour des acheteurs, puis le gap suivi d'une bougie verte ont montré une certaine reprise en main du marché par les acheteurs. Cette troisième bougie marque une structure de retournement. Une telle structure peut être propice à l'ouverture d'une position contrarienne. Dans la configuration d'ALSTOM, la situation n'était pas favorable du fait d'un objectif proche et d'un stop éloigné.

Dans la situation suivante, plusieurs éléments favorables accompagnent la tenue d'un support. Les cours évoluent à partir du 19 décembre au sein d'un range qui peut être une structure de distribution qui entraînerait la poursuite de la baisse ou une structure d'accumulation qui préparerait un rebond technique. La bougie verte du 3 janvier qui clôture à 37.30€, confirmée le lendemain 4 janvier, milite pour cette dernière possibilité. Le premier obstacle important dans cette configuration est la Kijun plate à 41.52€ et le niveau de stop est en dessous de 36.22€.

Cette solution peut fournir des conditions acceptables à un investisseur qui voit là une simple opportunité, sans penser à un éventuel début de tendance : le nuage est encore loin dans le temps et les cours sont en dessous de la partie connue de celui-ci. Au contact avec la Kijun qui est devenue plat de Kijun depuis, l'investisseur a tous les choix possibles comme on l'a vu précédemment :

- Sortir toute la position et encaisser sa plus-value
- Conserver une partie de la position en misant sur un franchissement du nuage puisqu'il semble pouvoir être abordé dans une partie mince en remontant le stop sous la bougie du 12 janvier à 40.09€. Finalement, les cours refluent et la partie restée ouverte de la position sera clôturée à ce niveau ; elle reste néanmoins bénéficiaire.

Cette approche opportuniste est rendue possible par la distance significative entre le point d'entrée et la Kijun plate qui est souvent un obstacle notable dans ces situations de contre-tendance, ainsi que par la présence d'un stop suffisamment proche.

La complémentarité entre les visions Analyse Technique classique et Ichimoku est parfaitement exploitée dans cette situation.

- Deuxième approche : TF1

Après une longue séquence baissière, les cours semblent trouver un support le 11 octobre sur 5.24€. Cette éventualité s'appuie à ce stade sur les mèches basses des 11 et 12 octobre. Elle se confirme par la bougie du 13 octobre, bougie verte importante dont le corps englobe les cinq corps de bougies précédentes. Le rebond est confirmé. L'objectif d'une entrée en position longue est à 5.82€ et le stop sous 5.24€ et le prix d'achat vers 5.53€ Le RRR est très moyen mais la situation est claire. Un investisseur peut être tenté d'ouvrir une petite position (par exemple le tiers de la taille habituelle) pour rentrer dans le marché à un moment qui peut être stratégique.

Le franchissement le 25 octobre de la Kijun plate lui permet de remonter son stop sous le dernier plus bas à 5.63€, soit au-dessus de son prix d'achat. Il va ainsi se montrer psychologiquement plus libre dans cette situation. Il peut laisser « courir » sa position et la renforcer quand la LS aura apporté la confirmation de la tendance haussière, soit à un niveau des cours autour de 6.40€ le 10 novembre. Il aura déjà dans le marché une première position ouverte autour de 5.53€.

Ainsi, la période de risque a été courte et le niveau de ce risque de perte a été réduit par la taille de la position. La prise de risque est rendue possible car il n'y a pas d'obstacle significatif avant la Kijun plate, ce qui peut procurer des opportunités de mettre le stop à 0 assez rapidement.

c) Situation d'échec au franchissement

Lorsque les conditions de franchissement du nuage sont défavorables, compte tenu notamment :

- d'une dynamique haussière faible,

- d'une position basse à l'attaque du nuage,

c'est plutôt une position vendeuse que l'investisseur va rechercher pour profiter d'une relance du mouvement baissier.

C'est aussi le cas en situation de « bull trap » constitué par une tentative de franchissement du nuage avortée par la reprise en main par les vendeurs.

- Exemple 1 : DERICHEBOURG (DBG)

Après plusieurs tentatives de franchissement d'un nuage dans une partie pourtant mince, le manque de conviction des acheteurs était clair. Comme souvent dans ce type de confrontation, le camp opposé reprend l'avantage qui se traduit ici par la rupture de la Kijun plate avec ouverture d'un gap baissier. Il n'est même pas utile d'attendre la fin de la séance pour rentrer avec sécurité le 19 mai vers 7.60/7.70€. Le stop est proche : au-dessus de la bougie de la veille ; de plus, l'ATR est bas : 0.34€, ce qui permet de positionner le stop à 8.72€. L'objectif est à 6.52€.

Là encore, si le RRR est moyen, il y a une sécurité forte au développement du mouvement car un grand nombre de supports ont été cassés : plat SSB/Kijun, support technique en plus de ceux énoncés ci-dessus. La détermination des vendeurs est claire. De plus, l'investisseur aura la possibilité de descendre son stop lors de l'échec sur la Tenkan plate quelques jours après.

Comme indiqué précédemment, ce genre de situation peut donner différentes opportunités à l'investisseur :

- Profiter de l'opportunité de la reprise en main du marché par les vendeurs en maîtrisant les niveaux de support et leur rupture, l'objectif, et avec un stop proche. Arrivé à l'objectif, il a toutes les possibilités et la manière de les traiter en fonction de l'évolution de la dynamique baissière. En la circonstance, le support à 6.52€ est cassé dans le mouvement.
- Considérer qu'il s'agit de la reprise de la tendance baissière déjà en place. Cette conviction s'appuie largement sur le fait qu'un nuage très mince n'ait pas pu être franchi et que le mouvement d'attaque du nuage ne présentait aucune dynamique acheteuse. Dans ce cas, il ouvrira certainement une nouvelle position vendeuse en considérant la dynamique de rupture de 6.52€ avec un stop au-dessus du dernier plat de Tenkan.

- Exemple 2 : XFAB (XFAB)

Il illustre les opportunités offertes à l'investisseur en cas d'échec des prix sur le nuage. Dans cet exemple, le rejet se fait violemment avant le nuage, le 26 octobre. Les cours atteignent le retracement 50% du mouvement baissier, moment souvent stratégique. La convergence du retracement 50%, de l'approche du nuage et la bougie de retournement du 26 octobre donnent clairement le sens du mouvement. Elle permet à l'investisseur une entrée vendeuse avant la clôture. Le stop est au-dessus de la bougie de la veille et le premier obstacle est constitué par la Kijun plate qui est généralement cassée dans ces circonstances. L'objectif suivant est à 5.025€ mais il ne sera jamais atteint. Les cours reviennent sur la Kijun plate. Le test du 2 novembre et la bougie rouge du lendemain doivent inciter l'investisseur à descendre le 3 novembre son stop au-dessus de la mèche haute de la veille. Il ne risque désormais plus rien, son stop est au-dessous de son entrée en position.

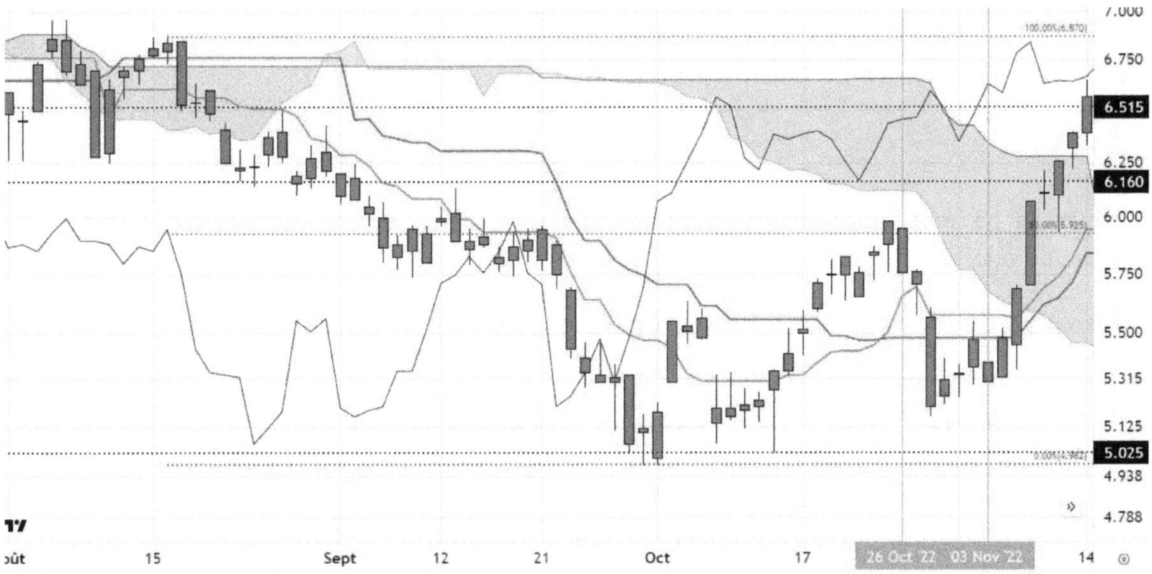

Ce type d'opération doit, par prudence, être considérée comme une opération opportuniste : un « coup » et l'investisseur cherchera à ramener son stop à 0 à la première occasion. Une configuration de ce type est favorable mais on ne peut pas savoir jusqu'où les prix peuvent descendre.

Le moment de l'entrée en position est déterminant. Il va se « jauger » par la dynamique du mouvement, une situation de retournement claire, un premier objectif contrôlé. La contrepartie du risque pris est un stop proche.

- Exemple 3 : JCDECAUX (DEC)

Certaines situations sont tellement claires et caractéristiques du rejet du nuage que l'investisseur peut entrer en position en tenant compte, bien sûr, des obstacles sur le chemin des prix, mais surtout de la poursuite de la tendance baissière.

En vision hebdomadaire, l'actif confirme, après retest du nuage par la LS, une tendance baissière en réalisant un nouveau plus bas dans la tendance le 6 juin : c'est un premier signal de vente. La tendance se développe et le 25 juillet, après un franchissement de la Tenkan la semaine précédente, les prix la recassent de manière dynamique : c'est un nouveau signal de vente.

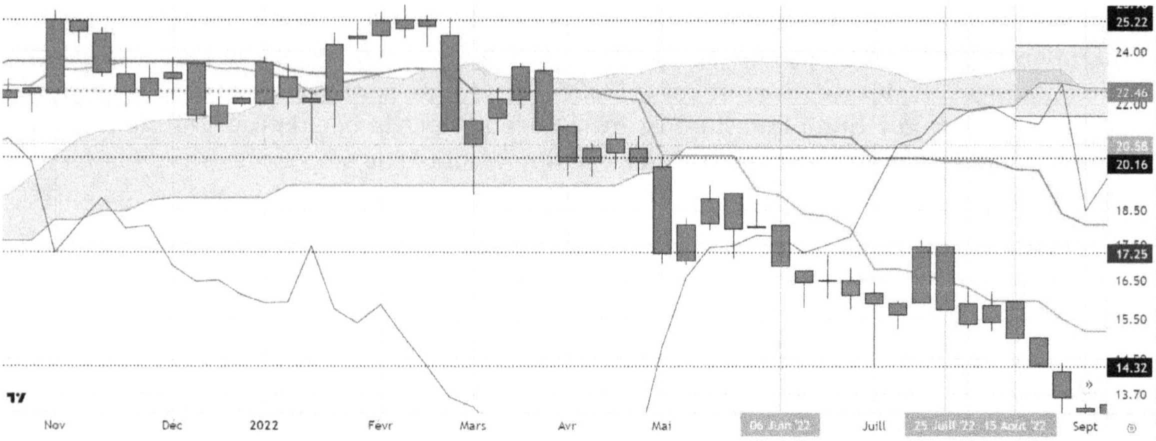

Enfin, le 15 août, un nouveau rejet par la Tenkan peut être l'occasion d'une nouvelle prise de position, si confirmation.

En vision quotidienne, ces situations peuvent s'analyser et se gérer de la manière suivante :

- Semaine du 6 juin : l'investisseur prudent pourra attendre, après le rejet par la Kijun, que le dernier plus bas (et premier obstacle) à 16.90€ soit cassé pour entrer en position afin de jouer la poursuite de la tendance. La bande de Bollinger basse est ouverte et les prix sont rentrés en phase 2 depuis la veille. La bande basse restera baissière dans la période suivante, accompagnant le mouvement et lui procurant la volatilité nécessaire.

- Semaine du 25 juillet : les prix viennent tester le bas du nuage mais la conviction acheteuse est très faible et les prix recassent la Kijun violemment. La bougie rouge de rupture de la Kijun ne parvient pas à casser la bande de Bollinger basse et celle-ci demeurera au-dessus du support à 14.32€ et jouera le rôle de résistance pour les prix. Les prix vont donc buter en mèche sur le dernier plus bas à 14.32€ avant de rebondir. Il n'est pas possible de reprendre une position. Il convient juste de redescendre le stop au-dessus du dernier plus haut correspondant au test du nuage.

- Semaine du 15 août : nouveau test du nuage et de la Kijun plate. Leur rupture ouvrira une nouvelle séquence de baisse. Cependant, les prix doivent amener les bandes de Bollinger en phase 2 afin de fournir la dynamique nécessaire au mouvement. L'investisseur devra attendre le 30 août pour entrer en position afin de casser le support à 14.32€ qui avait précédemment fait barrage et passer en phase 2 des Bollinger. Le stop, ainsi que celui d'éventuelles autres positions précédentes, sera placé au-dessus de la zone de test du nuage autour du 15 août.

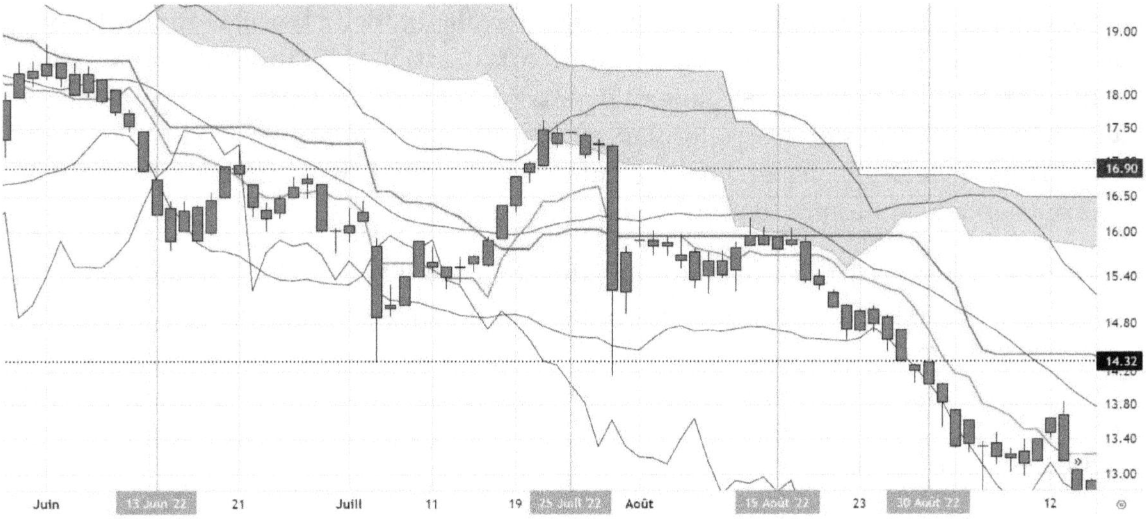

Revenons sur le test du nuage de fin juillet. Le rejet du nuage est clair ; les bougies sont très petites, confirmant la faiblesse du camp acheteur, mais la rupture de la Kijun est nécessaire pour relancer le mouvement. On a vu au début de l'ouvrage qu'il était dangereux de vendre en tendance baissière au-dessus de la Kijun. La grosse bougie rouge du 28 juillet qui casse la Kijun donne plutôt à l'investisseur un signal de méfiance du fait de la longue mèche basse qui va tester le dernier plus bas dans la tendance. Elle l'avertit que les acheteurs sont prêts à défendre ce niveau à 14.32€. Il sera donc impératif d'exiger du camp vendeur la rupture de ce support.

3 – Investissement dans le range

On a vu dans la première partie de l'ouvrage que ce type de situation nécessitait une approche différente de celles que nous avons développées.

Tous les ranges ne sont pas identiques ; on peut distinguer plusieurs types :

- Les ranges de fin de tendance : accumulation ou distribution
- Les ranges de consolidation horizontale de mouvements tendanciels
- Les ranges indiquant clairement l'indécision et le manque de tendance

Ces ranges ne se traitent pas pour l'investisseur de la même manière.

Les deux premiers types nécessiteront la connaissance de la sortie du range. Dans le premier cas, une nouvelle dynamique tendancielle démarre. Dans le deuxième cas, la sortie du range correspond généralement à la poursuite de la tendance (sinon on revient à la première catégorie). Le troisième type de range sera analysé ci-après en termes d'investissement.

3 – 1 : Range d'accumulation (fin de tendance baissière) et range de distribution (fin de tendance haussière)

On rappelle que l'on ne connaît la nature du range qu'une fois que les prix en sont sortis. On ne peut pas savoir à l'avance même en haut de tendance si le range est une consolidation intermédiaire avant la reprise du mouvement ou la fin de celui-ci. C'est le résultat de la confrontation entre le camp acheteur et le camp vendeur qui nous indiquera celui qui en sortira vainqueur.

L'exemple ci-dessous montre, dans le même mouvement, deux types de range. Le premier, entre 48.37 et 50.96, est un range de continuation. Il intervient après qu'une impulsion forte a propulsé les cours au-dessus de nuage. Après cette respiration, dans un intervalle de prix faible, ces derniers sortent du range de manière dynamique avec l'ouverture d'un gap haussier. On note que ce range avait son origine dans l'attente de l'accompagnement des prix par la Tenkan.

Le second range, toujours dans un intervalle de prix faible, a une nature différente. Il est plus long dans le temps, indiquant une vraie période d'incertitude. Les bandes de Bollinger, à l'inverse du range précédent, traversent les phases 3, 4 et le squeeze. La sortie est baissière, dynamique avec l'ouverture d'un gap baissier et rupture de la Kijun. La tendance – ou du moins le mouvement impulsif qui avait permis le franchissement du nuage – prend fin.

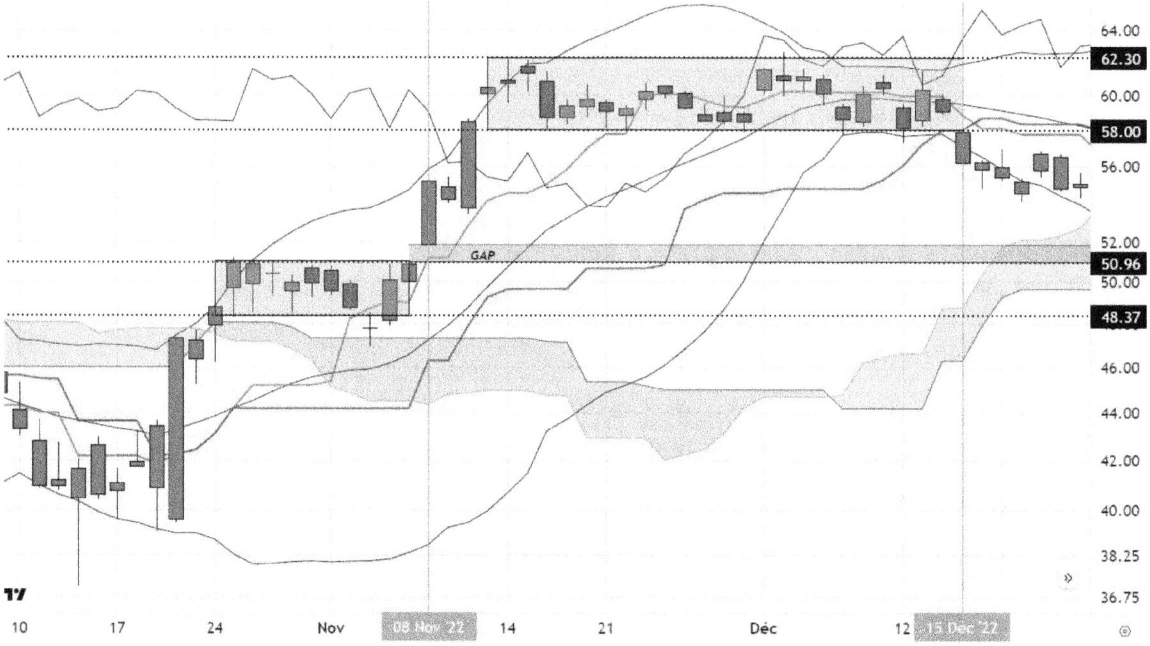

Dans les deux cas, il n'y a aucun intérêt à exploiter la phase de range. L'investisseur s'interrogera sur l'opportunité de prendre une position acheteuse le 8 novembre et vendeuse le 15 décembre durant les séances de sortie de range.

3 – 2 : Range sur longue période

Les actifs peuvent évoluer pendant de longues périodes sans tendance de long terme entre deux bornes indiquant les valeurs extrêmes de leur cours. Aucun élément macro ou microéconomique n'a pu justifier la sortie de ces bornes extrêmes.

S'il s'agit d'une situation de long terme, l'investisseur ne pourra pas prendre de position de long terme. Il devra opérer de manière opportuniste afin de capter un mouvement impulsif, une mini tendance à l'intérieur du range.

L'analyse multi temporelle sera généralement d'une grande utilité ainsi que les bandes de Bollinger pour détecter le début du mouvement et l'inscrire dans la situation de long terme.

On évoque souvent le fait que « dans un range, on achète le bas du range et on vend le haut ». C'est effectivement très raisonnable, encore faut-il, avant de se lancer, confirmer que les cours ne sont pas en train de casser le bas ou franchir le haut du range. Cette confirmation viendra en général de la présence d'une figure technique forte de retournement.

Ces séquences de range peuvent durer très longtemps. Dans le cas d'AIRBNB (ABNB), elle a débuté en mai 2022, et en juin 2023, les cours ne sont toujours pas sortis de la figure.

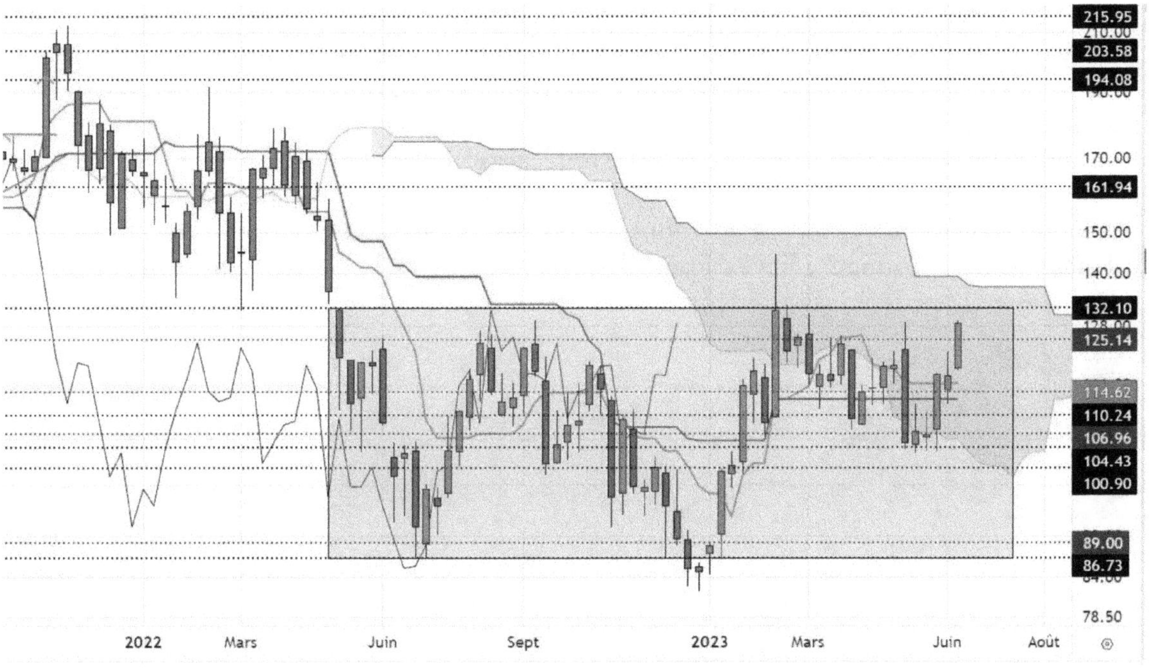

Les cours évoluent entre deux bornes relativement éloignées : 86 à 132$, ce qui montre que l'unité de temps de la figure est inadaptée pour investir.

La figure montre cependant que l'actif a décrit une situation que l'on a maintes fois vue, à savoir une tendance baissière qui, après une impulsion initiale dynamique, vient tester la Kijun, puis, suite à l'échec du test, les prix repartent à la baisse. Enfin, une dernière consolidation de la tendance baissière amène les prix au test du nuage. Ce dernier est relativement épais et les cours n'ont pas pu le franchir. Ils évoluent à l'intérieur de celui-ci en attendant un amincissement pour envisager une opportunité de sortie.

La figure montre aussi des périodes en tendance ou en contre-tendance, notamment avant l'entrée dans le nuage, les cours allant du haut au bas du range. C'est d'abord la Kijun plate qui bloque la progression des cours en août/septembre. À l'approche du nuage, on assiste au traditionnel franchissement de la Kijun et une première confrontation avec la SSA. L'échec du franchissement du nuage entraîne classiquement la glissade des cours le long de la SSA avant les nouvelles confrontations, au rythme plus aléatoire, entre les prix et le nuage.

Chacune de ces situations, notamment jusqu'au reflux des prix le long de la SSA, peut être exploitable pour l'investisseur.

On a ainsi le graphique de l'unité de temps qui définit la stratégie long terme.

Dans les graphiques suivants, on va descendre les unités de temps afin de gagner en capillarité et disséquer chacun des mouvements.

La première partie du mouvement baissier permet à l'investisseur d'ouvrir une position vendeuse le 5 mai après la confirmation de la rupture du nuage par la LS. Une première consolidation se met en place le 24 mai sur 104.43$ et retrace 38.2% de la dernière impulsion baissière. Une figure de retournement permet le 9 juin à l'investisseur de reprendre une position vendeuse. Le stop des deux positions se place au-dessus du plus haut de la consolidation à 125.14$ (en tenant compte de l'ATR) et les extensions de Fibonacci, notamment 0.618, 0.786 et 1 permettent de définir les objectifs. Le mouvement baissier se poursuit mais, début juillet, les cours consolident sur l'extension 0.618, et le 2 juillet, une figure de retournement de type « englobante » met fin au mouvement impulsif baissier. Une situation de survente était survenue entre prix et Tenkan et entre la Tenkan et la Kijun. L'investisseur dispose de toutes les options, comme on l'a déjà vu, concernant sa ou ses positions. À ce stade, rien n'indique que l'on vient en fait d'entrer dans un range. L'investisseur agit en fonction de la situation actuelle.

Le mouvement se poursuit après début juillet (voir figure suivante), la Kijun est franchie et les cours arrivent au contact du nuage. Les cours rentrent dans le nuage épais sans parvenir à en sortir, bloqués par la convergence du retracement précédent à 125.14$ et de la SSB plate haut du nuage. Si l'investisseur a décidé de rester en position (ce qui n'est pas la meilleure option), son stop a été sauvé le 15 août et le 14 septembre grâce à la prise en compte de l'ATR. Les cours vont en fait évoluer jusqu'au début du mois de novembre. Une situation de vente est initiée avec le problème d'un stop éloigné et un objectif sur le dernier obstacle à 89$. Le 28 décembre, une structure de retournement met fin à l'impulsion baissière.

Celle-ci est une bonne opportunité d'entrée en position acheteuse dès la confirmation du retournement au-dessus de 86.73$ avec un stop de protection sous le plus bas du 28 décembre. Ce mouvement de contre-tendance aura pour objectif le contact prix/nuage qui se produira le 13 janvier. L'investisseur disposera à nouveau de toutes les stratégies qui ont été développées plus avant dans l'ouvrage au contact de l'objectif. Compte tenu de l'épaisseur du nuage, une stratégie de franchissement du nuage est possible sur toute ou partie de la position (voir figure suivante). Après confirmation du franchissement et avant la confirmation de la LS, le stop pourra être positionné sous 97.64$ avec un objectif à 114.53$ qui est le plat de SSB/Kijun vu précédemment. Après la confirmation de la LS, le stop pourra être remonté sous 106.64$, dernier plus bas dans la tendance.

La figure de retournement en forme d'« étoile du soir » marquera la sortie de position le 16 février et même l'occasion d'un « reverse », c'est-à-dire une prise de position dans le sens inverse à la précédente.

Celle-ci aura un stop au-dessus du plus haut du 16 février (calculé précisément avec l'ATR) et un objectif sur le plat de SSB/Kijun à 114.53$.

Celui-ci atteint, les cours évoluent sans direction précise et dans une zone de prix qui rend inintéressante toute entrée en position.

Le mouvement se poursuit à l'intérieur d'un nouveau range plus petit entre 104 et 129$ qui laisse peu de perspectives d'investissement, sauf peut-être à partir du 31 mai avec une structure classique déjà analysée (voir figure suivante).

En conclusion, la période de range a été dissociée en plusieurs mouvements impulsifs pour lesquels l'investisseur appliquera les différentes approches développées précédemment dans l'ouvrage. Les conditions d'allées et venues entre les deux bornes du range permettent des entrées en position sur la base des figures de retournement de l'Analyse Technique classique : englobante, étoile du soir, etc.

Les graphiques ci-dessous proposent des configurations classiques de range.

a) EXXON MOBIL (XOM)

Il s'est développé après une période haussière des cours et dure depuis octobre, soit huit mois. On observe qu'après le mois de février, les nuages commencent à s'amincir et se mettre à plat, limitant les possibilités de mettre en place des stratégies offrant des perspectives larges : ils se positionnent en milieu de range et on constate dans la dernière partie du range des prix qui n'arrivent plus à franchir le nuage. Les opportunités d'investissement correspondent plus à des achats en bas de range et des ventes en haut de range, validés par des figures de retournement.

b) VISA (V)

La situation est un peu similaire à la précédente et les retournements des 2 février, 3 et 21 avril ainsi que du 19 mai peuvent permettre des entrées en position sur la base de figures de retournement. Cependant, chacune d'elles n'offre que de faibles perspectives en termes d'objectif et de RRR.

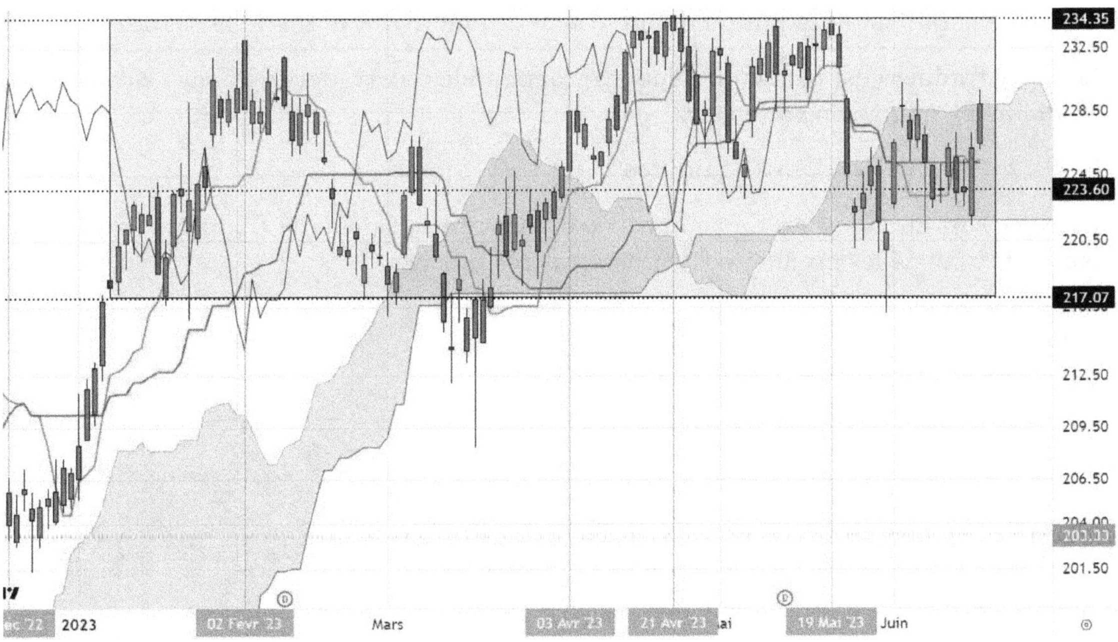

3 – 3 : Conclusion concernant l'investissement en range

L'auteur n'est pas un passionné de l'investissement en range, à l'exception de cas très clairs comme ceux que l'on a pu voir, notamment :

- Le « découpage » des ranges en séquences tendancielles et en utilisant les unités de temps inférieures
- Les possibilités d'achat en bas de range et les ventes en haut de range.

Les professionnels Patrick Riguet et Khalid El Bouzidi ont développé des approches personnelles de l'investissement en range.

4 – Investissement d'opportunité : le « Day trading » et swing trading

On peut considérer sous ce vocable l'investissement dont la durée est la séance de Bourse et le « swing trading » à une nuance d'importance près et à laquelle nous allons nous intéresser : beaucoup de Day traders ont pour stratégie de ne garder aucune position « over night ». Ils liquident leurs positions avant la clôture boursière de chaque actif en position. L'objectif est de passer une soirée relaxante permettant de faire tomber le stress et de ne pas risquer un gap en ouverture de la séance du lendemain qui ruinerait une position pourtant favorable.

On a donc le « vrai Day trader » qui passe la nuit sans position ouverte et le Day/swing trader qui tolère de rester quelques jours en position et ne redoute pas les gaps d'ouverture.

4 – 1 : Le « Day trading »

Les unités de temps considérées sont 15 minutes (15m), H1 et H3 ou H4. On peut même descendre jusqu'à 5 minutes s'il n'est pas trop générateur de bruit. L'objectif sera déterminé en anticipant le fait qu'il puisse être atteint avant la fin de la séance.

Le « Day trading » est particulièrement recommandé aux traders de phase 2 des bandes de Bollinger comme on va le voir.

4 – 1 – 1 : EURUSD en 15 minutes

La paire sort du nuage en fin de matinée et la confirmation de la LS arrive immédiatement après mais les premiers objectifs sont très proches.

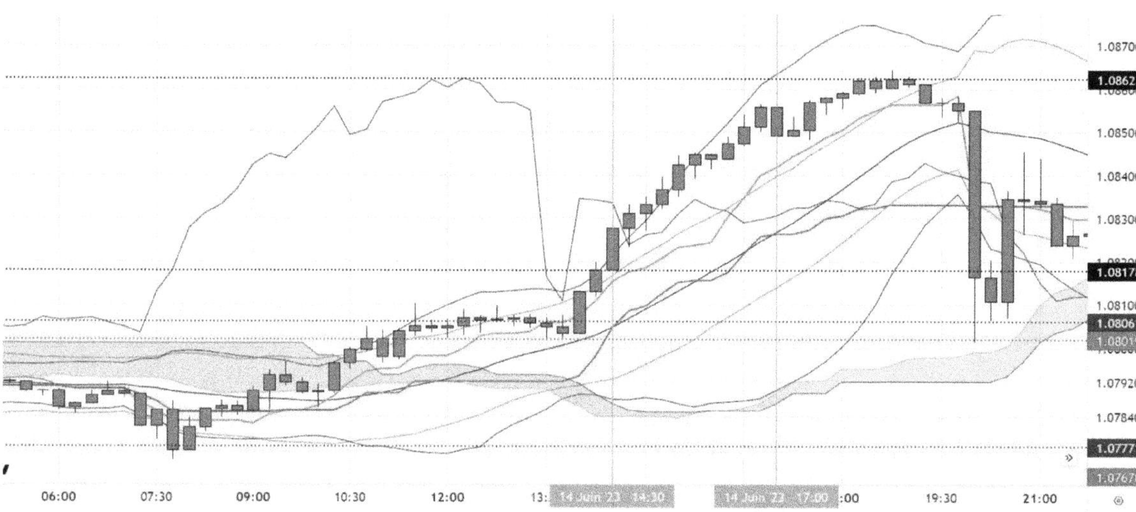

Il faut attendre le début d'après-midi du 14 juin à 14h30 pour qu'un signal valable soit délivré avec une forte dynamique : taille des bougies et entrée en phase 2 des Bollinger. La bande haute de Keltner est à l'intérieur de celle de Bollinger.

Le contrôle en H1 est favorable : les prix sont en phase 2 des Bollinger et la Keltner est en train de rentrer sous la Bollinger haute et il n'y a aucun obstacle en Ichimoku.

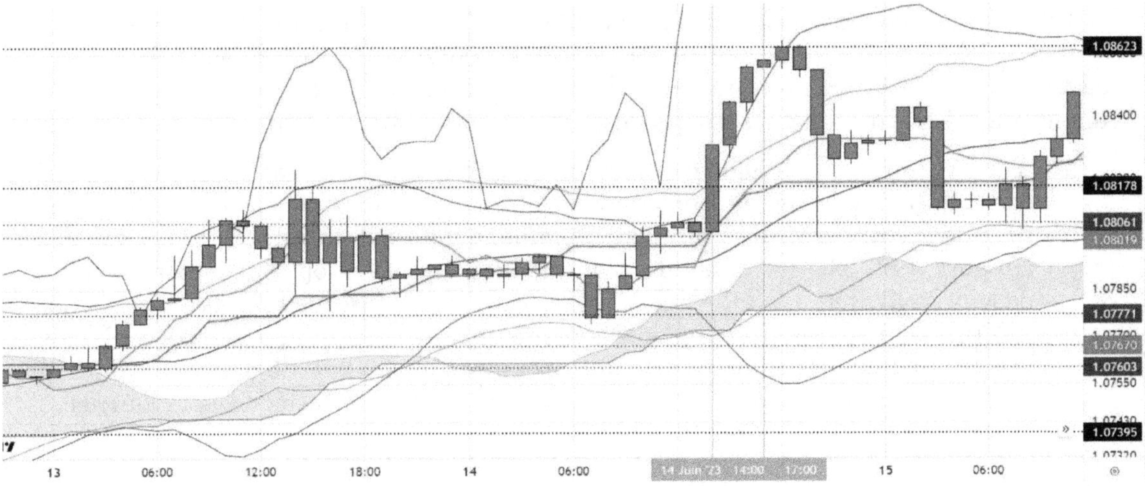

Le contrôle de l'unité de temps H4 est également favorable : comme en H1, les prix sont en phase 2 des Bollinger et la Keltner est en train de rentrer sous la Bollinger haute. Il n'y a pas d'obstacle en Ichimoku.

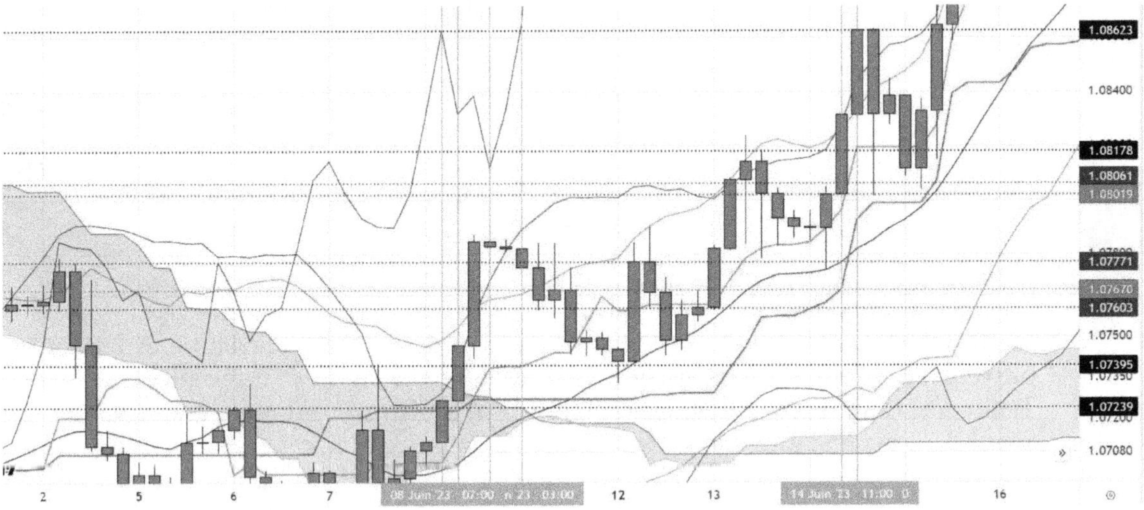

L'objectif est la résistance datant de mi-mai à 1.08623$. Le stop est sous 1.08019$ et le point d'entrée autour de 1.0824$. Il faut noter que les circonstances de marché au moment de l'entrée en position sont particulièrement favorables : entrée en phase 2 des Bollinger confirmée, bande de Keltner sous celle de Bollinger, absence de résistances avant l'objectif permettent d'envisager que de faible(s) consolidation(s) d'ici l'objectif. L'investisseur surveillera tout d'abord la sortie de la phase 2 des Bollinger qui intervient à 17h sur l'écran en 15m. C'est certainement une excellente opportunité pour sortir de position.

4 – 1 – 2 : TOTALENERGIES (TTE)

Le Day trading se prête aussi aux actions. À la différence du Forex, les impulsions sont beaucoup plus lentes à se mettre en place. Il faut souvent attendre avant de pouvoir rentrer en position des confirmations incompatibles avec le fait de sortir de position avant la fin de la séance. On verra qu'elles se prêtent mieux à du swing trading.

La difficulté principale est de trouver la configuration qui se mette en place dès l'ouverture de la séance, qui a sa confirmation rapidement, un objectif raisonnable pour la séance. Le stop et le RRR ont un petit peu moins d'importance car on est dans un mouvement impulsif sur plusieurs unités de temps et pas d'obstacle proche.

a) En 15 minutes, la bougie d'ouverture de séance est rouge et de belle taille. Elle casse la bande basse de Bollinger et on entre en phase 2. La bande de Keltner est intérieure à celle de Bollinger. De plus, il y a rejet des prix par la Kijun et un support à 56.38€ est cassé dans le mouvement. Le stop de protection est au-dessus de 57.30€. L'ATR est à 0.24€, ce qui donne une position de stop à 57.30 + 2/3*0.24 soit 57.46€. Les objectifs sont à 54.82 puis 54.15€. Le prix d'entrée, juste avant la clôture de la bougie de 9h, est autour de 56.25€ Le dynamisme du moment peut permettre d'atteindre l'un ou l'autre des objectifs dans la journée.

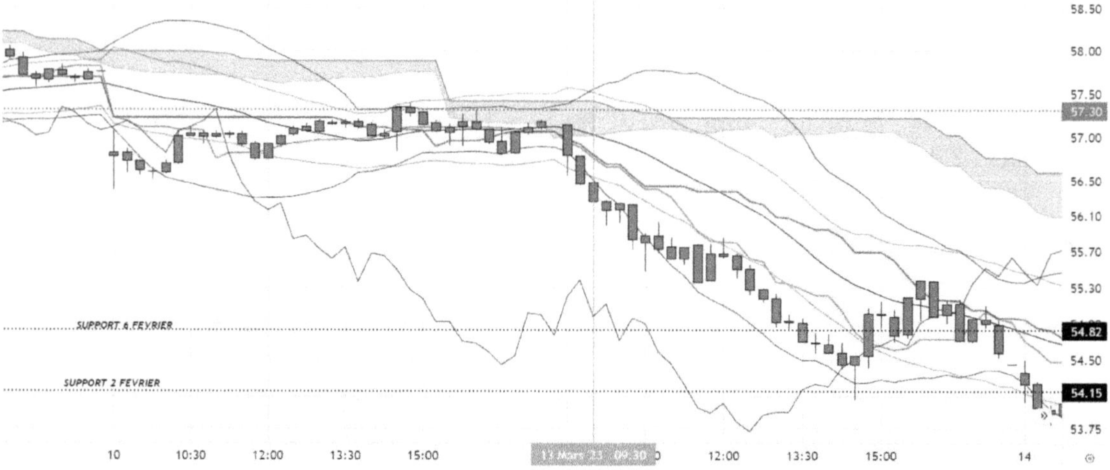

b) La confirmation de l'unité supérieure H1 est claire. La tendance baissière est bien engagée depuis des jours et la bougie de 9 heures marque un nouveau plus bas dans la tendance. Elle casse également la bande de Bollinger basse et les cours entrent en phase 2 des Bollinger. La bande de Keltner est intérieure à celle de Bollinger. Il n'y a pas d'obstacle en Ichimoku, la Kijun étant résistance au mouvement depuis plusieurs jours

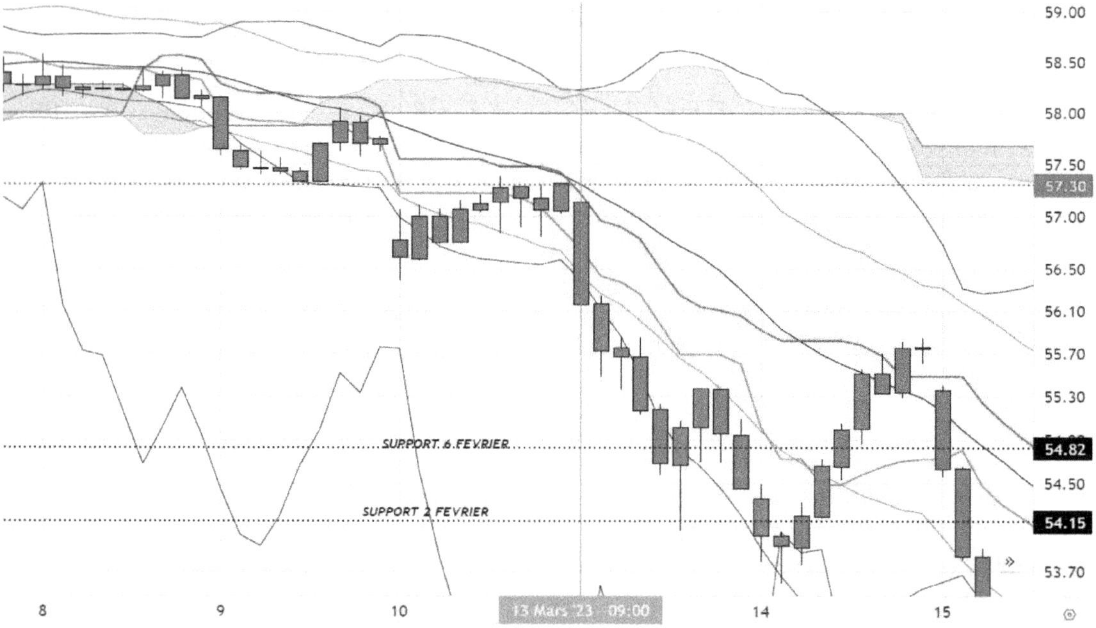

Le graphique en H4, non présenté ici, est très semblable à celui de H1, les prix étant dans la même configuration de tendance baissière.

c) Déroulement du trade :
Dès la bougie de 11h30 (graphique en 15m), on marque un nouveau plus bas dans la tendance avec une Tenkan qui joue le rôle de résistance, marquant ainsi la force de la tendance. Le stop peut être redescendu au-dessus du dernier plus haut à 56.03€, soit sous le point d'entrée. Le succès du trade est déjà acquis. À la clôture de celle de 12h30, le stop descend au-dessus de 55.86€. Le premier test du premier objectif a lieu dès 13h15 avec un doji qui confirme l'existence du support. Dans ce cadre de trade sur un temps court, il est possible de se concentrer sur le marché pendant quelques minutes pour savoir quelle direction va prendre le marché. Les vendeurs confirment leur maîtrise des cours de l'action et le mouvement peut se poursuivre, le support est cassé clairement sur la bougie suivante. Le test du deuxième objectif est réalisé sur la bougie de 14h30. Les acheteurs reprennent la main. Si l'investisseur a programmé sur sa plateforme l'objectif à 54.15€, il sort sur celui-ci. Sinon, soit l'investisseur a fait évoluer son stop au plus près des cours (au-dessus du plus haut de la bougie précédente) et il sortira à ce niveau sans intervention de sa part, soit il choisit de sortir après le marteau de la bougie de 14h30 qui annonce le retournement, ou au début de la bougie suivante qui confirme le retournement. Le trade aura duré au total un peu plus de 5 heures.

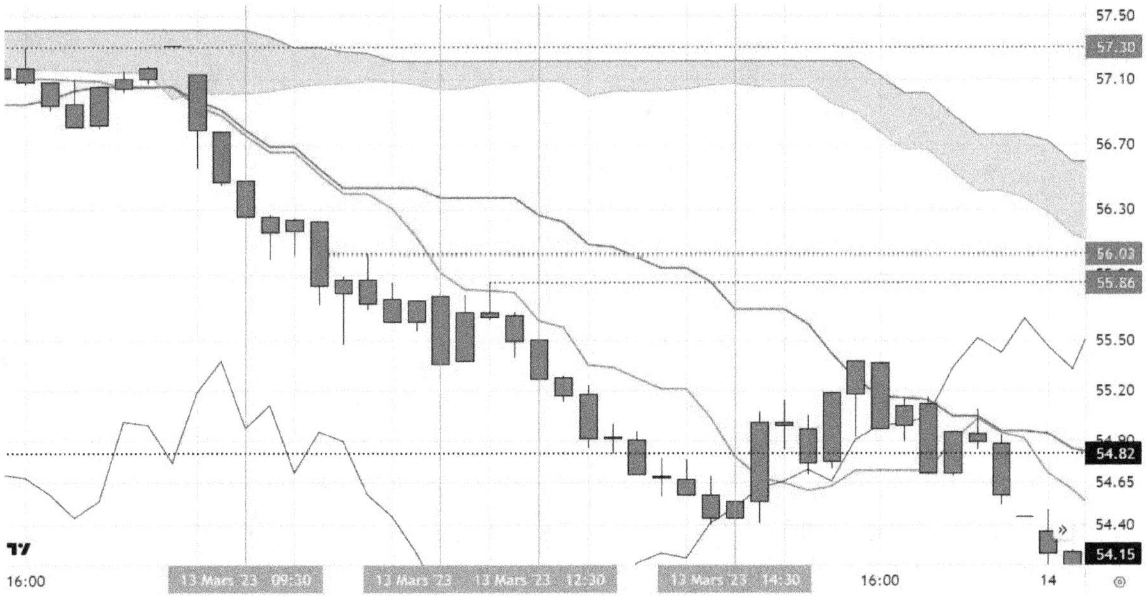

4 – 2 : Le swing trading

Cette terminologie n'est pas très précise. Elle correspond à des positions ouvertes entre la séance et « quelques » séances. Cela dépendra du déroulement du trade, de l'évolution des stops, de la force de la tendance et des consolidations…

Les actions sont plus généralement traitées en swing plutôt qu'en Day trading, compte tenu d'une évolution souvent plus lente que le Forex, par exemple. Cela permet aussi de plus se concentrer sur des bougies en H1 qui concentrent plus de volume et moins de bruit. Il faut noter, comme dans l'exemple précédent, que l'utilisation de bougies en 15 minutes ne doit s'appliquer qu'à des actifs présentant de forts volumes. De même, le swing trading et encore plus le Day trading ne devraient se pratiquer que sur des actions de volume significatif.

L'exemple précédent de TOTALENERGIES satisfera parfaitement le Day trader mais laissera une impression d'inachevé pour le swing trader. En effet, le mouvement est bien construit, l'opération est déjà gagnante compte tenu de la position du stop. Une consolidation débute, mais le swing trader y est habitué. Il la gèrera notamment avec l'aide des retracements puis des extensions de Fibonacci.

Dans cette forme de trading, les unités de temps suivies seront plutôt H1, H3 ou H4, D.

Les conditions en H1 ont déjà été décrites. En H3, la situation est la suivante :

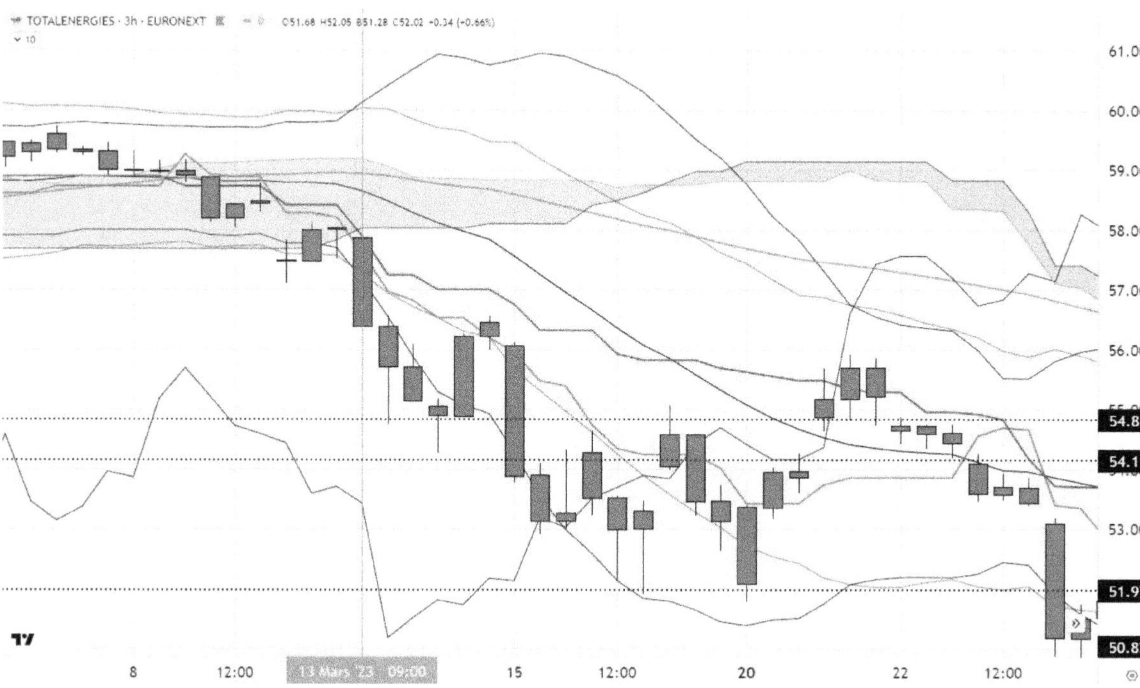

Elle est proche de celle en H1. Le mouvement s'amorce favorablement, le nuage est cassé, la LS est sous son nuage. Les cours cassent la bande de Bollinger basse et rentrent en phase 2 et la bande de Keltner est bien placée.

En D, la vision est un peu différente. En effet, de nouveaux supports apparaissent sous la forme de trois plats de SSB à 54.37€, niveau très proche du deuxième objectif, puis 52.63 et 51.11€.

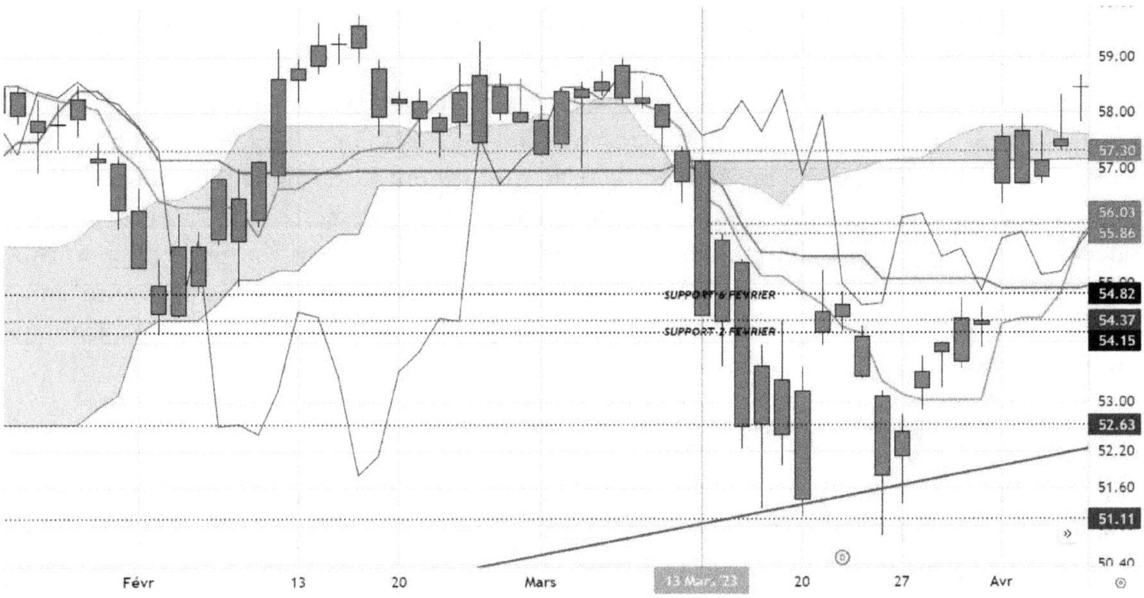

Le suivi de la position se fera à partir de l'écran en H1. Le stop initial sera un peu différent de celui en 15m, soit au-dessus de 55.37€ à corriger de l'ATR. La difficulté est que le stop est difficile à déplacer pendant les premières heures du trade. En même temps, il n'y a aucune menace, les cours baissant avec une bonne dynamique, Tenkan et Kijun faisant office de résistances.

On surveillera néanmoins les risques de situation de survente qui entraînerait une consolidation. Cette dernière survient à la rupture du premier objectif à 54.82€. L'investisseur pourra rester serein car le haut de la consolidation ne va même pas tester la Tenkan plate avant que les cours reprennent leur chemin baissier.

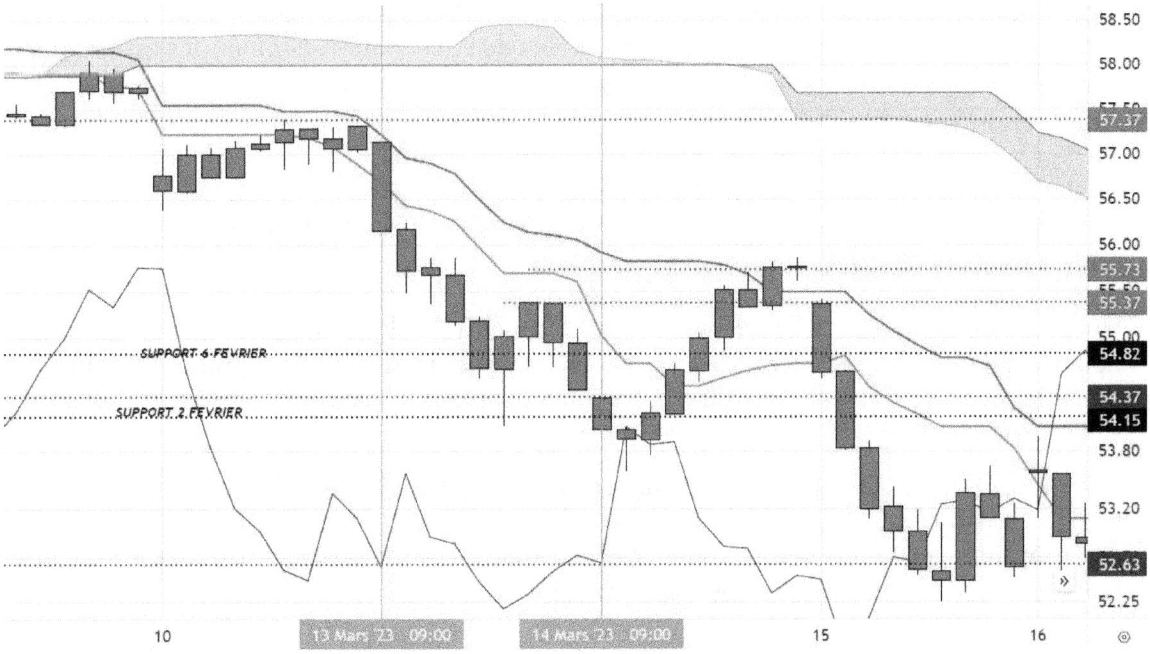

La bougie du 14 mars à 9 heures ouvre un gap baissier et casse le deuxième objectif à 54.15€. Le stop peut être descendu au-dessus du dernier plus haut dans le mouvement correspondant au plus haut de la première consolidation de la veille, soit à 55.37€. L'ATR est à 0.54€ soit un niveau de stop à : 55.37 + 2/3*0.54 = 55.73€. La bougie suivante présente une mèche basse significative qui annonce une nouvelle consolidation qui se met effectivement en place avec un certain dynamisme. L'investisseur pourra décider de sortir de position au franchissement de la Tenkan qui confirme l'hypothèse d'une consolidation plus forte, d'autant plus que l'on a une situation de survente Tenkan/Kijun. S'il décide de rester en position, on constate que le stop à 55.73€ est franchi par les prix et la sortie se fait à ce niveau. Dans tous les cas, le trade est gagnant.

d) Conclusion sur le trade

Il est toujours difficile de faire le choix du bon moment pour la sortie de position. Comme on l'a vu, dès que le stop est à 0 ou positif (par rapport à l'entrée en position), la situation est psychologiquement plus facile pour l'investisseur. Selon l'auteur, lorsqu'on investit sur des unités de temps faibles comme le Day ou le swing trading, il est généralement plus favorable de s'en tenir aux objectifs initiaux sans chercher à « forcer » le trade pour essayer de gagner plus. On a vu que la première consolidation n'entraînait pas de danger pour l'investisseur car la Tenkan n'était pas testée : elle est le guide du mouvement. La deuxième consolidation est plus profonde et son franchissement doit être le signe d'une sortie prudente de position.

5 – Investissement sur le Forex

Ce marché présente des spécificités qui nécessitent une approche particulière.

Tout d'abord, les horaires de cotations sont généralement plus importants que ceux des actions. De ce fait, on observera beaucoup moins de gaps, notamment sur les graphiques quotidiens. Nous avons beaucoup utilisé les gaps dans les démonstrations précédentes ; ils ne seront souvent d'aucune utilité ici.

Le mode de traitement de ce type de marchés concerne souvent des opérations à court terme, généralement basées sur l'utilisation de produits à effet de levier : (CFD, produits dérivés.

On fera souvent appel à l'aide procurée par les bandes de Bollinger et de Keltner qui nous permettront de détecter les impulsions (Bollinger) et les faux signaux (Keltner).

5 – 1 : Investir à long terme sur le Forex

Cette possibilité existe même si elle ne concerne pas la majorité des investisseurs.

Les graphiques suivants en hebdomadaire et quotidien correspondent à des situations bien connues et traitées dans les pages précédentes.

a) AUDUSD en hebdomadaire

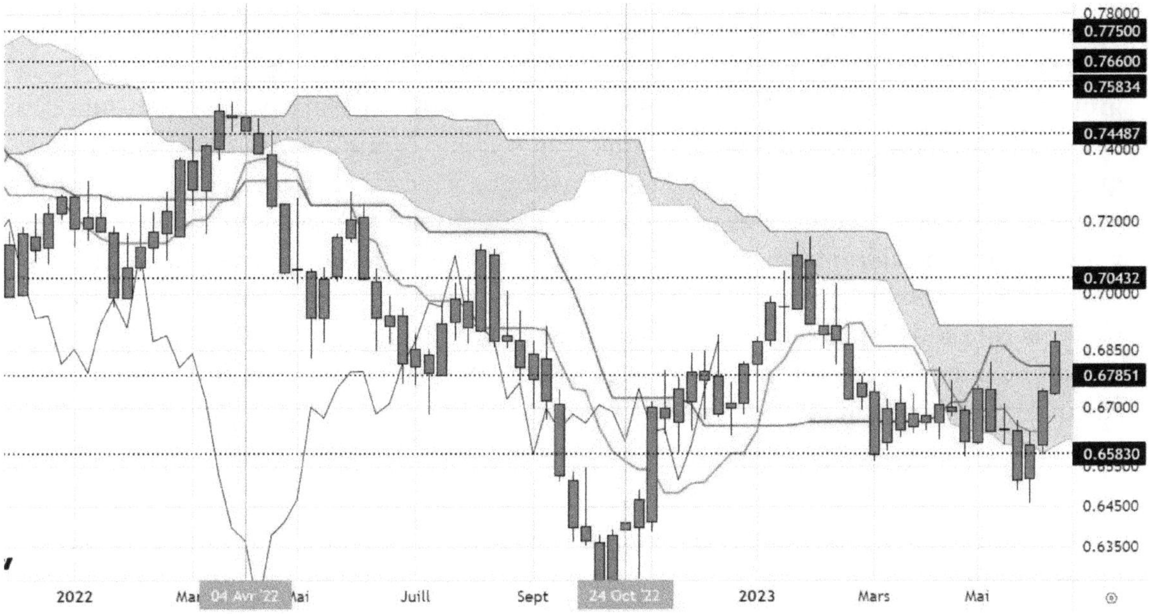

La situation représente la force relative de la devise australienne contre le dollar américain. C'est la conséquence de différents phénomènes macroéconomiques comme la force des économies, le besoin en dollars américains par l'économie australienne, et bien sûr, des taux d'intérêt servis par les États australien et américain.

Il est donc possible d'investir sur ce type de paire de devises comme pour les actions.

b) AUDUSD en quotidien

On retrouve le même type de configurations bien connues d'une tendance baissière. On constate aussi l'absence de gaps.

5 – 2 : Investir à court terme sur le Forex

On utilisera généralement les unités 1heure (H1) et 4heures (H4). Cette dernière permettra de confirmer l'évolution de l'actif dans le sens de l'entrée en position et la première décidera de l'entrée en position et du suivi de l'opération. On verra que l'on peut aussi utiliser, en complément, l'unité de temps 15 minutes. Contrairement à ce que l'on pourrait craindre, cette dernière fonctionne généralement bien et n'est pas perturbée par le bruit, notamment pour les paires majeures du Forex dont les échanges en volume sont considérables. Ce n'est pas toujours le cas pour des paires plus exotiques. Ces dernières peuvent présenter des mèches importantes, correspondant à du bruit, qui perturberont tous les calculs des éléments Ichimoku. En particulier le nuage et la SSB ne seront plus fiables pendant 52 + 26 périodes. On pourra éliminer les excès dans le calcul des retracements et extensions de Fibonacci.

5 – 2 – 1 : EURUSD

C'est la paire majeure par excellence qui ne subit quasiment aucune perturbation, même en 15 minutes.

Nous allons mener l'investissement sur la base de l'unité de temps H1 en vérifiant la situation en H4. Nous regarderons également la situation en 15 minutes à titre de confirmation ou pour affiner encore le niveau d'entrée en position.

a) EURUSD en H1

Le 8 juin à 14h, un signal d'achat est délivré. Les prix sont au-dessus du nuage, la LS a confirmé sa propre sortie du nuage et la résistance à 1.07395$ vient d'être franchie. Les bandes de Bollinger sont dans la phase 2 impulsive et la bande haute de Keltner est sous celle de Bollinger, indiquant qu'il n'y a pas de risque de « bull trap ». La Kijun est support au mouvement. Tous les paramètres du système impulsif sont favorables et l'investisseur peut estimer les conditions d'un éventuel achat :

- Objectif : résistance à 1.0777$
- Stop de protection : sous 1.0723$, dernier plus bas dans le mouvement
- Point d'entrée : autour de 1.074/1.0745$, soit peu avant la clôture horaire, le signal étant donné clairement.

Le RRR associé est de l'ordre de 1.8. Il paraît tout à fait correct compte tenu de la qualité du signal.

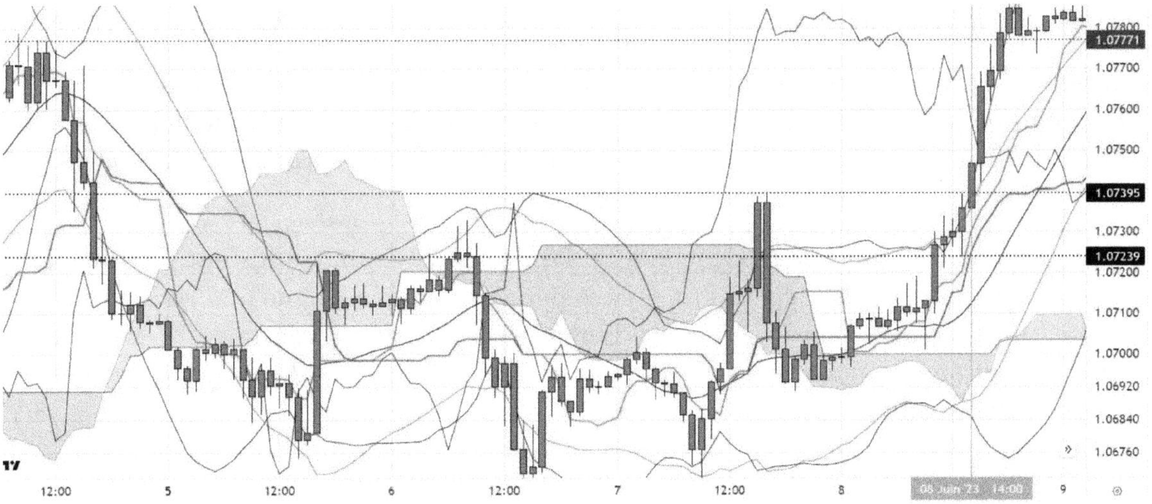

Il reste à contrôler la dynamique du mouvement en H4 pour confirmer définitivement l'entrée en position.

b) EURUSD en H4

La tendance vient de passer haussière après la sortie des prix du nuage. La LS n'a pas encore confirmé. L'actif vient d'une longue tendance baissière et on sera vigilant aux plats de SSB qui correspondent, comme on l'a déjà vu, aux étapes que doit franchir l'actif dans sa marche haussière.

On surveillera donc celui à 1.0760$, de petite taille, et l'investisseur n'hésitera pas à liquider immédiatement sa position en cas de rejet par ce niveau. La dynamique actuelle est forte, les prix sont en phase 2 des Bollinger dans les 2 unités de temps, donc l'investisseur peut largement accepter le niveau de risque dans la mesure où il est prêt à arrêter l'opération sans attendre en cas de rejet.

L'objectif fixé en H1 est cohérent en H4, d'autant plus qu'un petit plat de SSB est très proche.

Les paramètres sont optimisés pour confirmer l'entrée en position.

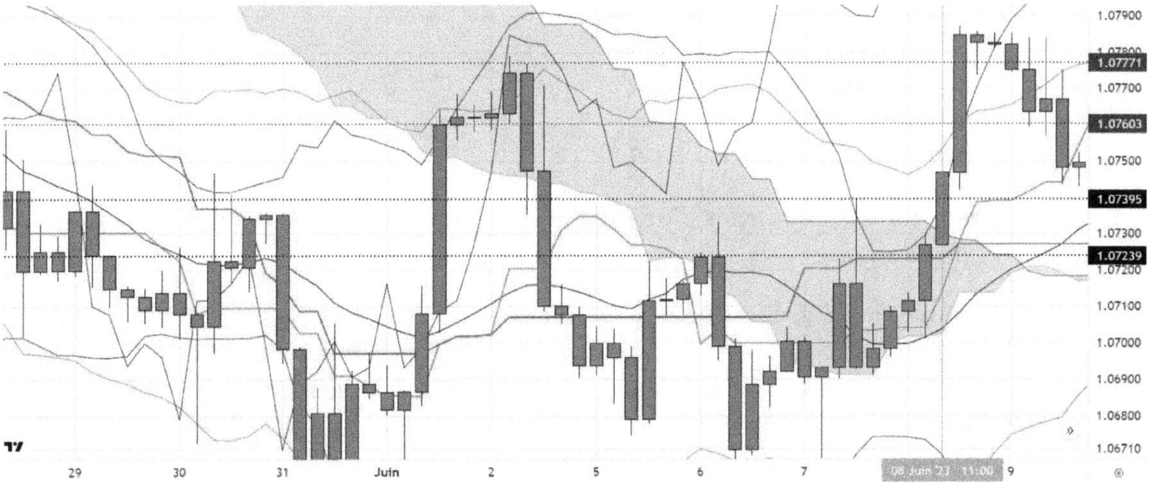

c) Remarque importante

Il est impératif que **tous** les paramètres d'entrée en position soient **validé**s dans l'unité de temps de prise de la décision et dans laquelle sera effectué le suivi de la position. Si l'investisseur néglige un des paramètres, il ne doit pas être surpris s'il correspond au grain de sable qui fera mal tourner son opération.

Par contre, on ne peut pas exiger que ce soit le cas pour toutes les autres unités de temps et notamment la supérieure. Il faut pour une entrée longue que les prix soient au-dessus du nuage, dans le sens de la dynamique. Dans le cas contraire, il vaut mieux qu'ils soient encore éloignés du nuage pour avoir suffisamment de place dans une opération contrarienne.

d) Suivi de la position

Le niveau de 1.0760$ est franchi dans la dynamique du mouvement.

Le 8 juin à 20 heures, la bande basse de Bollinger se retourne, indiquant la fin de la phase 2 impulsive. Au même moment, les prix atteignent l'objectif.

Généralement, les opérations sur le Forex sont des opérations d'opportunisme. En la circonstance, elle s'est déroulée dans les meilleures conditions, en un temps très court, et une convergence d'éléments conseille à l'investisseur de liquider sa position purement et simplement.

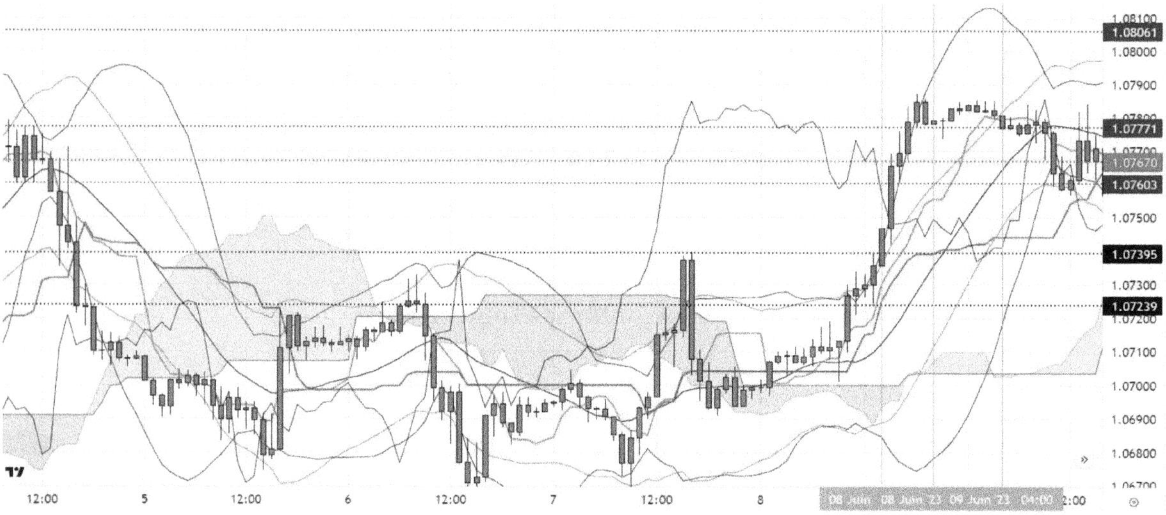

Il peut souhaiter aussi bénéficier d'une phase 3 qui améliore sa plus-value, sur tout ou partie de la position.

Il devra remonter le stop de la partie restante. 1.0767$ apparaît un bon compromis : c'est au-dessus du point d'entrée et correspond à la dernière bougie impulsive. La sortie de la phase 3, le 9 juin à 4 heures, est concomitante avec la rupture de la bande de Keltner. C'est le moment idéal pour liquider la portion restante de la position, d'autant plus que quelques heures plus tard, la MM20 sera cassée.

Les sorties de position en fin de phase 2 représentent souvent un excellent compromis gain/risque/temps passé en position. Les retournements en phase 2 sont très exceptionnels, les phases 3 peuvent être erratiques.

e) Que dit le 15 minutes ?

La confirmation de la sortie du nuage par la LS intervient sur la bougie de 10h45, mais le premier obstacle à 1.0739$ est trop proche et le niveau de stop éloigné.

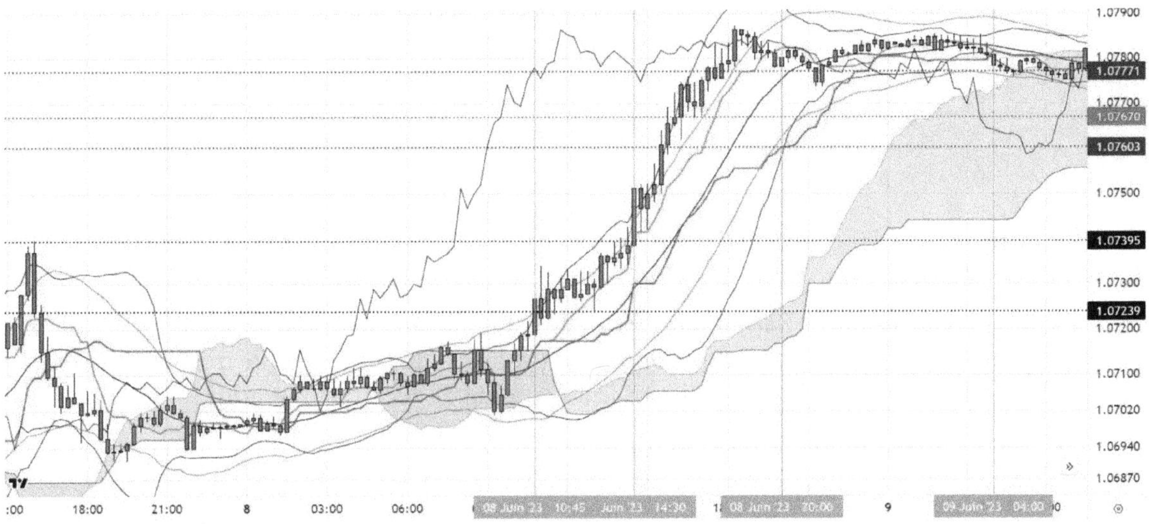

Pour le reste, cette unité de temps n'apporte pas d'information décisive supplémentaire. La fin du mouvement, telle qu'on l'a définie précédemment, correspond au test du nuage.

5 – 2 – 2 : Day trading avec USDJPY

On travaillera sur les écrans en 15m, 1h et 4h.

a) En 15m : La situation le 15 juin à 2h45 (pour les noctambules européens !) apparaît favorable. Notons cependant qu'elle concerne une devise, le yen japonais, et l'heure correspond à une période où les marchés asiatiques sont ouverts.
   Toutes les conditions sont réunies pour passer à l'achat.
   On peut aussi noter que les volumes sont favorables, confirmant la dynamique du mouvement.

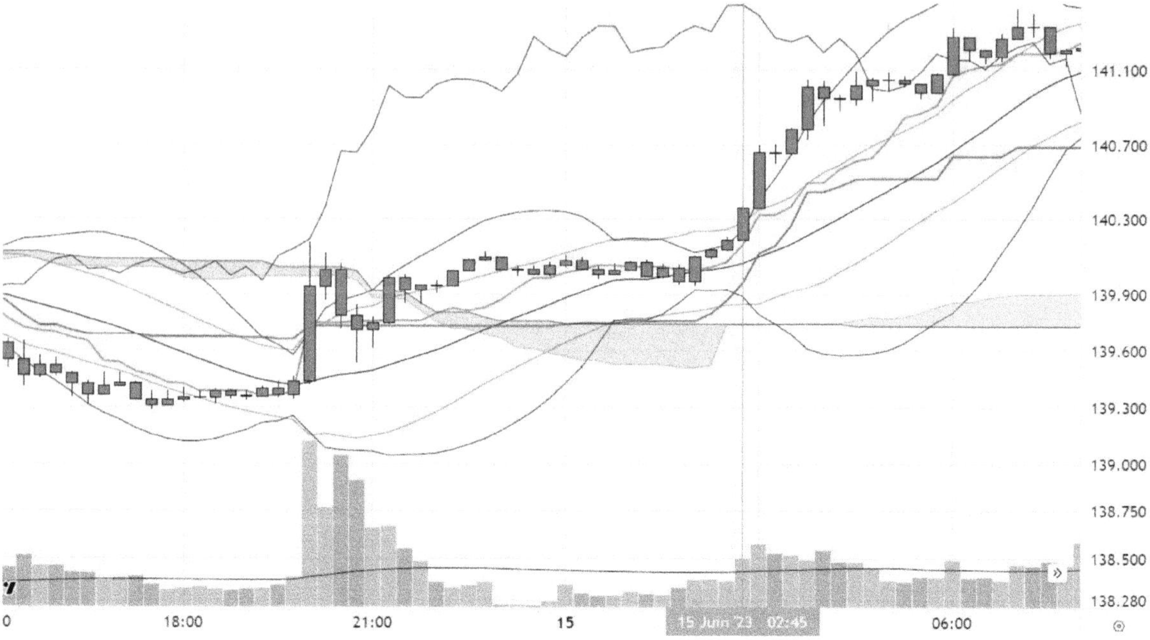

b) En H1, la situation apparaît également favorable avec l'apparition d'une résistance à 140.302JPY. La dynamique haussière a débuté la veille au soir et le twist de nuage puis la Kijun plate ont été franchis de manière dynamique.

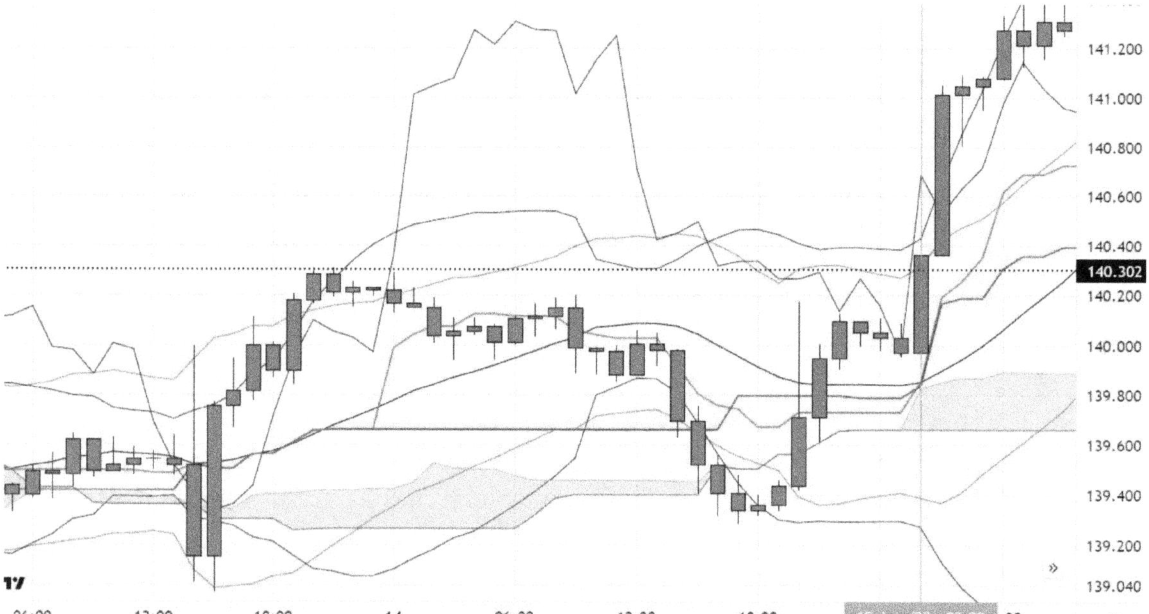

c) En H4 apparaît une deuxième résistance à 140.934JPY. On notera que dans cette unité de temps, la bande de Keltner est extérieure à la bande de Bollinger. Elle constituera donc une résistance qui ne doit pas être un obstacle pour le moment à une entrée en position car c'est une résistance mobile. Il faudra simplement la surveiller tout au long de l'opération et contrôler le comportement des prix par rapport à celle-ci. On a vu qu'un franchissement d'une bande de Keltner, surtout quand elle est extérieure à la Bollinger, annonce la fin du mouvement impulsif et le retour à l'intérieur des bandes.

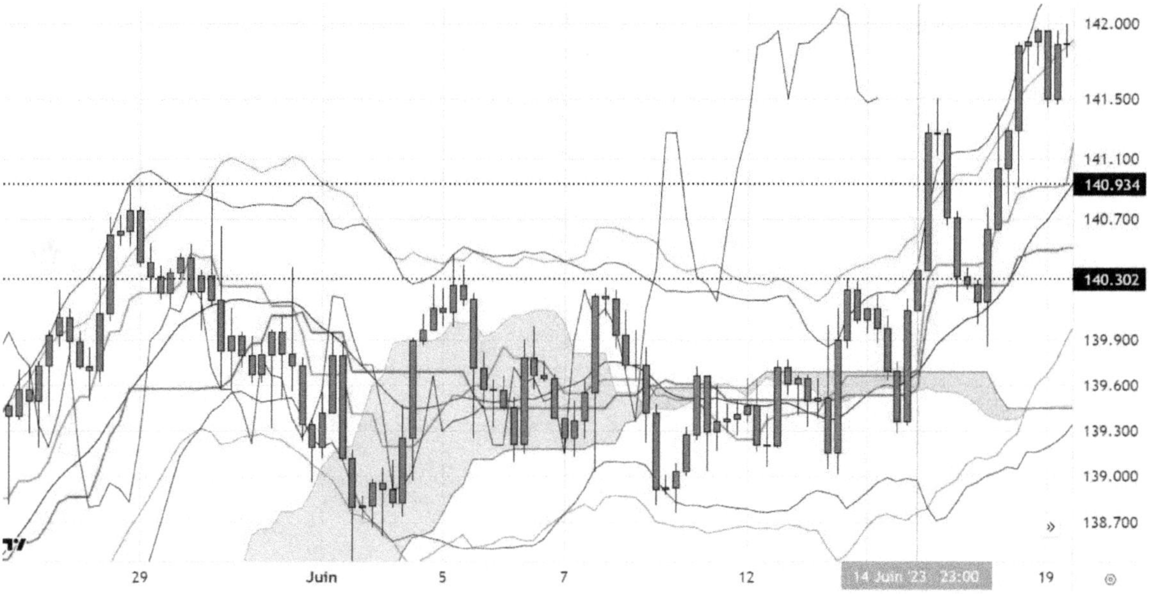

d) Suivi du trade :

Il se fait sur l'écran m15 avec une entrée au-dessus de la résistance à 140.302JPY. Le stop sera au-dessous de 139.942JPY et l'objectif à 140.934JPY. Il faut noter à nouveau que le stop est indispensable mais qu'en début de trade, c'est-à-dire sur franchissement de la bande de Bollinger haute et la dynamique précédente, le risque de retournement est très faible. On pensera surtout à le remonter à la première occasion que le marché nous procurera.

Le mouvement se développe très rapidement et la bougie de 3h45 franchit déjà l'objectif.

Il convient, avant de prendre une décision, de contrôler la bande de Keltner en H4. On est sur la bougie suivant celle de l'entrée en position et la bande est en train de croiser celle de Bollinger. Rien ne s'oppose, a priori, à la poursuite du trade, d'autant plus qu'aucun obstacle ne se présente au-dessus de celui que l'on a considéré.

On peut décider de poursuivre l'opération. Le stop sera positionné sous le bas de la bougie précédente, soit sous 140.652JPY de manière à sécuriser complètement l'opération.

La mèche haute de la bougie de 4h30 marque un nouveau plus haut dans le mouvement, ce qui permet de remonter encore le stop sous le dernier plus bas dans le mouvement, soit sous 140.798JPY.

On notera sur la bougie de 5 heures que la bande basse de Bollinger est en train de se retourner. Nous atteignons la fin de la phase impulsive, phase 2.

Toutes les options sont ouvertes au trader. On est maintenant dans la seule approche psychologique. On a une opération sécurisée et la seule option est de savoir si le gain déjà récolté sur la bougie de 5 heures convient au trader ou s'il est prêt à aller plus loin avec le risque de se voir stoppé. Il y a encore des signaux d'alerte comme la rupture de la bande de Keltner, la rupture de la MM20 ou celle de la Tenkan, la fin de la phase 3.

La bougie de 6 heures marque un nouveau plus haut dans le mouvement. Il permet de remonter le stop sous le dernier plus bas, soit sous 140.945JPY.

La bougie de 7h30 annonce la fin de la phase 3 et la rupture de la bande de Keltner. C'est certainement une bonne occasion de liquider la position autour de 140.945JPY.

On notera que durant tout le trade, les prix ont toujours été au-dessus de la Tenkan et de la Kijun. La Tenkan est le guide court terme du mouvement et sa rupture correspond toujours à une consolidation et un risque avéré pour le trade. On a vu également qu'une consolidation qui ne provoque pas de contact avec la Tenkan est rassurante pour le trader et lui permet régulièrement une évolution favorable du stop de protection.

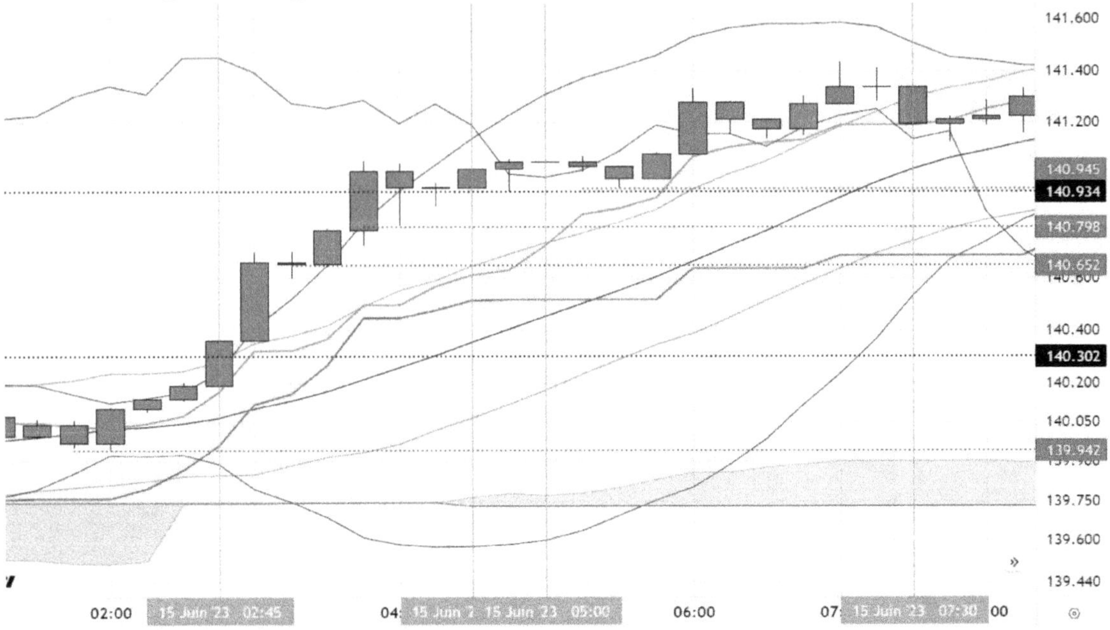

Un investisseur agressif pourrait encore se dire que la MM20 n'a pas été cassée. On a vu que lorsque cette dernière n'était pas cassée en phase 4, il y avait une forte probabilité d'être en consolidation horizontale et qu'une nouvelle impulsion pourrait voir le jour.

Poursuivons donc l'opération après sécurisation d'une partie (importante) de la position. Le stop est placé sous la bougie de 6h30, soit sous 141.136JPY. L'ATR est à 0.133, ce qui donne un stop à 141.136 – 2/3*0.135, soit 141.04JPY.

Par la suite, un nouveau plus haut sera réalisé dans le mouvement sans qu'un nouveau plus bas plus haut que le précédent le soit et le stop restera à 141.04JPY jusqu'au bout du trade.

La Tenkan est cassée puis la Kijun testée sur la bougie de 10h30 et la MM20 sur la bougie suivante. La situation devient tendue avec des prix autour de 141.20JPY. Il n'y a plus de raison de rester en position. De toutes les manières, la bougie de 11h15 cassera le stop.

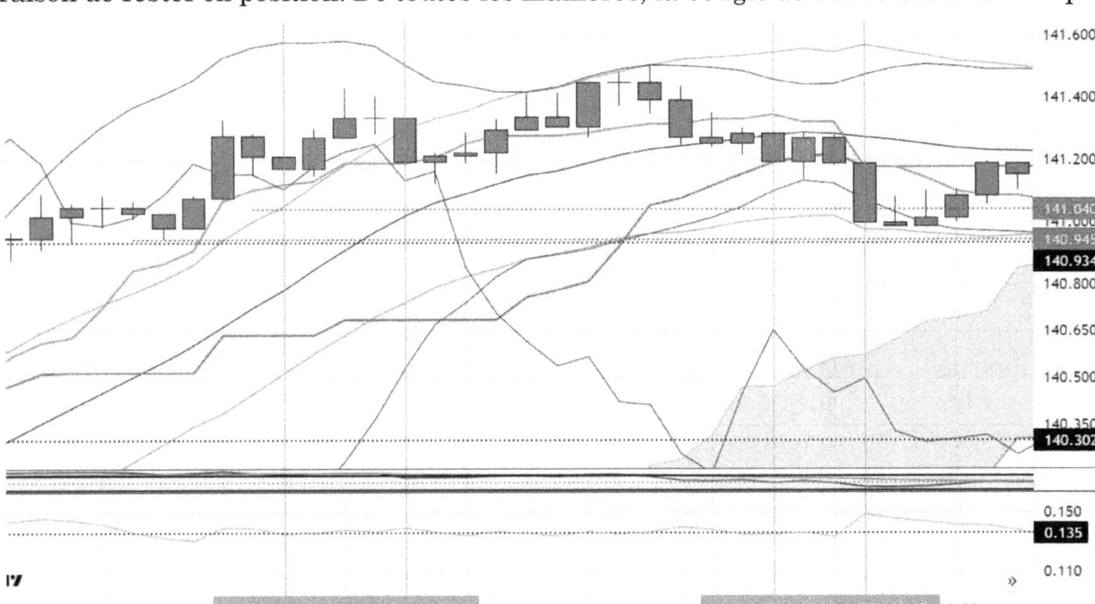

e) Conclusion sur le trade

Nous avons décrit l'ensemble de l'opération et envisagé les interrogations qu'a pu avoir le trader.

Il en résulte que, dans la majorité des cas de trading court terme, il est préférable de sortir de position, au moins la grande partie de cette dernière, dès que l'objectif est atteint et sécuriser sa plus-value. Les espoirs de gains futurs sont souvent faibles par rapport au risque pris, sauf, bien sûr, si la dynamique du mouvement se poursuit. Ici, nos outils de bandes indiquent clairement la forte baisse de la volatilité et une perspective faible de gagner sensiblement plus.

6 – Investissement dans le nuage

On voit écrit qu'il est impossible de trader dans le nuage. Ce n'est pas toujours une bonne situation mais des possibilités peuvent exister.

Si les prix sont dans le nuage, cela signifie que la tendance est neutre. On n'a pas d'information sur le sens de sortie. Cependant, on a vu dans l'ensemble des exemples précédents que l'épaisseur du nuage, le niveau d'attaque peuvent permettre d'anticiper le sens de sortie, mais cela reste quand même aléatoire.

Le fait d'être en situation de neutralité rapproche le cas de celui du range. La tendance est neutre dans l'unité de temps regardée. Il faut alors analyser les unités de temps inférieure et supérieure.

a) Franchissement du nuage

Cette approche peut être utilisée pour anticiper un franchissement ou un rejet du nuage lors de l'entrée des prix. Dans le cas du franchissement, cela concernera des nuages minces et les situations – a priori favorables – que l'on a évoquées précédemment.

En D, la situation est la suivante :

Le 12 janvier, les prix approchent du nuage avec quatre bougies vertes dynamiques et l'ouverture d'un gap haussier, signe d'un intérêt des acheteurs.

L'objectif d'une éventuelle entrée en position sera le haut du nuage, qui est en fait un plat de SSB/Kijun à 59.48.

En hebdomadaire, les prix sont sous le nuage. Une consolidation est possible, compte tenu des bougies vertes en D. L'objectif naturel de la consolidation est la Kijun plate à 73.93.

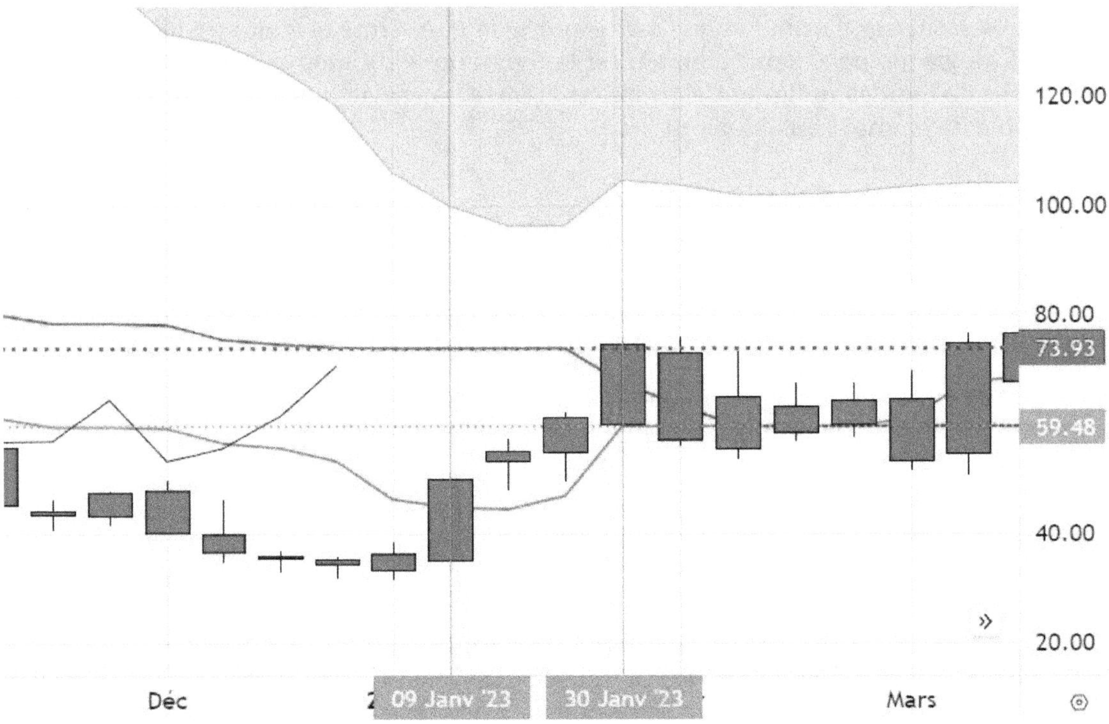

En H3, la situation est favorable. Les prix ont franchi le nuage et la LS a confirmé son propre franchissement. La tendance est haussière.

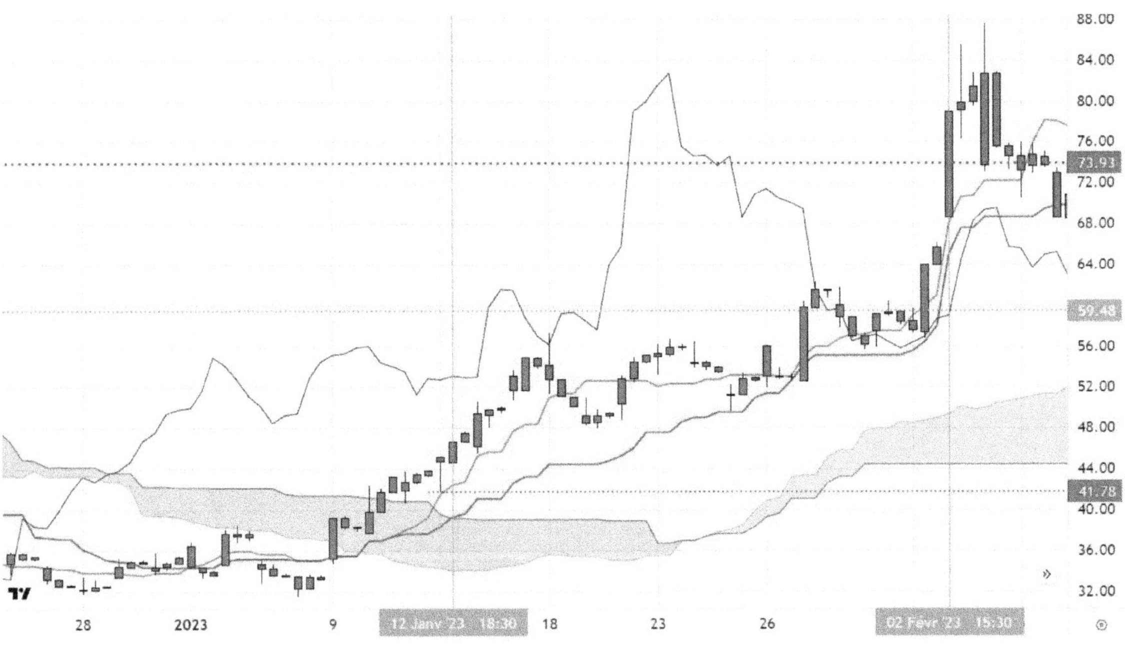

Le 12 janvier, sur la bougie de 18h30, une position haussière peut être ouverte autour de 46.50 avec un stop sous 41.78 et un objectif à 59.48, plat de SSB/Kijun en D. Après la consolidation du lendemain à 18h30, le stop pourra être remonté sous 47.65, soit au-dessus du prix d'achat.

L'objectif est atteint le 27 janvier sur la bougie de 15h30. L'investisseur pourra soit sortir de position, soit poursuivre l'opération avec tout ou partie de la position. Le stop sera remonté à ce moment sous 49.36 (calcul de l'ATR non compris) qui est le dernier plus bas et la Kijun plate qui a provoqué le rebond.

Le stop pourra être remonté par la suite sous 55.01 puis sous le gap ouvert par la bougie précédant l'atteinte du deuxième objectif à 64.

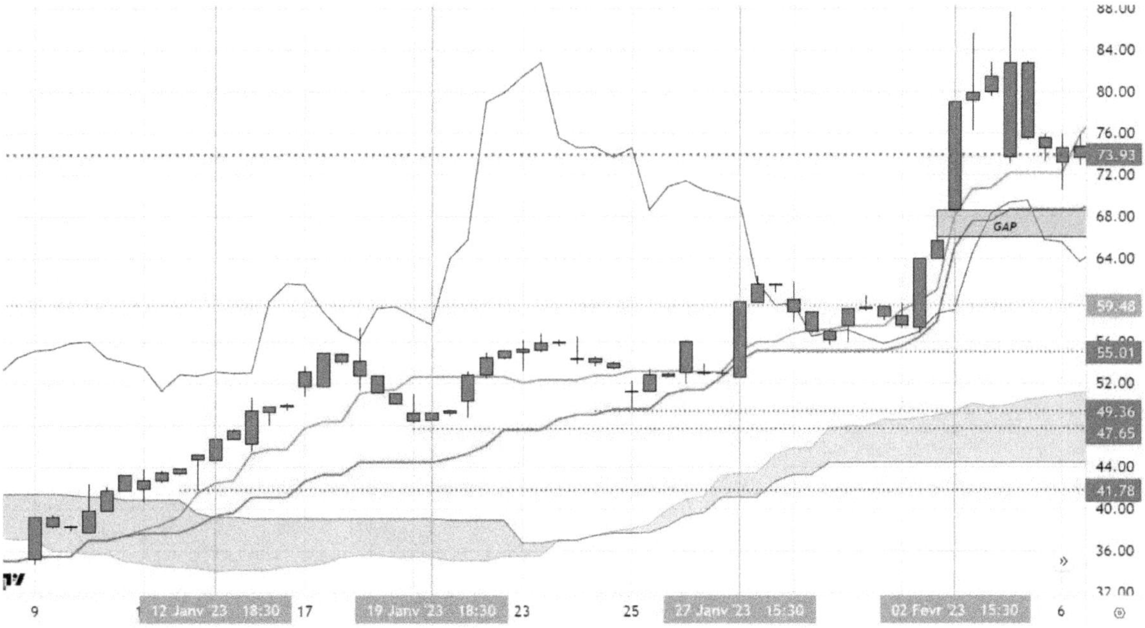

CONCLUSION

Au fil de ces pages d'écriture, je me suis rendu compte à quel point, en fait, Ichimoku était une **méthode simple**.

Un nombre réduit de configurations se retrouve très souvent quel que soit le marché que l'on regarde.

On a détaillé ces configurations :

- De tendance haussière. Leur déroulement est généralement le même, avec un démarrage souvent dû au franchissement du nuage suivi d'une confirmation de la Lagging Span. La première partie de la tendance est guidée par la Tenkan. Les consolidations se font par le test de la Kijun. Généralement, les prix rebondissent à son contact. Quand la tendance marque des signes d'essoufflement, les prix viennent tester le nuage. La fin de la tendance est actée par la rupture de celui-ci, après confirmation par la LS.
- De tendance baissière, dont le déroulement suit souvent le même rythme. La rupture du nuage suivi de la confirmation de la Lagging Span lance le mouvement. Celui-ci est généralement plus dynamique dans sa phase principale, ce qui nécessite des tests réguliers de la Tenkan et plus rarement de la Kijun sauf à l'approche temporelle du nuage. La Kijun est franchie à cette occasion, et le sort du contact avec le nuage dépendra de l'épaisseur de ce dernier et le niveau du contact.
- On a découpé les ranges en sous-mouvements qui peuvent se rapprocher, dans l'unité de temps inférieure, du déroulement d'une tendance, haussière ou baissière.

C'est, à mon sens, LA grande force d'Ichimoku. Cela provient de sa **capacité à traduire sur le graphique toute la psychologie** des intervenants du marché. On retrouve des comportements similaires de leur part dans des situations similaires. C'est pour cela qu'un nombre réduit de configurations techniques peuvent traduire une part très importante de situations de marché.

On retrouve également tous les principes qui ont été édictés au début de l'ouvrage :

- Universalité : les comportements sont les mêmes, que le mouvement se déroule en 1 heure, 1 jour ou 1 semaine et quel que soit l'actif considéré. Ce sont les rythmes du marché qui guident les prix.
- Équilibre de marché : là encore, la psychologie et le professionnalisme des intervenants les amènent à se référer à des zones ou des prix qui ont fait consensus dans le passé comme valeur de marché de l'actif. Ce sont eux qui sont testés dans les moments d'incertitude.
- Volatilité : la méthode la traite à travers le nuage et ses dimensions. Il détecte la présence des prix à l'intérieur de celui-ci, mais Ichimoku présente une faiblesse lorsque les prix ne sont pas dans la sphère d'influence du nuage. C'est pour cela que nous avons introduit les dispositifs de bandes de Bollinger et de Keltner qui renseignent à tout moment sur la réserve de volatilité pour soutenir la tendance.
- Enfin, la **notion de tendance** a été au cœur de l'ensemble de l'ouvrage. Les différents mouvements plus ou moins organisés des prix peuvent, en changeant

d'unité de temps, être découpés en tendances secondaires à l'intérieur desquelles on retrouvera les comportements et les méthodes d'investissement que nous avons développés.

Ainsi, lorsque la configuration graphique ne donne pas de rythme, de logique, cela signifie certainement qu'il y a beaucoup d'incertitude sur l'actif. Cela peut concerner, pour les actions, des sociétés qui n'ont pas de visibilité sur leur avenir. Ce dernier point est de plus en plus sanctionné par le marché.

Je considère donc qu'il vaut mieux se concentrer sur des configurations claires, essayer de détecter des démarrages de tendance, les moments de consolidation qui permettent de rentrer dans le marché ou de « pyramider ».

J'ai noté à ce sujet ces dernières années que l'ampleur de mes résultats d'investissements financiers était proportionnelle au nombre d'opérations de « pyramidage » que j'avais réussi à réaliser.

La complémentarité entre Ichimoku et l'Analyse Technique classique est un des grands messages que j'ai essayé de délivrer tout au long de ces pages. Cette dernière permet de pallier les limites de la méthode Ichimoku, par exemple quand l'actif est proche de ses plus hauts ou plus bas historiques et qu'Ichimoku ne délivre comme seule information opérationnelle que la tendance est haussière ou baissière, sans pouvoir donner de niveaux objectifs. Les extensions de Fibonacci sont venues à notre secours. On a vu également la question du traitement de la volatilité. On a aussi noté que lorsque des niveaux techniques classiques se confondaient avec des niveaux Ichimoku, cela renforçait leur influence à venir sur les prix.

Je me permets de conseiller à tous les investisseurs de se concentrer sur ces schémas répertoriés. Néanmoins, il faut prendre garde aux contrepieds que le marché (qui a toujours raison !) peut nous réserver, rester vigilant tout au long de l'investissement et adapter à tout moment sa stratégie à la situation conjoncturelle. Il vaut mieux sortir de position un petit peu plus tôt si on a déjà engrangé un bénéfice appréciable ou remonter son stop à l'approche d'obstacles ou objectifs importants. On a vu les stratégies applicables en fonction de la psychologie de l'investisseur et son comportement au risque.

Ichimoku et les outils de l'Analyse Technique classique que je lui ai associés permettent de **réduire considérablement les faux signaux**. La probabilité de gain en est largement accrue.

Le lecteur aura pu se rendre compte que je suis un investisseur prudent et que je donne la préférence à la réussite de l'opération plutôt qu'à « tirer sur la corde » pour tenter de gagner les derniers euros. Cela est compensé par un meilleur taux de réussite et aussi par une réduction du stress.

Ce dernier point est devenu pour moi fondamental avec le temps. Si on veut durer (en bonne santé financière, mentale et physique) sur les marchés financiers, un des paramètres majeurs est la gestion du stress. Je me suis rendu compte avec le temps que la meilleure gestion du stress était sa réduction. Je comprends le comportement des day traders qui n'ont plus de position ouverte à la clôture.

La « méthode des convergences » que je décris est une approche qui, réduisant le taux d'échec et optimisant les conditions d'entrée en positions, contribue très positivement à la réduction du stress.

Pour se concentrer sur les configurations classiques Ichimoku, l'investisseur pourra faciliter leur recherche en utilisant des « screeners » comme ceux élaborés par la société WALDATA dont j'ai déjà fait référence. Leur logiciel « IchimokuPro » dispose de ce type d'outil supporté par des stratégies Ichimoku classiques. D'autres éditeurs de logiciels disposent également de ce type d'outil qui permet à l'investisseur de gagner beaucoup de temps et de se concentrer sur l'analyse et le trading.

J'ai proposé un nombre important d'exemples de situations favorables à l'investissement. J'ai détaillé à chaque fois une sorte de « routine de l'investisseur » en caractérisant la situation, en donnant toutes les conditions d'entrée, de stop et d'objectifs, ainsi que les étapes intermédiaires de consolidations et les attitudes possibles à l'approche de l'objectif. Cela signifie qu'avec Ichimoku, comme avec toute approche, la rigueur et le **suivi exhaustif** de la procédure est indispensable. Le paramètre qui aura été, involontairement ou volontairement, omis sera probablement le grain de sable qui fera échouer l'opération.

Je décris régulièrement cette situation dans les formations que je dispense en expliquant la différence entre un investisseur débutant et un investisseur confirmé :

- Le débutant va chercher toutes les raisons de rentrer en position en minimisant ou éliminant les paramètres qui ne vont pas dans son sens.
- Le confirmé va chercher toutes les raisons pour ne pas rentrer en position à la recherche de ce fameux grain de sable.

Enfin, je dois avouer que je ressens un véritable **plaisir**, au-delà de leur utilité, à regarder mes graphiques Ichimoku. Je suis toujours **émerveillé** de voir des prix s'arrêter pile sur une Kijun plate, une Lagging Span ne pas sortir de son nuage, alors que la tendance semblait bien se dessiner, et s'arrêter pile sur la SSB.

Ce plaisir est indissociable de la motivation et de l'efficacité de la discipline de l'investissement financier.

Je le souhaite à tous les lecteurs de ces pages.

À découvrir dans la collection *Les Pros de l'Éco*

www.ingramcontent.com/pod-product-compliance
Lightning Source LLC
LaVergne TN
LVHW082031051026
849532LV00011B/3326
* 9 7 8 2 3 8 1 2 7 3 3 6 5 *